中国分省系列地图册

北京

中国地图出版社

图书在版编目（CIP）数据

北京 / 中国地图出版社编著. -- 2版. -- 北京 : 中国地图出版社，2023.2（2024.6重印）
（中国分省系列地图册）
ISBN 978-7-5204-3463-8

Ⅰ. ①北… Ⅱ. ①中… Ⅲ. ①行政区地图－北京－地图集 Ⅳ. ①K992.21

中国国家版本馆CIP数据核字(2023)第028380号

责任编辑：石家星
审　　校：杜怀静
审　　订：钱明德
文字撰写：刘洪涛
地图制图：邱　超
封面设计：中文天地　舒博宁

编　　著 中国地图出版社
出版发行 中国地图出版社
社　　址 北京市西城区白纸坊西街3号　　邮政编码 100054
网　　址 www.sinomaps.com
印　　刷 河北环京美印刷有限公司　　经　　销 新华书店
成品规格 170mm×240mm　　印　　张 13
印　　次 2024年6月 河北第2次印刷　　版　　次 2016年1月第1版 2023年2月第2版
印　　数 6501–11500　　定　　价 39.00元
书　　号 ISBN 978-7-5204-3463-8
审 图 号 GS京（2023)0014号
本图册中国国界线系按照中国地图出版社1989年出版的1：400万《中华人民共和国地形图》绘制
咨询电话：010-83493076(编辑)、010-83493029(印装)、010-83543956、010-83493011(销售)

序图

	省级界
	县级界
京包高速公路 未成	高速公路及分段名
G70 京 沪 高 速	高速公路编号及总名
	高铁 普通铁路
109	国道及编号
	省道
	一般公路
	长城
	河流 水库 运河
	首都 省级行政中心 地级市行政中心
	县级行政中心 乡镇驻地
东灵山	山峰

分区图

	省级界
	县级界
	乡、镇、街道办事处界
	高铁 普通铁路及车站
未成	地铁、城铁
	城区道路
京沈高速公路 未成	高速公路及分段名
G70 京 沪 高 速	高速公路编号及总名
六里桥 马驹桥 京承路	高速公路出入口、服务区及收费站
109	国道及编号
	省道
	一般公路
	小道
	长城
	河流 水库 运河
	市政府 县级行政中心
	乡、镇、街道办事处驻地
	村庄
东灵山	山峰 机场
松山自然保护区	景点 旅游景区、保护区
45	接图号

城市图

	县级界
	乡、镇、街道办事处界
	高速公路
	环路
	其他道路
	铁路及车站
未成	地铁、城铁及车站
	河流 水库 运河
	市政府
	区政府
	乡、镇、街道办事处
	机关、团体
	文化教育 医疗卫生
	大厦、公寓 商场、市场
	金融、保险 公司
	餐饮住宿 娱乐场所
	新闻、出版 图书馆、书店
	博物馆、展览馆 名胜古迹
	邮电、通讯 研究机构
	铁路售票处 民航售票处
	长途汽车站 外交使馆
	工厂 山峰
陶然亭公园	公园、绿地
73	体育场馆 接图号
	其他

景区图

	旅游路线
	索道
	寺庙、宗祠 塔
	楼阁、陵墓 洞穴
	亭、台 牌坊、碑
	博物馆、展览馆 山峰
	一般旅游点 其他

目录

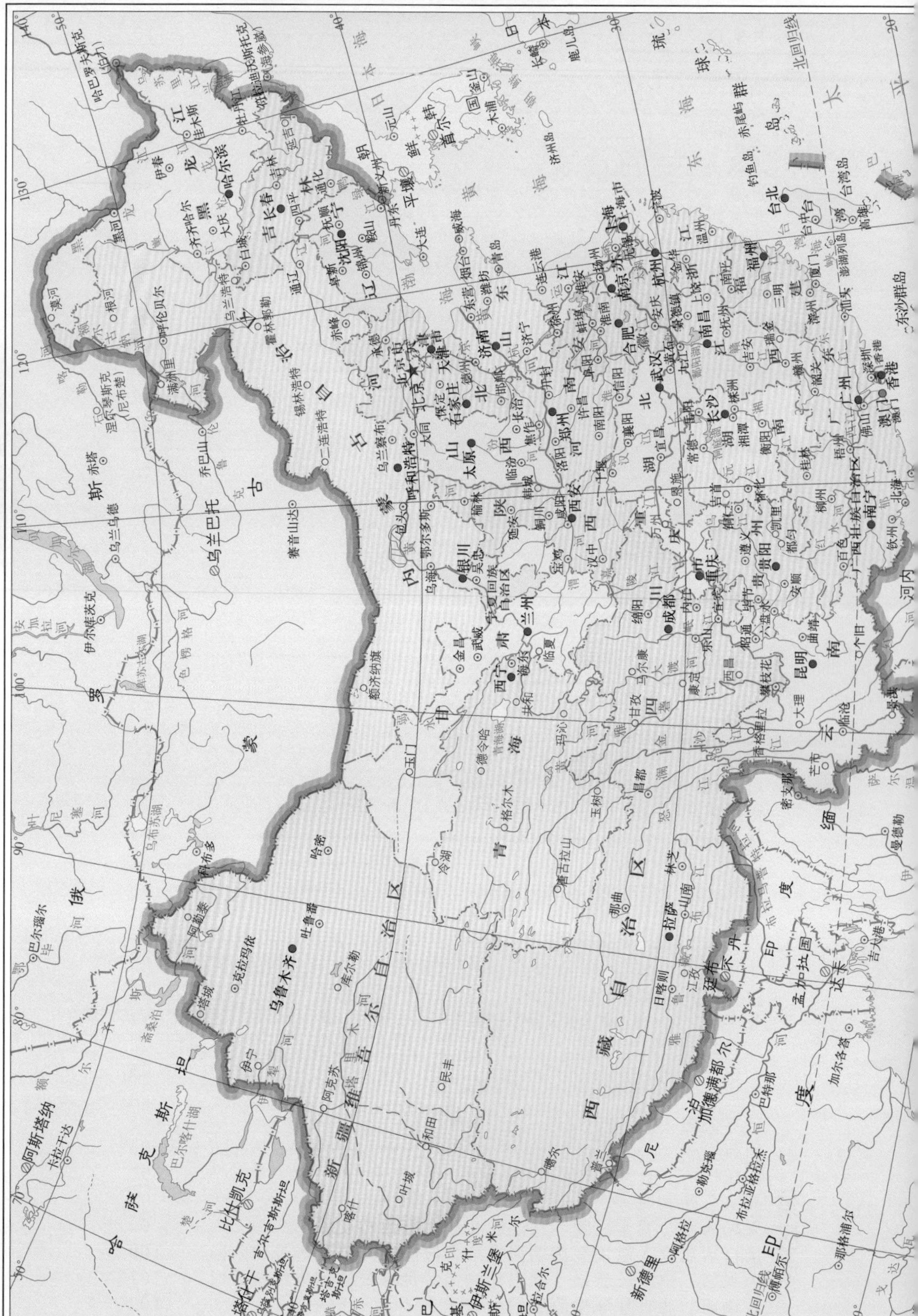

俄罗斯
蒙古
乌兰巴托
哈萨克斯坦
阿斯塔纳
比什凯克
塔什干
杜尚别
伊斯兰堡
新德里
加德满都
廷布
达卡
平壤
首尔
河内
朝鲜
韩国
日本
缅甸
印度
尼泊尔
不丹
孟加拉国
北京
天津
上海
重庆
哈尔滨
长春
沈阳
呼和浩特
石家庄
太原
济南
郑州
西安
银川
兰州
西宁
乌鲁木齐
拉萨
成都
贵阳
昆明
南宁
广州
长沙
武汉
南昌
福州
台北
杭州
南京
合肥
香港
澳门
黑龙江
吉林
辽宁
内蒙古自治区
新疆维吾尔自治区
西藏自治区
青海
甘肃
宁夏回族自治区
陕西
山西
河北
山东
河南
湖北
湖南
江西
安徽
江苏
浙江
福建
广东
广西壮族自治区
云南
贵州
四川
钓鱼岛
赤尾屿
东沙群岛
澎湖列岛
北回归线

全国行政区划统计表

（截至2024年4月）

直辖市 4 省 23 自治区 5 特别行政区 2		北京市	天津市	河北省	山西省	内蒙古自治区	辽宁省	吉林省	黑龙江省	上海市	江苏省	浙江省	安徽省	福建省	江西省	山东省	河南省	湖北省	湖南省	广东省	广西壮族自治区	海南省	重庆市	四川省	贵州省	云南省	西藏自治区	陕西省	甘肃省	青海省	宁夏回族自治区	新疆维吾尔自治区	香港特别行政区	澳门特别行政区	台湾省	合计	
地级	自治州							1										1	1					3	3	8			2	6		5				30	333
	地区								1																		1					5				7	
	盟					3																														3	
	市			11	11	9	14	8	12		13	11	16	9	11	16	17	12	13	21	14	4		18	6	8	6	10	12	2	5	4				293	
县级	市			21	11	11	16	20	21		21	20	9	11	12	26	21	26	19	20	10	5		19	10	18	2	7	5	5	2	29				397	2844
	县			91	80	17	17	16	45		19	32	50	42	61	52	82	35	60	34	48	4	8	105	50	65	64	69	57	25	11	60				1299	
	自治县			6			8	3	1			1						2	7	3	12	6	4	4	11	29			7	7		6				117	
	旗					49																														49	
	自治旗					3																														3	
	特区																								1											1	
	林区																	1																		1	
	市辖区	16	16	49	26	23	59	21	54	16	55	37	45	31	27	58	54	39	36	65	41	10	26	55	16	17	8	31	17	7	9	13				977	
直辖市、省、自治区、特别行政区简称		京	津	冀	晋	内蒙古	辽	吉	黑	沪	苏	浙	皖	闽	赣	鲁	豫	鄂	湘	粤	桂	琼	渝	川	黔	滇	藏	陕	甘	青	宁	新	港	澳	台		

图　例

★ 我国首都

⊘ 外国首都、首府

●● 省级行政中心

⊙ 地级行政中心（外国主要城市同）

○ 城镇（外国一般城镇同）

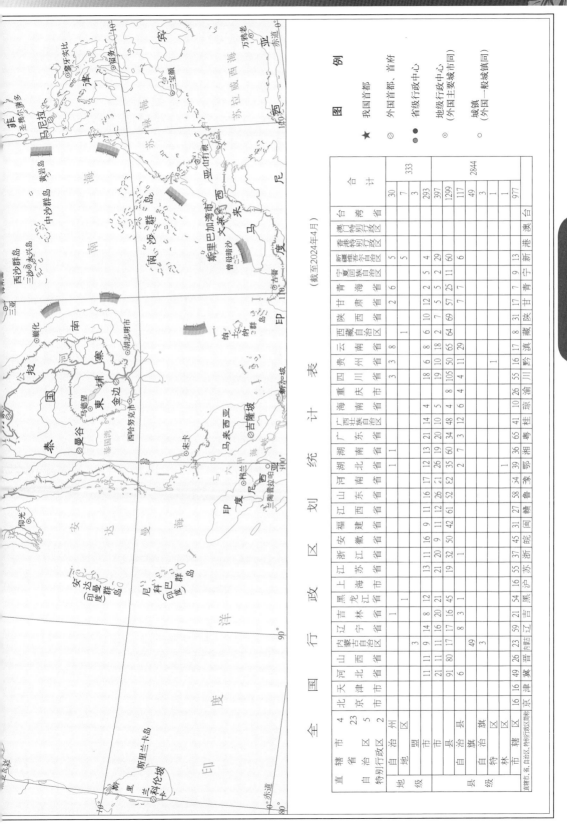

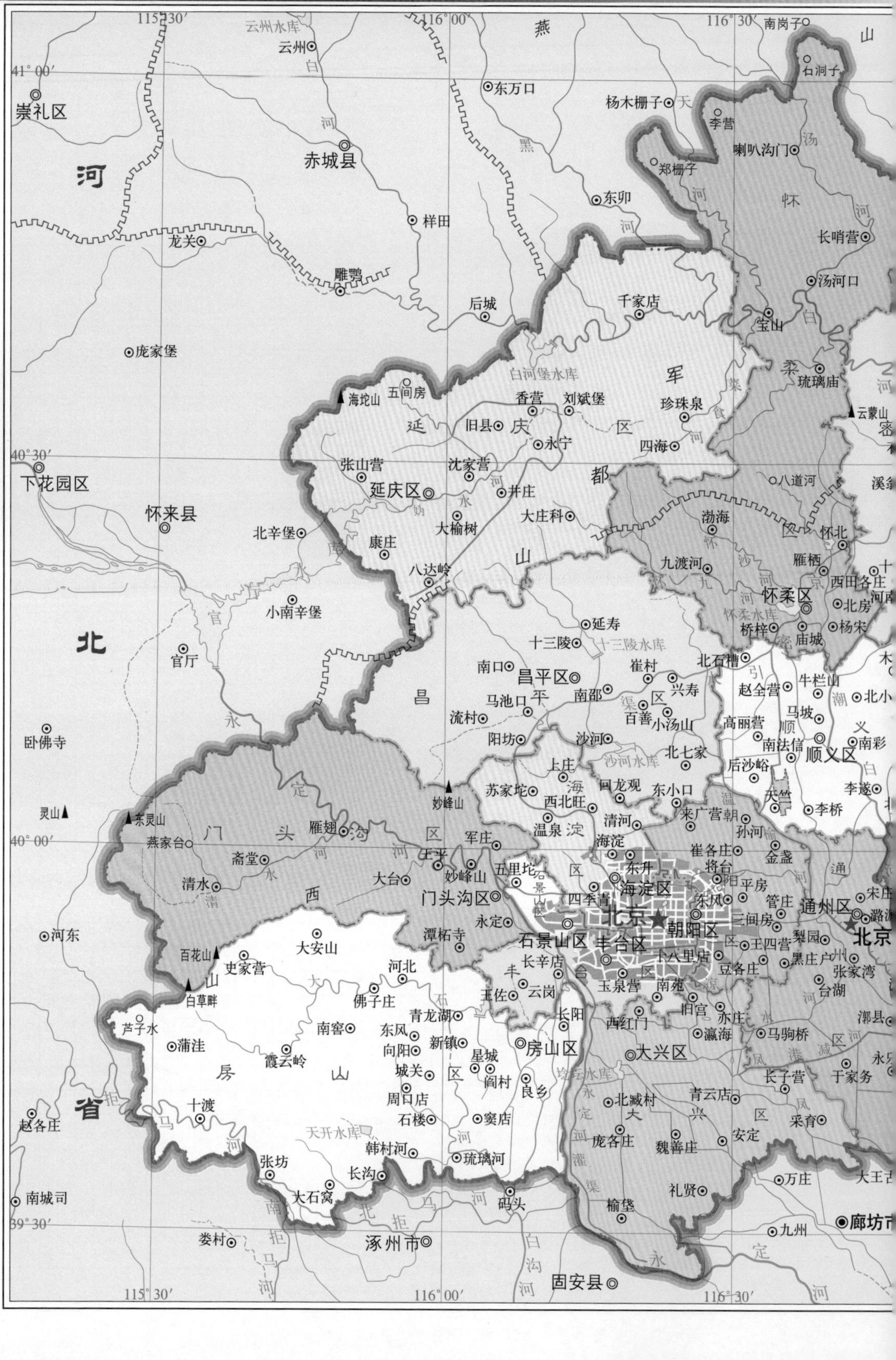
115°30′
116°00′
116°30′
41°00′
40°30′
40°00′
39°30′
云州水库
云州
白
河
燕
山
南岗子
石洞子
东万口
杨木栅子
天
李营
崇礼区
赤城县
黑
喇叭沟门
汤
郑栅子
河
怀
河
东卯
河
样田
长哨营
龙关
雕鹗
汤河口
后城
千家店
宝山
白
庞家堡
白河堡水库
军
琉璃庙
菜
食
河
柔
海坨山
五间房
香营
刘斌堡
珍珠泉
云蒙山
延
旧县
庆
区
永宁
四海
张山营
沈家营
都
八道河
下花园区
延庆区
井庄
妫
水
大庄科
渤海
怀北
怀来县
大榆树
北辛堡
康庄
山
九渡河
雁栖
八达岭
怀柔区
西田各庄
北房
小南辛堡
延寿
怀柔水库
桥梓
庙城
杨宋
十三陵
十三陵水库
北石槽
官
官厅
南口
昌平区
崔村
兴寿
牛栏山
赵全营
北
昌
马池口
平
南邵
区
百善
小汤山
马坡
顺
流村
高丽营
义
南法信
顺义区
南彩
阳坊
沙河
永
卧佛寺
沙河水库
北七家
后沙峪
上庄
定
苏家坨
海
回龙观
东小口
天竺
李遂
妙峰山
西北旺
来广营
李桥
灵山
东灵山
温泉
淀
清河
朝
孙河
门
头
雁翅
沟
区
军庄
海淀
燕家台
崔各庄
金盏
斋堂
河
王平
东升
将台
清水
大台
西
妙峰山
五里坨
海淀区
平房
门头沟区
四季青
东风
管庄
宋庄
通州区
河东
永定
北京
朝阳区
三间房
北京
潭柘寺
石景山区
丰台区
王四营
梨园
大安山
十八里店
黑庄户
百花山
史家营
长辛店
豆各庄
张家湾
河北
丰
台
玉泉营
南苑
台湖
白草畔
佛子庄
王佐
云岗
旧宫
亦庄
芦子水
青龙湖
长阳
西红门
漷县
南窖
瀛海
马驹桥
东风
蒲洼
向阳
新镇
房山区
大兴区
霞云岭
星城
房
山
区
城关
阎村
良乡
长子营
于家务
周口店
北臧村
青云店
十渡
大
兴
区
石楼
窦店
采育
赵各庄
省
天开水库
庞各庄
魏善庄
安定
韩村河
张坊
琉璃河
长沟
万庄
大石窝
礼贤
南城司
码头
榆垡
廊坊市
娄村
涿州市
九州
拒
马
河
白
沟
河
永
固安县
定
河

序
图

北京市政区

【概　　况】北京简称“京”，是中华人民共和国的首都，是中国政治、文化的中心，以及国际交往中心。地处华北大平原的北部，东面与天津市毗连，其余均与河北省相邻。

【行政区划】辖东城、西城、房山、海淀、朝阳、丰台、门头沟、石景山、通州、顺义、昌平、大兴、怀柔、平谷、延庆、密云16区。

【面积人口】面积约1.7万平方千米，户籍人口1426万，常住人口2185.8万。中国56个民族在京均有分布，除汉族外，回、满、蒙古、朝鲜族均超过万人。

【历史沿革】北京作为具有3000多年建城史的文化古都，起源于商代后期，始称蓟。燕并蓟之后，迁都蓟城。秦、汉时期，蓟城演变为中原王朝的北方重镇。魏、蜀、吴三国时期属于曹魏领地。魏时经历复置幽州，改广阳郡置燕国，废渔阳郡。渔阳郡废后，今北京地区大部分为燕国属县。

西晋时仍保留幽州建制，下辖范阳国及7个郡国。与北京市有关的郡国为燕国、范阳国、上谷郡。东晋十六国时期，版图辖有北京地区的有后赵、前燕、前秦、后燕等国。

隋炀帝大业三年（公元607年）“改州为郡”，与北京地区有关的郡为涿郡、安乐郡。唐时多属幽州。五代十国时期北京地区多归中原政权管辖。

辽太宗元年（公元927年），辽国迁都幽州，改称南京。辽圣宗开泰元年（1012年）改南京为燕京，在今北京西郊建成辽城。宋宣和七年（1125年），金人占领燕山府，改名圣都。金天德四年（1152年）迁圣都，改圣都为中都。元代迁中都，至元九年（1272年）改中都为大都。元太祖十年（1215年）置燕京路，后设置中书省，辖29个路，北京地区所属的大都路即为其中之一。二十一年(1226年)置大都路总管府。

明洪武元年（1368年）改大都路为北平府。永乐十九年（1421年）改称京城为京师，下辖八府，北京地区为顺天府。

清顺治元年（1644年）建都北京，仍沿明旧制，于京师设置顺天府，将明京师改称直隶省。

1911年清朝灭亡，1912年袁世凯就任大总统职位后改都北京。民国元年（1912年），全国废府与州，北京地区的顺天府仍继续保留。1928年，顺天府改为京兆地方，设京兆尹。1928年，蒋介石迁都南京，北京改称北平。1937年更名为北京。1945年，国民党政府将北京更名为北平。

1948年底，中国人民解放军进入北平市郊区。1949年1月1日，中国人民解放军北平市军事管制委员会和北平市人民政府同时宣布成立。1949年9月21日至30日，中国人民政治协商会议在北平召开，会议一致通过决议，中华人民共和国的国都定于北平，改北平为北京。1949年10月1日，中华人民共和国成立，正式定北京为首都。

3 北京市地形

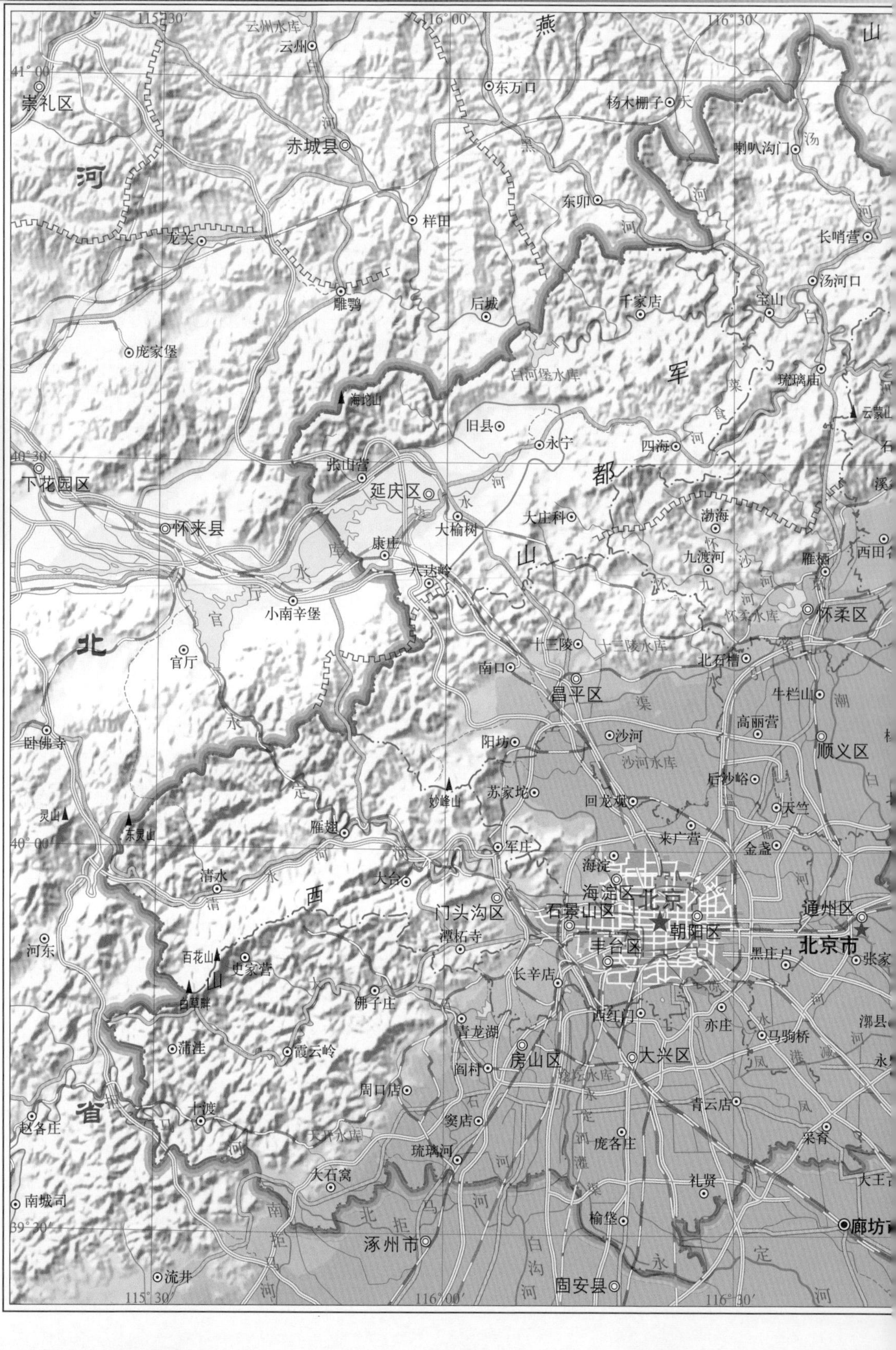

115°30′
116°00′
116°30′
41°00′
40°30′
40°00′
39°30′
燕
山
河
北
省
军
都
山
西
山
云州水库
云州
东万口
杨木栅子
天
崇礼区
赤城县
喇叭沟门
汤
河
东卯
样田
龙关
长哨营
汤河口
雕鹗
后城
千家店
宝山
白
庞家堡
白河堡水库
琉璃庙
海坨山
菜
食
云蒙山
旧县
永宁
四海
下花园区
张山营
延庆区
大榆树
大庄科
渤海
怀来县
康庄
八达岭
九渡河
雁栖
西田
官厅水库
小南辛堡
怀柔水库
怀柔区
官厅
十三陵
十三陵水库
南口
北石槽
昌平区
牛栏山
高丽营
卧佛寺
阳坊
沙河
沙河水库
顺义区
后沙峪
苏家坨
妙峰山
回龙观
天竺
灵山
东灵山
雁翅
来广营
金盏
军庄
海淀
清水
大台
海淀区
北京
门头沟区
石景山区
朝阳区
通州区
北京市
河东
潭柘寺
丰台区
黑庄户
百花山
史家营
长辛店
白草畔
佛子庄
西红门
亦庄
马驹桥
青龙湖
蒲洼
霞云岭
房山区
大兴区
阎村
周口店
青云店
十渡
窦店
赵各庄
拒马河
庞各庄
采育
琉璃河
大石窝
礼贤
南城司
榆垡
廊坊
涿州市
流井
固安县
永定河

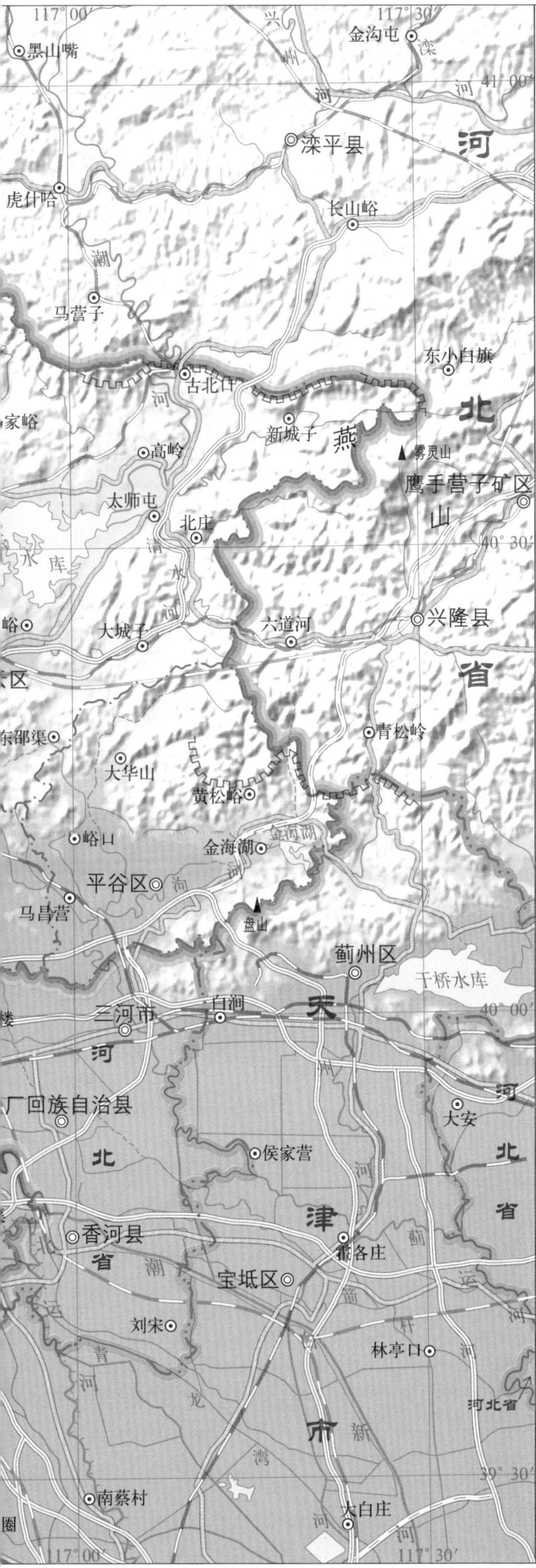

北京市地形

【地形地貌】北京地势西北高、东南低。西部、北部和东北部三面环山，东南部是一片缓缓向渤海倾斜的平原。山地和平原分别占总面积的62%和38%。西部北部为山地。西山属太行山系，与市区接近的是太行山余脉，由几条东北—西南向山岭组成，人们称作西山。这里丛林茂密、山涛云海、庙宇棋布、洞壑深邃，造就出富有江南情调的景色，故古人有“十里青山行画里，双飞白鸟似江南”之赞誉。北部的军都山属燕山山脉，层峦叠翠，裂陷作用强烈，形成延庆盆地和居庸关、古北口等关隘，自西向东直抵渤海之滨的山海关。宋苏辙说：“燕山如长蛇，首衔西山麓，尾挂东海岸”。北京境内的军都山、八达岭、凤驼梁等山峰，均属燕山山脉，一般海拔都在千米以上。一般认为，两条山脉在南口镇北面的关沟交会。在地质构造上，这里是一个大断层，两侧的地壳运动不同，再加上山间小河流水冲刷、切割，逐渐形成关沟，成了两山的天然分界线。南部是由永定河和潮白河冲积而成的“京湾平原”，海拔在50米以内。

【山　峰】境内主要山峰有：东灵山海拔2303米，为北京第一高峰，位于门头沟区与河北涿鹿县交界处；海坨山海拔2241米，为北京第二高峰，位于延庆西北边缘与河北赤城县交界处；白草畔海拔2035米，为北京第三高峰，位于房山区与门头沟区交界处。

【河　流】太行山和燕山汇集的雨水，顺着西北高东南低的地势，从山区流入平原注入渤海，形成北京地区的河流水系。境内河流主要是西部的永定河和拒马河，东部的潮白河、北运河。永定河发源于山西高原，经山西、内蒙古、河北入官厅水库，出水库入北京市境内，从天津注入渤海，全长650千米，北京境内流长174千米。拒马河发源于河北省涞源县，是大清河上游，流经北京市房山区，形成了著名的“十渡风景区”，于河北涿州附近汇入大清河，最后入天津海河注入渤海。潮白河发源于河北省北部，是流经本市最长的河流，其上修建的密云水库，是北京生活用水的主要水源地。较大的水库还有怀柔水库、白河堡水库和金海湖等。

【气　候】北京的气候为典型的暖温带半湿润大陆性季风气候，四季分明，夏季炎热多雨，冬季寒冷干燥，春、秋短促。年平均气温12.3℃，1月最冷，平均气温-3.7℃，极端最低气温-27.4℃。7月最热，平均气温26.2℃，极端最高42℃以上。全年无霜期186天，西部山区较短。年降雨量571.9毫米，为华北地区降雨最多的地区之一，山前迎风坡可达700毫米以上。降水季节分配很不均匀，全年降水的75%集中在夏季，7、8月常有暴雨。

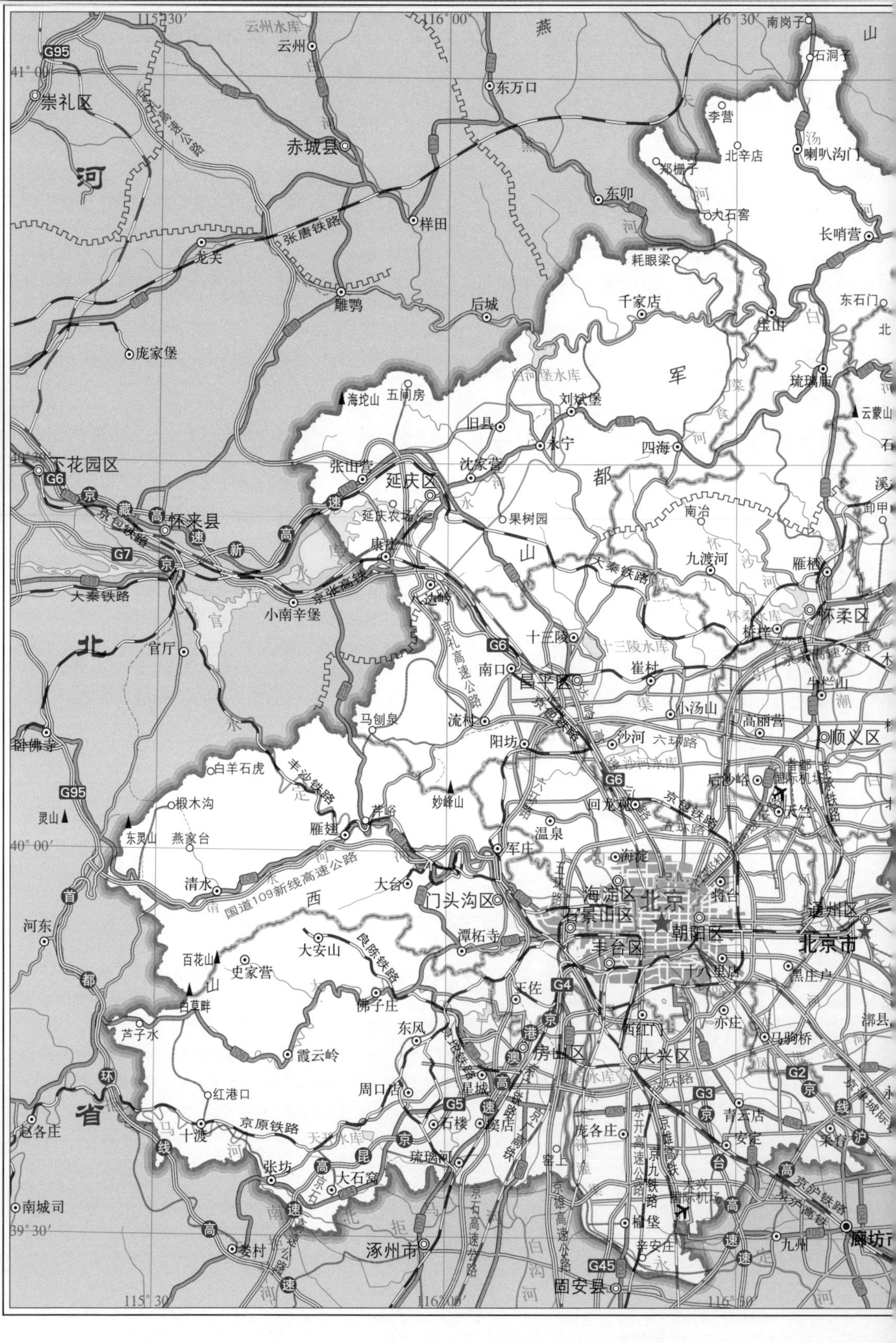
崇礼区
赤城县
云州
东万口
东卯
样田
龙关
雕鹗
后城
庞家堡
张唐铁路
下花园区
怀来县
延庆区
康庄
小南辛堡
官厅
大秦铁路
京包铁路
京张高铁
卧佛寺
灵山
东灵山
河东
赵各庄
南城司
十渡
张坊
大石窝
涿州市
房山区
大兴区
固安县
门头沟区
昌平区
顺义区
怀柔区
北京市
北京
海淀区
朝阳区
丰台区
石景山区
通州区
廊坊市
南口
十三陵
沙河
阳坊
流村
回龙观
温泉
军庄
妙峰山
雁翅
斋堂
清水
大台
潭柘寺
史家营
大安山
百花山
佛子庄
霞云岭
周口店
琉璃河
良乡
长阳
长辛店
王佐
石楼
窦店
红港口
芦子水
白草畔
永宁
旧县
刘斌堡
四海
千家店
琉璃庙
雁栖
九渡河
桥梓
崔村
小汤山
高丽营
后沙峪
天竺
首都国际机场
大兴国际机场
青云店
安定
采育
马驹桥
亦庄
黑庄户
西红门
榆垡
庞各庄
礼贤
九州
长哨营
喇叭沟门
石洞子
南岗子
李营
北辛店
郑栅子
大石窖
耗眼梁
白河堡水库
官厅水库
十三陵水库
怀柔水库
云州水库
海坨山
五间房
张山营
沈家营
果树园
马刨泉
白羊石虎
椴木沟
燕家台
芹峪
十八里店
将台
海淀
云蒙山
东石门
宝山
南冶
京藏高速
京新高速
京礼高速公路
京原铁路
丰沙铁路
良陈铁路
京广高铁
京沪铁路
京沪高铁
京雄高铁
京雄高速公路
京开高速公路
京九铁路
京石高速公路
京昆高速
京港澳高速
国道109新线高速公路
六环路
五环路
首都环线
G95
G6
G7
G4
G5
G45
G3
G2
115°30′
116°00′
116°30′
41°00′
40°00′
39°30′
河
北
省
燕
山
军
都
西
山

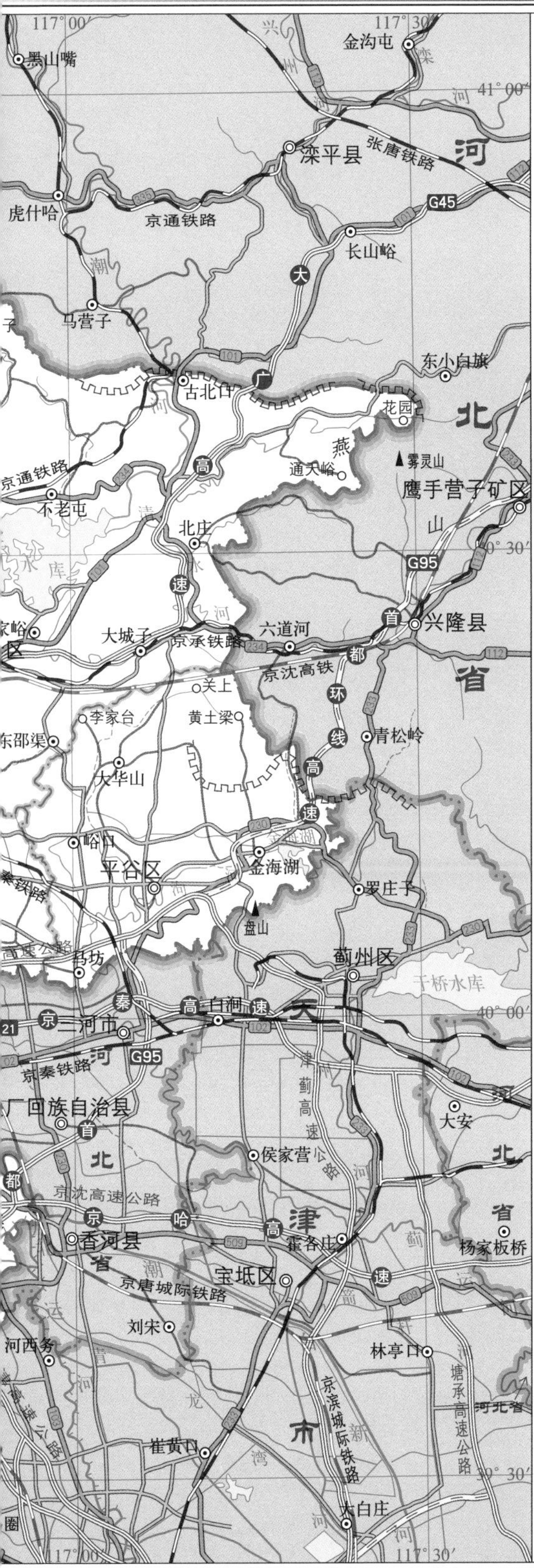

北京市交通

北京交通发达，是全国公路、铁路、航空综合运输枢纽和电信网络中心。

【公　路】北京公路建设始于1913年，是在古驿道、御路和官马大道的基础上形成的。真正按公路标准设计建设的第一条公路是在1917年，该路起自朝阳门外大黄庄，止于通州新城南门，长约10千米，宽约6米，始称博爱路。至北京解放时，北京地区公路仅398千米。经过几十年的建设，北京现有15条国道经此或由此辐射，13条放射状高速公路以及2条环线高速公路，截至2022年底公路通车里程2.24万千米，2023年底高速公路通车里程1211千米。公路密度居全国第四。近年来，为了配合旅游事业的发展，京郊还修建了十多条旅游公路，全长200余千米。在北京郊区，还大力开展农村道路建设，一个以干线为骨架，以县、乡公路为支脉的四通八达的公路网在北京形成，远郊区已经实现了村村通公路。

【铁　路】北京的第一条铁路建于1896年，始称津卢铁路，是英国将唐胥（唐山-胥各庄）铁路从天津延伸至丰台卢沟桥。北京解放前夕，仅有京山、京汉、京包3条单线铁路，以及通往郊区的7条支线和环城线路。新中国成立后，对北京铁路进行了大规模的改造和新建。目前，有京沪、京九、京广、京原、京包、京通、京秦、京哈等8条干线铁路在此交会，京沪、京广、京津城际、京哈、京张、京沈、京雄、京唐城际等高铁相继开通，有联络干线23条，铁路运营里程1515千米，成为我国铁路网上大型铁路枢纽之一。北京铁路枢纽，对发挥北京全国政治中心和文化中心的功能起着极其重要的作用。

【航　空】北京不仅是国内民用航空交通的枢纽，同时也是中国对外往来的国际民用航空中心。北京的航空运输始于1920年，当时由北洋军阀管理，英国人驾机飞行，从北平飞往天津。解放后，北京的民航事业开始起步。1981年12月，建成首都国际航空港，可满足世界上各种大型飞机的起落。目前，北京首都国际机场是全国最繁忙的航空港，有100多条航线通往国内和世界各大城市。北京大兴国际机场已于2019年9月通航。

【市内交通】北京作为千万常住人口、数百万流动人口的大城市，市内交通非常重要。经过几十年的建设发展，公共交通事业有了突飞猛进的发展，从线路优化到运量设计，从营运时间到公交IC卡的推行，都在越来越人性化。而且，北京作为我国第一个修建地铁的城市，地铁和城铁建设日趋完善，营运里程不断增长，至2023年底，累计通车里程836千米。多条规划线路也正在施工建设中。另外，出租车、网约车作为对公共交通运力的有效补充，近年也有了长足的发展，运力充足，服务水平不断提高，在北京的交通中也起着举足轻重的作用，为人们的出行提供了更多、更便捷的选择。

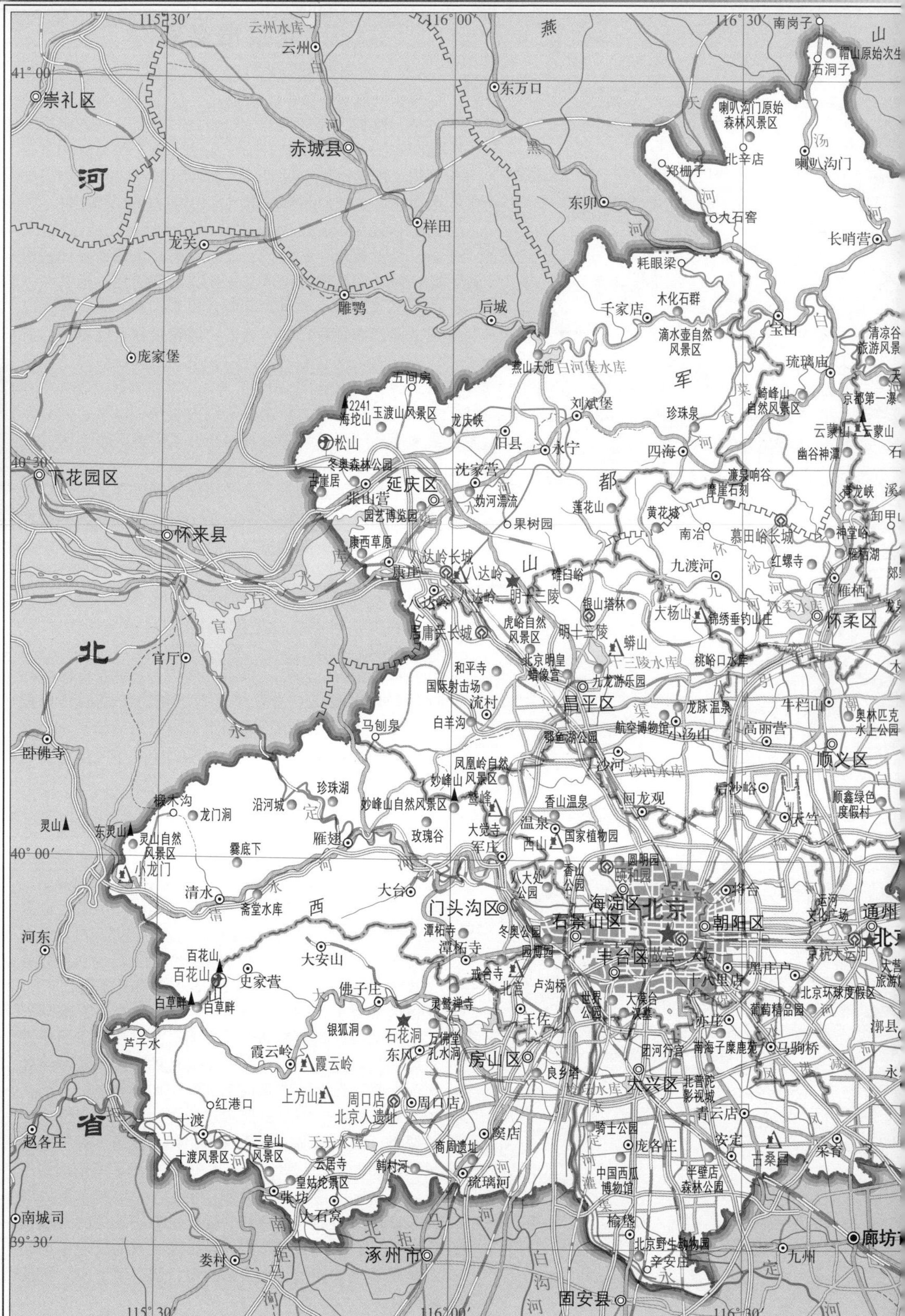

115°30′
116°00′
116°30′
41°00′
40°30′
40°00′
39°30′
云州水库
云州
南岗子
雾灵山原始次生林
石洞子
东万口
崇礼区
赤城县
喇叭沟门原始森林风景区
北辛店
喇叭沟门
郑栅子
河
东卯
大石窖
样田
长哨营
龙关
耗眼梁
雕鹗
后城
千家店
木化石群
宝山
滴水壶自然风景区
清凉谷旅游风景区
庞家堡
燕山天池
白河堡水库
琉璃庙
五间房
刘斌堡
军
崎峰山自然风景区
2241
海坨山
玉渡山风景区
龙庆峡
珍珠泉
京都第一瀑
松山
旧县
永宁
四海
云蒙山
云蒙山
幽谷神潭
下花园区
冬奥森林公园
古崖居
延庆区
沈家营
都
滦泉响谷
摩崖石刻
青龙峡
张山营
妫河漂流
莲花山
黄花城
园艺博览园
果树园
南冶
慕田峪长城
神堂峪
怀来县
康西草原
八达岭长城
山
九渡河
红螺寺
雁栖湖
康庄
八达岭
雁栖
雁栖
八达岭—明十三陵
银山塔林
大杨山
锦绣垂钓山庄
怀柔水库
怀柔区
居庸关长城
虎峪自然风景区
明十三陵
蟒山
北
官厅
十三陵水库
桃峪口水库
和平寺
北京明皇蜡像宫
国际射击场
九龙游乐园
流村
昌平区
龙脉温泉
牛栏山
奥林匹克水上公园
马刨泉
白羊沟
航空博物馆
小汤山
高丽营
卧佛寺
鄂鱼湖公园
沙河
顺义区
凤凰岭自然风景区
沙河水库
妙峰山
珍珠湖
沿河城
妙峰山自然风景区
鹫峰
香山温泉
回龙观
后沙峪
顺鑫绿色度假村
椴木沟
龙门洞
灵山
东灵山
灵山自然风景区
玫瑰谷
大觉寺
温泉
国家植物园
天竺
雁翅
西山
军庄
圆明园
颐和园
小龙门
八大处公园
香山公园
将台
清水
斋堂水库
大台
西
门头沟区
海淀区
北京
运河文化广场
通州
河东
潭柘寺
冬奥公园
石景山区
朝阳区
潭柘寺
园博园
丰台区
故宫
天坛
京杭大运河
百花山
百花山
史家营
大安山
戒台寺
卢沟桥
十八里店
黑庄户
佛子庄
北宫
世界公园
大葆台汉墓
北京环球度假区
白草畔
白草畔
灵鹫禅寺
王佐
葡萄精品园
银狐洞
石花洞
万佛堂
亦庄
芦子水
东风
孔水洞
团河行宫
南海子麋鹿苑
马驹桥
霞云岭
霞云岭
房山区
良乡塔
大兴区
北普陀影视城
红港口
上方山
周口店
周口店
北京人遗址
青云店
十渡
天开水库
窦店
骑士公园
赵各庄
三皇山风景区
庞各庄
安定
古桑园
采育
省
十渡风景区
云居寺
商周遗址
韩村河
中国西瓜博物馆
半壁店森林公园
皇姑坨景区
琉璃河
张坊
大石窝
南城司
榆垡
北京野生动物园
廊坊市
涿州市
九州
娄村
辛安庄
固安县

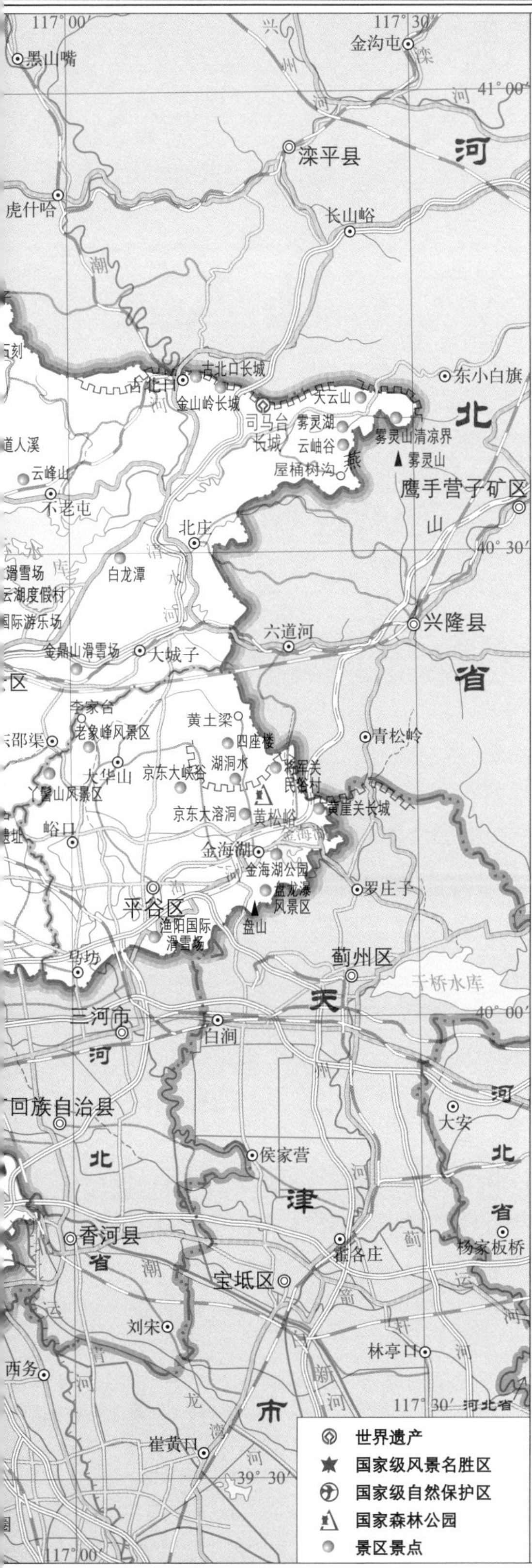

北京市旅游

【概　　况】北京是具有悠久历史文化的古都，是著名的“北京猿人”的故乡，有文字和文物可考的建城史已有3000多年，曾为辽、金、元、明、清五朝帝都。1949年10月1日中华人民共和国成立，北京从此成为中华人民共和国的首都和全国的政治中心、文化中心以及国际交往中心。

北京具有丰富的旅游资源，对外开放的旅游景点达200多处，有世界上最大的皇宫紫禁城、祭天神庙天坛、皇家花园北海、皇家园林颐和园，还有八达岭、慕田峪、司马台长城以及世界上最大的四合院恭王府等名胜古迹。全市共有文物古迹7300多项，其中全国重点文物保护单位127处，市级文物保护单位756处。作为历史文化名城，北京的胡同、四合院、牌楼、名人故居、博物馆、京剧等，都是古都历史活的记载，也成为不可或缺的文化遗存。现在，串胡同、赏四合院、访名人故居已经成为北京文化旅游的代表项目。

【胡　　同】“胡同”即小街巷，在元代写作“通”，明代以后规范为“胡同”。据文献记载，在明代时，北京的胡同就多达几千条，新中国成立初期约有2550多条。北京胡同的名称包罗万象，五花八门，但都具有它的特点，多以衙署官方机构、宫坛寺庙、仓库作坊、桥梁、河道、集市贸易、商品器物、人物姓氏、景物民情等命名，其中许多沿用至今。

【四合院】北京四合院作为老北京人世代居住的主要建筑形式，驰名中外，这不仅在于其悠久的历史，还在于它的独特构造，在中国传统住宅建筑中具有典型性和代表性。有正房（北房）、倒座（南座）、东厢房和西厢房四座房屋在四面围合，形成一个口字形，里面是一个中心庭院，所以被称为四合院。

【京　　剧】北京作为东方古典文化名城和当代中国的文化中心，“京派文化”展现着中国主流文化的厚重深沉与成熟大气，它同那些先人留下的辉煌历史遗迹一道成为北京一笔独特而宝贵的财富。京剧作为京派文化的名片之一，有着悠久的发展历史。从乾隆五十五年(1790)徽班进京到嘉庆十五年(1810)，徽班与其他戏班融汇贯通，是京剧的孕育时期。从1810年至1845年(道光二十五年)，楚腔来京，与徽班合作，形成皮黄戏(后称京腔)，是京剧的形成时期。1845年至1894年，是京剧从雏形到完美提高的时期。如今，这门古老的艺术在京城依然广受中外人士欢迎。

【博物馆】北京地区博物馆是国家、民族、地区、城市保存历史记忆，进行文明传承的重要载体，是北京城市文化的重要标志和形象，现在北京有近170家各种类型的博物馆。

【世界遗产】故宫、长城、周口店北京人遗址、天坛、颐和园、明十三陵和京杭大运河（北京部分）共7处景区被列入世界文化遗产名录。

【现代建筑】2008年举办29届夏季奥运会，北京进行大规模的城市新建和改造，增加如奥运场馆（鸟巢、水立方）、新央视总部大楼、国家大剧院。近年来陆续增加APEC会议场馆、凤凰国际传媒中心、北京大兴国际机场航站楼、国家速滑馆、中信大厦（中国尊）、望京SOHO等新的城市景观景点供大家参观。

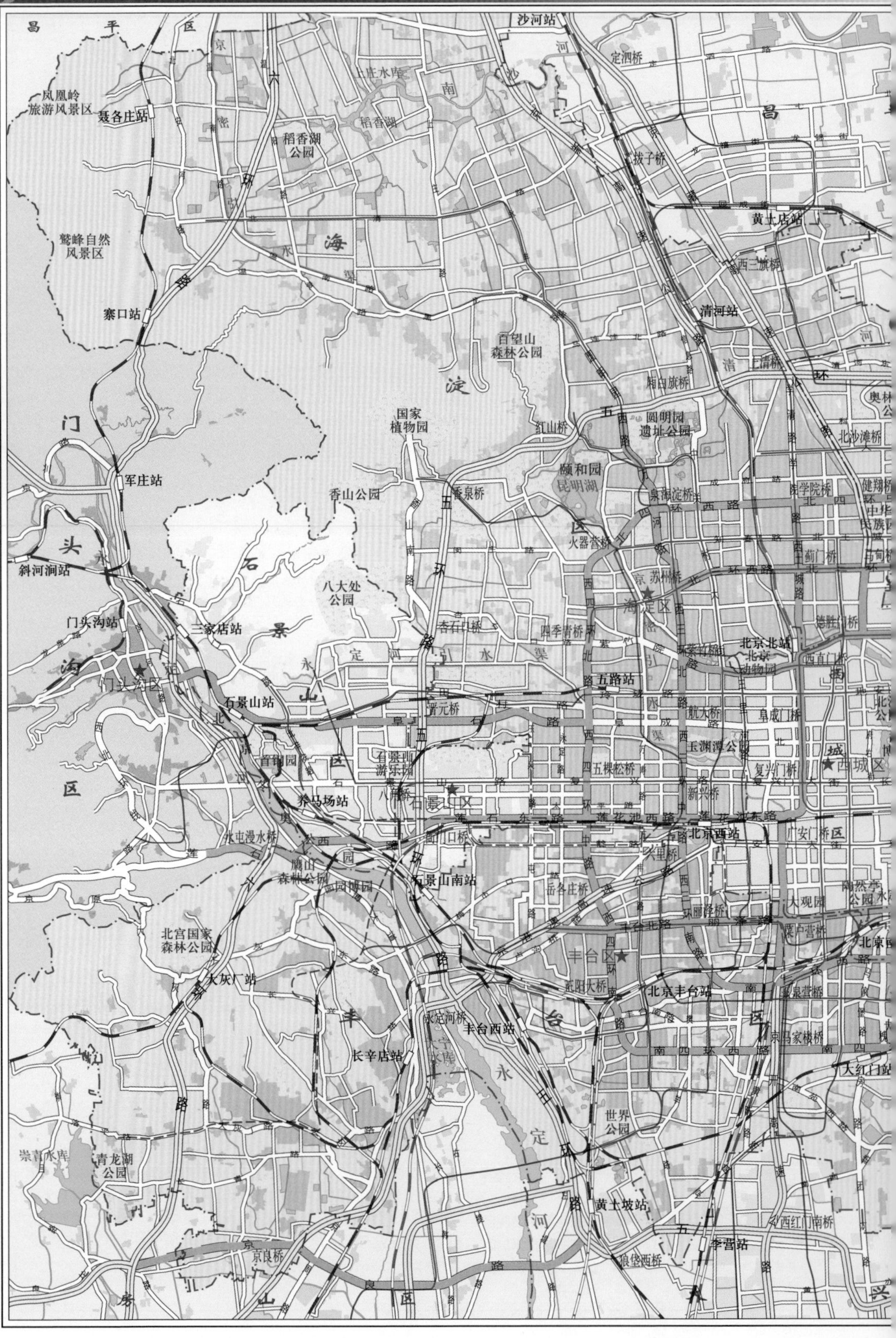

昌平区
沙河站
定泗桥
凤凰岭旅游风景区
聂各庄站
上庄水库
稻香湖
稻香湖公园
拔子桥
黄土店站
鹫峰自然风景区
西三旗桥
寨口站
清河站
百望山森林公园
上清桥
厢白旗桥
国家植物园
圆明园遗址公园
红山桥
北沙滩桥
颐和园
昆明湖
军庄站
香泉桥
香山公园
学院桥
健翔桥
北四环西路
火器营桥
斜河涧站
八大处公园
苏州桥
海淀区
北三环西路
蓟门桥
门头沟站
三家店站
杏石口桥
四季青桥
德胜门桥
北京北站
北京动物园
西直门桥
门头沟区
五路站
石景山站
晋元桥
航天桥
阜成门桥
首钢园
石景山游乐园
玉渊潭公园
五棵松桥
复兴门桥
西城区
八角桥
石景山区
新兴桥
养马场站
莲石东路
莲花池西路
北京西站
广安门桥
永屯漫水桥
衙门口桥
六里桥
园博园
石景山南站
岳各庄桥
陶然亭公园
大观园
丽泽桥
丰台北路
菜户营桥
北宫国家森林公园
丰台区
大灰厂站
北京丰台站
永定河桥
丰台西站
南四环西路
长辛店站
大红门站
世界公园
崇青水库
青龙湖公园
黄土坡站
西红门南桥
京良桥
狼垡西桥
李营站

序图

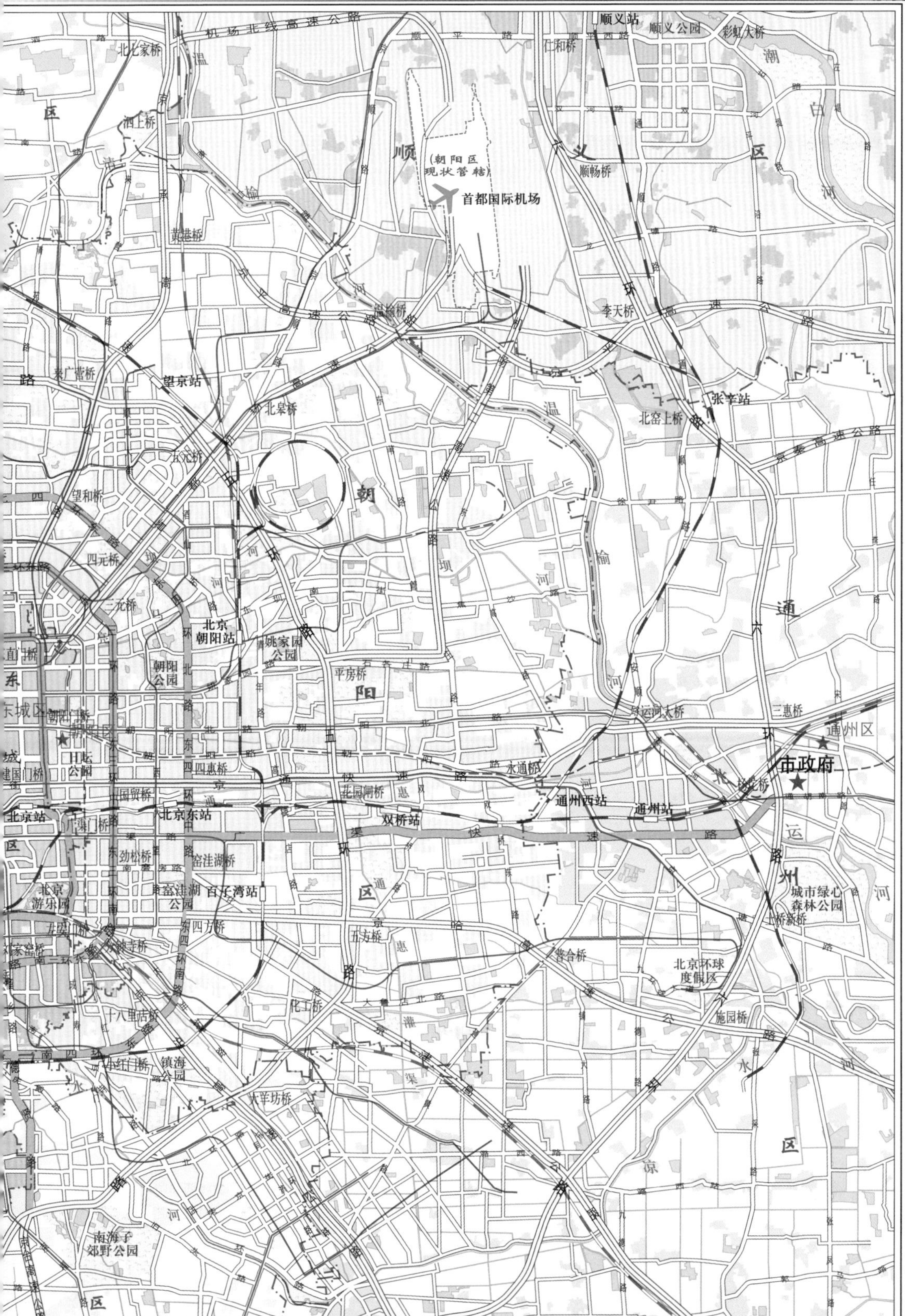

顺义站
顺义公园
彩虹大桥
机场北线高速公路
顺平路
仁和桥
北七家桥
潮白河
酒上桥
顺义区
(朝阳区现状管辖)
首都国际机场
顺畅桥
黄港桥
温榆桥
李天桥
六环
来广营桥
望京站
北皋桥
张辛站
北窑上桥
京秦高速公路
五元桥
望和桥
朝阳区
四元桥
三元桥
北京朝阳站
姚家园公园
平房桥
朝阳公园
东城区
朝阳门桥
朝阳区
日坛公园
建国门桥
四惠桥
永通桥
运河大桥
三惠桥
通州区
市政府
北京站
国贸桥
北京东站
花园闸桥
双桥站
通州西站
通州站
榆树庄桥
广渠快速路
劲松桥
窑洼湖桥
北京游乐园
窑洼湖公园
百子湾站
城市绿心森林公园
东四环
五方桥
普合桥
北京环球度假区
十八里店桥
化工桥
施园桥
小红门桥
镇海公园
大羊坊桥
南海子郊野公园
通州区

轨道交通运营时刻表

1号线-八通线

古城		环球度假区	
首车	4:57	首车	5:09
末车	22:51	末车	22:55

2号线外环

外环：西直门	
首车	5:09
末车	西直门→复兴门→东直门→西直门(终点)22:14 西直门→复兴门→东直门→积水潭(终点)22:59

2号线内环

内环：积水潭	
首车	5:03
末车	积水潭→东直门→复兴门→积水潭(终点)22:18 积水潭→东直门→复兴门→西直门(终点)23:02

4号线(大兴线)

天宫院		安河桥北	
首车	5:05	首车	4:58
末车	22:45	末车	22:35

西郊线

巴沟		香山	
首车	5:30	首车	6:00
末车	20:30	末车	23:00

5号线

天通苑北		宋家庄	
首车	4:59	首车	5:19
末车	22:47	末车	23:10

6号线

潞城		金安桥	
首车	4:51	首车	5:06
末车	22:48	末车	22:24

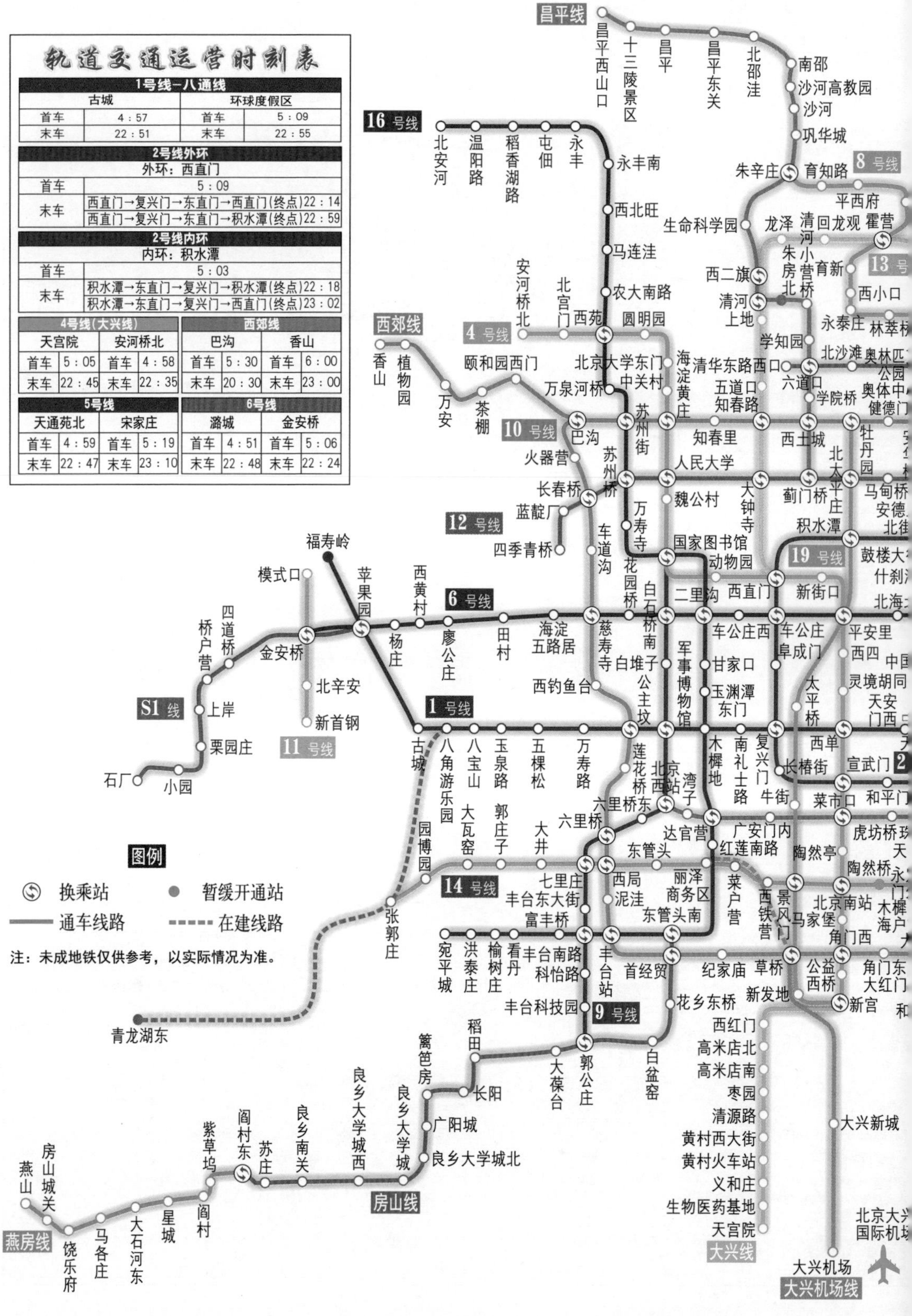

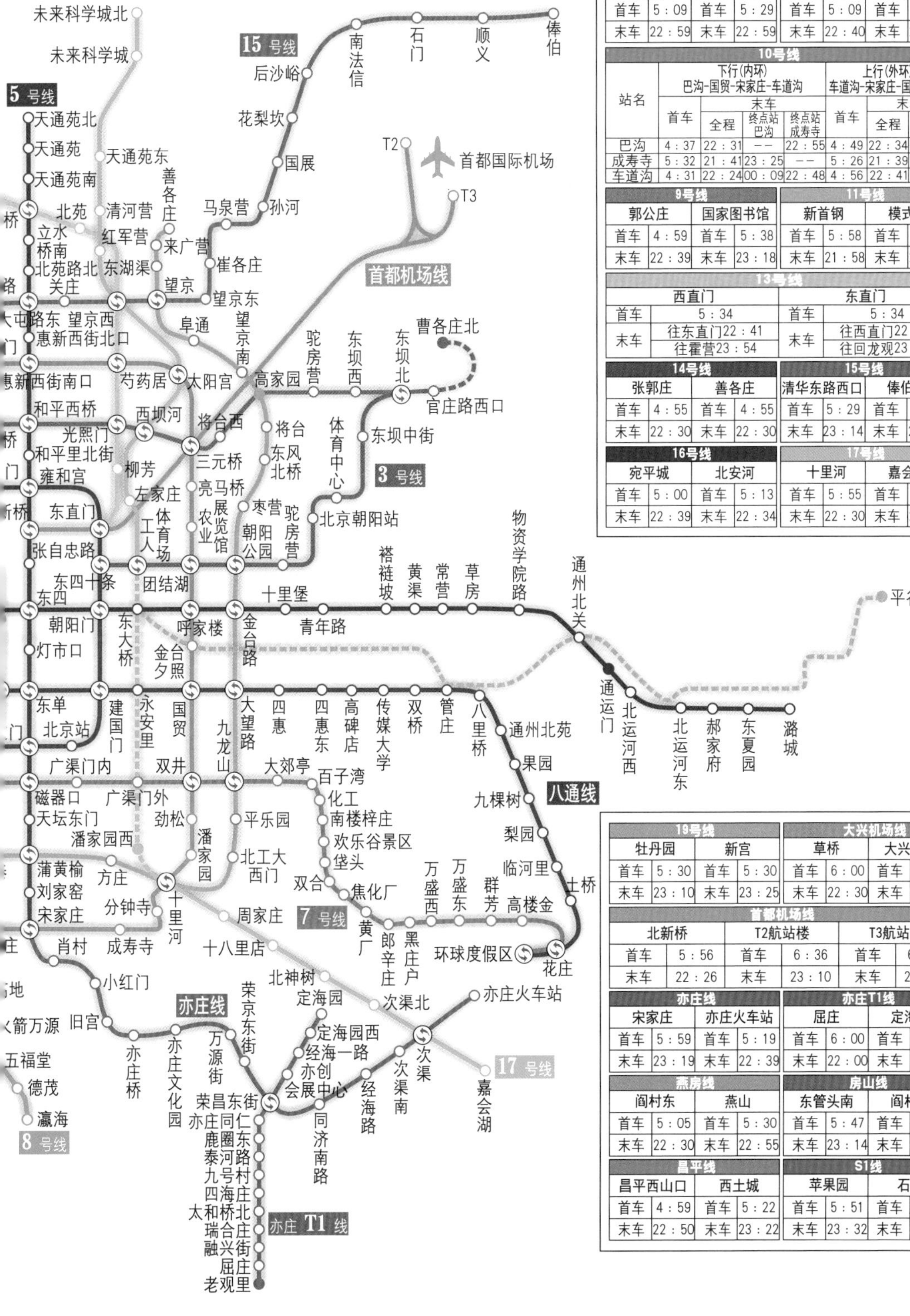

7号线			
环球度假区		北京西站	
首车	5：09	首车	5：29
末车	22：59	末车	22：59

8号线			
朱辛庄		瀛海	
首车	5：09	首车	5：06
末车	22：40	末车	23：01

10号线							
站名	下行(内环) 巴沟-国贸-宋家庄-车道沟				上行(外环) 车道沟-宋家庄-国贸-巴沟		
	首车	末车			首车	末车	
		全程	终点站巴沟	终点站成寿寺		全程	终点站车道沟
巴沟	4：37	22：31	——	22：55	4：49	22：34	00：19
成寿寺	5：32	21：41	23：25	——	5：26	21：39	23：24
车道沟	4：31	22：24	00：09	22：48	4：56	22：41	——

9号线			
郭公庄		国家图书馆	
首车	4：59	首车	5：38
末车	22：39	末车	23：18

11号线			
新首钢		模式口	
首车	5：58	首车	5：38
末车	21：58	末车	22：28

13号线			
西直门		东直门	
首车	5：34	首车	5：34
末车	往东直门22：41	末车	往西直门22：49
	往霍营23：54		往回龙观23：44

14号线			
张郭庄		善各庄	
首车	4：55	首车	4：55
末车	22：30	末车	22：30

15号线			
清华东路西口		俸伯	
首车	5：29	首车	5：12
末车	23：14	末车	22：10

16号线			
宛平城		北安河	
首车	5：00	首车	5：13
末车	22：39	末车	22：34

17号线			
十里河		嘉会湖	
首车	5：55	首车	5：30
末车	22：30	末车	22：30

19号线			
牡丹园		新宫	
首车	5：30	首车	5：30
末车	23：10	末车	23：25

大兴机场线			
草桥		大兴机场	
首车	6：00	首车	6：00
末车	22：30	末车	23：00

首都机场线					
北新桥		T2航站楼		T3航站楼	
首车	5：56	首车	6：36	首车	6：22
末车	22：26	末车	23：10	末车	22：52

亦庄线			
宋家庄		亦庄火车站	
首车	5：59	首车	5：19
末车	23：19	末车	22：39

亦庄T1线			
屈庄		定海园	
首车	6：00	首车	6：00
末车	22：00	末车	22：00

燕房线			
阎村东		燕山	
首车	5：05	首车	5：30
末车	22：30	末车	22：55

房山线			
东管头南		阎村东	
首车	5：47	首车	5：03
末车	23：14	末车	22：19

昌平线			
昌平西山口		西土城	
首车	4：59	首车	5：22
末车	22：50	末车	23：22

S1线			
苹果园		石厂	
首车	5：51	首车	5：24
末车	23：32	末车	23：06

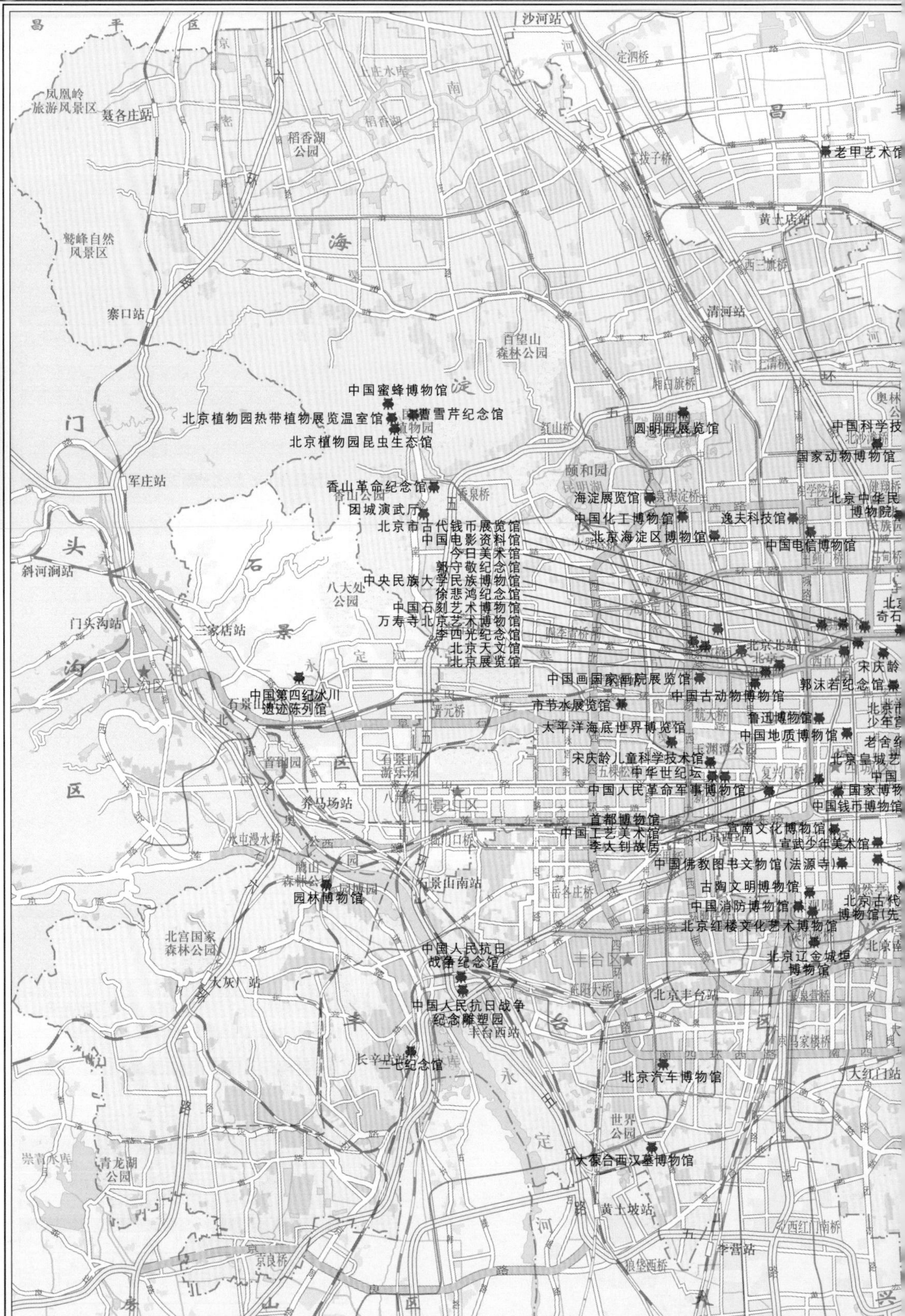
昌平区
沙河站
定泗桥
凤凰岭旅游风景区
聂各庄站
上庄水库
稻香湖公园
昌
拔子桥
老甲艺术馆
黄土店站
鹫峰自然风景区
海
西三旗桥
寨口站
清河站
百望山森林公园
淀
中国蜜蜂博物馆
北京植物园热带植物展览温室馆
曹雪芹纪念馆
北京植物园昆虫生态馆
圆明园展览馆
中国科学技
国家动物博物馆
门
颐和园
军庄站
香山革命纪念馆
香泉桥
海淀展览馆
团城演武厅
北京中华民族博物院
中国化工博物馆
逸夫科技馆
北京市古代钱币展览馆
北京海淀区博物馆
中国电影资料馆
中国电信博物馆
今日美术馆
头
郭守敬纪念馆
斜河涧站
中央民族大学民族博物馆
八大处公园
石
徐悲鸿纪念馆
中国石刻艺术博物馆
门头沟站
三家店站
万寿寺北京艺术博物馆
景
李四光纪念馆
北京天文馆
北京北站
沟
北京展览馆
宋庆龄
门头沟区
中国画国家画院展览馆
郭沫若纪念馆
中国第四纪冰川遗迹陈列馆
中国古动物博物馆
石景山
市节水展览馆
鲁迅博物馆
太平洋海底世界博览馆
中国地质博物馆
老舍纪
首钢园
宋庆龄儿童科学技术馆
北京皇城艺
中华世纪坛
区
中国人民革命军事博物馆
国家博物
养马场站
中国钱币博物馆
首都博物馆
中国工艺美术馆
宣南文化博物馆
李大钊故居
宣武少年美术馆
中国佛教图书文物馆(法源寺)
古陶文明博物馆
园林博物馆
石景山南站
中国消防博物馆
北京古代博物馆(先
北京红楼文化艺术博物馆
北宫国家森林公园
中国人民抗日战争纪念馆
丰台区
北京辽金城垣博物馆
大灰厂站
北京丰台站
中国人民抗日战争纪念雕塑园
丰台西站
丰
台
长辛店站
二七纪念馆
永
北京汽车博物馆
大红门站
世界公园
崇青水库
青龙湖公园
大葆台西汉墓博物馆
黄土坡站
西红门南桥
李营站
京良桥
狼垡西桥
房
山
区
兴

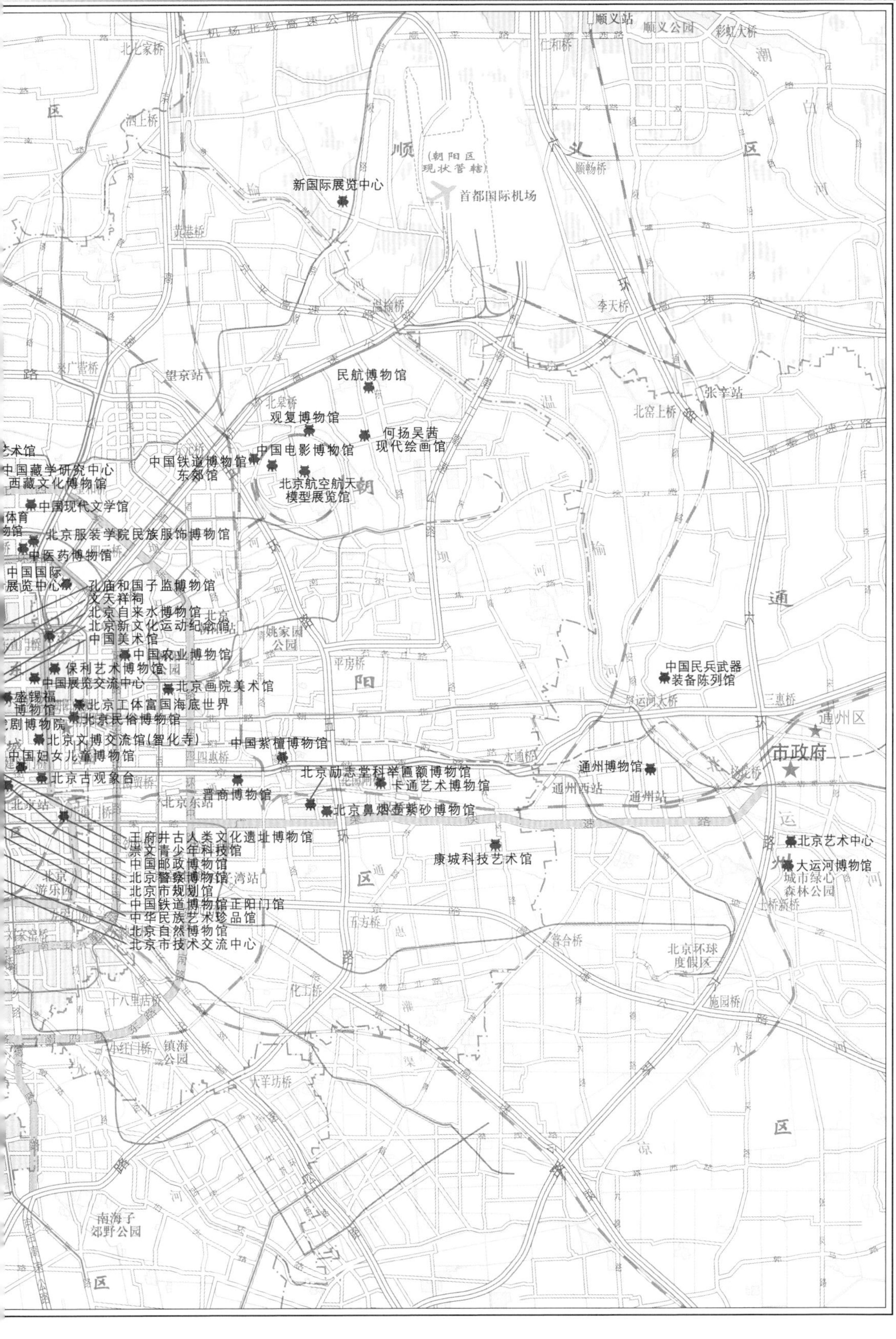
顺义站
顺义公园
彩虹大桥
机场北线高速公路
北七家桥
仁和桥
温
潮
区
白
沟上桥
顺
义
区
(朝阳区现状管辖)
首都国际机场
顺畅桥
新国际展览中心
黄港桥
温榆桥
李天桥
京
路
来广营桥
望京站
民航博物馆
张辛站
北皋桥
北窑上桥
观复博物馆
何扬吴茜现代绘画馆
京哈高速公路
艺术馆
中国电影博物馆
中国铁道博物馆东郊馆
中国藏学研究中心
西藏文化博物馆
北京航空航天模型展览馆
朝
中国现代文学馆
体育
物馆
北京服装学院民族服饰博物馆
中医药博物馆
榆
河
中国国际展览中心
孔庙和国子监博物馆
文天祥祠
北京自来水博物馆
北京新文化运动纪念馆
通
中国美术馆
姚家园公园
中国农业博物馆
平房桥
保利艺术博物馆
阳
中国民兵武器装备陈列馆
中国展览交流中心
北京画院美术馆
盛锡福博物馆
北京工体富国海底世界
运河大桥
三惠桥
北京民俗博物馆
通州区
戏剧博物院
北京文博交流馆(智化寺)
中国紫檀博物馆
市政府
中国妇女儿童博物馆
四惠桥
水通桥
通州博物馆
北京古观象台
北京励志堂科举匾额博物馆
卡通艺术博物馆
国贸桥
通州西站
通州站
北京站
晋商博物馆
北京东站
北京鼻烟壶紫砂博物馆
运
北京艺术中心
王府井古人类文化遗址博物馆
崇文青少年科技馆
中国邮政博物馆
康城科技艺术馆
大运河博物馆
北京警察博物馆
城市绿心森林公园
北京游乐园
北京市规划馆
区
中国铁道博物馆正阳门馆
中华民族艺术珍品馆
上桥新桥
北京自然博物馆
五方桥
北京市技术交流中心
普合桥
北京环球度假区
化工桥
十八里店桥
施园桥
小红门桥
镇海公园
大羊坊桥
区
京
南海子郊野公园
区

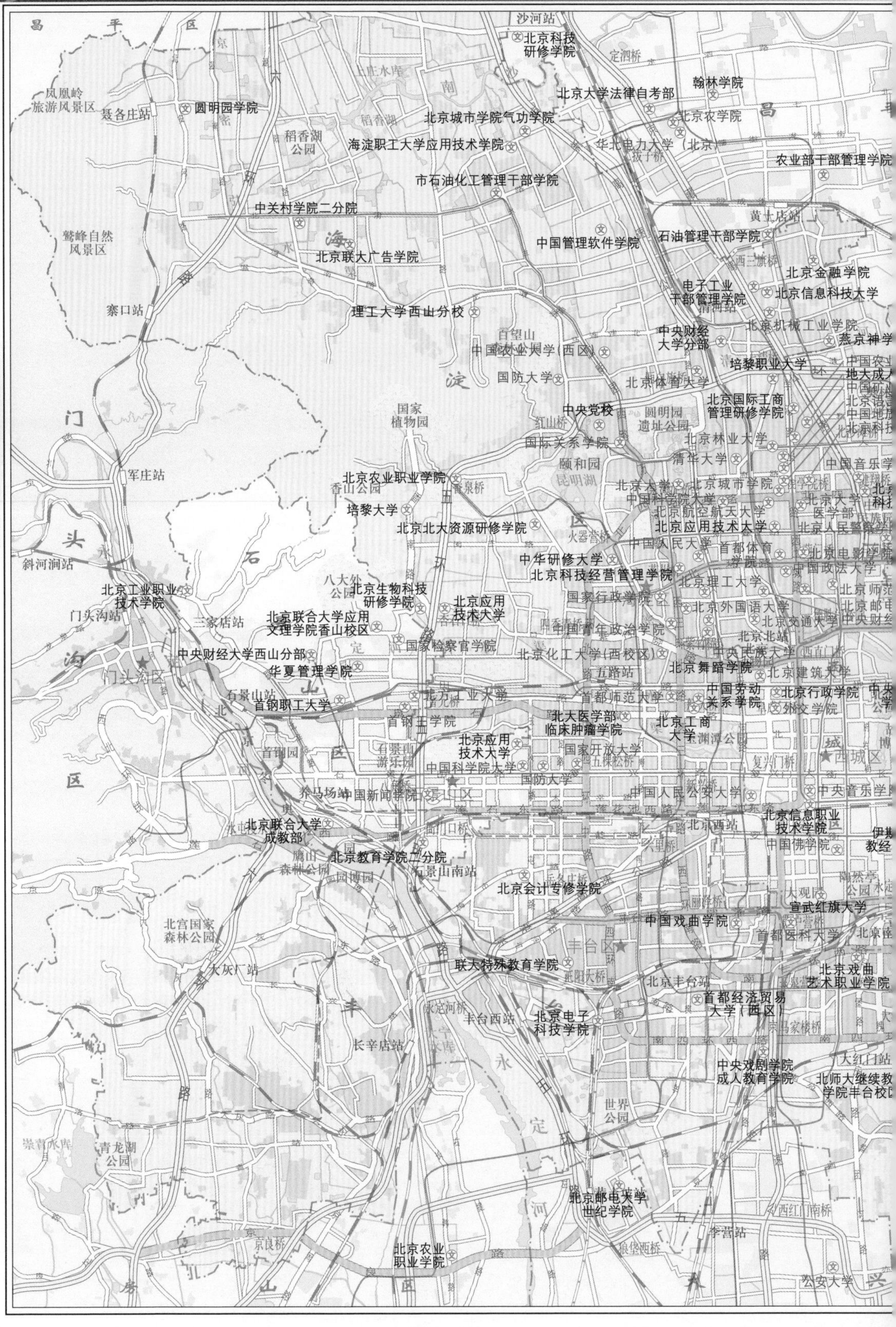
昌平区
沙河站
北京科技研修学院
定泗桥
翰林学院
北京大学法律自考部
凤凰岭旅游风景区
聂各庄站
圆明园学院
北京城市学院气功学院
北京农学院
稻香湖公园
海淀职工大学应用技术学院
华北电力大学（北京）
农业部干部管理学院
市石油化工管理干部学院
中关村学院二分院
黄土店站
鹫峰自然风景区
中国管理软件学院
石油管理干部学院
北京联大广告学院
北京金融学院
电子工业干部管理学院
北京信息科技大学
寨口站
理工大学西山分校
北京机械工业学院
中央财经大学分部
中国农业大学（西区）
燕京神学
培黎职业大学
国防大学
北京体育大学
国家植物园
中央党校
北京国际工商管理研修学院
圆明园遗址公园
国际关系学院
北京林业大学
颐和园
清华大学
中国音乐学
北京农业职业学院
香山公园
北京大学
北京城市学院
中国科学院大学
北京航空航天大学
培黎大学
北京北大资源研修学院
北京应用技术大学
中国人民大学
首都体育学院
中华研修大学
北京科技经营管理学院
北京电影学院
中国政法大学
斜河涧站
北京工业职业技术学院
八大处公园
北京生物科技研修学院
北京应用技术大学
国家行政学院
北京理工大学
门头沟站
三家店站
北京联合大学应用文理学院香山校区
中国青年政治学院
北京外国语大学
北京交通大学
北京北站
中央财经
国家检察官学院
北京化工大学（西校区）
中央民族大学
中央财经大学西山分部
北京舞蹈学院
北京建筑大学
华夏管理学院
门头沟区
五路站
中国劳动关系学院
北京行政学院
石景山站
首钢职工大学
北方工业大学
首都师范大学
外交学院
首钢工学院
北大医学部临床肿瘤学院
北京工商大学
国家开放大学
北京应用技术大学
西城区
中国科学院大学
国防大学
养马场站
中国新闻学院
中国人民公安大学
中央音乐学院
北京联合大学成教部
北京西站
北京信息职业技术学院
中国佛学院
北京教育学院二分院
石景山南站
北京会计专修学院
宣武红旗大学
北宫国家森林公园
中国戏曲学院
首都医科大学
丰台区
联大特殊教育学院
大灰厂站
北京丰台站
北京戏曲艺术职业学院
首都经济贸易大学（西区）
丰台西站
北京电子科技学院
长辛店站
大红门站
中央戏剧学院成人教育学院
北师大继续教育学院丰台校区
世界公园
崇青水库
青龙湖公园
北京邮电大学世纪学院
西红门南桥
李营站
京良桥
北京农业职业学院
公安大学
房山区
门头沟区
石景山区
海淀区
丰台区
大兴区
永定河

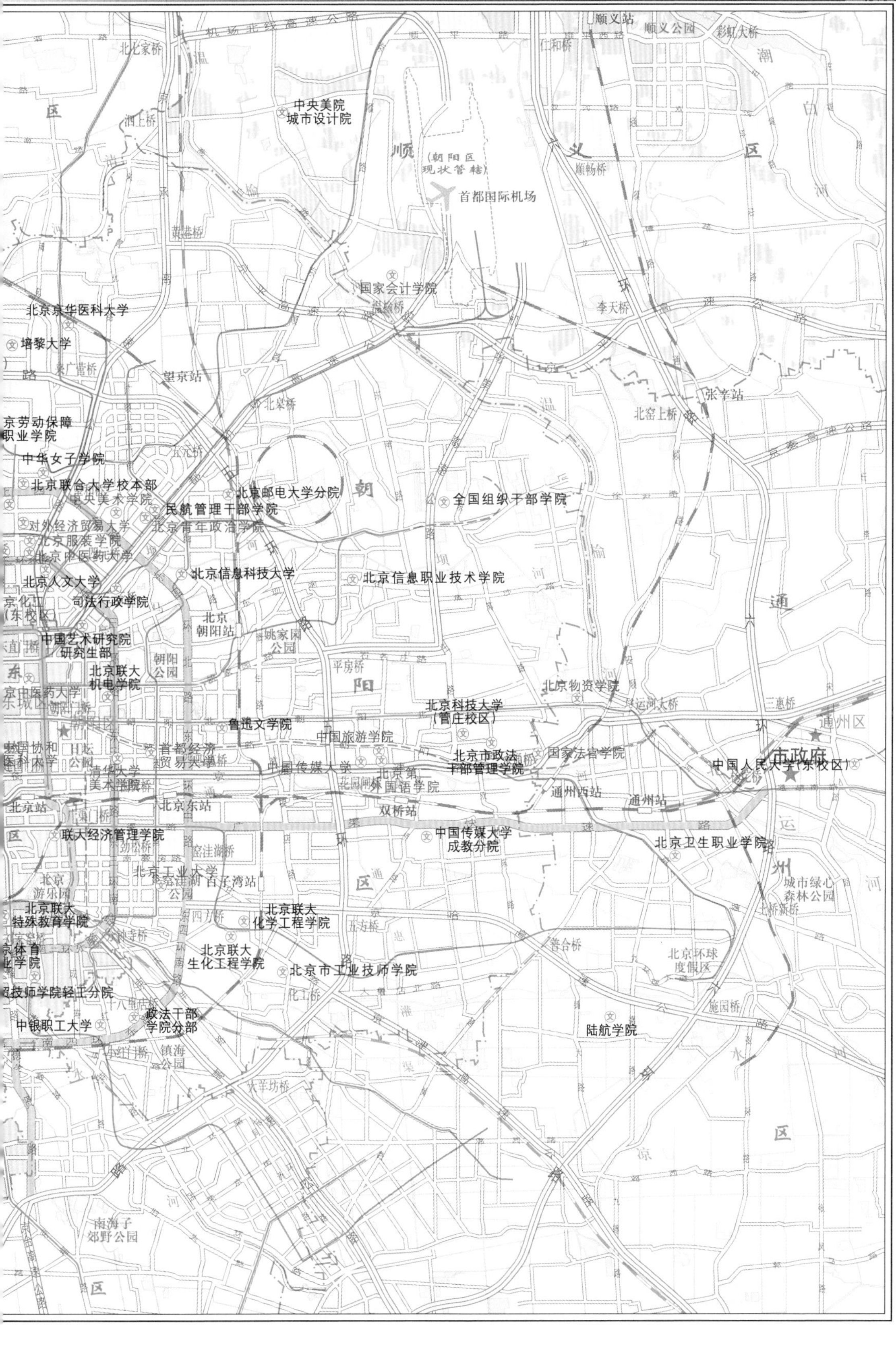
顺义站
顺义公园
彩虹大桥
机场北线高速公路
北七家桥
中央美院
城市设计院
酒上桥
顺
义
区
(朝阳区
现状管辖)
首都国际机场
顺畅桥
国家会计学院
温榆桥
李天桥
北京京华医科大学
培黎大学
来广营桥
望京站
北皋桥
张家站
北窑上桥
京劳动保障
职业学院
中华女子学院
五元桥
北京联合大学校本部
中央美术学院
北京邮电大学分院
朝
全国组织干部学院
民航管理干部学院
对外经济贸易大学
北京青年政治学院
北京服装学院
北京中医药大学
北京信息科技大学
北京信息职业技术学院
北京人文大学
司法行政学院
通
北京
朝阳站
姚家园
公园
中国艺术研究院
研究生部
朝阳
公园
平房桥
北京联大
机电学院
阳
北京物资学院
运河大桥
三惠桥
通州区
北京科技大学
(管庄校区)
鲁迅文学院
中国旅游学院
中国协和
医科大学
首都经济
贸易大学
北京市政法
干部管理学院
国家法官学院
市政府
中国人民大学(东校区)
清华大学
美术学院
中国传媒大学
北京第二
外国语学院
北京站
北京东站
双桥站
通州西站
通州站
联大经济管理学院
中国传媒大学
成教分院
北京卫生职业学院
北京工业大学
窑洼湖桥
百子湾站
北京
游乐园
区
州
城市绿心
森林公园
北京联大
特殊教育学院
北京联大
化学工程学院
五方桥
京体育
业学院
北京联大
生化工程学院
普合桥
北京环球
度假区
北京市工业技师学院
技师学院轻工分院
化工桥
政法干部
学院分部
施园桥
中银职工大学
陆航学院
镇海
公园
大羊坊桥
南海子
郊野公园
区

昌平区
沙河站
定泗桥
凤凰岭
旅游风景区
聂各庄站
上庄水库
稻香湖
稻香湖
公园
太申祥和
医院
龙禧医院
红十字会
北郊医院
北京
回龙观医院
黄土店站
鹫峰自然
风景区
海
西三旗桥
北京胸科医院
北京老年医院
东北旺
中心医院
清河医院
清河站
寨口站
百望山
森林公园
北京红十字会急诊抢救
海淀航天
医院
淀
洼里医
舰船医院
杨坨
矿工医院
国家
植物园
万泉医院分院
中央党校医院
清华大学医院
门
玉泉山医院
青龙桥医院
东升医院
军庄站
西苑中医院
北京大学医院
市化工医院
香泉桥
健翔医院
老年病医院
中关村医院
头
香山医院
海淀妇产医院
海淀医院
塔院医院
市红十字会
血液中心
石
海淀中医院
斜河涧站
长青医院
八大处
公园
北广医院
三家店
铁路医院
五里坨医院
北方医院
北大口腔医院
北下关医院
市肛肠医院
门头沟站
四季青中心医院
三家店站
康复医院
八大处中医院
安定医院
龙泉医院
门头沟医院
中医药研究所海淀中医门诊部
北京北站
积水潭医院
京煤集团总医院
整形外科医院
京民医院
护国寺中医院
门头沟区
石龙医院
皇苑医院
八里庄医院
人民医院
门头沟
骨伤医院
门头沟
中医院
石景山站
燕都医院
首钢总医院
甘家口医院
北大一医
玉渊潭医院
阜外心血管病医院
人民医院
杨庄医院
阜成路医院
市公安医
北京肿瘤医院
北大教学医院
航天中心医院
复兴医院
北京妇产医
特钢医院
石景山
中医院
儿童眼科医院
水利总医院
儿童医院
协和医院
区
石景山医院
市中西医结合医院
北京市急救中心
北京朝阳医院
京西分院
中国中医研究院
眼科医院
世纪坛医院
复兴医院
京煤集团总医院
新兴医院
北蜂窝医院
宣武医院
大栅栏
广外医院
宣武中医院
城建第二医院
广安门中医院
友谊医院
鹰山
森林公园
园博园
同济医院
国泰医院
市回民医院
石景山南站
友谊医院分院
电力总医院
健宫医院
广安医院
卢沟桥医院
北宫国家
森林公园
丽泽医院
佑安医院
丰台区
丰台医星医院
浮桥医院
大灰厂站
二七厂医院
丰台医院
和平医院
右环英和医院
博爱医院
丰台长城医院
广济医院
同仁京苑
兴隆
中医院
丰台中心医院
卢沟桥医院
长辛店站
天坛医院
大红门站
长辛店医院
世界
公园
航天总公司
731医院
南苑医院
二部
崇青水库
青龙湖
公园
黄土坡站
李营站
西红门南桥
京良桥
北
房
山
区
兴

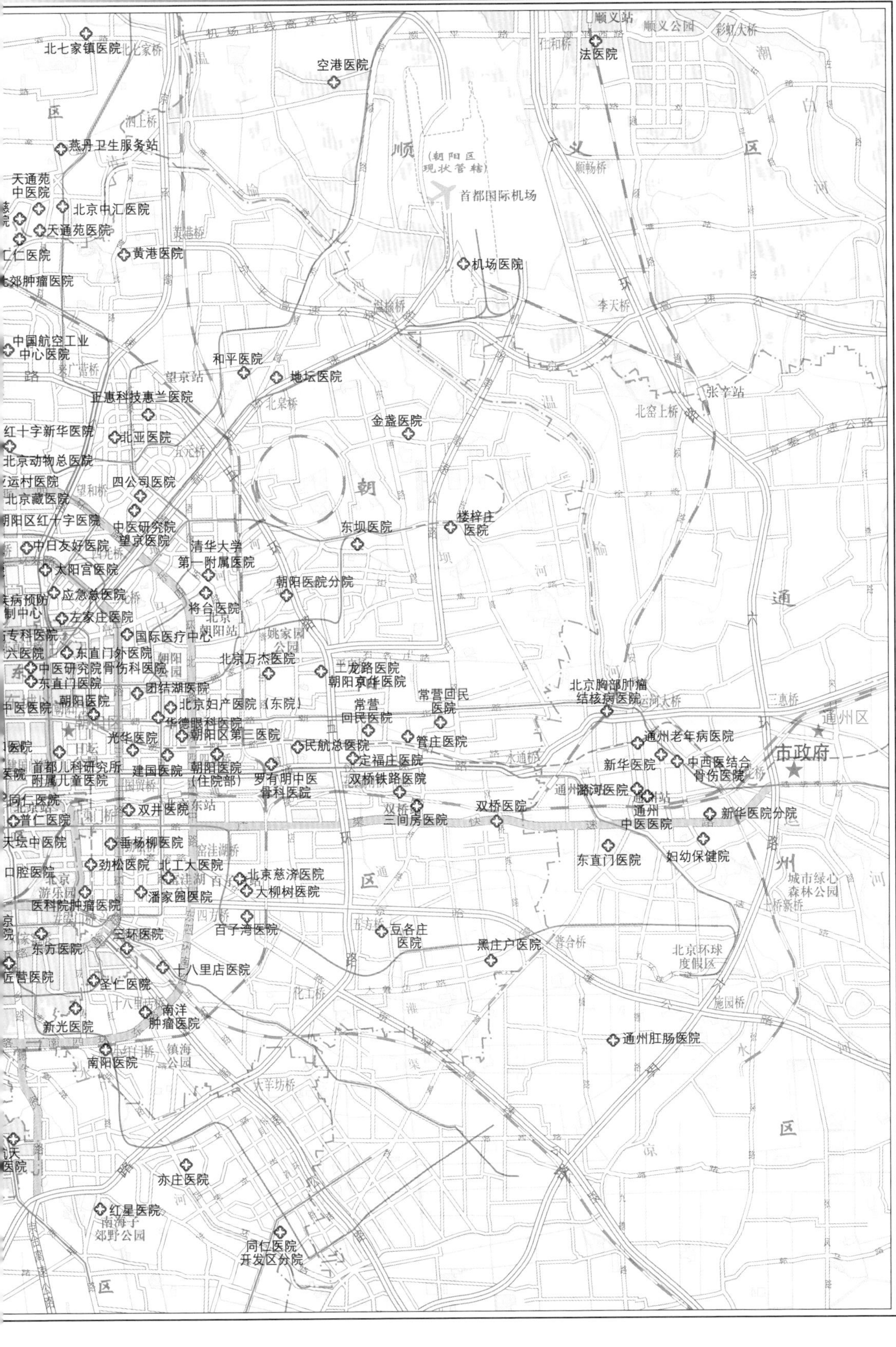

顺义站
顺义公园
彩虹大桥
法医院
北七家镇医院
北七家桥
空港医院
机场北线高速公路
燕丹卫生服务站
顺
义
区
(朝阳区
现状管辖)
首都国际机场
天通苑
中医院
北京中汇医院
天通苑医院
黄港医院
机场医院
郊肿瘤医院
温榆桥
李天桥
中国航空工业
中心医院
和平医院
地坛医院
望京站
张辛站
北窑上桥
正惠科技惠兰医院
金盏医院
红十字新华医院
北亚医院
北京动物总医院
运村医院
四公司医院
北京藏医院
朝
朝阳区红十字医院
中医研究院
望京医院
东坝医院
楼梓庄
医院
中日友好医院
清华大学
第一附属医院
太阳宫医院
朝阳医院分院
应急急医院
将台医院
通
左家庄医院
国际医疗中心
北京朝阳站
姚家园
公园
东直门外医院
北京万杰医院
中医研究院骨伤科医院
十里堡医院
东直门医院
朝阳京华医院
团结湖医院
常营回民
医院
北京胸部肿瘤
结核病医院
朝阳医院
北京妇产医院（东院）
常营
回民医院
华德眼科医院
朝阳区第三医院
管庄医院
三惠桥
通州区
光华医院
民航总医院
通州老年病医院
市政府
定福庄医院
新华医院
中西医结合
骨伤医院
首都儿科研究所
附属儿童医院
建国医院
朝阳医院
（住院部）
罗有明中医
骨科医院
双桥铁路医院
同仁医院
双桥
三间房医院
双桥医院
潞河医院
通州
中医医院
新华医院分院
普仁医院
双井医院
天坛中医院
垂杨柳医院
东直门医院
妇幼保健院
口腔医院
劲松医院
北工大医院
北京慈济医院
城市绿心
森林公园
大柳树医院
医科院肿瘤医院
潘家园医院
区
百子湾医院
豆各庄
医院
东方医院
宝环医院
黑庄户医院
北京环球
度假区
十八里店医院
圣仁医院
化工桥
南洋
肿瘤医院
新光医院
通州肛肠医院
南阳医院
镇海
公园
大羊坊桥
区
亦庄医院
红星医院
南海子
郊野公园
同仁医院
开发区分院
区

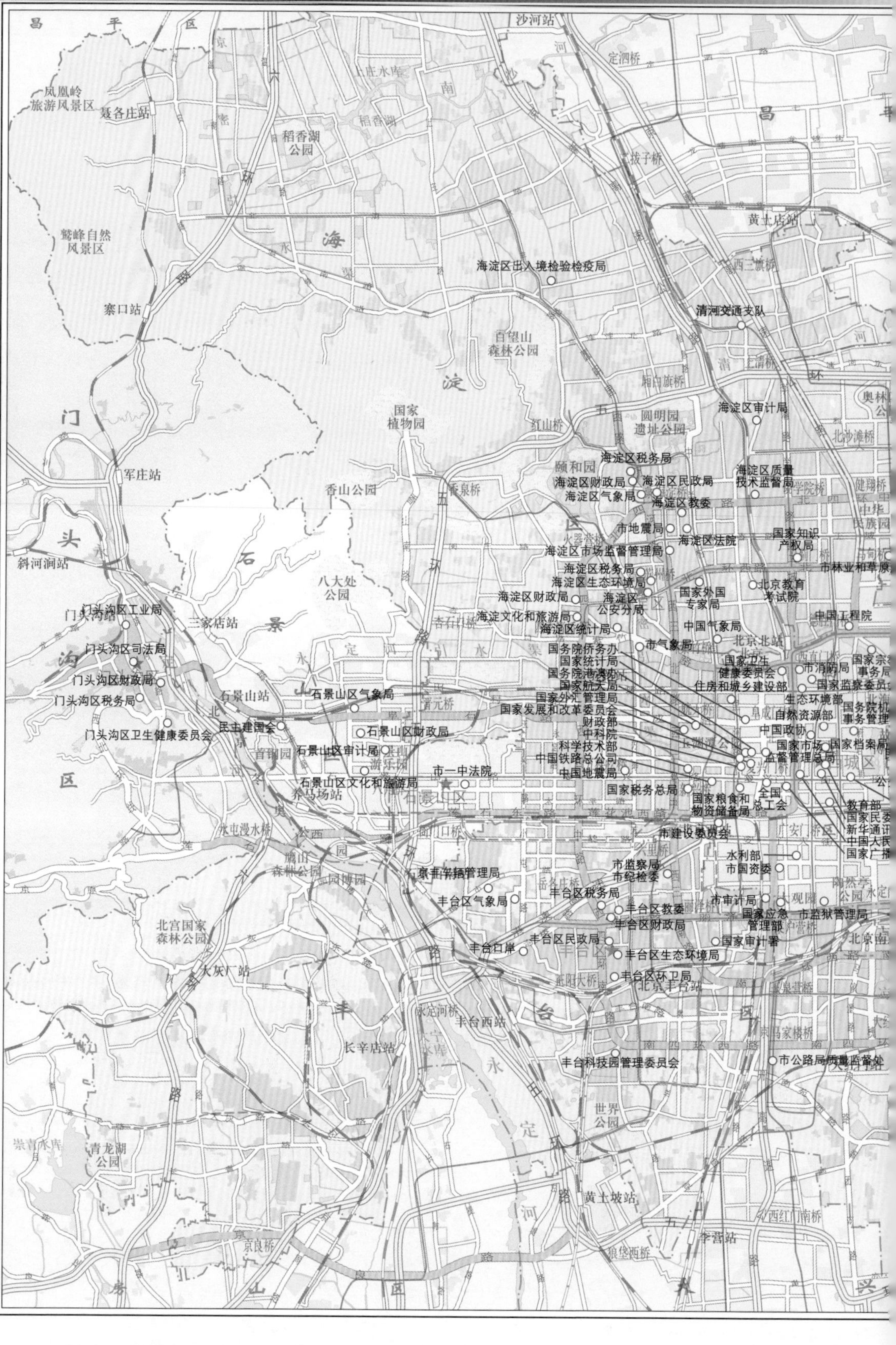

昌平区
沙河站
定泗桥
凤凰岭旅游风景区
聂各庄站
上庄水库
稻香湖公园
鹫峰自然风景区
海
海淀区出入境检验检疫局
黄土店站
西三旗桥
寨口站
清河交通支队
百望山森林公园
淀
厢白旗桥
海淀区审计局
国家植物园
圆明园遗址公园
门
军庄站
颐和园
海淀区税务局
海淀区财政局
海淀区民政局
海淀区质量技术监督局
海淀区气象局
海淀区教委
香山公园
香泉桥
头
市地震局
海淀区法院
国家知识产权局
斜河涧站
海淀区市场监督管理局
石
海淀区税务局
海淀区生态环境局
北京教育考试院
八大处公园
海淀区财政局
海淀区公安分局
国家外国专家局
门头沟区工业局
三家店站
海淀文化和旅游局
中国工程院
景
海淀区统计局
中国气象局
门头沟区司法局
市气象局
北京北站
国务院侨务办
国家统计局
国家卫生健康委员会
市消防局
国务院港澳办
门头沟区财政局
国家航天局
住房和城乡建设部
国家监察委员会
门头沟区税务局
石景山站
石景山区气象局
国家外汇管理局
生态环境部
国家发展和改革委员会
自然资源部
门头沟区卫生健康委员会
民主建国会
石景山区财政局
财政部
中国政协
中科院
国家市场监督管理总局
国家档案局
石景山区审计局
科学技术部
中国铁路总公司
市一中法院
中国地震局
石景山区文化和旅游局
养马场站
国家税务总局
全国总工会
国家粮食和物资储备局
教育部
区
永定门桥
市建设委员会
水利部
市监察局
市纪检委
市国资委
丰台区税务局
丰台区气象局
市审计局
大观园
丰台区教委
国家应急管理部
市监狱管理局
丰台区财政局
北宫国家森林公园
丰台区民政局
国家审计署
丰台口岸
丰台区
丰台区生态环境局
大灰厂站
丰台区环卫局
北京丰台站
丰
永定河桥
丰台西站
台
长辛店站
丰台科技园管理委员会
市公路局质量监督处
世界公园
崇青水库
青龙湖公园
黄土坡站
李营站
京良桥

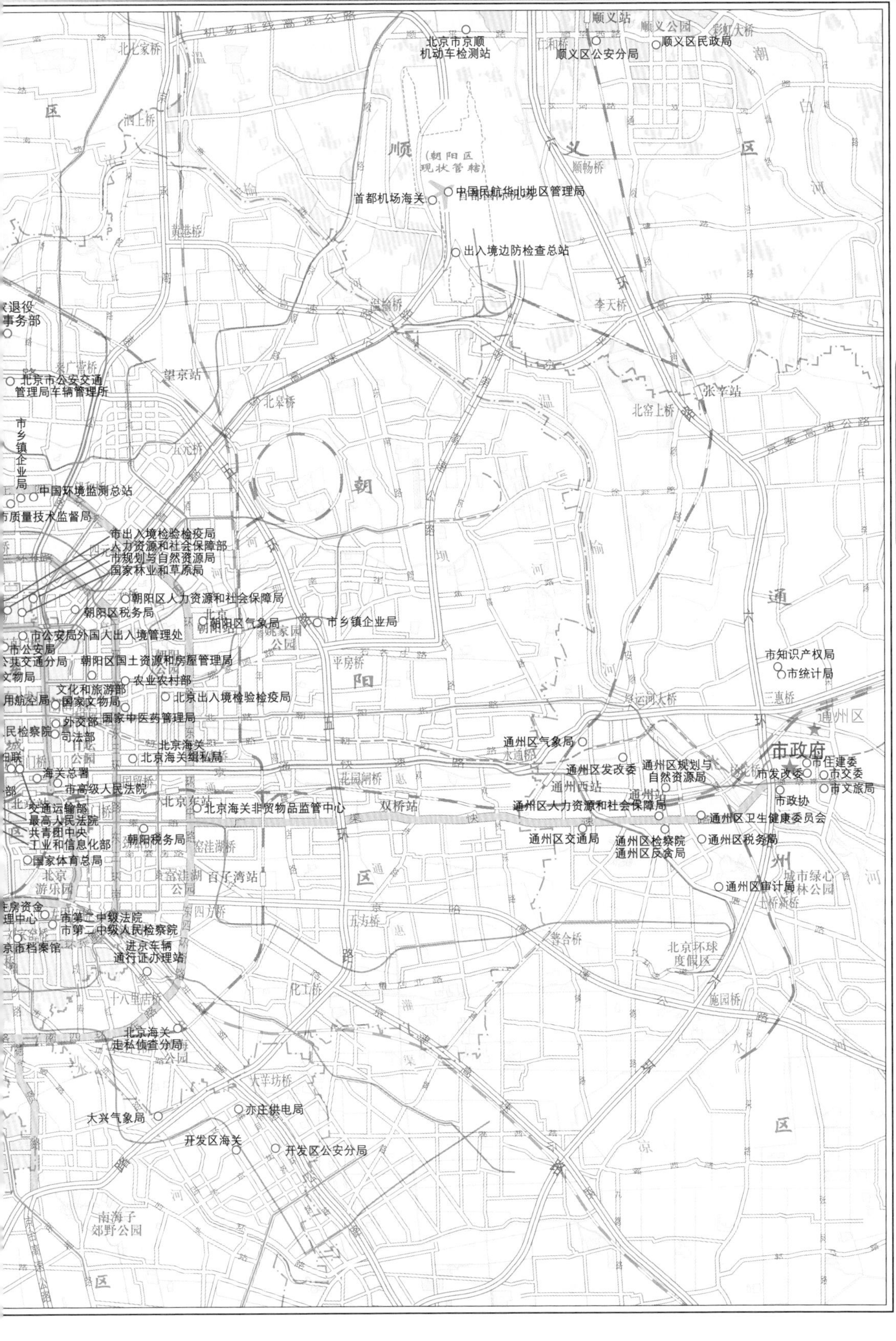
顺义站
顺义公园
北京市京顺
机动车检测站
顺义区公安分局
顺义区民政局
顺
义
区
(朝阳区
现状管辖)
顺畅桥
首都机场海关
中国民航华北地区管理局
出入境边防检查总站
温榆桥
李天桥
北七家桥
沙上桥
黄港桥
望京站
北皋桥
张辛站
北窑上桥
京秦高速公路
北京市公安交通
管理局车辆管理所
市
乡
镇
企
业
局
中国环境监测总站
市质量技术监督局
市出入境检验检疫局
人力资源和社会保障部
市规划与自然资源局
国家林业和草原局
朝阳区人力资源和社会保障局
朝阳区税务局
朝阳区气象局
市乡镇企业局
市公安局外国人出入境管理处
市公安局
朝阳区国土资源和房屋管理局
农业农村部
文化和旅游部
国家文物局
北京出入境检验检疫局
国家中医药管理局
外交部
司法部
北京海关
北京海关缉私局
海关总署
市高级人民法院
北京东站
北京海关非贸物品监管中心
交通运输部
最高人民法院
共青团中央
工业和信息化部
朝阳税务局
国家体育总局
北京
游乐园
窑洼湖桥
窑洼湖
公园
百子湾站
市第二中级法院
市第二中级人民检察院
进京车辆
通行证办理站
十八里店桥
北京海关
走私侦查分局
大羊坊桥
大兴气象局
亦庄供电局
开发区海关
开发区公安分局
南海子
郊野公园
朝
阳
区
平房桥
姚家园
公园
通
州
区
市知识产权局
市统计局
三惠桥
通州区
市政府
市住建委
市交委
市文旅局
市发改委
市政协
通州区气象局
通州区发改委
通州区规划与
自然资源局
通州西站
通州区人力资源和社会保障局
通州区卫生健康委员会
通州区交通局
通州区检察院
通州区反贪局
通州区税务局
城市绿心
森林公园
通州区审计局
七桥新桥
双桥站
花园闸桥
五方桥
化工桥
普合桥
北京环球
度假区
施园桥

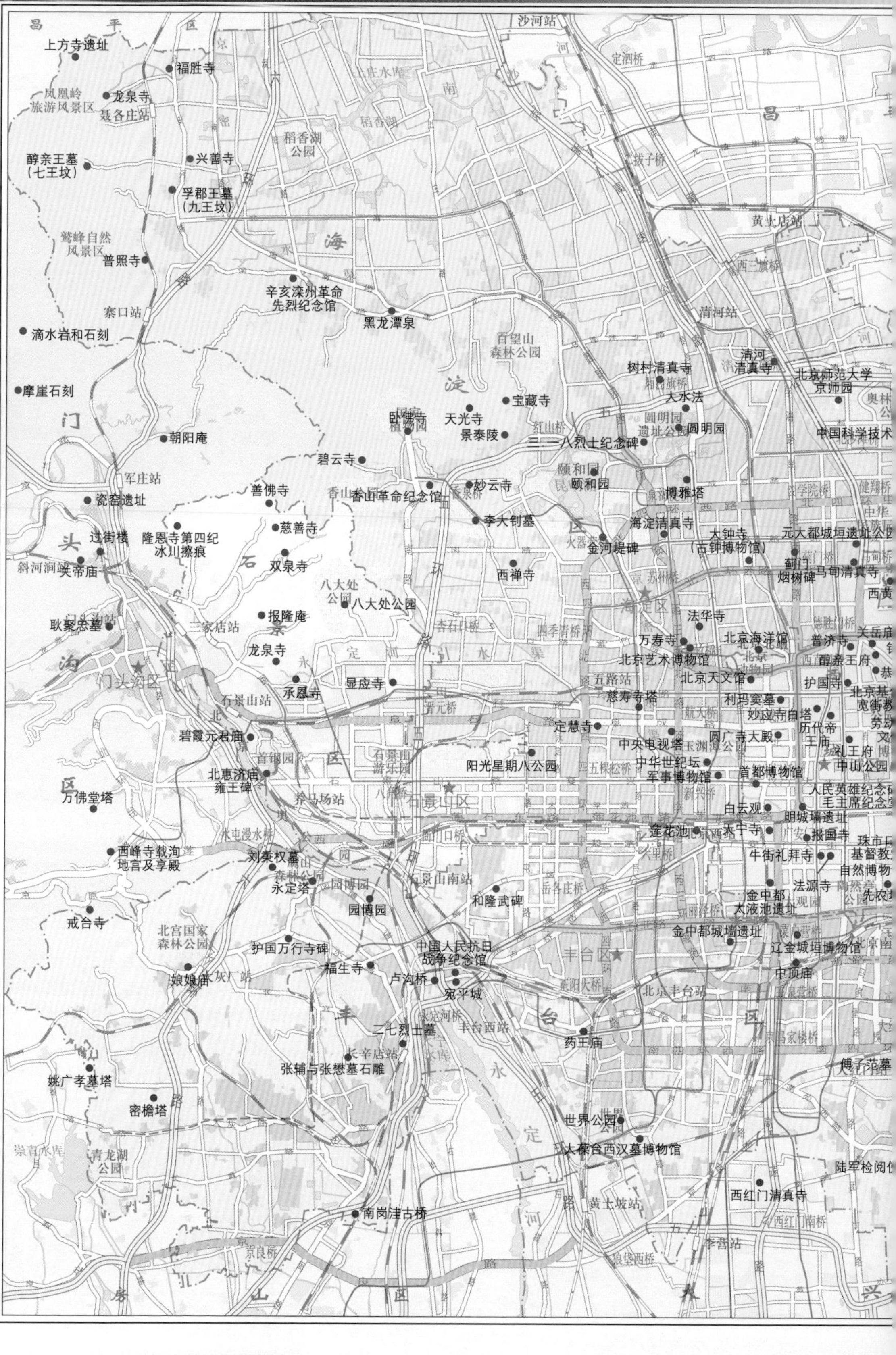
昌平区
沙河站
定泗桥
上庄水库
稻香湖
稻香湖公园
上方寺遗址
福胜寺
凤凰岭旅游风景区
龙泉寺
聂各庄站
醇亲王墓（七王坟）
兴善寺
孚郡王墓（九王坟）
鹫峰自然风景区
普照寺
辛亥滦州革命先烈纪念馆
黑龙潭泉
寨口站
滴水岩和石刻
摩崖石刻
黄土店站
西三旗桥
清河站
清河清真寺
北京师范大学京师园
百望山森林公园
树村清真寺
大水法
宝藏寺
卧佛寺
天光寺
景泰陵
圆明园遗址公园
圆明园
三·一八烈士纪念碑
中国科学技术
朝阳庵
碧云寺
军庄站
瓷窑遗址
善佛寺
香山革命纪念馆
妙云寺
颐和园
博雅塔
学院桥
慈善寺
李大钊墓
海淀清真寺
大钟寺（古钟博物馆）
元大都城垣遗址公园
过街楼
隆恩寺第四纪冰川擦痕
金河堤碑
双泉寺
斜河涧站
关帝庙
西禅寺
蓟门烟树碑
马甸清真寺
八大处公园
苏州桥
海淀区
法华寺
报隆庵
耿聚忠墓
三家店站
杏石口桥
四季青桥
万寿寺
北京海洋馆
普济寺
北京艺术博物馆
醇亲王府
龙泉寺
门头沟区
承恩寺
显应寺
五路站
北京天文馆
护国寺
石景山站
慈寿寺塔
利玛窦墓
晋元桥
妙应寺白塔
历代帝王庙
定慧寺
航天桥
碧霞元君庙
中央电视塔
圆广寺大殿
礼王府
中华世纪坛
军事博物馆
首都博物馆
中山公园
阳光星期八公园
北惠济庙
雍王碑
石景山游乐园
五棵松桥
万佛堂塔
养马场站
石景山区
人民英雄纪念碑
毛主席纪念堂
白云观
明城墙遗址
水屯漫水桥
莲花池
天宁寺
报国寺
西峰寺载洵地宫及享殿
刘秉权墓
衙门口桥
牛街礼拜寺
森林公园
永定塔
园博园
石景山南站
岳各庄桥
法源寺
自然博物
先农坛
和隆武碑
金中都太液池遗址
戒台寺
金中都城墙遗址
北宫国家森林公园
护国万行寺碑
中国人民抗日战争纪念馆
丰台区
辽金城垣博物馆
福生寺
卢沟桥
宛平城
娘娘庙
灰厂站
北京丰台站
中顶庙
永定河桥
丰台西站
二七烈士墓
药王庙
长辛店站
张辅与张懋墓石雕
姚广孝墓塔
傅子范墓
密檐塔
世界公园
大葆台西汉墓博物馆
崇青水库
青龙湖公园
陆军检阅
西红门清真寺
黄土坡站
南岗洼古桥
西红门南桥
京良桥
李营站
狼垡西桥
房山区
大兴

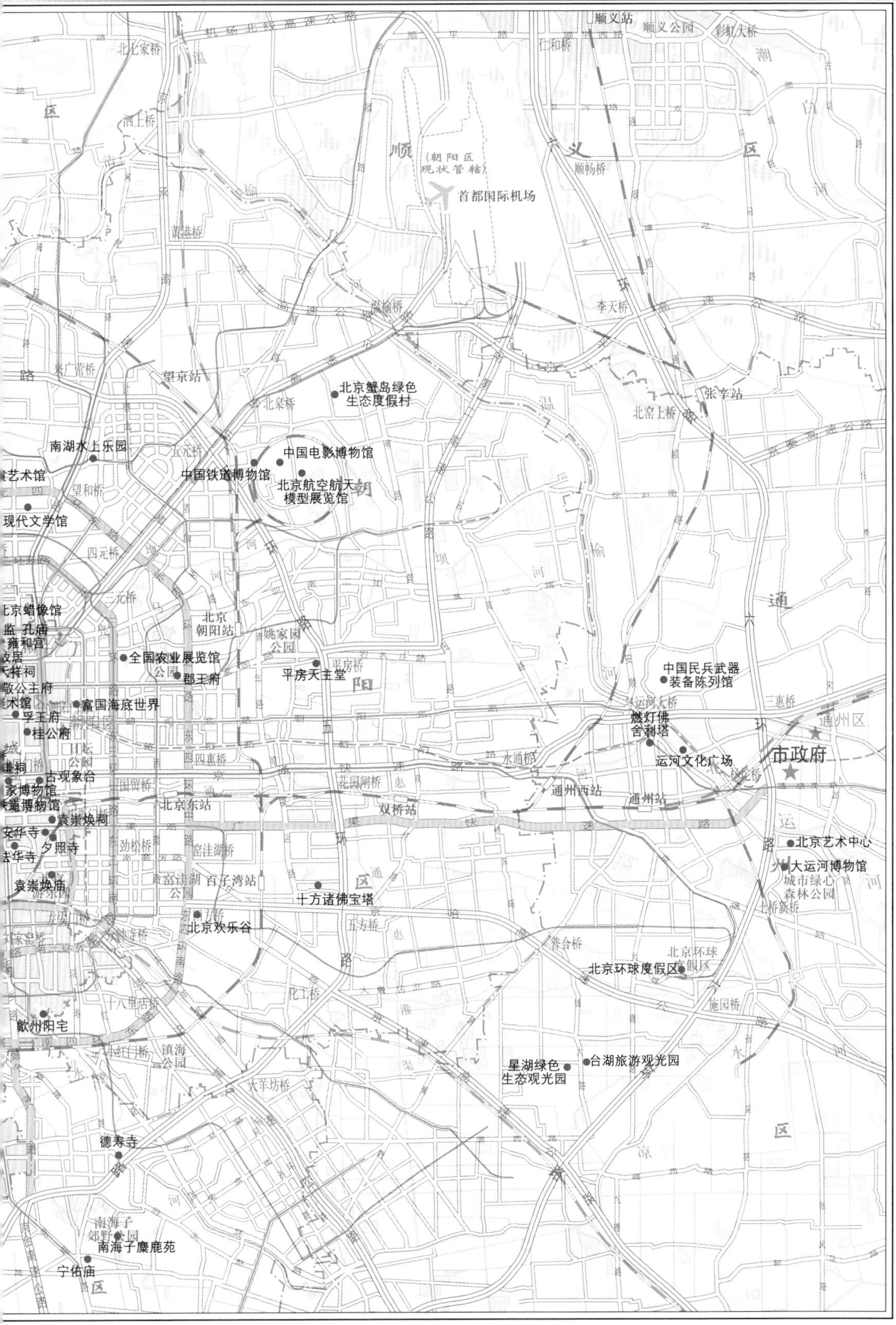
顺义站
顺义公园
彩虹大桥
仁和桥
机场北线高速公路
北七家桥
顺义区
(朝阳区现状管辖)
首都国际机场
顺畅桥
李天桥
张辛站
北窑上桥
京秦高速公路
望京站
北皋桥
北京蟹岛绿色生态度假村
南湖水上乐园
五元桥
中国电影博物馆
中国铁道博物馆
北京航空航天模型展览馆
朝阳区
艺术馆
望和桥
现代文学馆
四元桥
三元桥
北京蜡像馆
监
孔庙
雍和宫
故居
祥祠
敬公主府
术馆
孚王府
桂公府
北京朝阳站
姚家园公园
全国农业展览馆
郡王府
平房天主堂
平房桥
富国海底世界
中国民兵武器装备陈列馆
运河大桥
三惠桥
通州区
燃灯佛舍利塔
运河文化广场
市政府
古观象台
家博物馆
铁道博物馆
四惠桥
国贸桥
北京东站
水通桥
通州西站
通州站
花园闸桥
双桥站
袁崇焕祠
安华寺
夕照寺
法华寺
劲松桥
窑洼湖桥
北京艺术中心
大运河博物馆
城市绿心森林公园
袁崇焕庙
窑洼湖公园
百子湾站
十方诸佛宝塔
北京欢乐谷
五方桥
分钟寺桥
普合桥
北京环球度假区
施园桥
化工桥
十八里店桥
歙州阳宅
小红门桥
镇海公园
星湖绿色生态观光园
台湖旅游观光园
大羊坊桥
德寿寺
南海子郊野公园
南海子麋鹿苑
宁佑庙

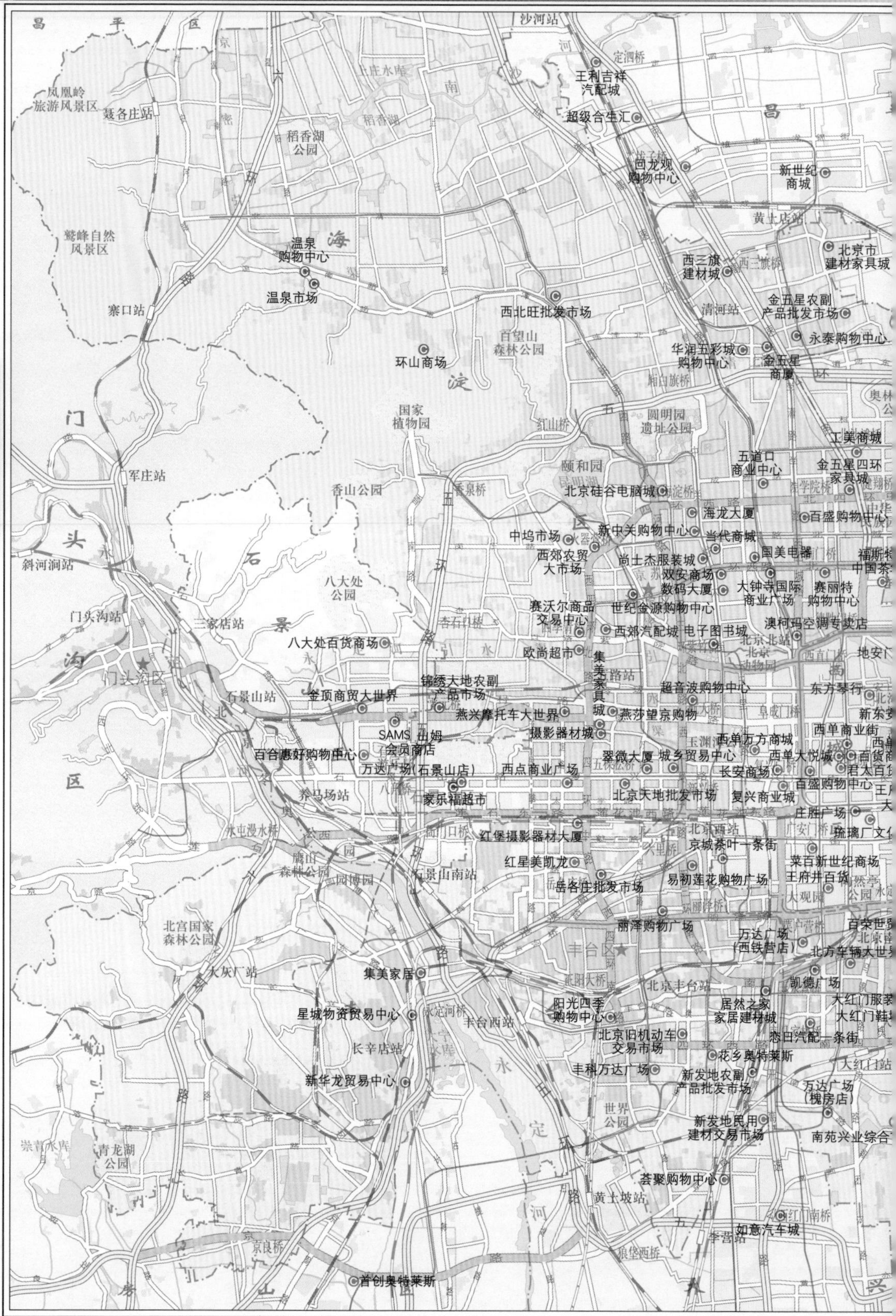
昌平区
沙河站
定泗桥
王利吉祥汽配城
超级合生汇
昌
凤凰岭旅游风景区
聂各庄站
稻香湖公园
上庄水库
稻香湖
巩华
回龙观购物中心
新世纪商城
黄土店站
北京市建材家具城
鹫峰自然风景区
温泉购物中心
温泉市场
海
西三旗建材城
西三旗桥
金五星农副产品批发市场
寨口站
西北旺批发市场
清河站
永泰购物中心
百望山森林公园
环山商场
华润五彩城购物中心
金五星商厦
淀
厢白旗桥
奥林
国家植物园
圆明园遗址公园
门
红山桥
工美商城
五道口商业中心
金五星四环家具城
颐和园
昆明湖
军庄站
香山公园
香泉桥
北京硅谷电脑城
海淀桥
海龙大厦
百盛购物中心
中坞市场
新中关购物中心
当代商城
头
石
西郊农贸大市场
尚士杰服装城
国美电器
福斯特
中国茶
斜河涧站
双安商场
数码大厦
大钟寺国际商业广场
赛丽特购物中心
八大处公园
赛沃尔商品交易中心
世纪金源购物中心
门头沟站
三家店站
景
杏石口桥
澳柯玛空调专卖店
西郊汽配城
电子图书城
北京北站
八大处百货商场
欧尚超市
北京动物园
西直门桥
地安门
沟
门头沟区
集美家具城
锦绣大地农副产品市场
石景山站
金顶商贸大世界
超音波购物中心
东方琴行
燕兴摩托车大世界
燕莎望京购物
阜成门桥
新东安
SAMS 山姆会员商店
摄影器材城
西单商业街
百合惠好购物中心
翠微大厦
城乡贸易中心
西单万方商城
西单大悦城
百货商
区
万达广场(石景山店)
西点商业广场
长安商场
君太百货
养马场站
家乐福超市
北京天地批发市场
复兴商业城
百盛购物中心
庄胜广场
王府
永屯漫水桥
衙门口桥
北京西站
红堡摄影器材大厦
京城茶叶一条街
琉璃厂文化
鹰山森林公园
园博园
红星美凯龙
莱百新世纪商场
石景山南站
王府井百货
岳各庄批发市场
易初莲花购物广场
大观园
丽泽桥
北宫国家森林公园
丽泽购物广场
万达广场(西铁营店)
百荣世贸
丰台区
北方车辆大世界
大灰厂站
集美家居
北京丰台站
凯德广场
阳光四季购物中心
居然之家家居建材城
大红门服装
星城物资贸易中心
丰台西站
大红门鞋
北京旧机动车交易市场
恋日汽配一条街
长辛店站
花乡奥特莱斯
大红门站
丰科万达广场
新华龙贸易中心
新发地农副产品批发市场
万达广场(槐房店)
世界公园
崇青水库
青龙湖公园
新发地民用建材交易市场
南苑兴业综合
永定
荟聚购物中心
黄土坡站
河
西红门南桥
如意汽车城
李营站
京良桥
首创奥特莱斯
房
兴

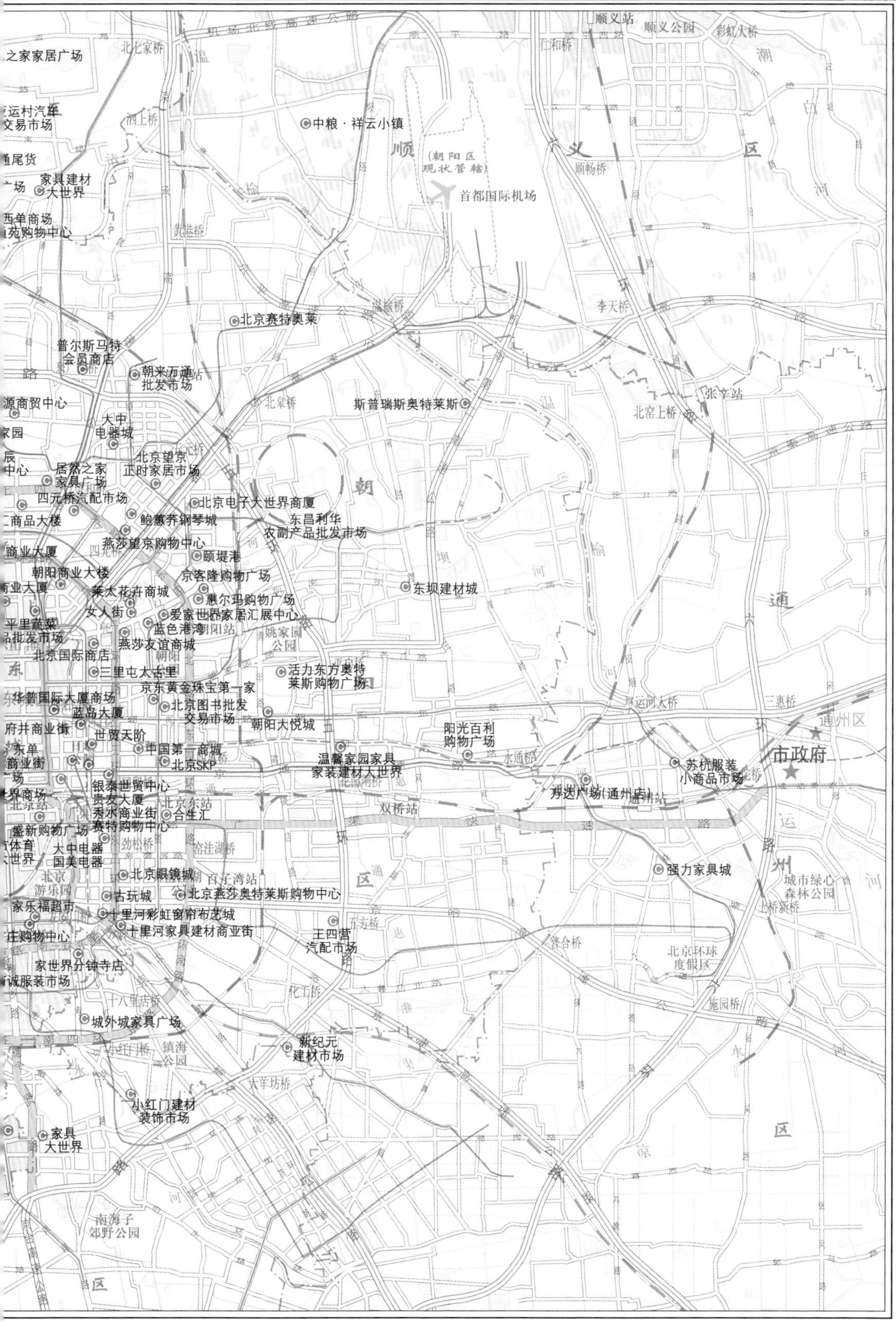

之家家居广场
北七家桥
机场北线高速公路
顺义站
顺义公园
彩虹大桥
仁和桥
运村汽车
交易市场
中粮·祥云小镇
泗上桥
顺
（朝阳区
现状管辖）
义
区
顺畅桥
首都国际机场
家具建材
大世界
西单商场
黄港桥
温榆桥
李天桥
北京赛特奥莱
普尔斯马特
会员商店
朝来万通
批发市场
张辛站
北皋桥
斯普瑞斯奥特莱斯
北窑上桥
源商贸中心
大中
电器城
北京望京
正时家居市场
居然之家
家具广场
四元桥汽配市场
北京电子大世界商厦
朝
东昌利华
农副产品批发市场
鲍蕙荞钢琴城
商品大楼
燕莎望京购物中心
颐堤港
朝阳商业大楼
京客隆购物广场
东坝建材城
莱太花卉商城
惠尔玛购物广场
通
女人街
爱家世界家居汇展中心
蓝色港湾
朝阳站
姚家园
公园
燕莎友谊商城
北京国际商店
三里屯太古里
活力东方奥特
莱斯购物广场
京东黄金珠宝第一家
华普国际大厦商场
北京图书批发
交易市场
运河大桥
三惠桥
蓝岛大厦
朝阳大悦城
府井商业街
世贸天阶
阳光百利
购物广场
通州区
中国第一商城
温馨家园家具
家装建材大世界
北京SKP
苏杭服装
小商品市场
市政府
银泰世贸中心
贵友大厦
秀水商业街
赛特购物中心
合生汇
万达广场（通州店）
双桥站
盛新购物广场
劲松桥
窑洼湖桥
大中电器
国美电器
北京眼镜城
强力家具城
百子湾站
北京
游乐园
古玩城
北京燕莎奥特莱斯购物中心
区
城市绿心
森林公园
家乐福超市
十里河彩虹窗帘布艺城
五方桥
十里河家具建材商业街
王四营
汽配市场
北京环球
度假区
家世界分钟寺店
诚服装市场
化工桥
十八里店桥
施园桥
城外城家具广场
新纪元
建材市场
小红门桥
镇海
公园
大羊坊桥
小红门建材
装饰市场
家具
大世界
区
南海子
郊野公园
区

序
图

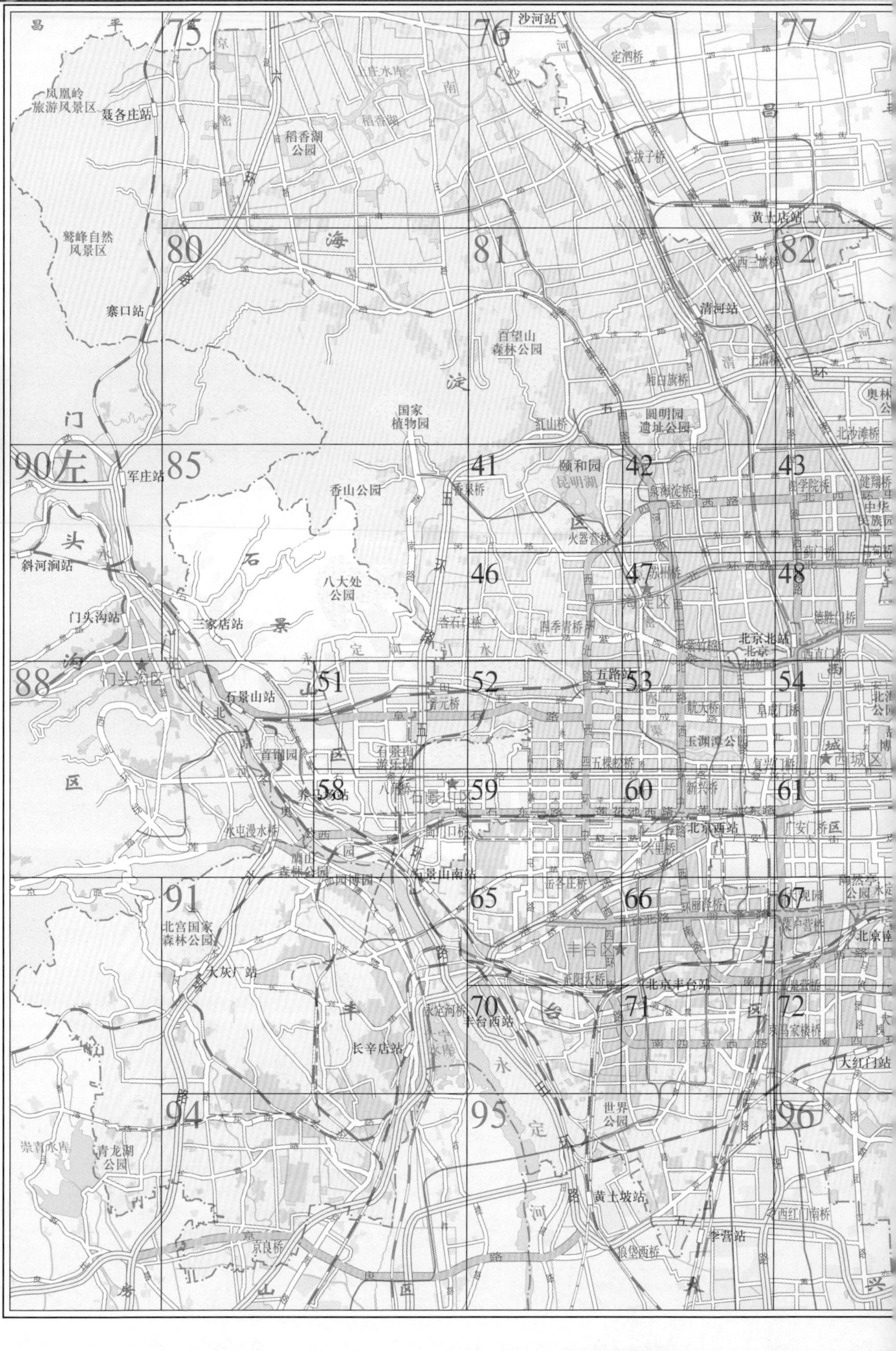
75
76
77
80
81
82
90左
85
41
42
43
46
47
48
88
51
52
53
54
58
59
60
61
91
65
66
67
70
71
72
94
95
96
昌平
沙河站
定泗桥
凤凰岭
旅游风景区
聂各庄站
上庄水库
稻香湖
稻香湖
公园
拔子桥
黄土店站
鹫峰自然
风景区
海
西三旗桥
寨口站
清河站
百望山
森林公园
上清桥
淀
西北旺
奥林
北沙滩桥
国家
植物园
圆明园
遗址公园
红山桥
门
军庄站
颐和园
昆明湖
香泉桥
香山公园
泉宗淀桥
学院桥
建翔桥
头
火器营桥
斜河涧站
石
八大处
公园
苏州桥
海淀区
门头沟站
三家店站
景
杏石口桥
四季青桥
德胜门桥
北京北站
北京
动物园
西直门桥
门头沟区
五路
石景山站
晋元桥
航天桥
阜成门桥
北海
公园
首钢园
石景山
游乐园
玉渊潭公园
城
西城区
区
五棵松桥
复兴门桥
区
养马场
八角桥
石景山区
新兴桥
水屯漫水桥
衙门口桥
北京西站
广安门桥
六里桥
鹰山
森林公园
园博园
石景山南站
岳各庄桥
陶然亭
公园
北宫国家
森林公园
丽泽桥
菜户营桥
北京南
丰台区
大灰厂站
宛平城
北京丰台站
丰
永定河桥
丰台西站
台
区
东马家楼桥
长辛店站
大宁
水库
永
大红门站
世界
公园
定
崇青水库
青龙湖
公园
黄土坡站
河
西红门南桥
京良桥
李营站
狼垡西桥
房
山
区
大
兴

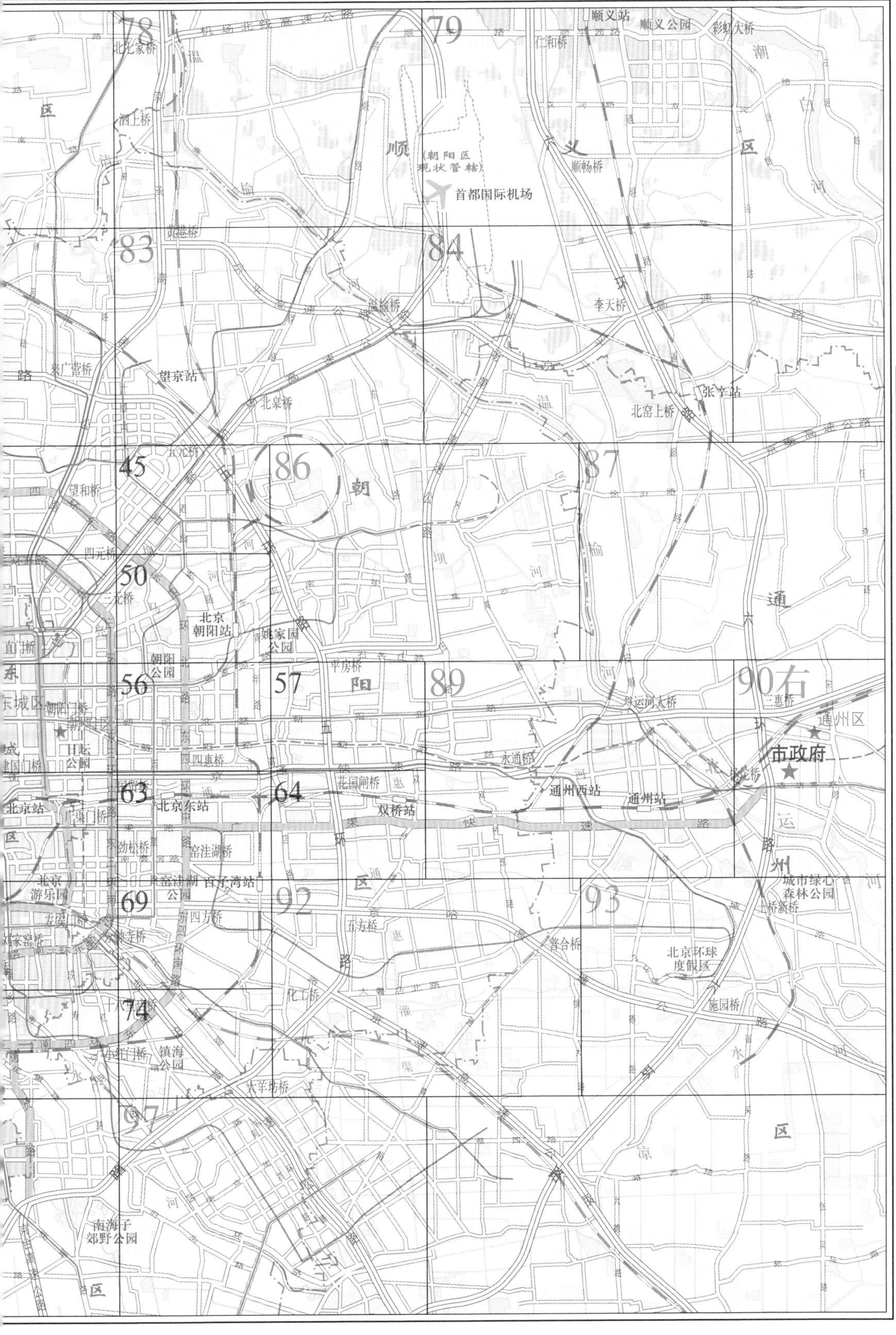
78
79
机场北线高速公路
北七家桥
顺义站
顺义公园
彩虹大桥
仁和桥
潮
白
河
酒仙桥
顺
义
区
（朝阳区
现状管辖）
首都国际机场
顺畅桥
83
84
黄港桥
温榆桥
李天桥
来广营桥
望京站
北皋桥
北窑上桥
张辛站
温
45
86
87
朝
望和桥
四元桥
50
三元桥
坝
河
北京
朝阳站
姚家园
公园
通
直门桥
朝阳
公园
平房桥
56
57
89
90右
东
东城区
朝阳门桥
朝阳区
日坛
公园
阳
北运河大桥
三惠桥
通州区
市政府
城
建国门桥
四惠桥
永通桥
63
64
花园闸桥
北京站
广渠门桥
北京东站
双桥站
通州西站
通州站
区
劲松桥
窑洼湖桥
运
州
北京
游乐园
窑洼湖
公园
百子湾站
69
92
93
区
城市绿心
森林公园
左安门桥
四方桥
五方桥
七桥新桥
刘家窑桥
分钟寺桥
普合桥
北京环球
度假区
化工桥
74
十八里店桥
施园桥
小红门桥
镇海
公园
大羊坊桥
97
区
南海子
郊野公园
区

15 北京区县图索引

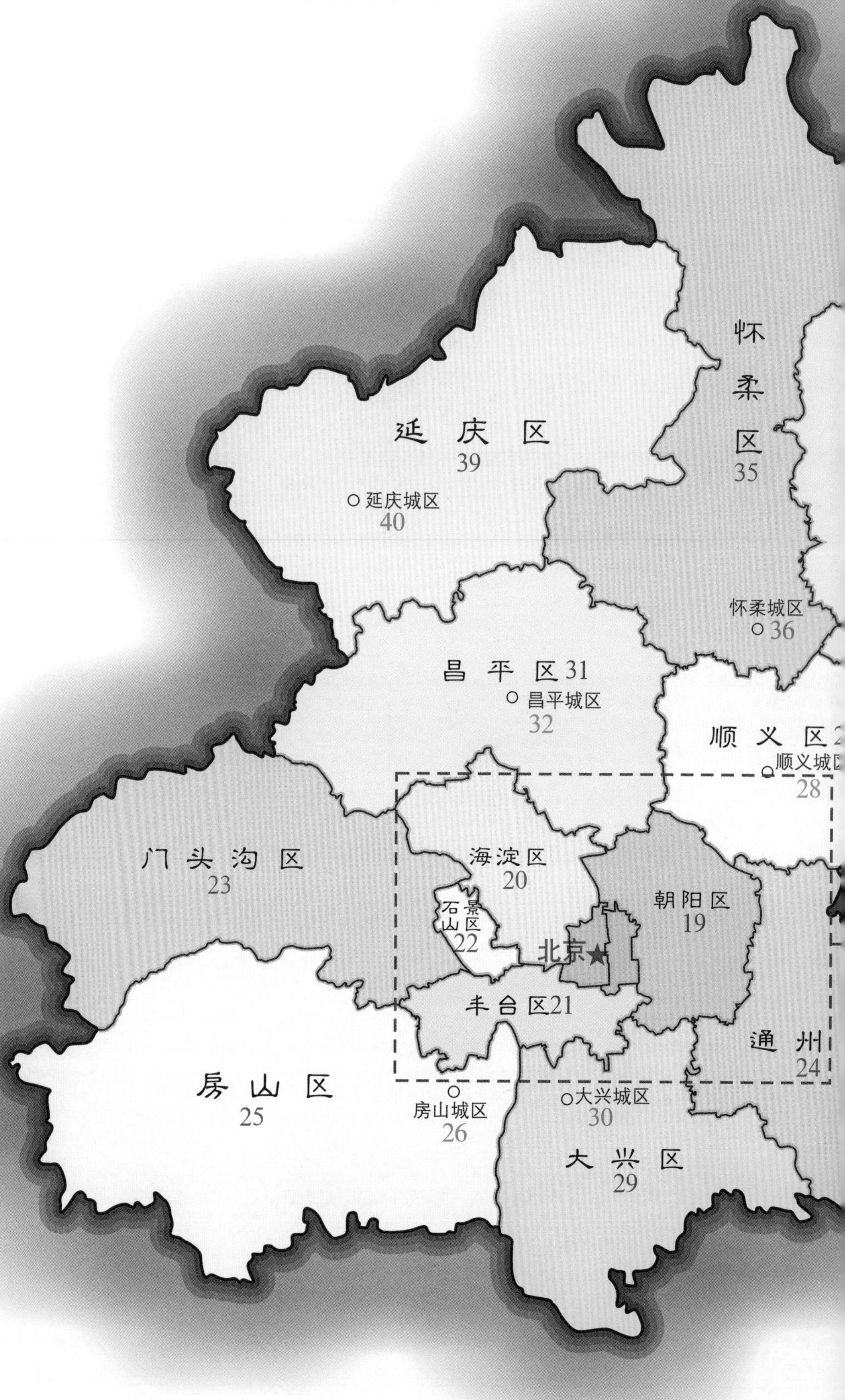

延庆区
39
延庆城区
40
怀柔区
35
怀柔城区
36
昌平区31
昌平城区
32
顺义区2
顺义城区
28
门头沟区
23
海淀区
20
石景山区
22
北京
朝阳区
19
丰台区21
通州
24
房山区
25
房山城区
26
大兴城区
30
大兴区
29

密云区
37
城区
平谷区
33
平谷城区
34
昌平区
昌平区
31
顺义区
27
海淀区
20
门头沟区
23
石景山区
22
西城区17
北京
东城区
16
朝阳区
19
丰台区21
通州区
24
房山区
25
大兴区
29

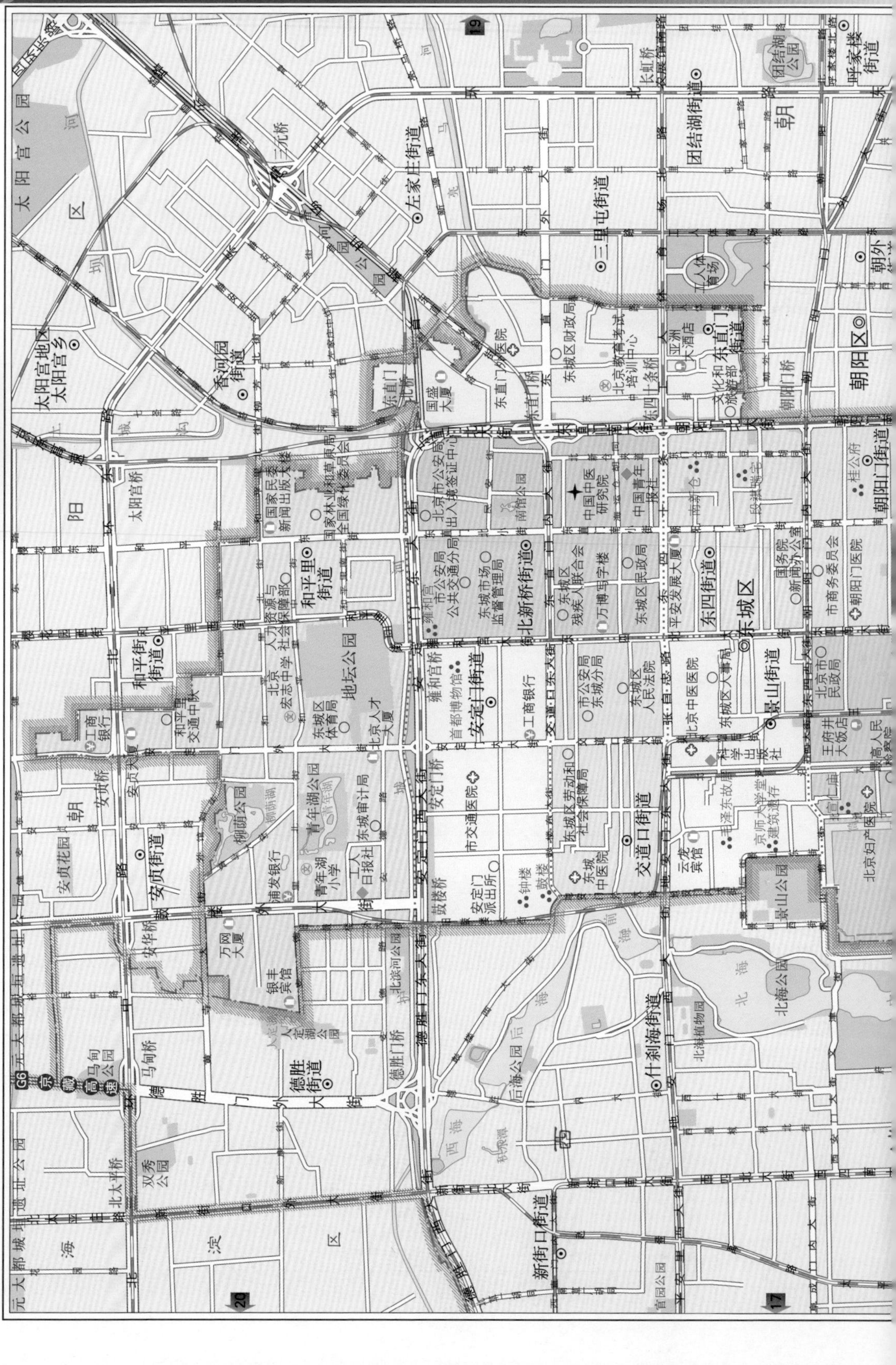

东城区
朝阳区
安定门街道
和平里街道
北新桥街道
东四街道
景山街道
交道口街道
东直门街道
朝阳门街道
什刹海街道
新街口街道
德胜街道
安贞街道
和平街街道
香河园街道
左家庄街道
三里屯街道
团结湖街道
呼家楼街道
地坛公园
青年湖公园
柳荫公园
北海公园
景山公园
后海公园
团结湖公园
太阳宫公园
双秀公园
工人体育场
雍和宫
钟楼
鼓楼
北京人才大厦
国盛大厦
首都博物馆
北京中医医院
北京妇产医院
安定门桥
东直门桥
朝阳门桥
德胜门桥
安华桥
安贞桥
和平西桥
三元桥
19
20
17

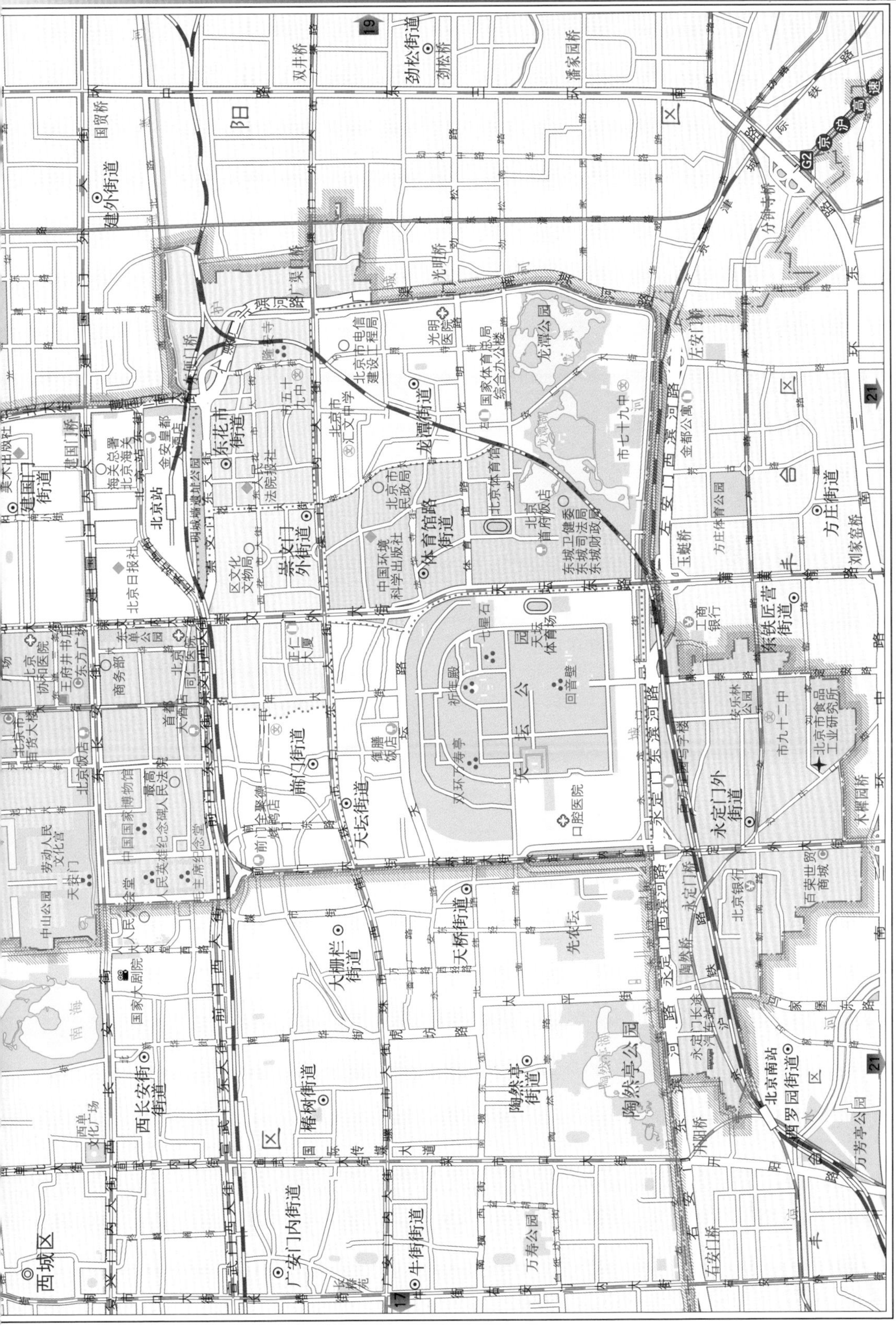
西城区
建外街道
劲松街道
建国门街道
东花市街道
崇文门外街道
体育馆路街道
龙潭街道
天坛街道
前门街道
大栅栏街道
天桥街道
陶然亭街道
椿树街道
西长安街街道
广安门内街道
牛街街道
永定门外街道
东铁匠营街道
方庄街道
西罗园街道
北京站
北京南站
天坛公园
龙潭公园
陶然亭公园
先农坛
万寿公园
万芳亭公园
中山公园
劳动人民文化宫
人民大会堂
国家大剧院
北京体育馆
天坛体育场
南海

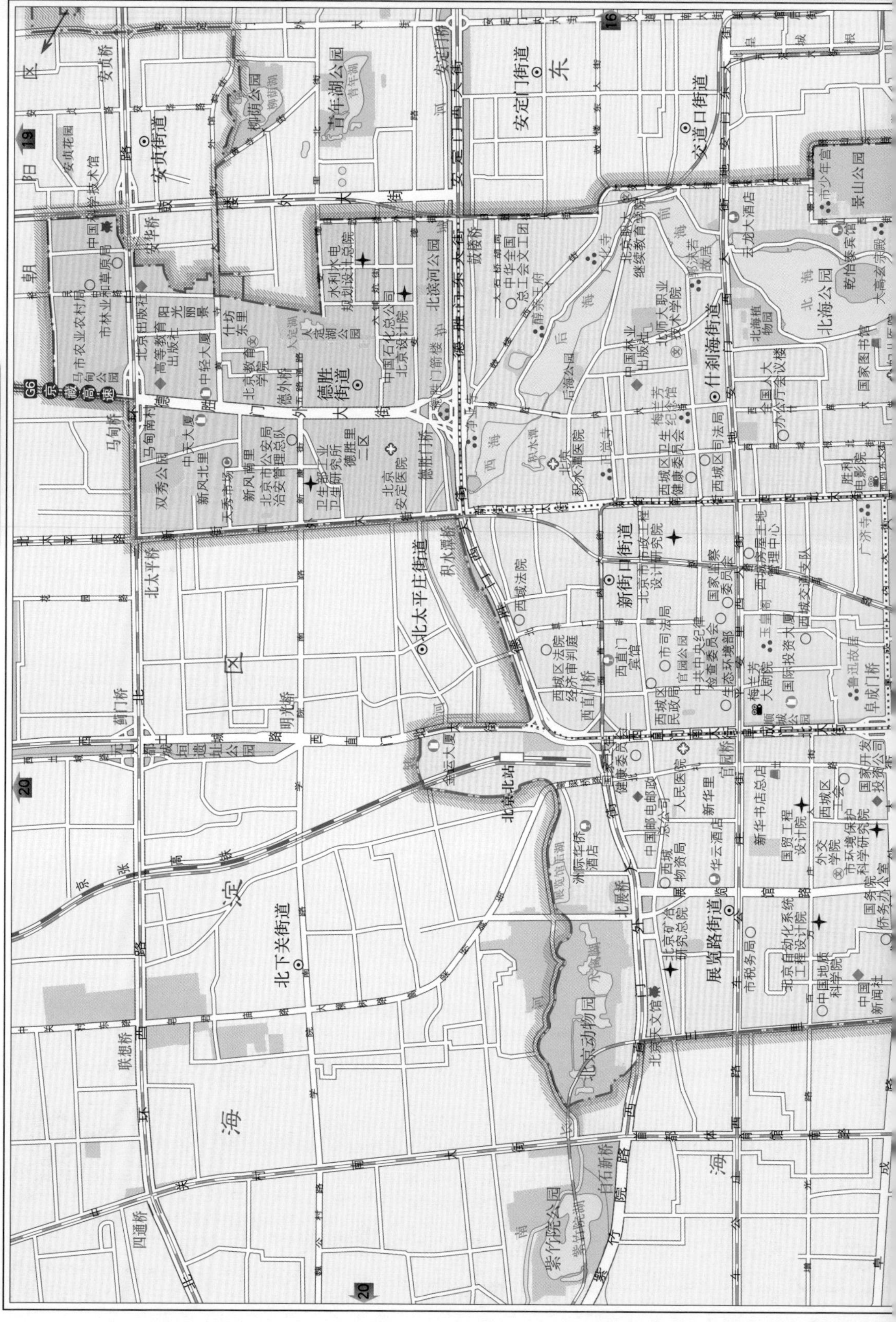
安贞街道
安定门街道
交道口街道
德胜街道
什刹海街道
新街口街道
北太平庄街道
北下关街道
展览路街道
青年湖公园
柳荫公园
北海公园
景山公园
北京动物园
紫竹院公园
北京北站
积水潭医院
人民医院
北京安定医院
西直门桥
德胜门桥
马甸桥
北太平桥
蓟门桥
联想桥
四通桥
白石新桥
安华桥
安贞桥
北展桥
官园桥
积水潭桥
鼓楼桥
明光桥
16
19
20
20

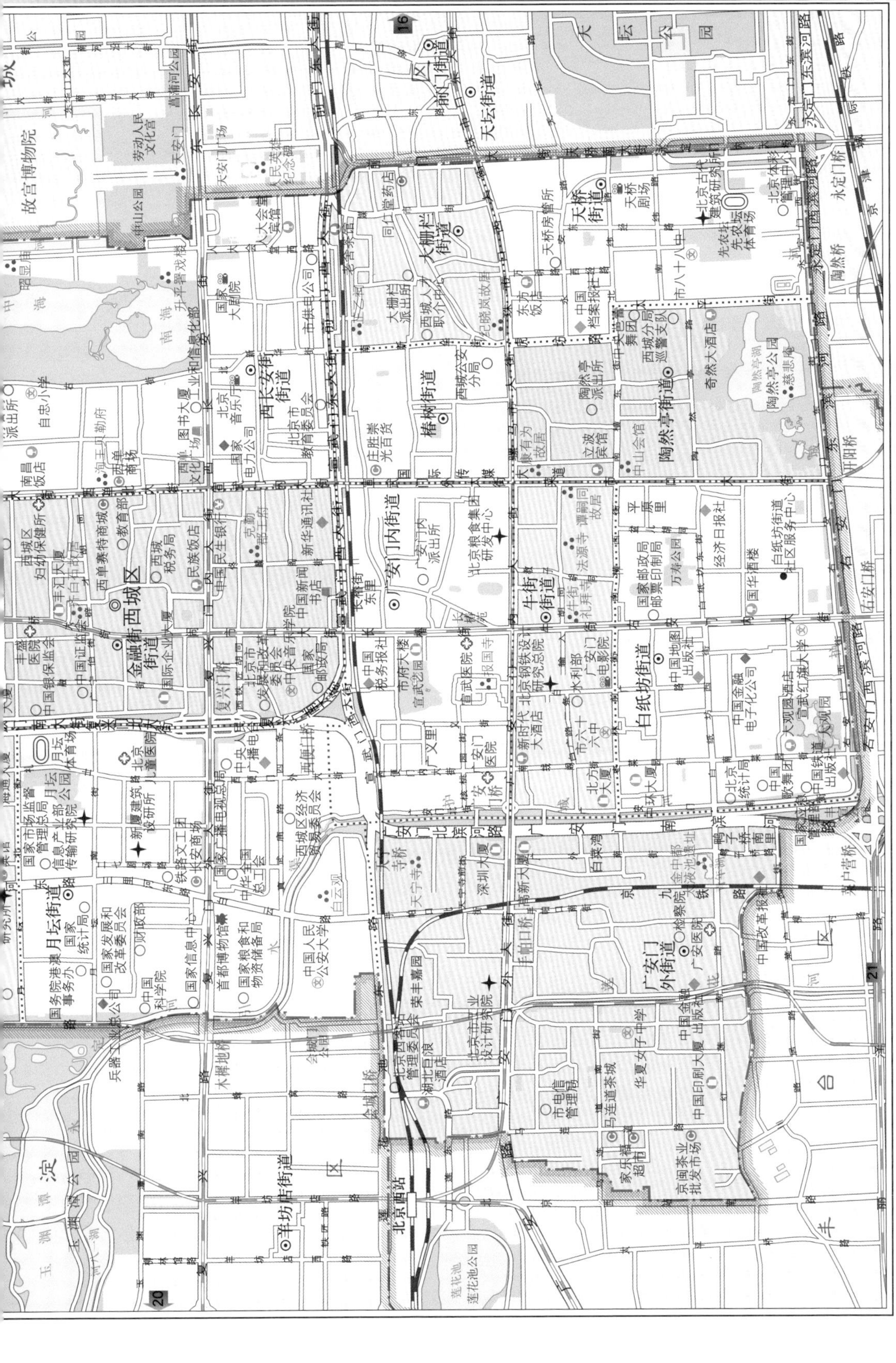
故宫博物院
西城区
金融街街道
西长安街街道
月坛街道
广安门内街道
牛街街道
白纸坊街道
陶然亭街道
椿树街道
大栅栏街道
天桥街道
天坛街道
广安门外街道
羊坊店街道
北京西站
天坛公园
陶然亭公园
莲花池公园

东城区

【地理位置】地处北京市中轴线东侧，由原东城区、崇文区合并而成，区政府驻景山街道钱粮胡同，下辖和里、安定门、交道口、北新桥、东直门、东四、景山、朝阳门、东华门、建国门、前门、崇文门外、东花市天坛、体育馆路、龙潭、永定门外等17个街道以及北京站地区管理处和王府井建设管理办公室。东城区是首北京的重要政治活动区，天安门和天安门广场就坐落在辖域内。区内还集中了一大批中共中央、国务院部级关，局级机关和北京市党政领导机关、群众团体。

【人口面积】辖区面积42平方千米，人口100万。

【历史沿革】东城区历史悠久，辽金时期已出现村落，金代时为中都东北部。从忽必烈建立元帝国，修建国即大都城开始，就奠定了现在北京东西城的大致范围。大都城的东部称为东城，在大都城城墙以南，金中都以北一片地方开始成为集聚地，一些达官显贵开始在这里建宅第、修园林。永乐十九年明代定都北京，东城15个坊以上；正统年间建正阳门箭楼；嘉靖年间修筑外城，扩建大享坛为天坛。明中期以后，北京城东南部区工商业日渐繁荣，正阳门外店铺林立，商贾云集，成为当时京城首屈一指的繁华商业区；崇文门外作坊比，工匠荟萃，成为当时享有盛誉的“特艺之乡”。明、清两代京师设顺天府，府治下的大兴区即辖今东城界。元、明、清三代皇宫均建于今城区域内。新中国建立后，行政区划多次变动。2010年7月，北京市调整首功能核心区行政区划，撤销北京市原东城区、崇文区，设立新的北京市东城区，以原东城区、崇文区的行政域为新东城区的行政区域。

【资源经济】东城区历来是商贾云集的富庶之地，作为商业中心地区已有上百年历史，现在是首都繁华的商服务区。有王府井、北京火车站、东单、东四、隆福寺、前门大街、永内大街、崇外大街、花市大街和天桥红桥、光明楼等多个大中型商业街区。已有近百年历史的王府井商业街是中外闻名的繁华商业区，北起东四大街，南至长安街，全长1.76千米，被誉为“中国第一街”，云集着北京市百货大楼、新东安广场、东方广场工美大厦、北京市王府井书店等大型商业设施，还有盛锡福帽店、同升和鞋店、百草参茸药店、吴裕泰茶庄中国照相等几十家老店、名店。区内还有元隆顾绣绸缎商行、全聚德烤鸭店、便宜坊烤鸭店、月盛斋牛羊店，以及青山居等驰名中外的“老字号”等商业企业，以及北京饭店、天伦王朝饭店、王府井大饭店、励骏店等星级酒店。

这里政治、经济、文化、教育、科技资源丰富，重大活动高度密集，区域内有20多个国家部委、100多个局级单位，以及一大批国家级科研机构，拥有十分丰富的信息资源。全区以第三产业为主，商业、服务业达，金融、保险业实力雄厚，信息咨询等新型第三产业方兴未艾。工业主要有服装、食品、印刷、工艺美术装饰材料、电子通讯、医药、汽车配件、纺织等行业，具有一定的生产规模和生产能力。辖区内还有协和医大学、中央戏剧学院、中央美术学院、人民艺术剧院、商务印书馆、《北京日报》、《求是》杂志等各类位，以及北京体育馆、国际网球中心、中国棋院、中日友好围棋会馆等运动场所。

【风景名胜】东城区是北京著名的文化旅游区，有著名的皇家建筑紫禁城建筑群，还有众多的坛庙建筑、寺建筑、清代王府建筑以及民居、名人故居等，是北京历史文化遗存最为密集、古都文化底蕴最为深厚的地区以皇室文化为代表的中华民族文化精华在东城区得以充分体现。

区内有两处世界遗产：被誉为世界五大宫殿之首，同时也是世界现存最大、最完整的木质结构的古代皇家筑群北京故宫，以及中国现存最大的皇帝祭天建筑天坛，天坛祈年殿是北京旅游的象征标志。

辖区内拥有国家级文物保护单位19处，市级文物保护单位68处，区级文物保护单位67处。有天安门城楼、安门广场、人民英雄纪念碑等著名的游览地，还有北京市内最大的藏传佛教寺院、古老而又神秘的秘宗禅林和宫，“左祖右社”的太庙、社稷坛，元明清三代的最高学府国子监，北京标志性建筑之一的正阳门箭楼，京绝无仅有的内城城墙和东南角楼，世界上古老天文台之一的北京古观象台，气势雄伟的钟鼓楼，中国先进想和文化的策源地北大红楼等众多有特色的游览地。此外还有毛泽东、茅盾、老舍、孙中山、宋庆龄等一批人故居。保存完好的北京民居四合院令许多海内外游人心驰神往。2009年初，拥有16项国家级非物质文化遗保护项目、27项北京市级非物质文化遗产保护项目的原崇文区被文化部授予“中国民间文化艺术之乡（手艺）”称号。区内曾是珐琅、玉器、雕刻、绒鸟、绢花等传统工艺厂家聚集地，字画、古玩等市场吸引了众的特色旅游人群。

西城区

地理位置】位于北京市中心城区西部，由原西城区、宣武区合并而成，区政府驻金融街街道二龙路，下辖西安街、金融街、月坛、展览路、新街口、什刹海、德胜、大栅栏、天桥、椿树、陶然亭、牛街、白纸坊、广安内、广安门外等15个街道。西城区是党中央、全国人大、国务院、全国政协等党和许多部委机关的办公所在，牛街地区也是北京最著名的回族聚居区。

人口面积】面积51平方千米，人口152万，是人口稠密的首都中心城区。

历史沿革】西城区历史悠久，自古以来就与北京城的发展紧密相连。这里曾是永定河古道，积水成湖，风光丽。今广安门一带曾是战国燕都蓟城所在地，即著名的“蓟丘”。元代定都后建大都城，奠定了现在北京东城的大致范围，大都城的西部称为西城。元世祖采用郭守敬的建议，引白浮泉水入城，汇流积水潭，开凿通河直达通州，京杭大运河南至杭州，北至海子(积水潭)，既解决大都城水源，又使大批漕粮货物运抵京都。当什刹海沿岸繁荣异常，处处酒楼歌台，积水潭中舳舻蔽水，地安门一带成为京都商业、市场中心。由于地处出京都的交通要道，南城商贾云集，成为农、商、手工业产品集散的重要场所。明代嘉靖三十二年（1553）北京外城建成，原宣武区大部分地区处于外城之内，随着城市经济的发展，商品流通的扩大，逐步形成商、文化繁荣的市肆，留存至今的一些街巷名称，如菜市口、煤市街、果子巷、珠宝市等，就是当时各种专业场的名称，可见商业、饮食、服装业的历史渊源。清内旗八旗中有多旗驻防境内，清光绪末年废除内八旗、五城旧制以后，五十多年间行政区划多次变动。2010年7月，北京市调整首都功能核心区行政区划，撤销北京原西城区、宣武区，设立新的北京市西城区，以原西城区、宣武区的行政区域为新西城区的行政区域。

资源经济】西城区是北京市第三产业最发达的城区之一，形成了以商业、金融业、邮电通讯业、文化创意产和房地产业为主体的现代服务业体系。全区分布着西单、西四、新街口、大栅栏、琉璃厂等繁华商业区。动园地区、三里河地区、地安门地区、复兴门外大街，广安大街、马连道茶叶街区等多年来形成了地区性的商中心。在商业企业中，西单商场、西单购物中心、长安商场、菜百新世纪商场、国华商场等大中型商场遍布区。西单服装店、成文厚帐簿商店等一批专业店久享盛誉。

西城区还有一批历史悠久、驰名中外的老字号和老店铺，包括开业于清康熙年间的同仁堂药店、北京八大祥首的瑞蚨祥绸布店、开业于清咸丰三年的内联升鞋店、有近百年历史的老店张一元茶庄以及开业于明朝嘉靖年的六必居酱菜园等。餐饮业有砂锅居、柳泉居、烤肉季、烤肉宛、鸿宾楼、全聚德烤鸭店、晋阳饭庄、泰楼等百年老字号。

西城区境内企业、机关、事业单位密布，人口密集，平均收入较高，历来是资金存大于贷的地区，为金融业发展提供了得天独厚的环境，国家各大商业银行和城市信用社在此设立了众多的分支机构。科技、文教、卫事业发达，有中国科学院、人民医院、积水潭医院、阜外医院、儿童医院、宣武医院、广安门医院等，有北小学、实验一小、实验二小、黄城根小学等著名小学，北京四中、八中、十四中、十五中、一六一中学、师附中、师大二附中、师大实验中学、回民中学等15所高中示范校以及中央音乐学院、中国人民公安大学、外学院、北京建筑大学等多所普通高校。

西城区是党中央、全国人大、国务院、全国政协等党和国家首脑机关的办公所在地，也是国家最高层次对外往活动的主要发生地。辖区内有中央机构及所属事业单位835家，包括国家发展和改革委员会、教育部、财政、水利部、国家广播电视总局等中央部级机构及所属事业单位100多家。

【风景名胜】西城区境内有丰富的历史文化遗产和人文景观，展现了东方大国的古都风貌。全区现有各级文物护单位179处，其中国家级文物保护单位32处，包括中国保留下来的最悠久最完整的皇家园林北海、元明清三的皇家御苑景山、被称为“什刹海明珠”的恭王府及花园、辽代的牛街礼拜寺、明代的德胜门箭楼、唐代的源寺、北京最大和最古老的教堂之一的西什库教堂、被称为道教全真第一丛林的白云观、北魏时期的天宁寺和明代的先农坛等文物古迹。全区还有康有为、谭嗣同、孙中山等民主革命先驱及李大钊、毛泽东、周恩来无产阶级革命领袖历史活动遗址。久负盛名的琉璃厂文化街经仿古翻建修葺一新，以经营古玩字画、古籍碑等著称，有荣宝斋、中国书店等30多家老店。建于明、清两代的各地会馆，总数达407处，堪称京城之最。其许多会馆都曾是名人旅京居住之地。依据古典文学名著《红楼梦》建造的北京大观园，以其丰富的文化内涵精美的造园艺术，成为北京重要的一景。

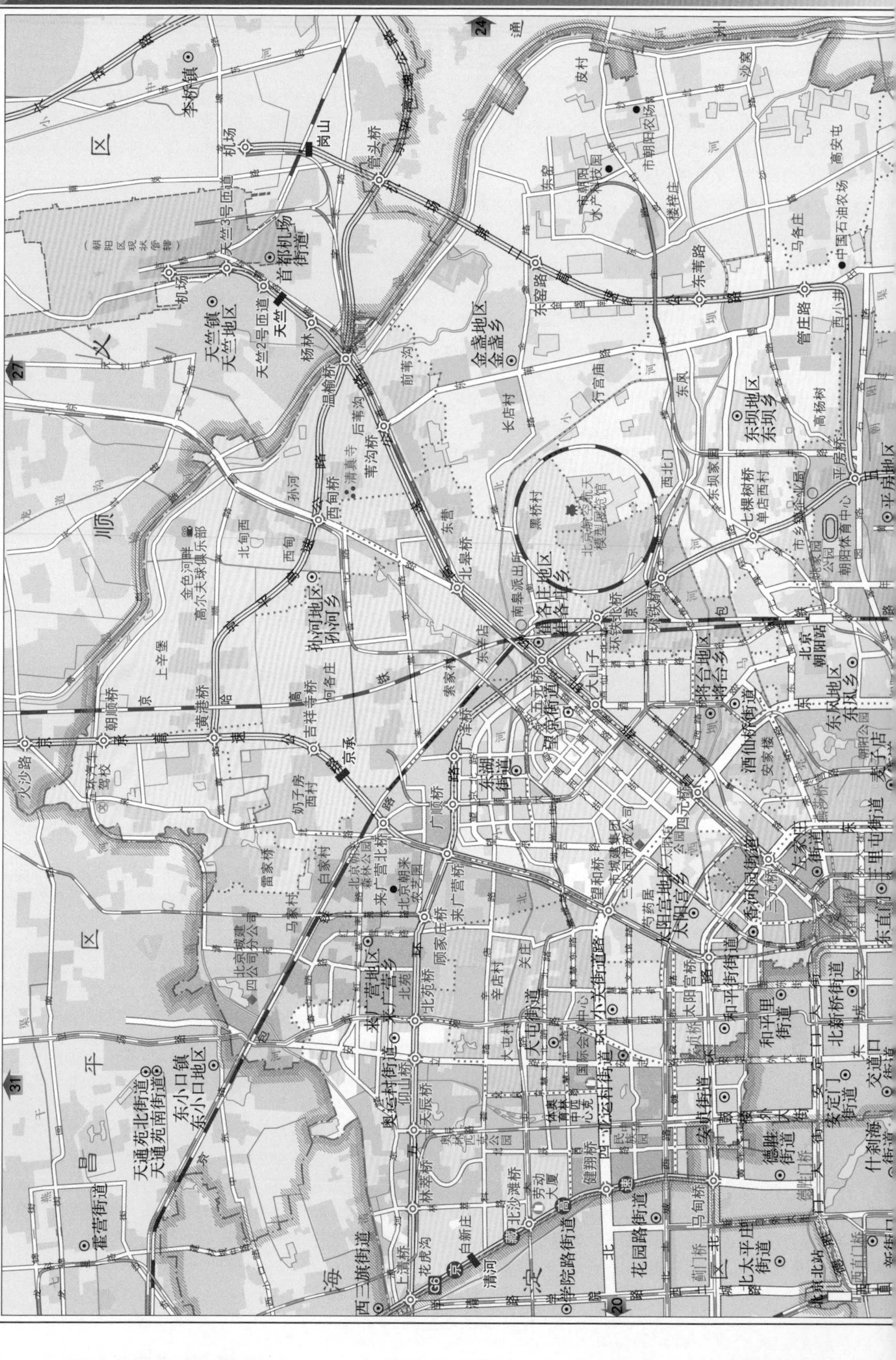

24
27
31
20
顺义区
昌平区
海淀区
李桥镇
天竺镇
天竺地区
首都机场街道
孙河地区
孙河乡
金盏地区
金盏乡
东坝地区
东坝乡
崔各庄地区
崔各庄乡
将台地区
将台乡
东风地区
东风乡
来广营地区
来广营乡
太阳宫地区
太阳宫乡
望京街道
东湖街道
奥运村街道
亚运村街道
大屯街道
小关街道
和平街街道
香河园街道
左家庄街道
酒仙桥街道
麦子店街道
平房地区
东小口镇
东小口地区
天通苑北街道
天通苑南街道
霍营街道
学院路街道
花园路街道
北太平庄街道
德胜街道
安贞街道
和平里街道
安定门街道
交道口街道
北新桥街道
东直门街道
三里屯街道
什刹海街道
西三旗街道
清河
北京朝阳站
朝阳体育中心
北京航空航天模型展览馆
中国石油农场
高安屯
马各庄
管庄路
东苇路
东窑路
温榆桥
西甸桥
北皋桥
吉祥寺桥
黄港桥
朝顺桥
京承高速
京密路
机场
岗山
天竺
杨林

【交　　通】朝阳区自古以来就是北京的东行门户，现已构成公路、铁路、航空、地铁立体交通网络。区内公路四通八达，有京津塘、首都机场、机场南线、京承、京津第二等高速公路，京通、机场第二等多条高等级公路已建成通车，以及京石公路、京张公路、京密公路、京山公路等十几条干道。地铁形成一定规模。首都国际机场也归朝阳区管辖，是全国最繁忙的航空交通枢纽。

【风景名胜】朝阳区有许多历史古迹，有华北最大的道观东岳庙，京城名胜五坛之一的日坛，北京地区三大古桥之一的八里桥，京杭大运河的入京门户通惠河，汉藏人民友谊的象征西黄寺，元大都现存遗址最长处北土城等等。朝阳公园、中华民族园等现代化主题公园，吸引着中外游客前来观光、旅游。

【地理位置】位于北京市的东部，是北京市城近郊区中面积最大的的一个区。区政府驻朝外街道日坛北街，下辖24个街道、21个乡。

【面积人口】面积455平方千米，人口219万。

【历史沿革】朝阳区历史久远。从秦至隋唐，该地区属广阳郡，后属幽州所辖的蓟县，辽时归燕京道析津府，金时属中都路大兴府，元代将中都路大兴府改为中都路大兴区，明清时属京师顺天府，仍归大兴区管辖。1925年设区，称北京市东郊区，1928年改为北平市东郊区，1958年经国务院批准改为朝阳区至今。

【资源经济】朝阳区是首都的副食品生产基地，农村经济全面发展，近几年还引进了国内外许多新品种蔬菜。肉、蛋、奶、鱼、果品生产品种多样化，农业生产基本实现了机械化、专业化作业。工业发达，是北京市重要的工业基地，主要行业有金属制造、建材、化工、食品、服装、毛纺织品、医疗器械、无线电元件、造纸、家具、工艺美术品等。市场繁荣，大型商场众多，其中朝外商业中心被列为北京市新建五大市级商业中心之一。另外还有特色市场183个，像被一些外国客人称之为北京“小巴黎”的秀水市场、雅宝路服装市场、水碓子贸易批发市场、北京图书批发市场、三里屯“汽配一条街”等。

小汤山镇
百善
沙河地区
沙河镇
高教园区
百沙路
百葛桥
楼自庄桥
百望路
八口桥
阳坊镇
阳坊镇桥
温南路
霍营街道
龙泽园街道
回龙观街道
回龙观
史各庄街道
定泗桥
北安河
西三旗街道
清河街道
清河站
西北旺地区
西北旺镇
上地街道
马连洼街道
东北旺
上庄地区
上庄镇
后章村站
温泉地区
温泉镇
苏家坨地区
苏家坨镇
北清路
稻香湖
温阳路
聂各庄站
寨口站
寨口桥
大工村
鹫峰
凤凰岭
阳台山
马鞍山
望儿山
百望山森林公园
中国农业大学
肖家河桥
青龙桥街道
燕园街道
清华园街道
学院路街道
香山街道
卧佛寺
植物园派出所
香山公园
碧云寺
玉皇顶
天宝山
黄道岭
军庄镇
老庙桥
西杨坨
挂甲塔
北京胸科医院
中央民族歌舞团艺术培训中心
海淀区财会培训中心
国家植物园
中国林业科学研究院
圆明园遗址公园
颐和园
北京联大广告学院
北大分析仪器厂
中国空间技术研究院
新材料创业大厦
31
19

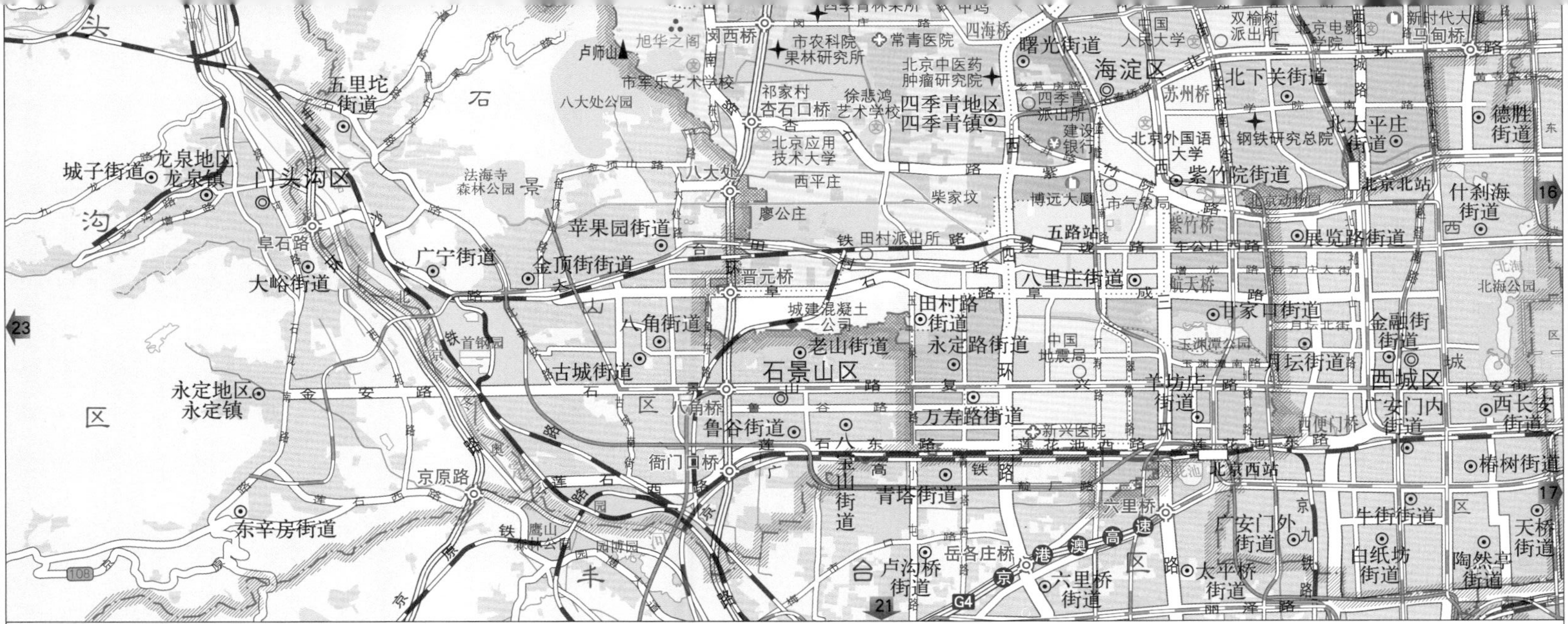

【地理位置】位于北京城区西北郊的城乡结合部，区政府驻海淀街道，下辖22个街道、7个镇。

【面积人口】面积431平方千米，人口244万。

【历史沿革】海淀历史悠久，汉代时的清河地区已有居民点。元代初年，海淀镇附近是一片浅湖水淀，故称“海店”，即今日的海淀。得益于京都特殊的功能区位和海淀自身的秀美山水，历史上许多王臣贵族相继在这里建设了园林离宫。历经辽、金、元、明、清五代的经营，特别是清朝皇帝在此修建了闻名遐迩的以圆明园、颐和园为代表的“三山五园”等皇家园林和风景名胜，可谓“集天下胜景于一地，汇古建绝艺于京华”，使之成为紫禁城外又一个政治文化中心，素有“都下宝地”之称。

【资源经济】海淀区是著名的高新技术产业区。繁华的中关村大街，原名白颐路，20世纪80年代开始因“电子一条街”而闻名。如今，海淀区成为中关村科技园区中心区和大部分发展区、以及一区五园中最大的海淀园的所在地，高新技术产业已成为区域经济的支柱和首都经济的龙头，逐步形成电子信息、光机电一体化等四大支柱产业，已建成上地信息产业基地和中关村大街科技经济带。

海淀的文化资源居全国之首，教育发达，智力密集，科研力量雄厚。区内高校林立，有北京大学、清华大学等高等院校68所，是著名的“大学城”。有科研院所138个，其中包括著名的中国科学院、中国农业科学院。再加上中央电视台、中国专利局、国家科技情报所、北京图书馆亦处本区境内，使海淀区将科研力量、科学仪器设备、图书情报信息、科研成果等高度密集于一体，成为全国首屈一指的“智力库”。

【风景名胜】区内名胜古迹众多，园林风光宜人，旅游资源丰富，人居环境良好。有各类文物点700余处，其中国家级文物保护单位10处，市级文物保护单位25处。800年前即有燕京八景中的蓟门烟树、西山晴雪、玉泉垂虹，清代形成的三山（香山、玉泉山、万寿山）五园（静宜园、静明园、清漪园［颐和园］、圆明园、畅春园）更被称为集天下胜景于一地，汇古建绝艺于京华。近年来还开发建设了阳台山、凤凰岭自然风景区和翠湖水乡风景区。

21 丰台区

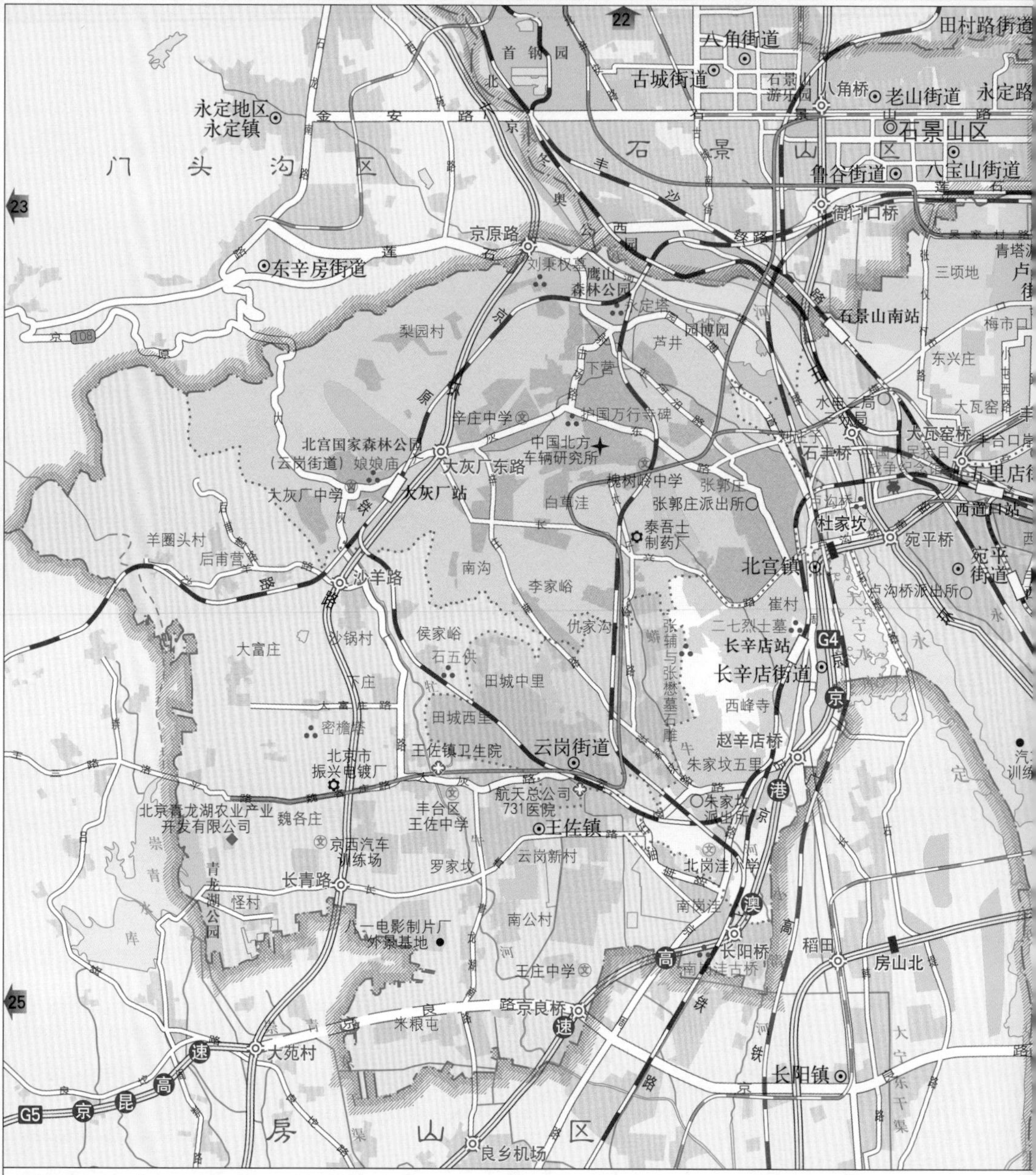

【地理位置】位于北京西南郊，系北京市城六区之一。区政府驻丰台街道，下辖24个街道、2个镇。

【面积人口】面积306平方千米，人口119万。

【历史沿革】丰台区历史悠久，因金中都城“丰宜门外拜郊台”而得名。商、周时代，属古北京蓟城的郊野。秦置蓟县，治所阴乡城在今丰台镇南葆一带。至唐建中二年（公元781年），析蓟县西界为幽都县。今丰台区中部当属幽都县，东部属蓟县。辽会同元年（公元938年），改蓟县为蓟北县，开南乡大红门以北属北泰元年（1012年）改幽都、蓟北为宛平和析津。金贞元元年又改析津为大兴。1928年6月，丰台区东部属南郊区，中、西部分属宛县、房山县和良乡县。1952年7月成立丰台区，建制至今没变。

【资源经济】丰台区是北京重要的科研基地。有中央、市属科研院所60多家，是北京市第二大科技人才密集区。京市新技术产业开发实验区丰台园区，是集技、工、贸为一体的新型园区，是北京高新技术开发带的重要组成分。工业有机电、汽车、建材、化工、印刷、食品等十几个行业。商业繁荣、市场活跃。现有商业、服务业网

000余个，各类集贸市场90余个，其中岳各庄农贸批发市场是目前北京市第二大农贸批发市场，新发地批发市场首都农副产品的集散中心，以京温大厦为首的轻工产品批发市场已成为北京乃至华北地区最具影响力的服装城。

丰台区素有“蔬菜王国”的美称，是首都重要的“菜园子”。有着悠久的种菜历史及高超的养植技艺。“丰台十村”的花卉栽培闻名遐迩，自明代进入盛期，至今已有六百年历史。目前，鲜花品种500多个，包括引进的荷兰月、郁金香及日本小叶菊等名贵花木。

交　通】自古以来就是我国南北交通之咽喉，有“首都陆上码头”之称，北京西站、北京南站与丰西编组站共构成了全国的铁路中枢，有10号线等13条轨道交通线。京开、京港澳及京津塘高速公路也起始于丰台，三环、四、五环、六环路与京开、京港澳高速共同构筑丰台立体公路交通网络，北京丰台站已开通运营。

风景名胜】著名景点有金大都遗址、大葆台西汉墓、宛平城、卢沟桥等文物古迹，“二七”纪念馆、中国人民抗战争纪念馆，以及世界公园等，2013年在永定河畔召开世界园林博览会，园博园成为很多市民选择的游览地。

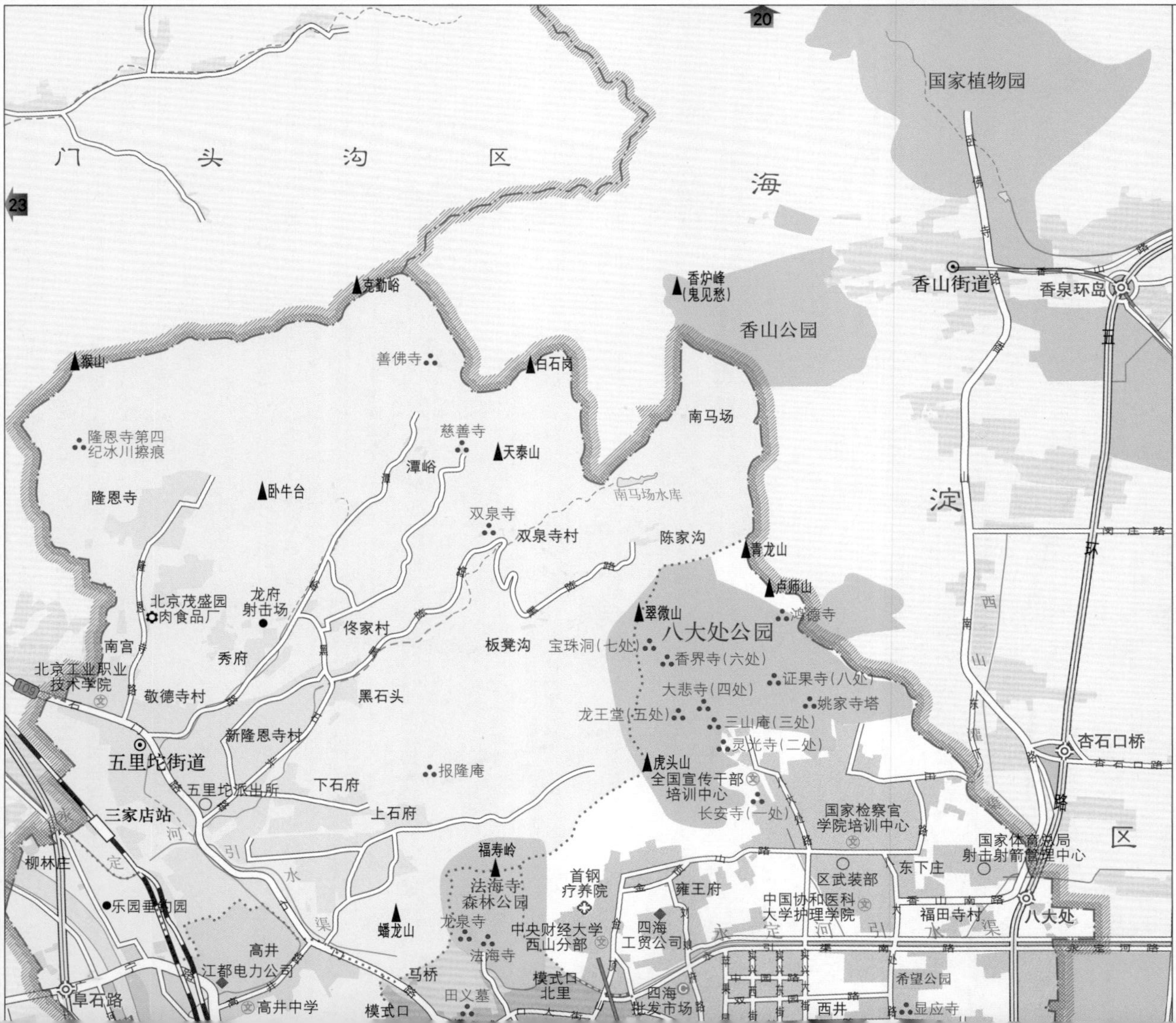

【地理位置】位于北京市西部，因素称京都“第一仙山”的石景山而得名，自古有“神京右臂”之称。区政府驻鲁谷街道，下辖9个街道。

【面积人口】面积84平方千米，人口39万。

【历史沿革】石景山区历史悠久。殷商时期，“复舜幽州之名”，此地属幽州。适武王灭殷后，北京地区始建燕都城和蓟都城，此地先后是蓟国都城和燕国都城的属地。秦始皇统一六国后，今北京城区为广阳郡，蓟城是广阳郡首府，此地属广阳郡蓟县。西汉以来，又多次在北方建燕国、封燕王，治所仍在蓟城。适东汉以来，复置广阳郡，此地属广阳郡蓟县。魏晋南北朝时期，是我国分裂、割据、迁徙、混战最突出的时期之一，蓟城地区处于矛盾的交会处，成为各个“燕王”争夺、盘据之地。唐天宝年间，分蓟县西境为广平、广宁二县，此地属广平县境。适民国时期，此地先属京兆宛平县。至解放前夕，本区北部属北平市郊五区，东南部属河北省宛平县一区。

【资源经济】石景山区是北京市的冶金、电力、机械、建材等重工业基地，有首钢公司、石景山发电总厂等数十家中央、市属大

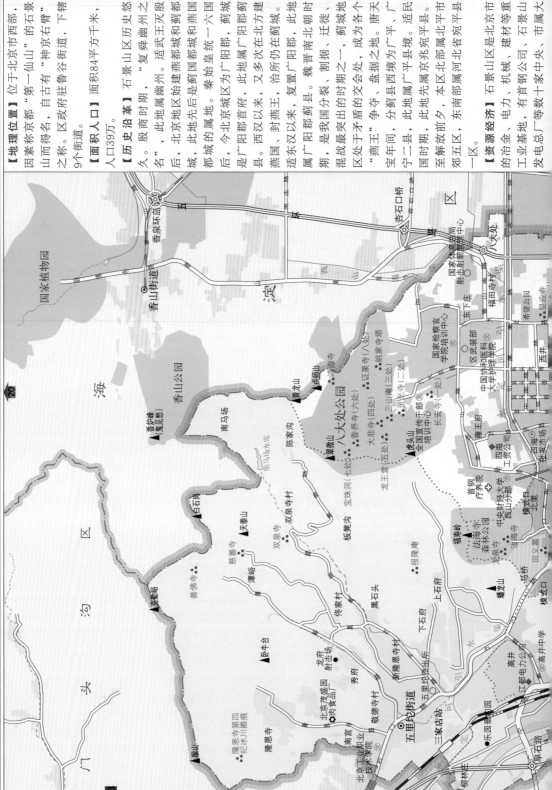

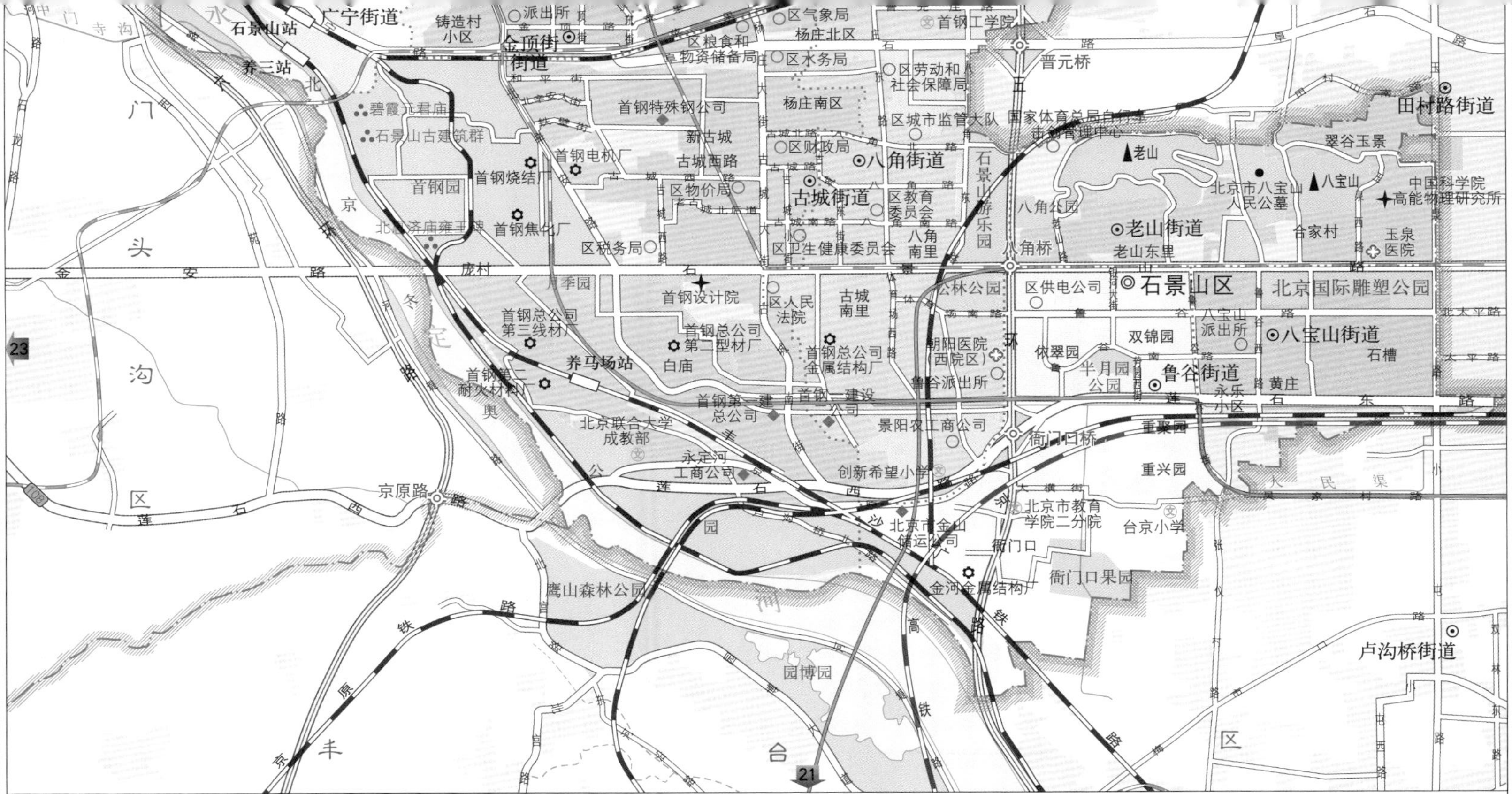

业，建立起了生产门类齐全、大中小并举的工业群，形成电子信息、新型建材、生物医药和绿色食品为主体的新兴产业结构。高科技单位中国科学院电子对撞机实验室,国家射击、射箭和自行车、摩托车运动中心也都坐落在本区。

【交　　通】 石景山区交通位置重要，108、109国道经由本区，拥有长安街西延长线、阜石路两条东西走向城市主干道，五环路与莲石路一并构成城市快速路体系。从本区通过的地铁一号线和六号线贯穿北京东西两翼，连接地铁二号线、五号线等所有城市轨道交通线路，快速便捷。

【土特产品】 北京酥糖、漆雕、天福号酱肘子。

【风景名胜】 石景山区境内旅游资源丰富，文物古迹众多。著名的西山风景区为该区主体，自然环境十分优美。西山不但有春梅绽雪，秋菊披霜，松生空谷，霞映澄塘；更有素以“三山八刹十二景”著称的八大处，以明代壁画闻名中外的法海寺及天台山慈善寺等古建筑群，以及我国北方罕见的“冰川擦痕”自然奇观。石景山游乐园更以现代化大型游乐设施与园林美景，为假日旅游、娱乐、休息提供了最佳去处。2021年9月底，北京冬奥公园开园。

23 门头沟区

【地理位置】位于北京西部，境内高山起伏，山地占本区总面积的98%，被称作“首都西部的天然屏障”。区政府驻大峪街道，下辖4个街道、9个镇。

【面积人口】面积1451平方千米，人口26万。

【历史沿革】门头沟区是具有悠久历史文化和优良革命传统的老区。早在一万年以前，新石器时代早期的“东胡林人”就在此繁衍生息。燕昭王二十九年(公元前283年)设上谷、渔阳、右北平、辽西、辽东五郡，今区境分属上谷、渔阳二郡。在军庄村一带春秋战国墓葬中出土的燕国刀币、青铜剑、青铜戈等，说明当时境内的经济、政治、文化发展水平较高。此后，区境的隶属行政建制屡经变迁，直到1958年5月定名为门头沟区至今。

【资源经济】本区山里蕴藏着大量丰富的矿产资源，其中以煤、石灰石储量大、分布广。煤矿的储藏面积近700平方千米，占全区总面积的一半，是我国五大无烟煤产地之一，为保护环境现基本不开采。

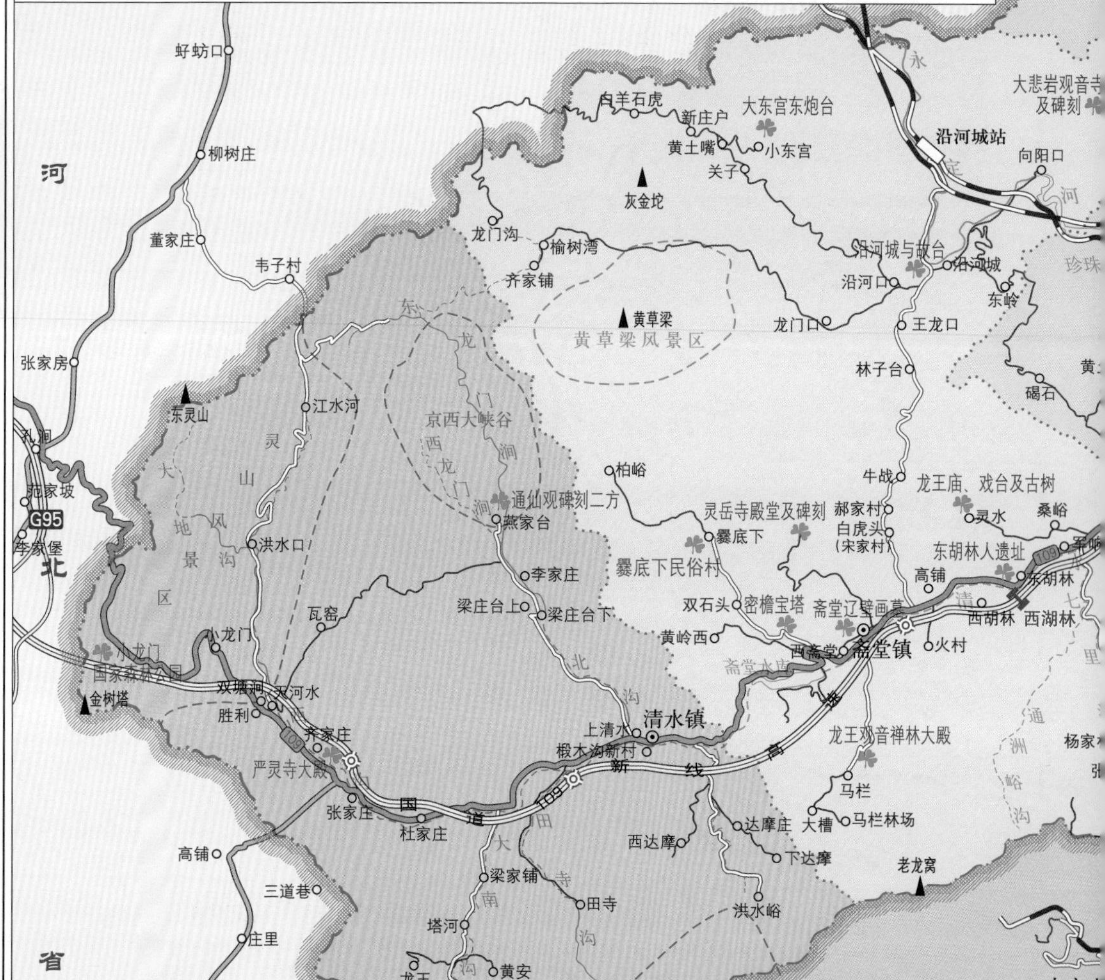

25

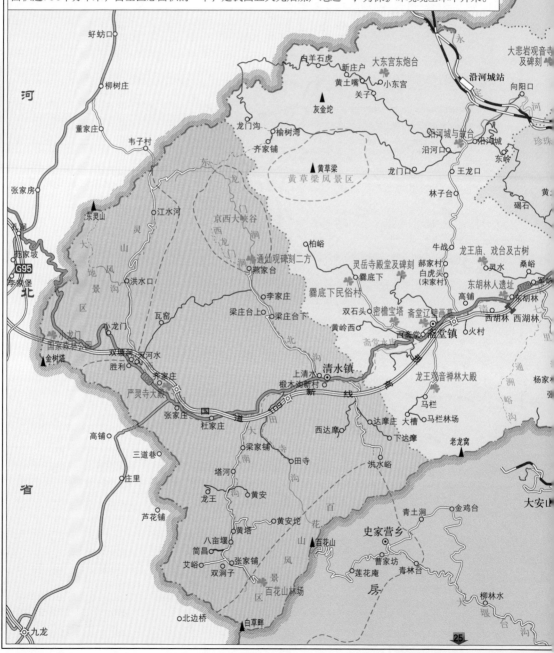

我国特产的琉璃瓦，很大一部分就出在区内琉璃渠村附近的北京琉璃制品厂。“辽三彩”在中国瓷器史上占有特殊地位。元朝时期煤炭、石灰的开采和琉璃制品的烧制已成规模。明迁都北京后，大兴土木，皇宫的扩建，使琉璃烧造业更加发达。自明清以来，北京地区所用的琉璃制品大多出自门头沟区。

【交　　通】境内有丰沙、西北环线铁路。六环路在境内东部穿越，境内有108、109和234等3条国道以及市道6条,莲石路、阜石路2条快速道路连通市内，长安街要西延到永定镇，国道109新线高速在建设中。

【土特产品】京白梨、妙峰山玫瑰花、京西白蜜、泗家水红头香椿、门头沟核桃。

【风景名胜】门头沟区名胜古迹中，最著名的是潭柘寺、戒台寺。潭柘寺在北京西南40多千米的深山中，已有1600多年的历史，是北京现存寺庙中最古老的一座，有“先有潭柘寺，后有北京城”之说。戒台寺在潭柘寺东约8千米，寺内有大戒台、辽碑等。多山是门头沟区的一个显著自然特点。灵山、百花山、妙峰山等，都是京郊著名的登高避暑胜地。

【地理位置】位于北京城正东，是大运河的“龙头”，通州城是首都重点开发建设的卫星城之一，北京市政府已搬迁到通州城。区政府驻北苑街道，下辖11街道、10镇、1乡。

【面积人口】面积906平方千米，人口85万。

【历史沿革】通州区有着悠久的历史，通州城更是一座古老的城市。它始建于西汉初年（公元前206年），迄今已有两千余年的历史，最初称为路县，取水路、陆路交通方便之义。东汉光武帝时改称潞县。金朝建中都于北京后（1151年），于潞县置刺史州，取“漕运通济”之义，命名为通州。通州自此而得名。历史上，通州城随着漕运昌盛曾经呈现出“万舟骈集”的壮观景象。元代初期，在都水监、大科学家郭守敬的主持下，开凿了通惠河，漕运更加发达，元、明两代漕运达到极盛时期，曾有诗云：“城依红云下，门临潞水滨，宝鞍骑骏马，多是帝京人”。通州因优越的地理位置和交通条件，不仅是辽金以后历代封建王朝南粮北运的漕运仓储重地，而且是京东重要的贸易中心。清朝雍乾年间，漕运发展到了鼎盛时期，通州的水陆枢纽作用更加突出，已有“小燕京”之称。

【经　　济】通州区素有“京东粮仓”之称，是首都重要的商品粮基地和副食品生产基地。农、林、牧、副、渔各业全面发展，加快了农业专业化、商

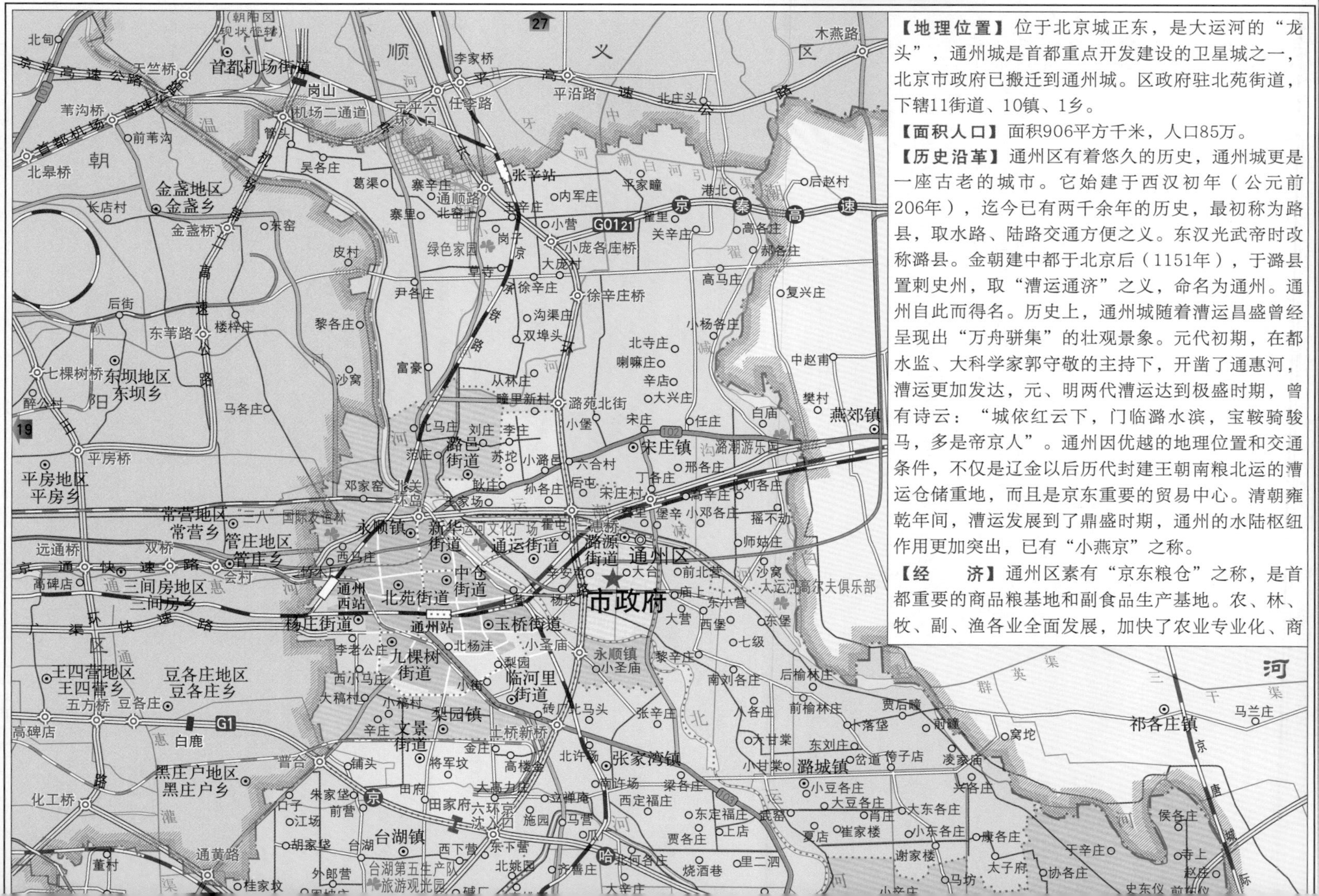

品化、现代化的进程。城乡工业有了长足的发展，已成为农村经济的重要支柱。已经形成了以机电、化学、轻纺、建材、印刷、工艺美术品等六大行业为主的工业体系，主要产品有汽车零部件、机床刀具、电力保护器、电动机、饲料加工机械、建材、服装、食品、传统工艺品等。

【交　通】 通州区是京东重要的交通枢纽，京哈高速公路（102国道）、京津公路（103国道）、六环路、京津塘高速公路、京津第二高速公路、京沈高速公路穿境而过，京通快速路和城铁八通线将通州区与市区紧密相连。京秦电气化铁路、京承铁路交织于通州卫星城内。

【土特产品】 通州大樱桃、张家湾葡萄、王麻子剪刀、王致和腐乳。

【风景名胜】 通州城区文物古迹众多，城北有建于辽代的燃灯佛舍利塔，城西有著名的八里桥，城南有著名京东古镇“张家湾”，城内西海子公园有明末著名的学者李贽先生墓。

【地理位置】位于北京西南，区政府驻拱辰街道，下辖8街道、14镇、6乡。

【面积人口】面积1990平方千米，人口85万。

【历史沿革】房山是北京城的起源。早在五六十万年前，著名的“北京人”就在这片土地上繁衍生息。西周初年周武王灭商，封召公奭于燕，在这里建立起北京地区最早的都城。农耕牧歌，辐辏熔融，成为古燕国文明的发祥地因此从殷商时期至春秋旧战国、从秦汉时期至隋唐五代、从宋金时期至明清时代，历代侯国都城古镇，遍布于房山内。琉璃河古镇董家林村的西周燕都遗址被列为20世纪中国100大考古发现之一，以出土堇鼎为代表的青铜礼器，北京的建城历史上推至距今3000多年的商周时期，为“北京城的发源地”作出了有力的诠释。

【资　　源】房山区有丰富的大理石、石灰石、石英石、白云石、花岗岩等石材资源。汉白玉储量和质量全国第一，储量约80万立方米，是我国唯一被国际市场认定的大理石品种。原煤总储量达21亿吨，为“京西煤仓”之一。

【经　　济】房山农业为都市型现代农业，建立了一批区域优势基地，形成了畜禽加工、果品加工、蔬菜加工、粮食加工、蜂产品加工五大加工体系。磨盘柿、红小豆被确定为北京市首批唯一性产品。一批工业园区蓬

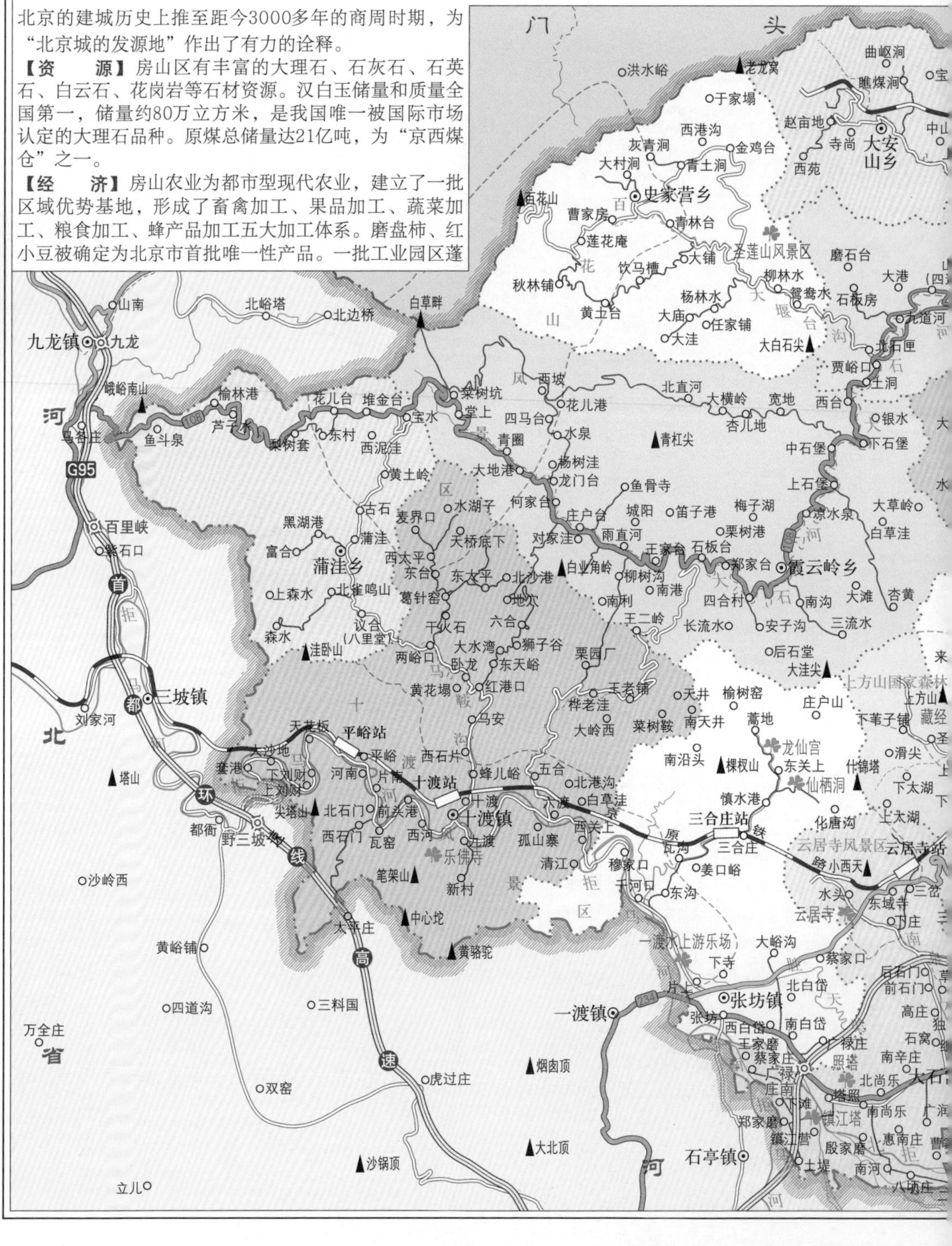

发展，新型建材、石化新材料、装备制造、生物工程与新医药、都市工业等五大产业迅速发展。

【交　通】区内有京广、京原两条铁路干线及京广高铁，地铁房山线、燕房线接入市区地铁9号线，并进一步西延城关街道，有京港澳、京昆、六环等高速公路和107、108、234国道等公路干线。

【土特产品】房山特色八八席、张坊镇磨盘柿、房山核桃宴。

【风景名胜】房山区文化遗存丰富。周口店北京人遗址，是世界上发现和保存古人类化石最丰富的遗址，被列为世界文化遗产。千年古刹云居寺建于隋大业年间（公元605~618年），寺院遗址、石经及塔被列为全国重点文物保护单位。寺内藏有14278块石刻大藏经板，历经隋、唐、辽、金、元、明六个朝代，先后镌刻了1300余年，被誉为“北京的敦煌”。西周燕都遗址位于琉璃河地区，已发掘大、中、小型墓葬300余座，车马坑30余座。其他景点还有上方山国家森林公园、石花洞、银狐洞、云水洞、仙栖洞、韩村河旅游景村、碧溪垂钓园、百花山、青龙湖、十渡、蒲洼天龙狩猎山庄等。

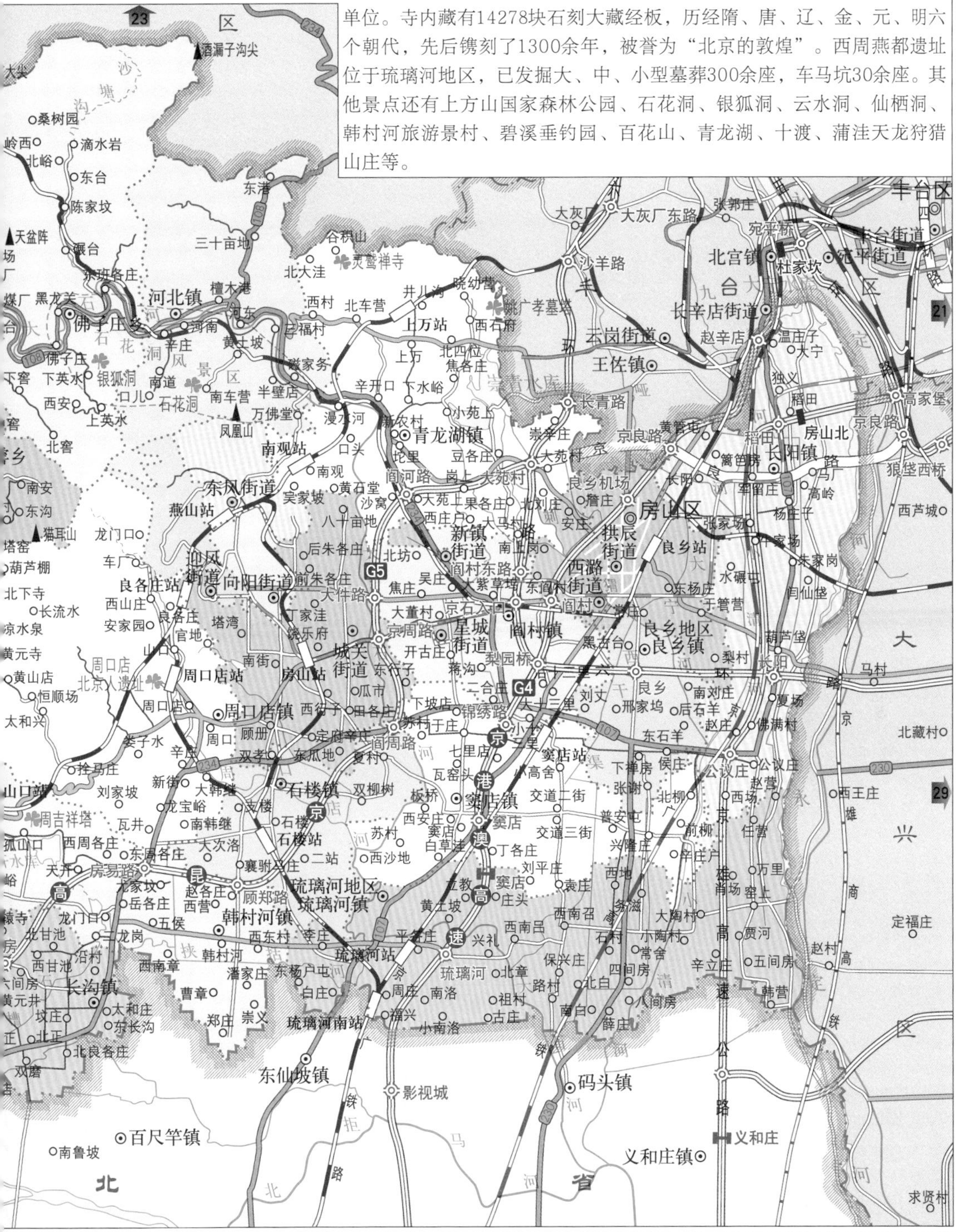

分区图

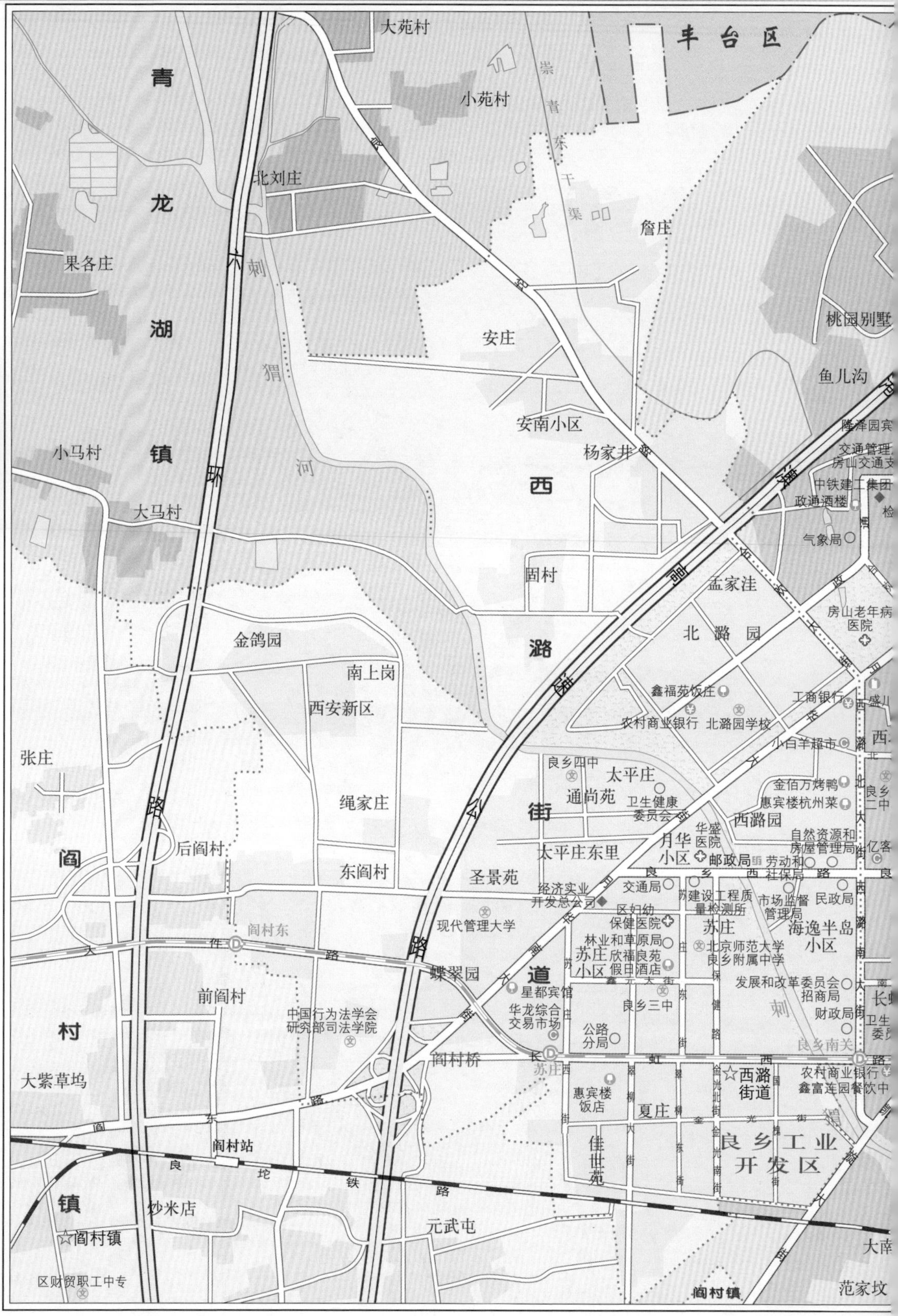

大苑村
丰台区
青龙湖镇
小苑村
崇青东干渠
北刘庄
詹庄
果各庄
刺猬河
安庄
桃园别墅
鱼儿沟
隆泽园宾
安南小区
交通管理
房山交通支
杨家井
中铁建二集团
政通酒楼
小马村
西潞街道
大马村
气象局
固村
孟家洼
房山老年病医院
北潞园
金鸽园
南上岗
鑫福苑饭庄
工商银行
西安新区
农村商业银行
北潞园学校
小白羊超市
张庄
良乡四中
太平庄
金佰万烤鸭
通尚苑
卫生健康委员会
惠宾楼杭州菜
绳家庄
西潞园
华盛医院
自然资源和房屋管理局
月华小区
邮政局
劳动和社保局
后阎村
太平庄东里
东阎村
圣景苑
交通局
经济实业开发总公司
建设工程质量检测所
市场监督管理局
民政局
区妇幼保健医院
现代管理大学
苏庄
海逸半岛小区
阎村东
林业和草原局
北京师范大学良乡附属中学
苏庄小区
欣福良苑假日酒店
大件路
蝶翠园
京港澳高速
六环路
公路
发展和改革委员会
招商局
前阎村
星都宾馆
良乡三中
财政局
华龙综合交易市场
中国行为法学会研究部司法学院
公路分局
良乡南关
阎村桥
苏庄
长虹西路
西潞街道
农村商业银行
鑫富连园餐饮中
大紫草坞
惠宾楼饭店
夏庄
阎东路
良乡工业开发区
阎村站
佳世苑
良坨铁路
镇
炒米店
阎村镇
元武屯
大南
区财贸职工中专
阎村镇
范家坟

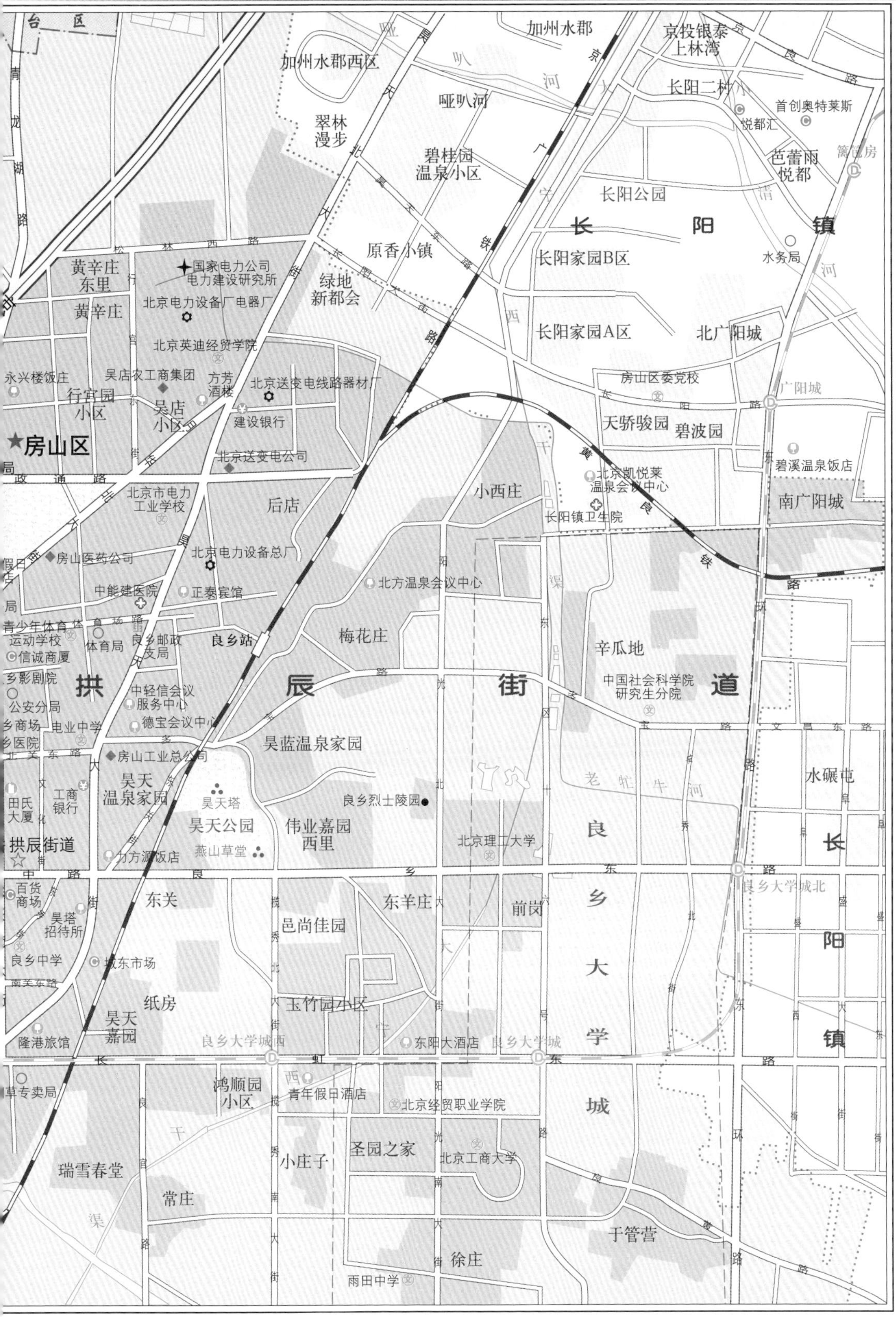
加州水郡
京投银泰
上林湾
加州水郡西区
哑叭河
长阳二村
首创奥特莱斯
悦都汇
翠林
漫步
碧桂园
温泉小区
芭蕾雨
悦都
长阳公园
长阳镇
水务局
原香小镇
长阳家园B区
黄辛庄
东里
国家电力公司
电力建设研究所
绿地
新都会
北京电力设备厂电器厂
黄辛庄
长阳家园A区
北广阳城
北京英迪经贸学院
房山区委党校
永兴楼饭庄
吴店农工商集团
方芳
酒楼
北京送变电线路器材厂
广阳城
行宫园
小区
吴店
小区
建设银行
天骄骏园
碧波园
房山区
北京送变电公司
碧溪温泉饭店
政通路
北京凯悦莱
温泉会议中心
北京市电力
工业学校
后店
小西庄
南广阳城
长阳镇卫生院
房山医药公司
北京电力设备总厂
中能建医院
正泰宾馆
北方温泉会议中心
青少年体育
运动学校
体育局
良乡邮政
支局
良乡站
梅花庄
辛瓜地
信诚商厦
拱辰街道
中轻信会议
服务中心
中国社会科学院
研究生分院
公安分局
电业中学
德宝会议中心
吴蓝温泉家园
房山工业总公司
水碾屯
老牤牛河
昊天
温泉家园
工商
银行
田氏
大厦
昊天塔
良乡烈士陵园
昊天公园
伟业嘉园
西里
北京理工大学
良乡大学城
拱辰街道
燕山草堂
力方源饭店
长阳镇
百货
商场
东关
东羊庄
前岗
良乡大学城北
昊塔
招待所
邑尚佳园
良乡中学
城东市场
纸房
玉竹园小区
昊天
嘉园
隆港旅馆
良乡大学城西
东阳大酒店
良乡大学城
长虹东路
鸿顺园
小区
青年假日酒店
北京经贸职业学院
草专卖局
圣园之家
北京工商大学
小庄子
瑞雪春堂
常庄
于管营
徐庄
雨田中学

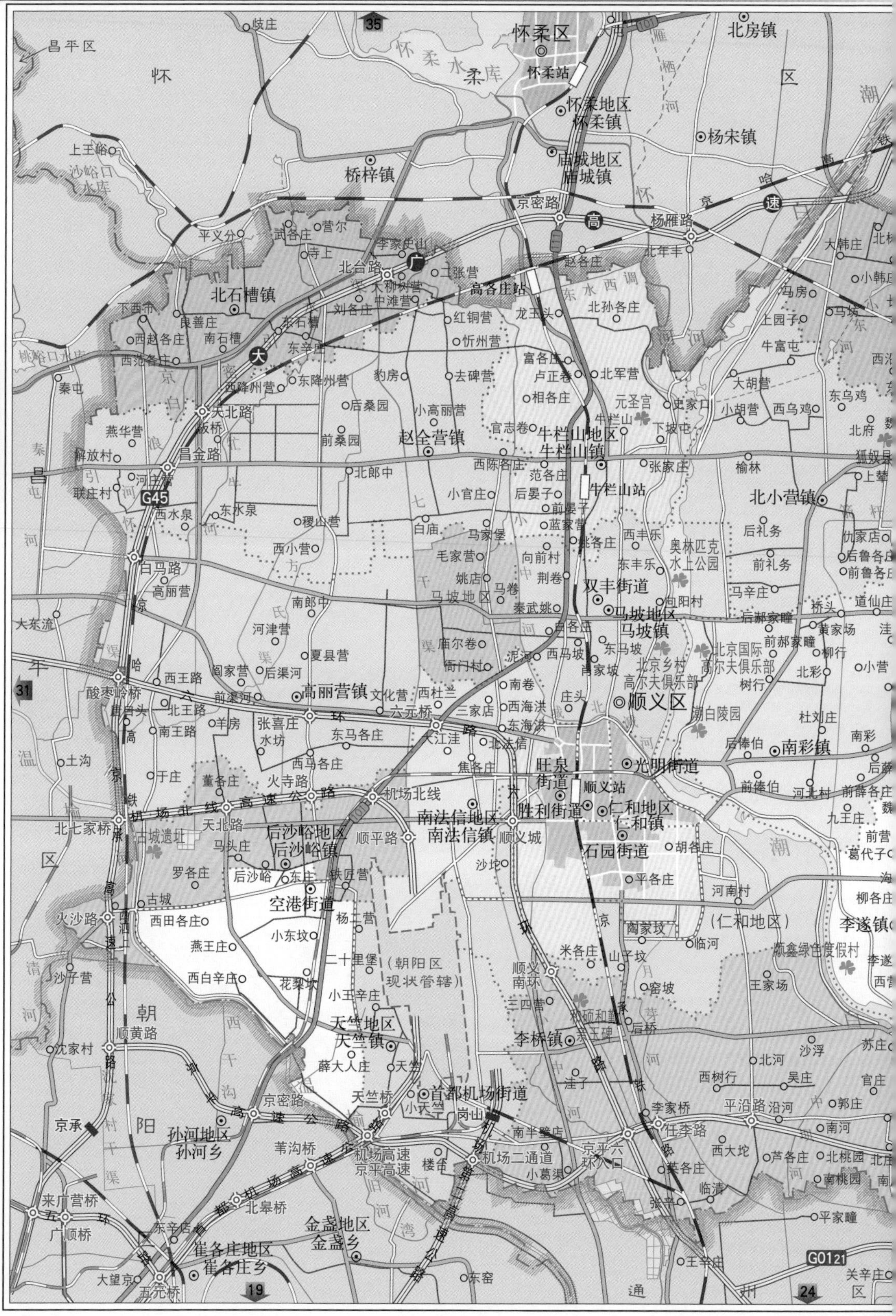
35
怀柔区
怀柔站
怀柔水库
怀柔地区
怀柔镇
庙城地区
庙城镇
杨宋镇
北房镇
岐庄
昌平区
上王峪
沙峪口水库
桥梓镇
京密路
杨雁路
平义分
武各庄
营尔
李家史山
寺上
北台路
二张营
大柳树营
中滩营
高各庄站
赵各庄
北年丰
北石槽镇
下西市
良善庄
刘各庄
东石槽
红铜营
龙王头
北孙各庄
西赵各庄
南石槽
东辛庄
忻州营
西沱各庄
桃峪口水库
秦屯
东降州营
西降州营
豹房
去碑营
富各庄
卢正卷
北军营
相各庄
元圣宫
史家口
天北路
板桥
后桑园
小高丽营
官志卷
牛栏山地区
牛栏山镇
牛栏山
下坡屯
燕华营
前桑园
赵全营镇
昌金路
解放村
西陈各庄
范各庄
张家庄
河上营
北郎中
联庄村
G45
小官庄
后晏子
牛栏山站
前晏子
西水泉
东水泉
稷山营
白庙
马家堡
蓝家营
西丰乐
姚各庄
西小营
毛家营
向前村
东丰乐
白马路
姚店
马卷
荆卷
双丰街道
奥林匹克水上公园
高丽营
马坡地区
南郎中
秦武姚
马坡地区
马坡镇
大东流
河津营
庙尔卷
白各庄
西马坡
东马坡
夏县营
泥河
北京乡村高尔夫俱乐部
酸枣岭桥
西王路
阎家营
后渠河
高丽营镇
西门村
肖家坡
31
前渠河
文化营
西杜兰
南卷
西海洪
三家店
庄头
顺义区
北王路
六元桥
羊房
张喜庄
水坊
东马各庄
大江洼
东海洪
北法信
南王路
西马各庄
焦各庄
土沟
于庄
董各庄
火寺路
旺泉街道
光明街道
顺义站
机场北线高速公路
机场北线
南法信地区
南法信镇
胜利街道
仁和地区
仁和镇
北七家桥
天北路
古城遗址
马头庄
后沙峪地区
后沙峪镇
顺平路
顺义城
石园街道
胡各庄
罗各庄
后沙峪
东庄
铁匠营
沙坨
平各庄
古城
空港街道
河南村
火沙路
西田各庄
杨二营
(仁和地区)
陶家坟
临河
小东坟
燕王庄
二十里堡
(朝阳区现状管辖)
米各庄
山子坟
西白辛庄
顺义南环
窑坡
沙子营
花梨坎
小王辛庄
三四营
朝阳区
天竺地区
天竺镇
顺黄路
李桥镇
后桥
沈家村
薛大人庄
天竺
洼子
天竺桥
首都机场街道
京密路
小天竺
岗山
京平高速
孙河地区
孙河乡
南半壁店
京平六环入口
苇沟桥
机场高速
机场二通道
小葛渠
楼台
京承
首都机场高速公路
来广营桥
北皋桥
五环
广顺桥
东辛店
金盏地区
金盏乡
崔各庄地区
崔各庄乡
大望京
五元桥
东窑
19
张辛
王辛庄
北小营镇
上辇
仇家店
后鲁各庄
前鲁各庄
后礼务
前礼务
马辛庄
包阳村
桥头
道仙庄
后郝家疃
前郝家疃
黄家场
柳行
北彩
小营
树行
杜刘庄
南彩
后俸伯
南彩镇
前俸伯
河北村
前薛各庄
后薛
九王庄
前营
葛代子
柳各庄
李遂镇
顺鑫绿色度假村
王家场
苏庄
沙浮
北河
西树行
吴庄
官庄
郭庄
李家桥
平沿路沿河
任李路
南河
西大坨
芦各庄
北桃园
北庄
南桃园
临清
平家疃
G0121
关辛庄
通州区
24
大韩庄
北韩
小韩庄
马房
马坊
上园子
牛富屯
大胡营
小胡营
西乌鸡
东乌鸡
北府
狐奴
榆林
潮白河
京平高速
京承高速公路
京密引水渠
大龙湾
温榆河
清河
潮白陵园
北京国际高尔夫俱乐部

【地理位置】地处北京东北郊，是首都的一块绿色宝地，区政府驻胜利街道，下辖3个街道，19个镇。

【面积人口】面积1020平方千米，人口67万。

【历史沿革】顺义区历史悠久。秦朝以前的二、三千年，顺义地区先后属冀州、幽州或燕国。燕昭王励精图治曾在这里筑黄金台以招贤纳士。西汉初年，顺义区属渔阳郡，以潮白河为界曾分设狐奴、安乐二县。东汉时期，太守张堪在呼奴山下“开稻田八千顷，教民种植，使民殷富”。开辟了我国北方大面积种稻的历史。到宋朝出了名人窦禹钧，他尊重知识，善于教育子女，五个儿子都考中进士做了大官。明洪武元年始设顺义区，至今未变。

【经　济】顺义区有山有水的平原地形，适合农作物生长的温和气候，以及充足洁净的水资源，使之成为“京郊粮仓”。粮食产量占全市粮食总产量的五分之一，是全国售粮大县之一。工业已形成以服装、鞋帽、食品、纺织、工艺品、五金机械、建材、印刷装订和综合工业为主的九大行业。燕京啤酒集团在北京市乃至全国都享有较高声誉，成为全国第二大啤酒企业。顺美服装有限公司生产的男西服名扬海内，为全国最大的西服生产出口企业之一。现代汽车也已落户顺义。

以空港为依托的国门商务区，位于首都机场南侧，区域范围为顺义新城空港区和机场组团两个街区，规划为机场服务办公区、航空商务办公区、国际商务核心区、商业综合服务区、航空产业配套区等五大组团，产业结构将形成由航空服务、总部商务、酒店商业、高新技术四大产业为主导的产业结构。

【交　通】京承、大秦铁路纵横全境，境内有机场和15号线2条轨道交通线，已形成机场、京承、机场北线、京平、机场南线、六环路等高速路为龙头，京密路、顺平路等国、市道主干线路网为骨架，县乡公路为支脉，纵横交错、四通八达的公路网体系。全国最大的北京首都机场航空港坐落境内。

【风景名胜】顺义区是观光旅游、休闲度假的胜地。京东第一大河潮白河纵贯南北。潮白河两岸先后建起了北京乡村高尔夫俱乐部、北京国际高尔夫俱乐部、北京乡村赛马场、马坡垂钓宫、顺鑫绿色度假村、潮白温泉、潮白赛车城等旅游休闲场所。其他著名景点有焦庄户地道战遗址纪念馆、唐指山风景区等。

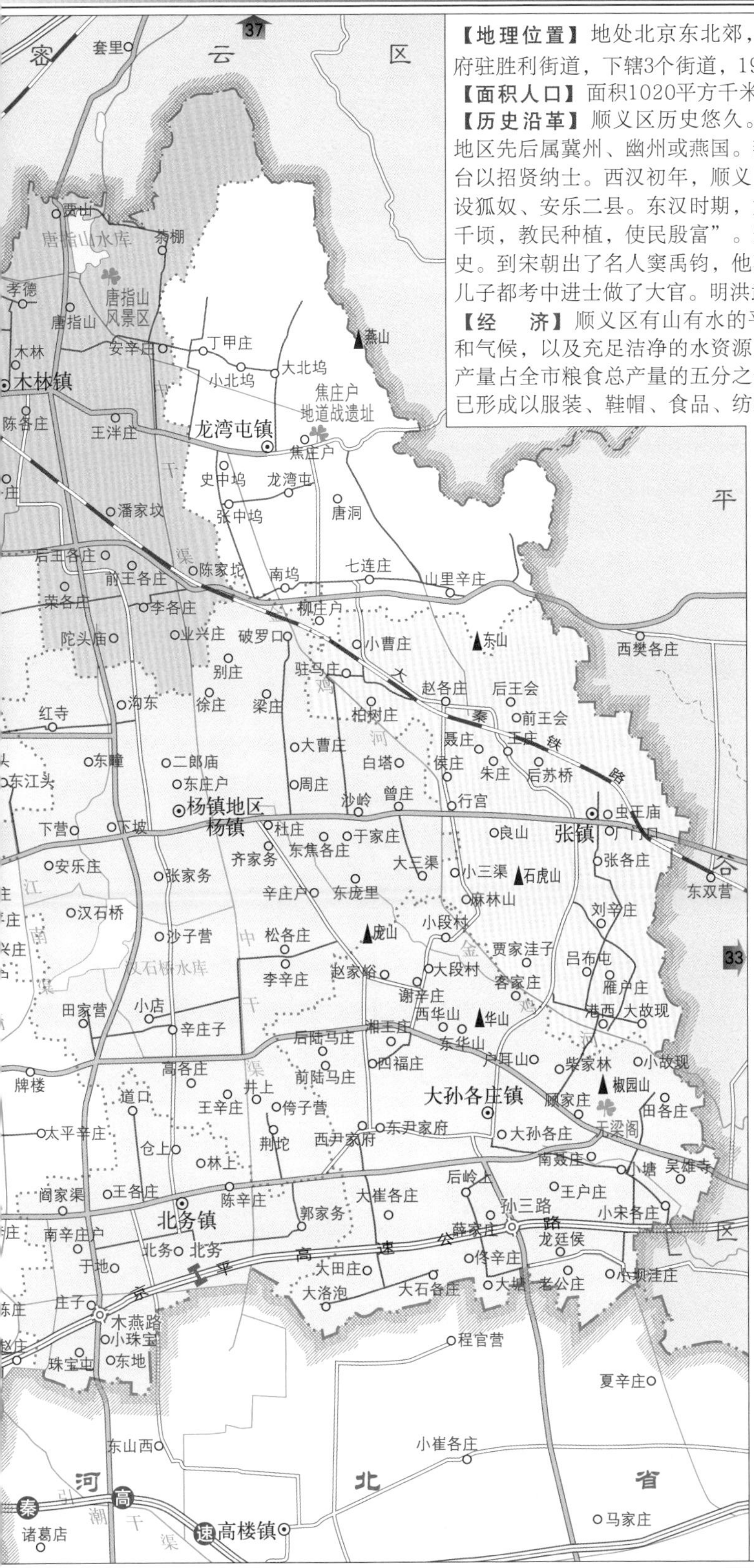

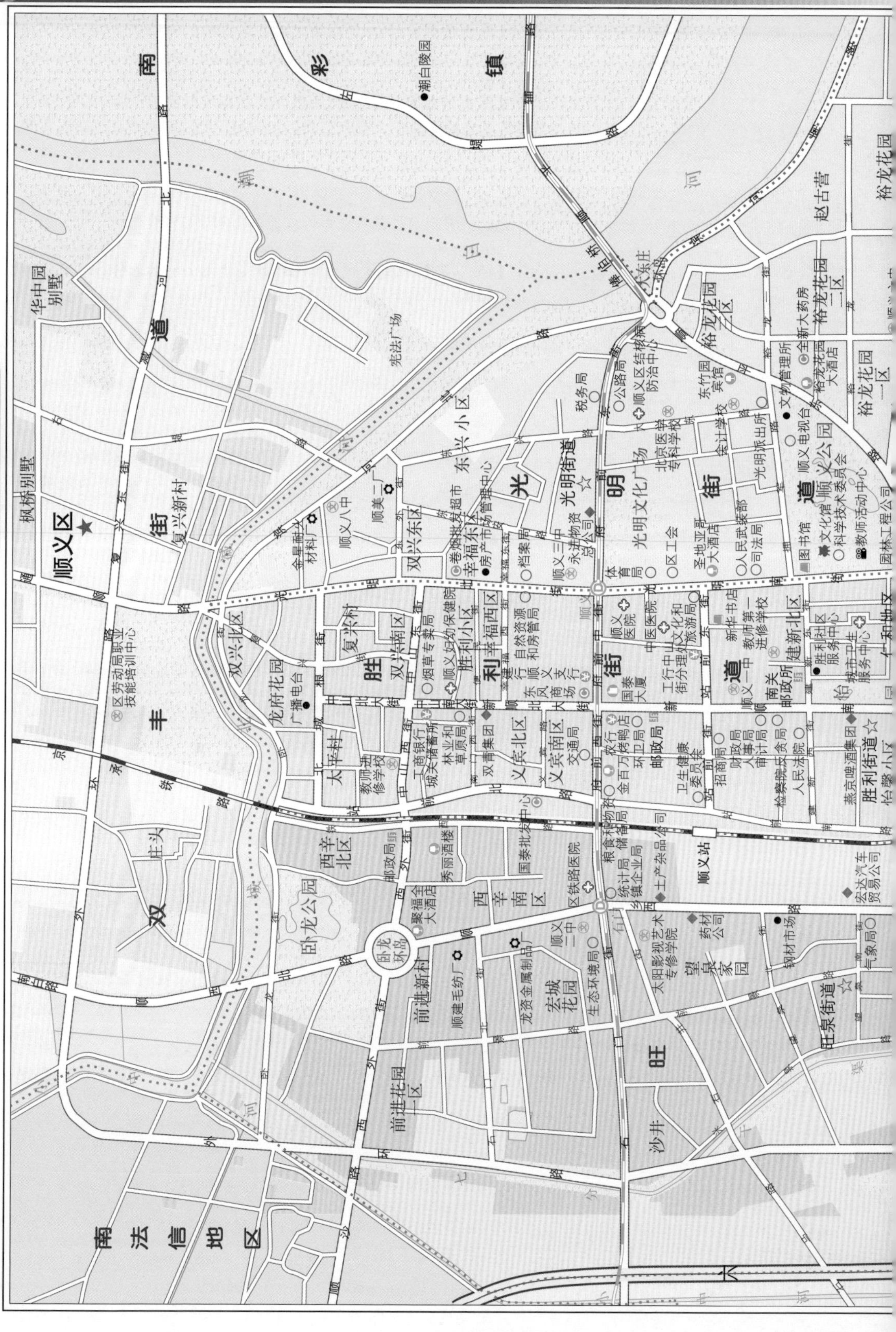
顺义区
光明街道
胜利街道
旺泉街道
顺义站
卧龙公园
宪法广场
潮白陵园
顺义公园
光明文化广场
复兴新村
华中园别墅
枫桥别墅
裕龙花园
赵古营
沙井
南法信地区

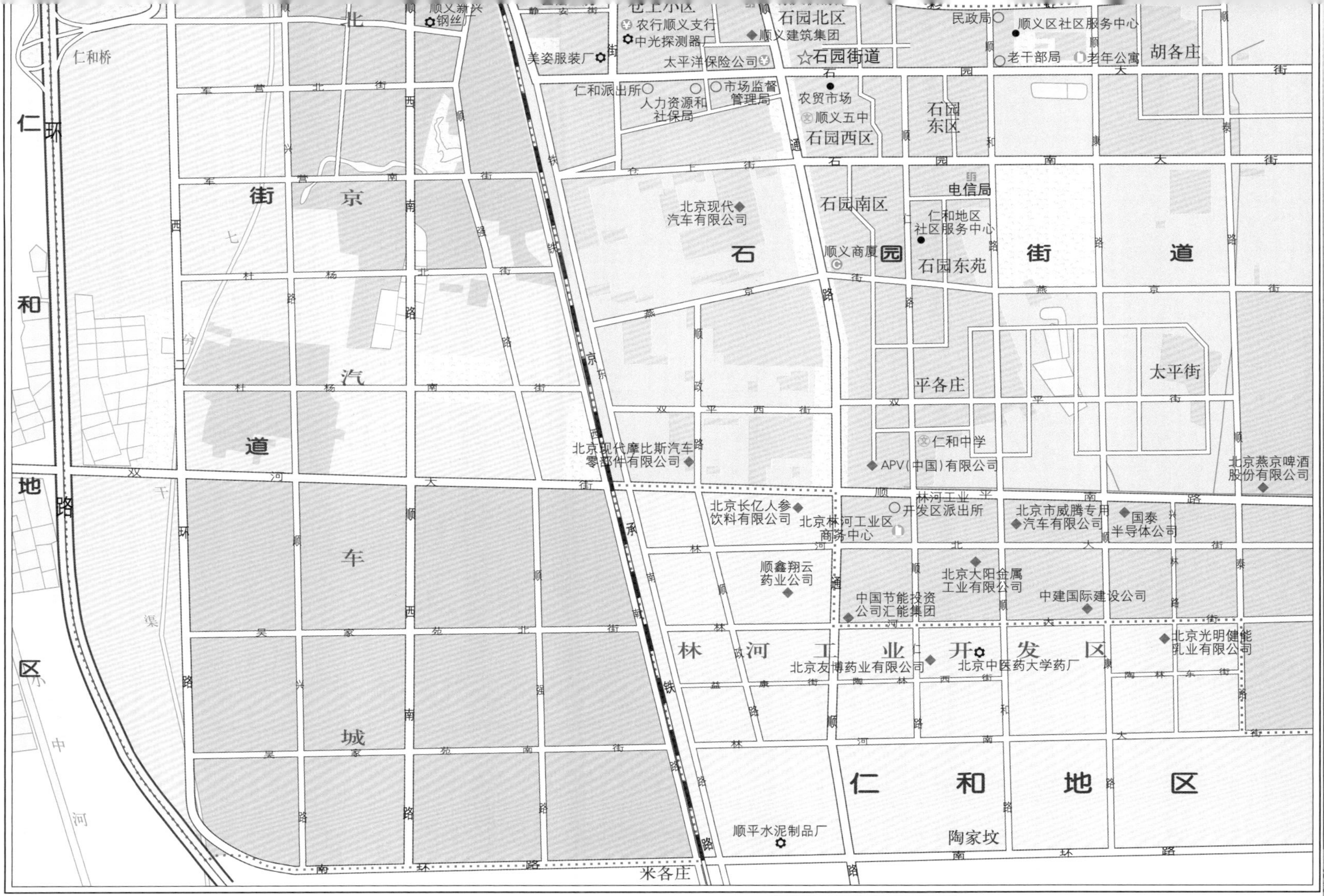
仁和桥
顺义新兴钢丝厂
农行顺义支行
中光探测器厂
美姿服装厂
太平洋保险公司
石园北区
顺义建筑集团
石园街道
民政局
顺义区社区服务中心
老干部局
老年公寓
胡各庄
仁和派出所
人力资源和社保局
市场监督管理局
农贸市场
顺义五中
石园西区
石园东区
电信局
石园南区
仁和地区社区服务中心
北京现代汽车有限公司
顺义商厦
石园东苑
石
园
街
道
京
汽
车
城
平各庄
太平街
仁和中学
APV（中国）有限公司
北京现代摩比斯汽车零部件有限公司
北京燕京啤酒股份有限公司
林河工业开发区派出所
北京长亿人参饮料有限公司
北京林河工业区商务中心
北京市威腾专用汽车有限公司
国泰半导体公司
顺鑫翔云药业公司
北京大阳金属工业有限公司
中国节能投资公司汇能集团
中建国际建设公司
林
河
工
业
开
发
区
北京友博药业有限公司
北京中医药大学药厂
北京光明健能乳业有限公司
仁
和
地
区
顺平水泥制品厂
陶家坟
米各庄
仁和地区

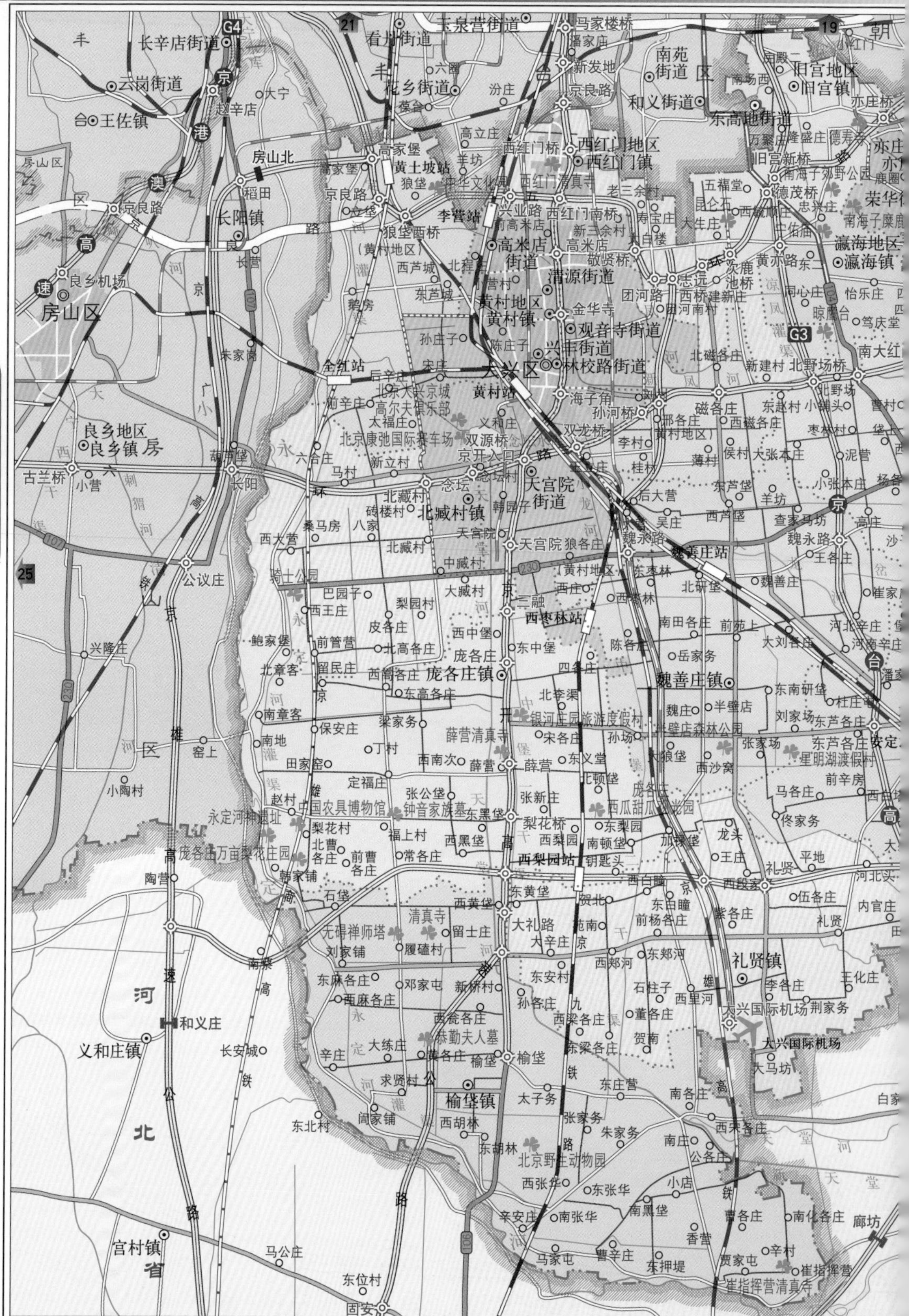

大兴区
玉泉营街道
马家楼桥
看丹街道
长辛店街道
云岗街道
王佐镇
花乡街道
南苑街道
和义街道
东高地街道
旧宫地区
旧宫镇
亦庄桥
赵辛店
大宁
新发地
京良路
西红门地区
西红门镇
黄土坡站
房山北
高家堡
稻田
长阳镇
良乡机场
房山区
狼垡
中华文化园
西红门清真寺
老三余村
五福堂
德茂桥
南海子郊野公园
荣华街道
李营站
兴业路
西红门南桥
寿宝庄
大生庄
西毓顺庄
宇佑庙
狼垡西桥
(黄村地区)
前高米店
新三余村
高米店街道
高米店
敬贤桥
大白楼
黄亦路
瀛海地区
瀛海镇
西芦城
北程庄
清源街道
忠远
团河路
西桥
建新庄
同心庄
怡乐庄
东芦城
营村
黄村地区
黄村镇
金华寺
观音寺街道
团河南村
晾鹰台
笃庆堂
鹅房
孙庄子
陈庄子
兴丰街道
林校路街道
北磁各庄
新建村
北野场桥
南大红门
朱家岗
全红站
后辛庄
宋庄
北京大兴京城高尔夫俱乐部
黄村站
海子角
孙河桥
磁各庄
东赵村
小铺头
北野场
前辛庄
太福庄
义和庄
双源桥
双龙桥
邢各庄
西磁各庄
枣林村
良乡地区
良乡镇
北京康弛国际赛车场
京开入口
李村
侯村
大张本庄
泥营
葫芦垡
六合庄
马村
新立村
念坛
念坛村
天宫院街道
桂村
薄村
东芦垡
小张本庄
杨各庄
古兰桥
小营
长阳
北藏村
砖楼村
北藏村镇
韩园子
后大营
羊坊
桑马房
八家
天宫院
吴庄
西芦垡
查家马坊
高庄
西大营
北藏村
天宫院
狼各庄
魏永路
魏善庄站
王各庄
公议庄
骑士公园
中藏村
黄村地区
东孝林
巴园子
大藏村
西庄
西枣林
北研垡
魏善庄
崔家庄
西王庄
梨园村
三融
西枣林站
南田各庄
前苑上
河北辛庄
鲍家堡
前管营
皮各庄
西中堡
大刘各庄
河南辛庄
兴隆庄
北章客
留民庄
北高各庄
东中堡
陈各庄
岳家务
西高各庄
庞各庄镇
庞各庄
四各庄
魏善庄镇
东南研垡
杜庄屯
东高各庄
北李渠
魏庄
半壁店
刘家场
东芦各庄
南章客
梁家务
银河庄园旅游度假村
半壁店森林公园
保安庄
薛营清真寺
宋各庄
孙场
张家场
东芦各庄
安定
南地
丁村
窑上
大狼垡
西沙窝
星明湖度假村
田家窑
西南次
薛营
东义堂
北顿垡
庞各庄
前辛房
定福庄
马各庄
小陶村
赵村
张公垡
张新庄
西瓜甜瓜观光园
中国农具博物馆
钟音家族墓
永定河神遗址
东黑垡
梨花桥
东梨园
加禄垡
龙头
佟家务
梨花村
福上村
西梨园
南顿垡
王庄
平地
庞各庄万亩梨花庄园
北曹各庄
前曹各庄
常各庄
西黑垡
西梨园站
钥匙头
礼贤
河北头
陶营
韩家铺
西白疃
西段家
石垡
东黄垡
伍各庄
西黄垡
贺北
东白疃
内官庄
清真寺
大礼路
前杨各庄
紫各庄
礼贤
无碍禅师塔
留士庄
花南
大辛庄
刘家铺
履磕村
东郑河
西郑河
礼贤镇
南蔡
东安村
王化庄
东麻各庄
邓家屯
新桥村
石柱子
西里河
李各庄
西麻各庄
孙各庄
大兴国际机场
荆家务
和义庄
西瓮各庄
西梁各庄
董各庄
义和庄镇
赫勤夫人墓
贺南
大兴国际机场
长安城
大练庄
东梁各庄
大马坊
辛庄
黄各庄
榆垡
榆垡
求贤村
榆垡镇
东庄营
太子务
南各庄
白家
东北村
闫家铺
西胡林
张家务
西宋各庄
朱家务
东胡林
南庄
公各庄
北京野生动物园
西张华
东张华
小店
南黑垡
宫村镇
辛安庄
南张华
曹各庄
南化各庄
廊坊
香营
马公庄
马家屯
曹辛庄
东押堤
贾家屯
辛村
崔指挥营
东位村
崔指挥营清真寺
固安
永定河
凤河
大龙河
天堂河
丰
朝
亦庄
台
河北省
京港澳高速
京开高速
京雄高速
京台
G4
G3
21
19
25
107
230
106

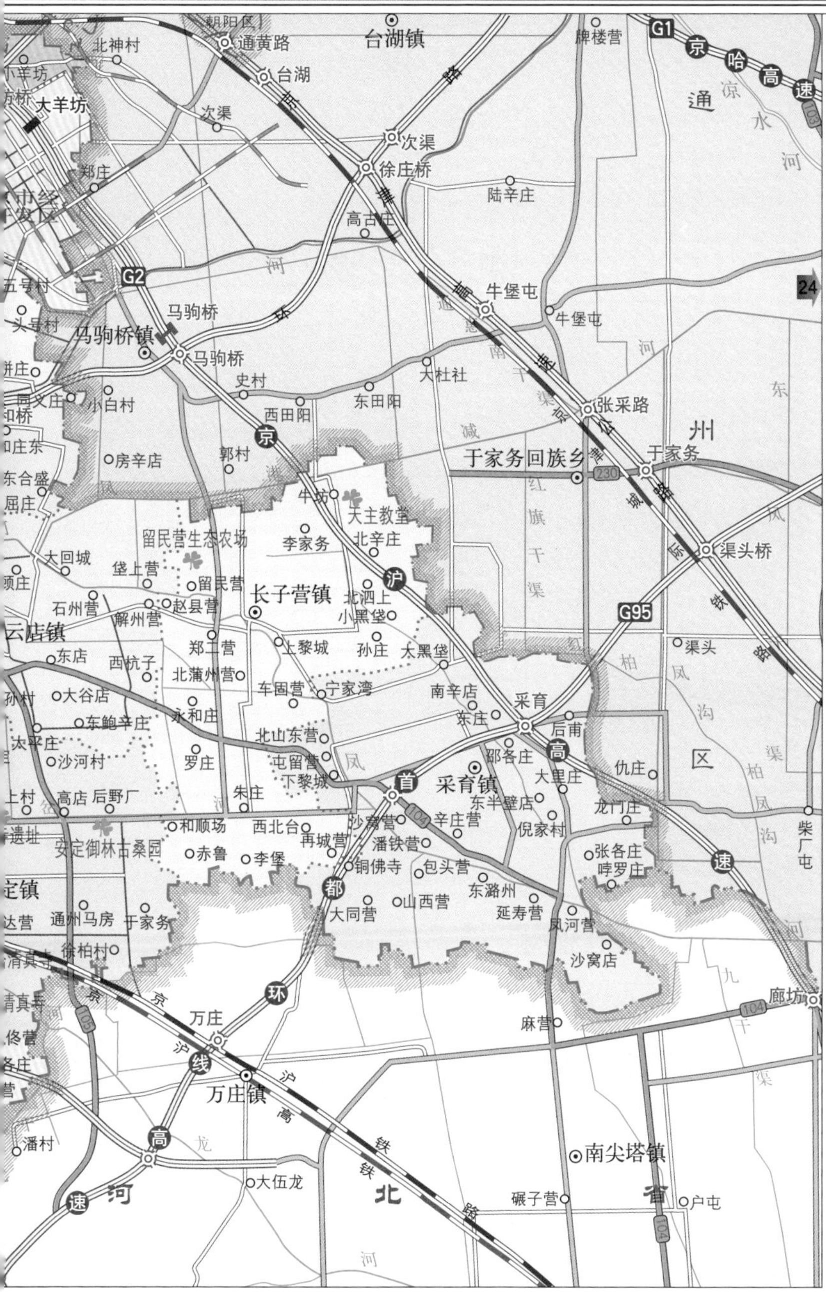

【地理位置】位于北京市南部，区人民政府驻兴丰街道，辖8街道，14镇。

【面积人口】面积1036平方千米，人口78万。

【历史沿革】大兴有悠久的历史，从秦朝开始建县，最初为蓟县，辽代改为析津县。在金代，金由元二年（1154年），金企图代宋，将当时的永安府改为大兴府，改析津县为大兴区，寓疆域辽阔，兴旺发达之意，大兴因此定名，并沿用至今。1928年划归河北省管辖，1958年划归北京市并改区。1960年1月，恢复县建制。2001年2月撤县，成立大兴区。

【经　济】大兴区是北京市主要农业生产基地之一，土壤肥沃，气候适宜。近年来逐步形成了以粮食为基础，瓜、果、菜为主的新的产业格局。树多、果多、西瓜多，每年6月28日～7月2日为“大兴西瓜节”，产业化经营的现代生态农业使农村经济在市场竞争中焕发出新的活力。工业形成了机电、化工、服装、轻纺等八大行业，并且具有一大批名牌拳头产品。中关村科技园区北京生物工程与医药产业基地、国家新媒体产业基地、北京奔驰汽车产业园为大兴经济发展的“龙头”，一批现代物流、现代服务、文化教育、旅游休闲等新兴产业在兴起。

交　通】京沪、京九铁路在大兴交会，京沪高铁、京雄城际大兴段已经通车，四环路、五环路、六环路和北京南轴路延长线、京开、京津塘、京台、大兴机场高速和104、105、106、230等国道组成了纵横交错的公路交通网，交通发达，是北京、天津两大都市的“门户”及外埠进京的重要通道。北京大兴国际机场已于2019年9月建成。

土特产品】安定桑葚、庞各庄金把黄鸭梨、大兴西瓜、京式绿豆糕。

风景名胜】大兴区是北京地区古老的区县之一，有众多的名胜古迹和旅游景点。有清团河行宫、元无碍禅师塔、双柳树、昆仑石、东汉双塔寺、林清考试里、张华故里、辽金村落遗址、古炼铁遗址、翰林墓、英亲王后裔墓等迹40多处，以及榆垡万亩梨花庄园、大兴野生动物园、半壁店森林公园、碑林公园、北普陀影视培训中心、骑士园等一批新旅游景点。另外，南海子麋鹿苑是元、明、清三代著名的皇家苑囿，1900年横遭八国联军劫掠，985年重建。

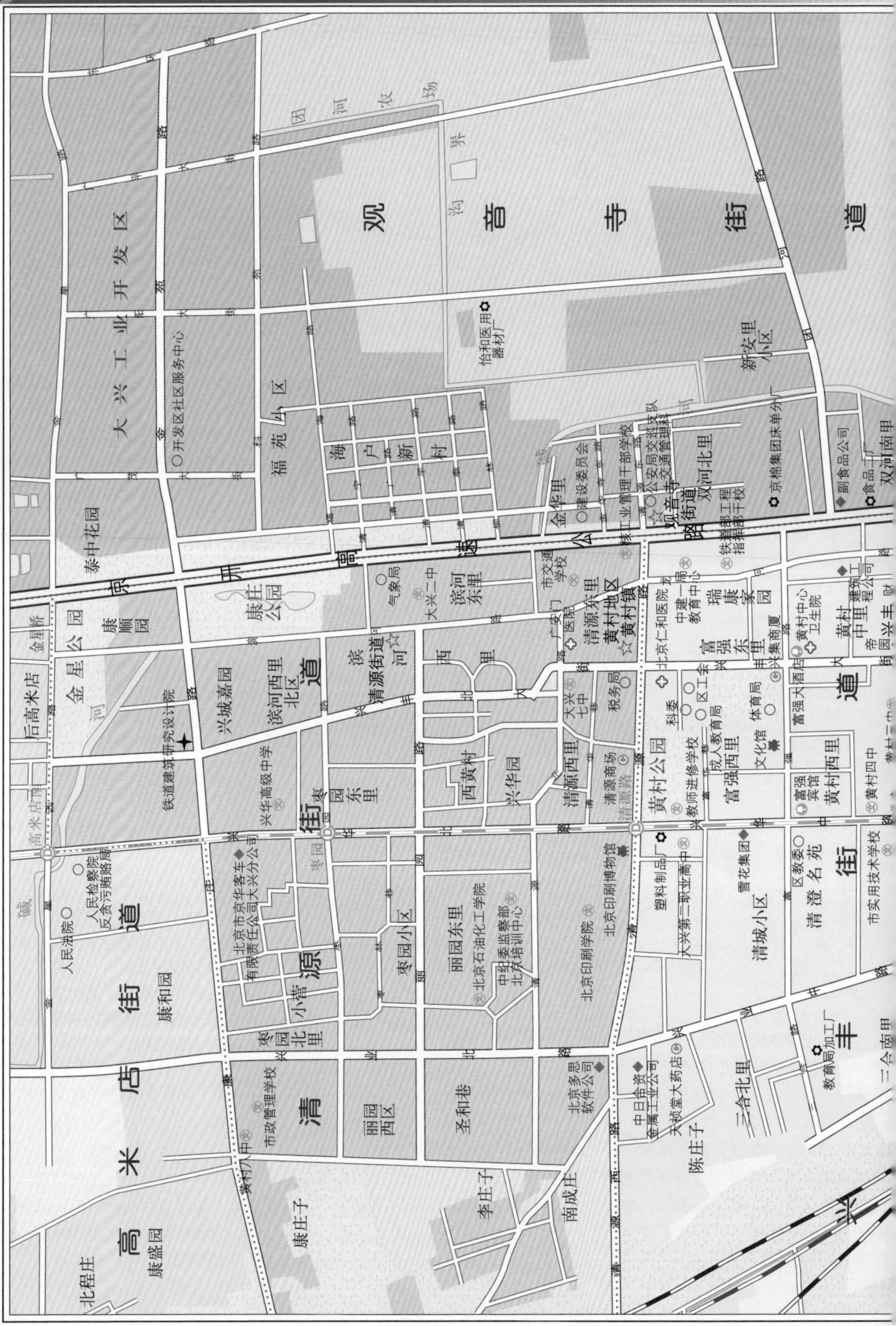

观音寺街道
团河农场
界沟
大兴工业开发区
福苑小区
海户新村
怡和医用器材厂
新安里小区
开发区社区服务中心
泰中花园
京开高速公路
康庄公园
金星公园
康顺园
金星桥
后高米店
铁道建筑研究设计院
兴城嘉园
滨河西里北区
滨河
清源街道
气象局
大兴二中
滨河东里
市交通学校
医院
清源东里
黄村地区
黄村镇
西里
大兴七中
税务局
西黄村
兴华园
清源西里
清源商场
清源路
兴华高级中学
枣园东里
兴华路
高米店南
人民检察院反贪污贿赂局
人民法院
北京市京华客车有限责任公司大兴分公司
小营
枣园小区
枣园北里
康和园
高米店街道
丽园东里
北京石油化工学院
中纪委监察部北京培训中心
北京印刷学院
北京印刷博物馆
市政管理学校
清源
丽园西区
圣和巷
北京多思软件公司
康庄子
李庄子
南成庄
康盛园
北程庄
黄村八中
金华里
建设委员会
工业管理干部学校
公安局交巡支队交通管理科
观音寺街道
双河北里
铁道部工程指挥部干校
京棉集团床单分厂
副食品公司
食品厂
双河南里
北京仁和医院
中建一局教育中心
瑞康家园
富强东里
兴业商厦
黄村中心卫生院
黄村中里
建筑工程公司
富强大酒店
科委
区工会
成人教育局
体育局
文化馆
黄村公园
教师进修学校
富强西里
黄村西里
富强宾馆
黄村四中
塑料制品厂
大兴第一职业高中
雪花集团
清城小区
区教委
清澄名苑
市实用技术学校
中日合资金属工业公司
天祯堂大药店
陈庄子
三合北里
教育局加工厂
三合南里
兴丰街道

天宫院街道
林校路街道
黄村地区
大兴区
林校北里
林校中里
林校南里
车站中里
车站南里
永华南里
永华北里
兴华南里
建兴家园
海子角
海子角小区
海子角西里小区
海子角东里小区
观音寺南里
观音寺北里
观音寺小区
佟家场
义和庄北里
义和庄东里
义和庄
王立庄
饮马井
矿林庄
许庄
念坛水库
黄村站
黄村火车站
双龙桥
双源桥
黄村桥
大兴桥
兴华桥
邮政局
民政局
统计局
区规委
建设大厦
苏宁电器
大兴宾馆
大兴妇幼保健院
档案局
广播电视台
老干部局
生态环境局
保康堂药店
退役军人事务局
交通委员会
环卫服务中心
烟草专卖局
林业部干部管理学院
中央文化管理干部学院
中国防卫科技学院信息安全学院
北京市第二毛巾厂
观音寺派出所
五金交电公司
公路养路段
区结核病防治所
精神卫生保健院
税务局
大兴区成人高中
大庄农贸市场
大兴京城高尔夫俱乐部
聚源电子商城
区房屋管理局
建筑大学附中
九九寨烤鸭店
大兴报社
京开高速路
六环路
新凤河
大龙河
兴华路
林校路
黄良铁路

分区图

【地理位置】地处北京西北郊，是首都的北大门。区政府驻城北街道，下辖8个街道，13镇。

【面积人口】面积1344平方千米，人口68万。

【历史沿革】昌平历史悠久。是历代王朝的畿辅重镇，历史名城，被称为“股肱重地”，素有“京师之枕”的美称。从境内南口雪山村出土文物考证，可追溯到原始社会后期，有考证的可上溯到四五千年前的尧、舜时期。据文字记载，周初属蓟国，后为燕国，西汉始置县，明景泰三年(1452年)迁县治于永安城(现昌平镇)。正德八年(1513年)升为昌平州，辖怀柔、密云、顺义三县，明末为昌平道治所，清初为霸昌道治所，1913年改州为县，先后属京北区、河北省，1956年划入北京市设昌平区。1960年初，改为昌平县，1999年9月，撤县设区。

【资　源】境内地貌多样，矿藏资源丰富，建筑材料和有色金属为主的矿藏种类较多。适于烧制砖瓦的优质土层在10米以上，储有深达25米的大量有孔优质沙。独特而丰富的地热资源，面积在20平方千米以上，热层浅、水温高，可达62℃。小汤山地热温泉，以对某些慢性疾病有较好疗效而闻名全国，现不仅留有康熙年间建造的汉白玉温泉和乾隆年间建造的浴池古迹，而且还拥有现代化的疗养康复设施。

【经　济】昌平是北京市农副产品重要生产基地，建成了一批粮食、蔬菜、果品、畜产品、水产品商品基地。水果有柿子、苹果、梨、桃、杏、沙香果、枣、海棠、李子、核桃、板栗等100多个品种。工业有玻璃建材、汽车配件、机械加工、轻纺、服装、白酒、食品加工、冶金、化工、工艺美术、建筑材料等十几个门类。昌平高科技园区，是北京市新技术产业开发试验区的重要组成部分，是国家级的科技园区。

【交　通】境内有大秦、京包等铁路干线，有昌平线等5条轨道交通。有京藏、京承、京新、京礼、六环路等5条高速公路，初步建成以高速公路、轨道交通和国道、省道为框架的交通路网。

【土特产品】昌平草莓、燕山板栗、昌平苹果、阳坊涮羊肉、昌平盖柿、十三陵镇樱桃。

【风景名胜】有著名的“燕平八景”，有以居庸关、明十三陵、银山塔林等历史文物古迹，以虎峪、碓臼峪、大杨山等自然景观，还有北京国际高尔夫俱乐部、北京九龙游乐园、中国航空博物馆等人文景观。

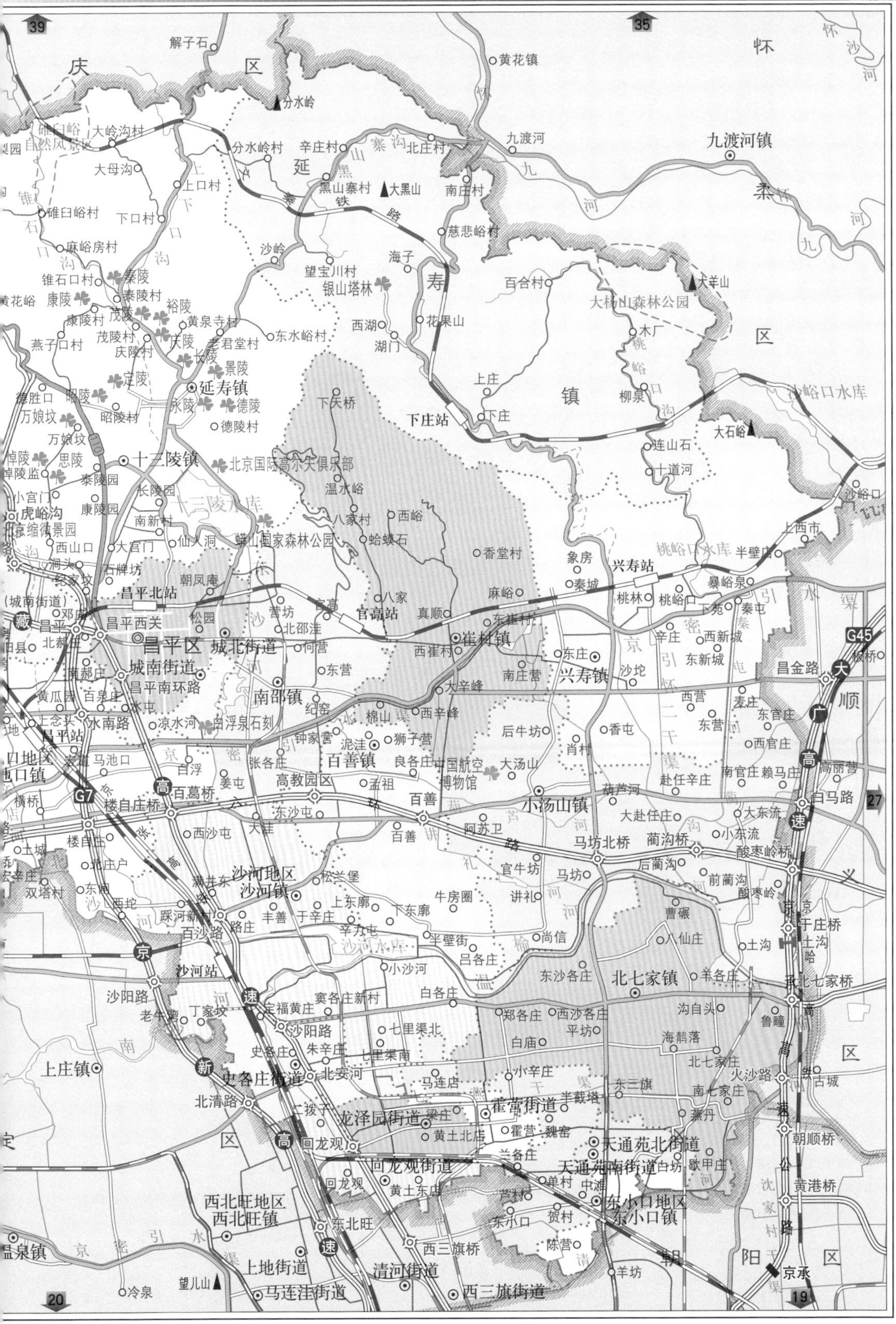
39
35
27
20
19
庆
区
怀
沙
河
解子石
黄花镇
分水岭
雒臼峪
大岭沟村
自然风景区
分水岭村
辛庄村
北庄村
九渡河
九渡河镇
大母沟
延
黑山寨村
大黑山
南庄村
上口村
雒臼峪村
下口村
慈悲峪村
麻峪房村
沙岭
海子
望宝川村
锥石口村
秦陵
银山塔林
百合村
大羊山
康陵
泰陵村
裕陵
大杨山森林公园
黄花峪
康陵村
茂陵
黄泉寺村
西湖
花果山
木厂
燕子口村
茂陵村
庆陵
老君堂村
东水峪村
湖门
区
庆陵村
长陵
景陵
定陵
上庄
镇
柳泉
沙峪口水库
德胜口
昭陵
延寿镇
下庄桥
万娘坟
昭陵村
永陵
德陵
下庄站
下庄
大石岭
德陵村
万娘坟
连山石
悼陵
思陵
十三陵镇
北京国际高尔夫俱乐部
十道河
悼陵监
泰陵园
温水峪
沙峪口
小宫门
长陵园
虎峪沟
康陵园
十三陵水库
八家村
西峪
上西市
南新村
北京缩微景园
西山口
大宫门
仙人洞
蟒山国家森林公园
蛤蟆石
香堂村
桃峪口水库
半壁店
洞头
石牌坊
象房
兴寿站
纪家坟
朝凤庵
秦城
暴峪泉
昌平北站
八家
麻峪
桃林
桃峪口
引
水
渠
(城南街道)
营坊
官高
真顺
下苑
秦屯
邓庄
松园
东崔村
G45
昌平
昌平西关
北邵洼
官高站
辛庄
西新城
板桥
北郝庄
昌平区
城北街道
何营
西崔村
崔村镇
东庄
东新城
南郝庄
城南街道
东营
南庄营
兴寿镇
沙坨
昌金路
大
黄瓜园
昌平南环路
南邵镇
太辛峰
西营
麦庄
顺
百泉庄
水屯
纪窑
棉山
西辛峰
东官庄
上念头
水南路
凉水河
白浮泉石刻
后牛坊
香屯
东营
昌平站
钟家营
泥洼
狮子营
肖村
西官庄
口地区
马池口
张各庄
百善镇
良各庄
中国航空博物馆
大汤山
南官庄
赖马庄
高丽营
口镇
白浮
姜屯
高教园区
孟祖
赴任辛庄
横桥
G7
百葛桥
楼自庄桥
百善
小汤山镇
葫芦河
白马路
东沙屯
大东流
西沙屯
大洼
大赴任庄
楼自庄
百善
阿苏卫
马坊北桥
蔺沟桥
小东流
土城
北庄户
宫牛坊
后蔺沟
酸枣岭桥
东辛庄
东南
沙河地区
松兰堡
马坊
前蔺沟
双塔村
西坨
沙河镇
讲礼
酸枣岭
上东廓
牛房圈
曹碾
踩河新村
丰善
于辛庄
下东廓
于庄桥
百沙路
路庄
辛力屯
尚信
八仙庄
土沟
半壁街
土沟
京
沙河水库
吕各庄
沙河站
小沙河
东沙各庄
北七家镇
羊各庄
北七家桥
沙阳路
窑各庄新村
白各庄
老牛湾
丁家坟
定福黄庄
郑各庄
西沙各庄
沟自头
沙阳路
平坊
鲁疃
南
七里渠北
海鹊落
史各庄
朱辛庄
白庙
北七家庄
七里渠南
上庄镇
新
史各庄街道
北安河
小辛庄
火沙路
古城
马连店
东三旗
北清路
二拨子
霍营街道
半截塔
南七家庄
龙泽园街道
梁庄
黄土北店
霍营
魏窑
东丹
区
高
回龙观
天通苑北街道
朝顺桥
兰各庄
回龙观街道
天通苑南街道
白坊
歇甲庄
回龙观
黄土东店
单村
黄港桥
中滩
西北旺地区
西北旺镇
东小口地区
东小口镇
东北旺
东小口
贺村
西三旗桥
陈营
温泉镇
京
密
引
水
渠
速
上地街道
清河街道
朝
阳
区
羊坊
京承
冷泉
望儿山
马连洼街道
西三旗街道

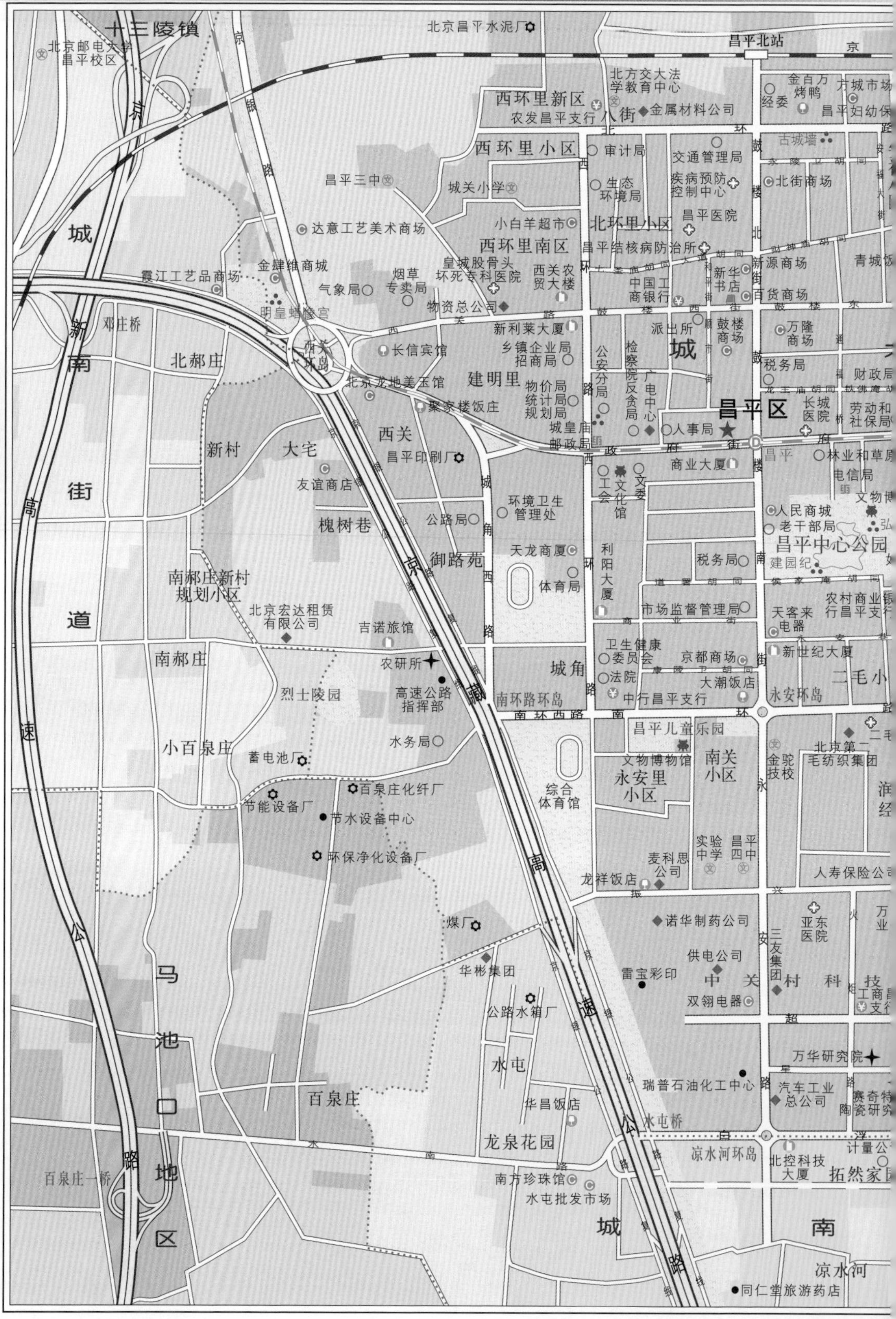
十三陵镇
北京邮电大学
昌平校区
北京昌平水泥厂
昌平北站
北方交大法
学教育中心
金百万
烤鸭
方城市场
经委
昌平妇幼保
西环里新区
农发昌平支行
八街
金属材料公司
西环里小区
审计局
交通管理局
古城墙
昌平三中
城关小学
生态
环境局
疾病预防
控制中心
北街商场
达意工艺美术商场
小白羊超市
北环里小区
昌平医院
西环里南区
昌平结核病防治所
新源商场
青城饭
霞江工艺品商场
金肆维商城
皇城股骨头
坏死专科医院
西关农
贸大楼
中国工
商银行
新华
书店
百货商场
气象局
烟草
专卖局
明皇蜡像宫
物资总公司
邓庄桥
西关
环岛
新利莱大厦
派出所
鼓楼
商场
万隆
商场
长信宾馆
乡镇企业局
招商局
城
税务局
财政局
北郝庄
北京龙地美玉馆
建明里
公安
分局
检察院
反贪局
广电
中心
物价局
统计局
规划局
昌平区
长城
医院
劳动和
社保局
聚家楼饭店
城皇庙
邮政局
人事局
西关
新村
大宅
昌平印刷厂
商业大厦
昌平
林业和草原
电信局
友谊商店
工会
文化馆
文委
环境卫生
管理处
人民商城
文物博
槐树巷
公路局
老干部局
昌平中心公园
天龙商厦
利
阳
大
厦
税务局
建园纪
御路苑
南郝庄新村
规划小区
体育局
北京宏达租赁
有限公司
市场监督管理局
农村商业银
行昌平支行
天客来
电器
吉诺旅馆
卫生健康
委员会
京都商场
新世纪大厦
南郝庄
农研所
城角
法院
大潮饭店
二毛小
烈士陵园
高速公路
指挥部
南环路环岛
中行昌平支行
永安环岛
南环西路
昌平儿童乐园
小百泉庄
水务局
北京第二
毛纺织集团
蓄电池厂
文物博物馆
永安里
小区
南关
小区
金驼
技校
百泉庄化纤厂
节能设备厂
综合
体育馆
节水设备中心
环保净化设备厂
实验
中学
昌平
四中
麦科思
公司
人寿保险公司
龙祥饭店
诺华制药公司
亚东
医院
煤厂
三友集团
供电公司
华彬集团
雷宝彩印
中关村科技
工商
支行
马
池
口
地
区
公路水箱厂
双翎电器
万华研究院
水屯
瑞普石油化工中心
汽车工业
总公司
赛奇特
陶瓷研究
百泉庄
华昌饭店
水屯桥
龙泉花园
凉水河环岛
北控科技
大厦
计量公
拓然家园
百泉庄一桥
南方珍珠馆
水屯批发市场
城
南
凉水河
同仁堂旅游药店
城南街道
新南高速公路
京藏高速公路

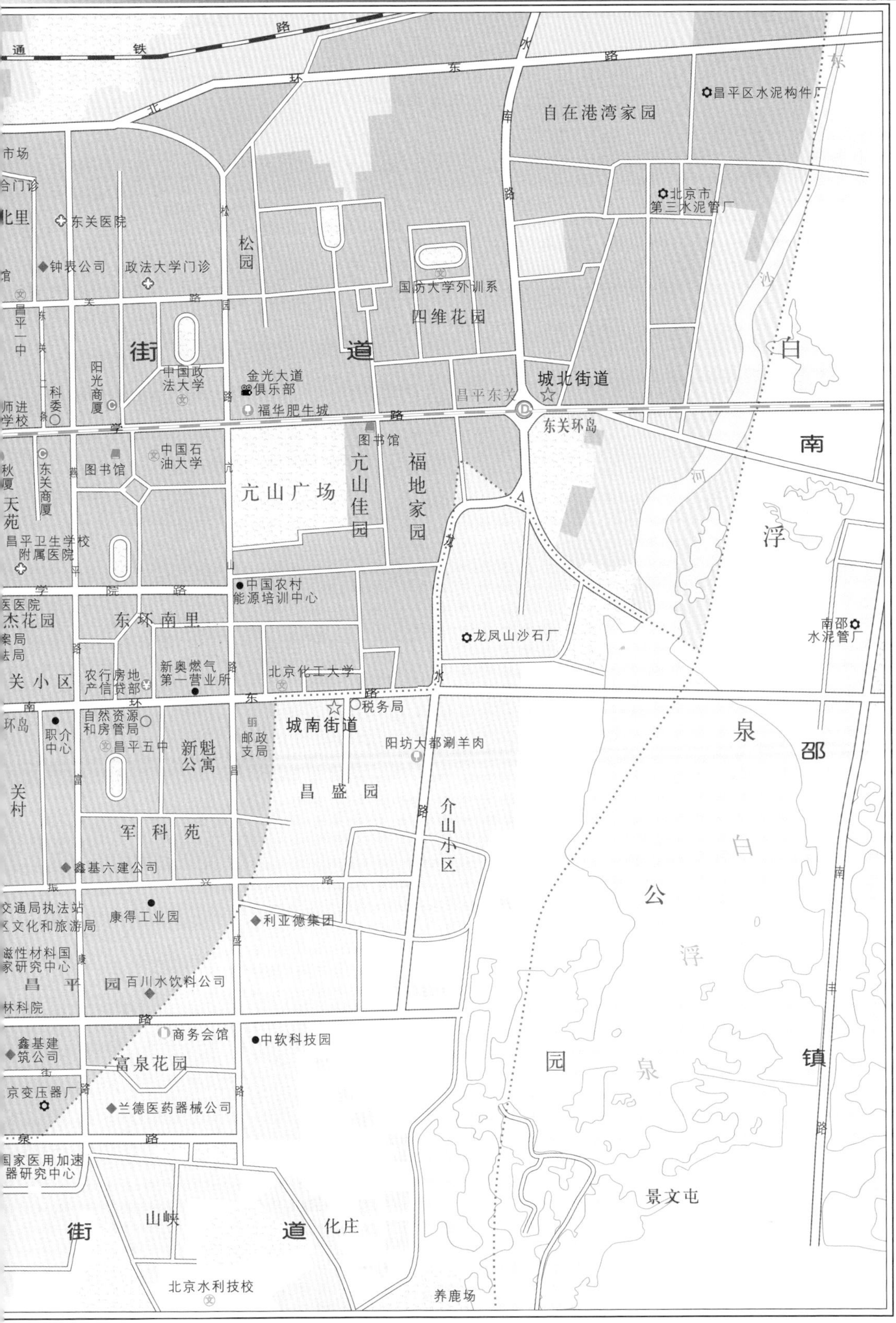
通
铁
路
环
东
北
水
路
南
东
自在港湾家园
昌平区水泥构件厂
北京市
第三水泥管厂
市场
合门诊
化里
东关医院
钟表公司
政法大学门诊
松
松园
国防大学外训系
四维花园
昌平一中
阳光商厦
科委
中国政法大学
街
道
金光大道
俱乐部
福华肥牛城
城北街道
昌平东关
东关环岛
师进学校
学
沙
白
河
南
图书馆
中国石油大学
亢
亢山广场
亢山佳园
福地家园
秋厦
东关商厦
天苑
昌平卫生学校
附属医院
浮
龙
院
中国农村
能源培训中心
医医院
杰花园
东环南里
案局
法局
龙凤山沙石厂
南邵
水泥管厂
关小区
农行房地
产信贷部
新奥燃气
第一营业所
北京化工大学
税务局
南
环岛
职介中心
自然资源
和房管局
昌平五中
新魁公寓
邮政支局
城南街道
阳坊大都涮羊肉
泉
邵
关村
昌盛园
介山小区
军科苑
鑫基六建公司
振
兴
交通局执法站
文化和旅游局
康得工业园
利亚德集团
公
磁性材料国
家研究中心
昌
平
园
百川水饮料公司
林科院
鑫基建
筑公司
商务会馆
中软科技园
富泉花园
园
镇
京变压器厂
兰德医药器械公司
丰
国家医用加速
器研究中心
景文屯
山峡
化庄
北京水利技校
养鹿场

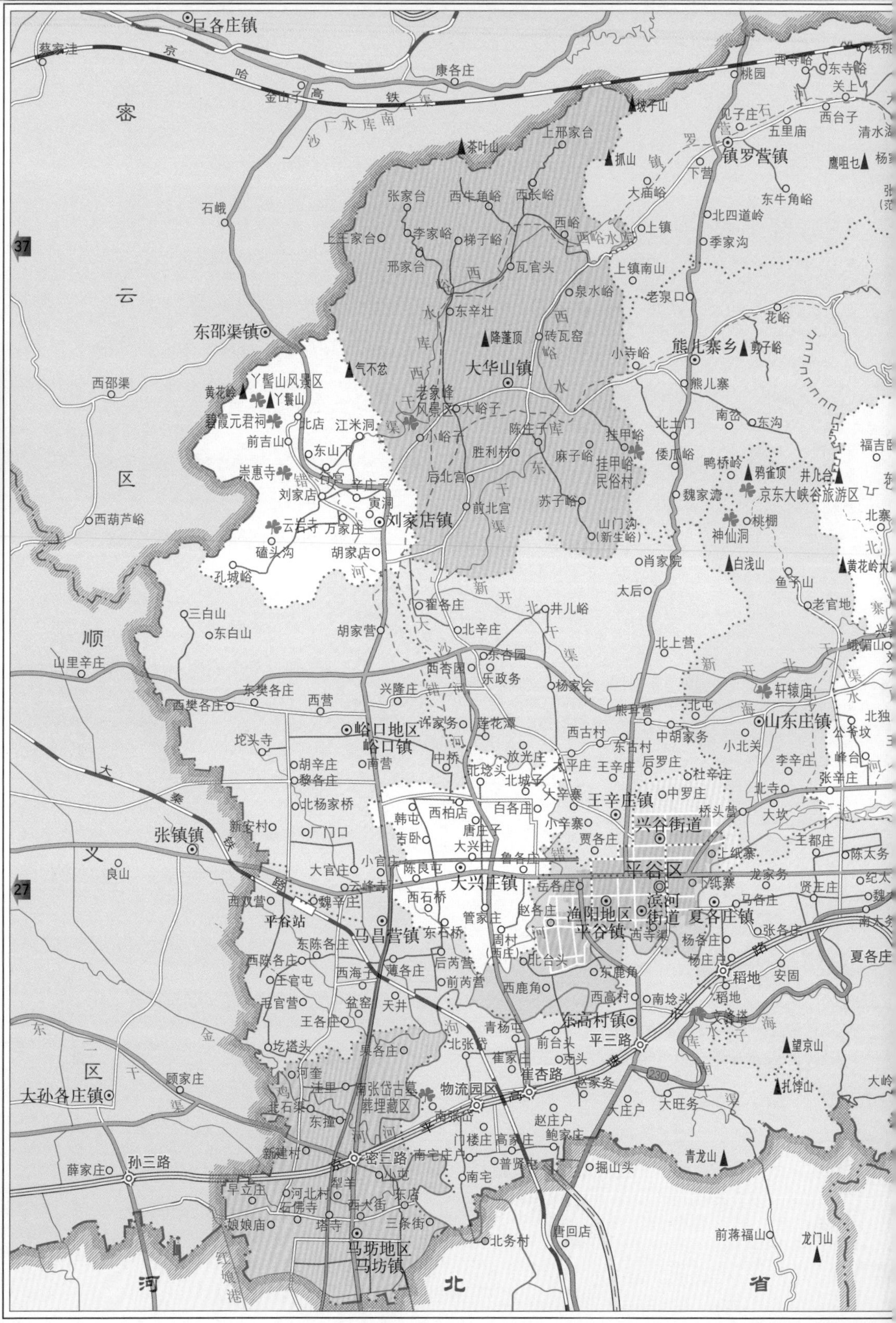
巨各庄镇
蔡家洼
京
哈
高
铁
康各庄
金山子
沙
厂水库南干渠
密
云
区
石峨
37
东邵渠镇
西邵渠
西葫芦峪
顺
义
区
27
茶叶山
上邢家台
坡子山
抓山
张家台
西牛角峪
西长峪
李家峪
梯子峪
西峪
西峪水库
上王家台
邢家台
瓦官头
泉水峪
东辛庄
降蓬顶
砖瓦窑
大华山镇
气不忿
丫髻山风景区
黄花岭
丫髻山
碧霞元君祠
北店
江米洞
老象峰风景区
大峪子
小峪子
前吉山
东山下
崇惠寺
谷宫
刘家店
辛庄子
寅洞
刘家店镇
云岩寺
万家庄
磕头沟
胡家店
孔城峪
陈庄子
胜利村
后北宫
前北宫
麻子峪
挂甲峪
挂甲峪民俗村
苏子峪
山门沟(新生峪)
三白山
东白山
山里辛庄
胡家营
翟各庄
北辛庄
井儿峪
东杏园
西杏园
乐政务
杨家会
东樊各庄
西樊各庄
西营
兴隆庄
峪口地区
峪口镇
许家务
莲花潭
坨头寺
胡辛庄
南营
黎各庄
北杨家桥
中桥
北埝头
放光庄
北城子
新安村
厂门口
韩屯
西柏店
百各庄
唐庄子
大兴庄
吉卧
张镇镇
良山
大官庄
小官庄
陈良屯
云峰寺
大兴庄镇
鲁各庄
西双营
魏辛庄
平谷站
西石桥
马昌营镇
东石桥
管家庄
周村(西庄)
东陈各庄
西陈各庄
薄各庄
后芮营
前芮营
西海子
王官屯
毛官营
盆窑
天井
王各庄
坨塔头
果各庄
北张岱
青杨屯
河奎
洼里
南张岱古墓葬埋藏区
物流园区
北石渠
东撞
南张岱
新建村
密三路
南宅庄户
鲍家庄
门楼庄
高家庄
普贤屯
南宅
犁羊
小屯
河北村
阜立庄
石佛寺
西大街
东店
娘娘庄
塔寺
三条街
马坊地区
马坊镇
北务村
唐回店
掘山头
大孙各庄镇
顾家庄
孙三路
薛家庄
东
金
干
渠
河
北
省
桃园
西寺峪
东寺峪
关上
见子庄
西台子
五里庙
清水湖
镇罗营镇
下营
鹰咀屯
大庙峪
东牛角峪
北四道岭
上镇
季家沟
上镇南山
老泉口
花峪
熊儿寨乡
剪子峪
小寺峪
熊儿寨
北土门
南岔
东沟
倭瓜峪
鸭桥岭
鸦雀顶
井儿台
京东大峡谷旅游区
福吉
魏家湾
桃棚
神仙洞
北寨
肖家院
白浅山
黄花岭大
鱼子山
太后
老官地
北上营
峨嵋山
轩辕庙
熊耳营
北屯
山东庄镇
北独
西古村
东古村
中胡家务
小北关
公爷坟
峰台
太平庄
王辛庄
后罗庄
杜辛庄
李辛庄
张辛庄
大辛寨
王辛庄镇
中罗庄
北寺
桥头营
小辛寨
兴谷街道
大坟
王都庄
贾各庄
上纸寨
陈太务
平谷区
龙家务
纪太
岳各庄
下纸寨
贤王庄
赵各庄
渔阳地区
平谷镇
滨河街道
夏各庄镇
马各庄
南太务
西寺渠
杨各庄
张各庄
夏各庄
北台头
东鹿角
杨庄户
稻地
安固
西鹿角
西高村
南埝头
文峰塔
东高村镇
平三路
望京山
前台头
崔家庄
克头
崔杏路
赵家务
230
大岭
扎饽山
大庄户
大旺务
赵庄户
青龙山
前蒋福山
龙门山

分区图

【地理位置】地处北京东北部，区政府驻滨河街道。下辖2街道、14个镇、2乡。

【面积人口】面积950平方千米，人口41万。

【历史沿革】平谷区历史悠久，春秋战国时为燕国属地。汉高帝十二年(公元前195年)始建县。因三面环山，中间为平川谷地，故名平谷。晋初置省，辽时为大王镇。金夏为平峪县。明清均属顺天府之蓟州所辖。1913年改属京兆地方，1928年属河北省。1937年先后设立“蓟(县)平(谷)密(云)”“平(谷)密(云)兴(隆)”“平(谷)三(河)密(云)”“平(谷)三(河)蓟(县)”四个联合县。1948年隶属河北省通州区专区，1958年3月改属唐山专区，同年10月划归北京市。2001年12月撤县设区。

【资　　源】平谷区有丰富的矿产资源，包括黄金、白银、铜、锰、大理石、花岗石、石英岩、泥炭等20多种。黄金产量占北京市90%以上。大理石、花岗石是北京市的富矿区之一。镇罗营的花岗石质量在全国排第5位，色泽好，称为“平谷红”。野生动物有100多种，野生植物500多种，其中药用植物有苍术、知母、柴胡、远志等60多种。

【经　　济】平谷区农业资源丰富，是北京市重要的农副产品基地。主要农作物有小麦、玉米、谷子及豆类。近年来形成了以桃、梨、苹果、柿子四大果树为主的果品生产格局。所产的“北京核桃”占北京市场五分之一。无污染的蔬菜产量名列北京市前茅。鲜蛋上市产量居北京市首位。工业方面，形成服装、毛织、机械加工、建材、食品、医药等10多个骨干行业，产品种类达400多种。食品饮料行业主要产品有果脯、罐头、啤酒、矿泉水等。机械加工行业主要生产加工电机、轴承、汽车配件、水暖铸件、消防器材、节能锅炉等产品。

【交　　通】大秦电气化铁路穿过境内，朝阳东坝地区到平谷新城东南部的轨道交通也在建设中。京平高速直通市区和天津蓟州区，北京大外环高速在已通车，230国道及4条省道纵贯全境。

【土特产品】有绿谷丰杂粮、平谷野山菌、核桃、各种粗粮、油类、蛋类、各种鲜果等。

【风景名胜】平谷区为京郊旅游胜地，境内挖掘的“上宅文化”遗址，填补了北京新石器早期文化空白。金海湖波光粼粼，龙舟激浪，周边建有大量宾馆饭店和度假村。另外还有京东大峡谷、湖洞水、飞龙谷、丫髻山、京东大溶洞、京东石林峡、京东淘金谷、老象峰、凤凰台等游览景区。

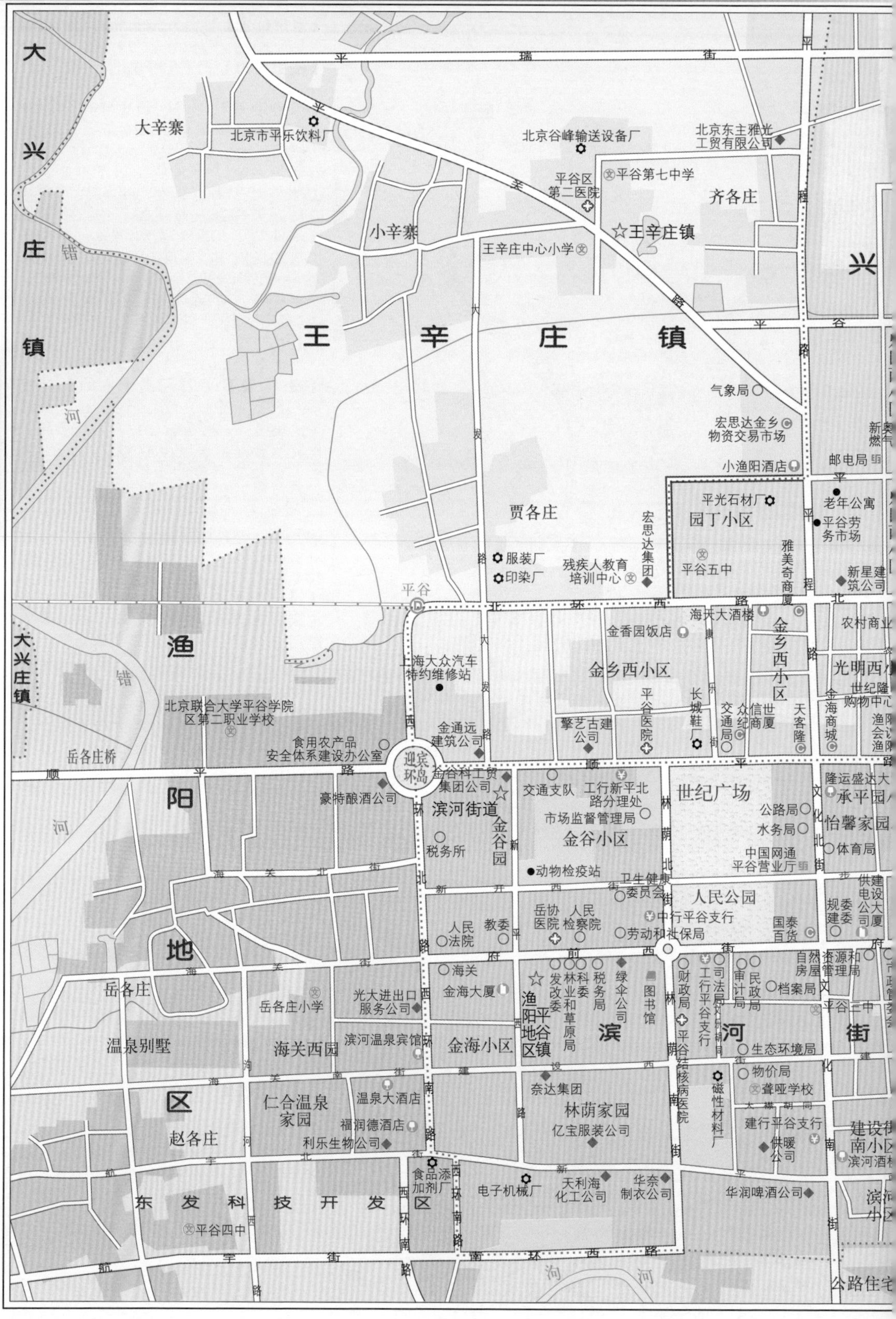
大兴庄镇
平瑞街
大辛寨
北京市平乐饮料厂
北京谷峰输送设备厂
北京东主雅光工贸有限公司
平谷区第二医院
平谷第七中学
齐各庄
小辛寨
王辛庄镇
王辛庄中心小学
平谷路
王辛庄镇
兴谷
气象局
宏思达金乡物资交易市场
新奥燃
小渔阳酒店
邮电局
平光石材厂
老年公寓
园丁小区
平谷劳务市场
贾各庄
宏思达集团
平谷五中
雅美奇商厦
新星建筑公司
服装厂
印染厂
残疾人教育培训中心
平谷
北环西路
海天大酒楼
农村商业
金香园饭店
金乡西小区
上海大众汽车特约维修站
金乡西小区
光明西
渔
错河
大兴庄镇
平谷医院
长城鞋厂
交通局
众信商厦
世纪商厦
天客隆
金海商城
世纪购物中心
北京联合大学平谷学院
区第二职业学校
擎艺古建公司
金通远建筑公司
食用农产品安全体系建设办公室
岳各庄桥
迎宾环岛
顺平路
平谷科工贸集团公司
交通支队
工行新平北路分理处
世纪广场
隆运盛达
承平园
阳
豪特酿酒公司
滨河街道
市场监督管理局
公路局
水务局
怡馨家园
河
税务所
金谷园
金谷小区
中国网通平谷营业厅
体育局
海关北街
动物检疫站
卫生健康委员会
新开街
人民公园
供电设计公司
规委
建委
大厦
人民法院
教委
岳协医院
人民检察院
中行平谷支行
劳动和社保局
国泰百货
地
府前街
自然资源和房屋管理局
海关
发改委
林业和草原局
科委
税务局
绿伞公司
图书馆
财政局
工行平谷支行
司法局
审计局
民政局
档案局
岳各庄
岳各庄小学
光大进出口服务公司
金海大厦
渔阳地区平谷镇
滨
平谷结核病医院
河
平谷二中
街
温泉别墅
海关西园
滨河温泉宾馆
金海小区
生态环境局
建设街
物价局
奈达集团
磁性材料厂
聋哑学校
区
仁合温泉家园
温泉大酒店
林荫家园
福润德酒店
建行平谷支行
建设南小区
赵各庄
亿宝服装公司
利乐生物公司
供暖公司
滨河酒
航宇街
食品添加剂厂
电子机械厂
天利海化工公司
华奈制衣公司
新平街
华润啤酒公司
滨河小区
东发科技开发区
西环南路
平谷四中
南环西路
洵河
公路住宅

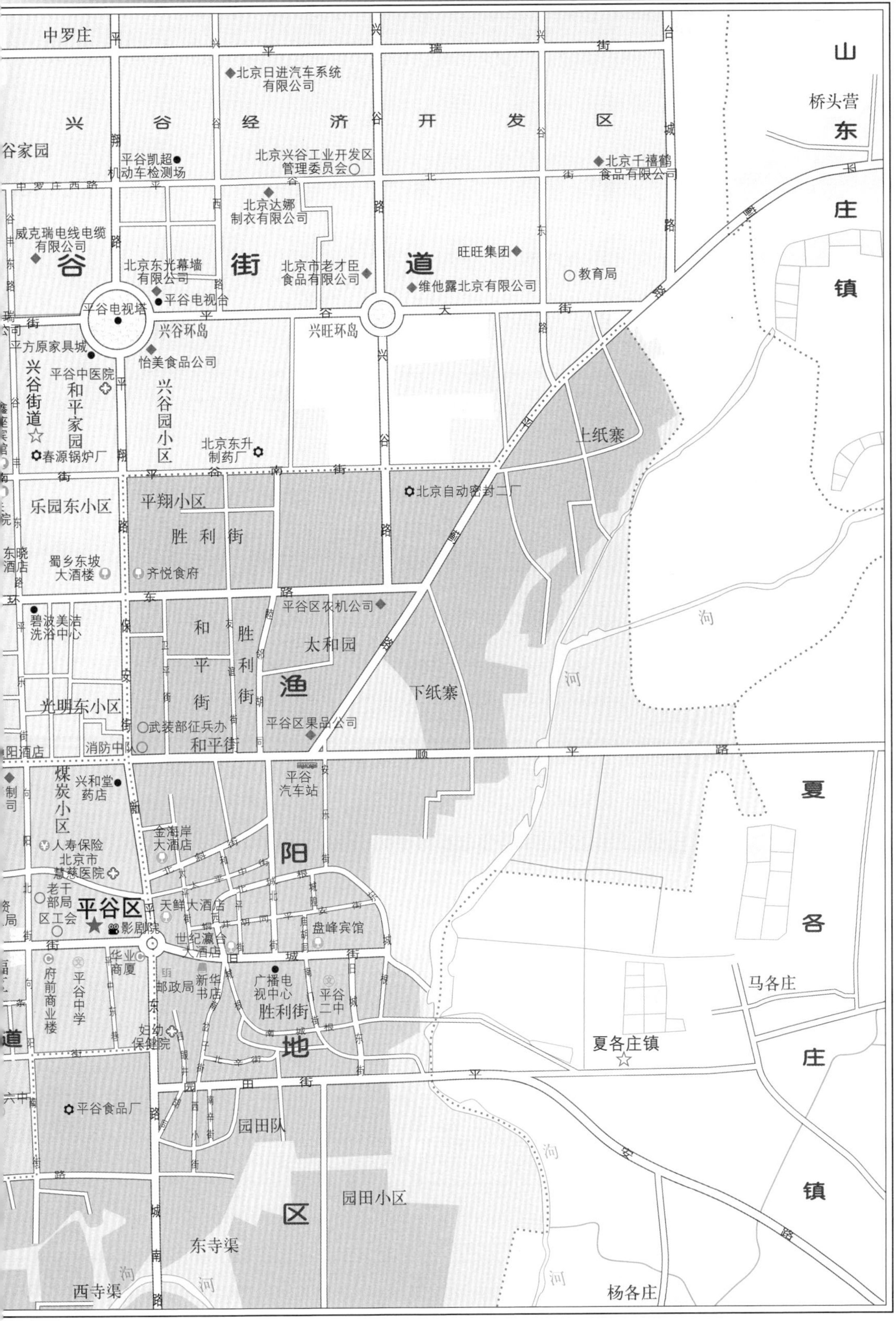

中罗庄
兴谷经济开发区
北京日进汽车系统有限公司
北京兴谷工业开发区管理委员会
平谷凯超机动车检测场
谷家园
北京千禧鹤食品有限公司
北京达娜制衣有限公司
威克瑞电线电缆有限公司
谷街道
北京东光幕墙有限公司
平谷电视台
北京市老才臣食品有限公司
维他露北京有限公司
旺旺集团
教育局
平谷电视塔
兴谷环岛
兴旺环岛
平方原家具城
怡美食品公司
兴谷街道
平谷中医院
和平家园
兴谷园小区
北京东升制药厂
春源锅炉厂
上纸寨
北京自动密封二厂
乐园东小区
平翔小区
胜利街
蜀乡东坡大酒楼
齐悦食府
东晓酒店
碧波美洁洗浴中心
平谷区农机公司
和平街
胜利街
太和园
渔阳地区
下纸寨
光明东小区
武装部征兵办
平谷区果品公司
消防中队
和平街
平顺路
煤炭小区
兴和堂药店
平谷汽车站
金海岸大酒店
人寿保险
北京市慈济医院
老干部局
平谷区
区工会
天鲜大酒店
影剧院
世纪瀛台大酒店
盘峰宾馆
华业商厦
府前商业楼
平谷中学
邮政局
新华书店
广播电视中心
平谷二中
胜利街
妇幼保健院
平谷食品厂
园田队
园田小区
东寺渠
西寺渠
山东庄镇
桥头营
夏各庄镇
马各庄
夏各庄镇
杨各庄
洵河
平谷大街

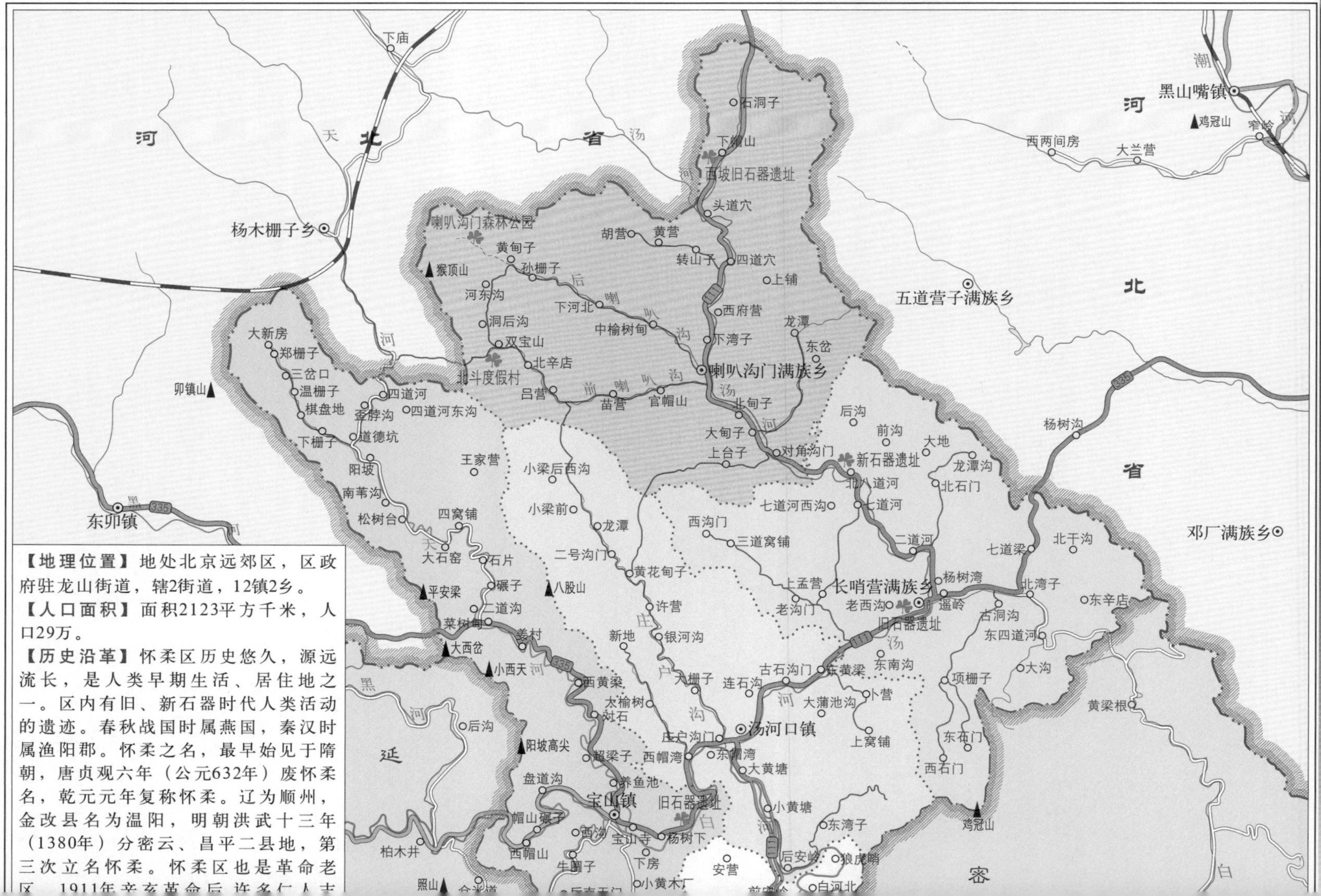

【地理位置】地处北京远郊区，区政府驻龙山街道，辖2街道，12镇2乡。

【人口面积】面积2123平方千米，人口29万。

【历史沿革】怀柔区历史悠久，源远流长，是人类早期生活、居住地之一。区内有旧、新石器时代人类活动的遗迹。春秋战国时属燕国，秦汉时属渔阳郡。怀柔之名，最早始见于隋朝，唐贞观六年（公元632年）废怀柔名，乾元元年复称怀柔。辽为顺州，金改县名为温阳，明朝洪武十三年（1380年）分密云、昌平二县地，第三次立名怀柔。怀柔区也是革命老区。1911年辛亥革命后，许多仁人志部分地区是革命根据地，1938年6月，平北地区八路军在怀柔山区的沙峪乡打响了平北抗击日本侵略军的第一枪。

【资　　源】已探明具有开采价值的有金、银、铁、石灰石、透辉石、兰晶石、石英等矿产资源22类30多种。

【经　　济】农业利用山区隔离条件好的优势，建设玉米制种基地；利用山场草资源发展养殖业。利用特有的气候条件，开发建设西洋参，参的质量达到国际水平。工业门类齐全，产品众多，已初步形成以机械、汽车、电子、化工、塑料、建材、印刷、纺织、服装、食品、饮料、冶金矿产、工艺美术等为主导的29个行业体系。

【交　　通】境内有京承、大秦、京通三条客货两运铁路过境。京承高速怀柔段的建成，使怀柔纳入了北京的半小时经济圈。111国道纵贯南北，101国道斜穿东南，全区形成了“三纵十横”的道路网，农村实现了村村通公路。

【土特产品】有怀柔油栗、核桃、西洋参、大杏仁、红螺果脯等。

【风景名胜】怀柔区是旅游和休闲、度假的胜地，境内自然、人文旅游资源十分丰富。千年古刹红螺寺，是京北著名的寺院之一，植于元代的翠竹园，树龄千年的雌雄银杏树和历尽沧桑却长势繁茂的紫藤寄松，是寺内的“三绝景”。境内慕田峪长城气势恢弘。另外还有雁栖湖、云蒙山、幽谷神潭、神堂峪、濂泉响谷等自然风景区，以及华夏民族旅游度假村、中国航天博览城、北京圣发动植物游乐园等一批大型现代旅游项目。

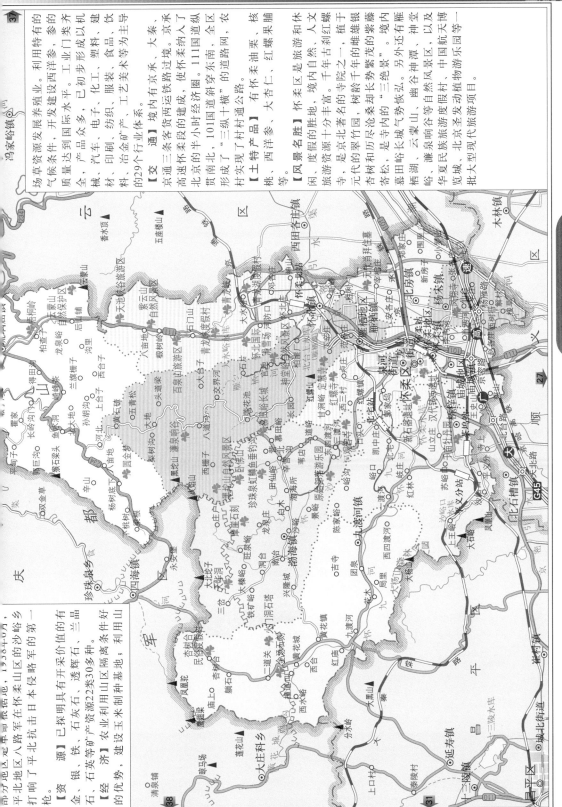

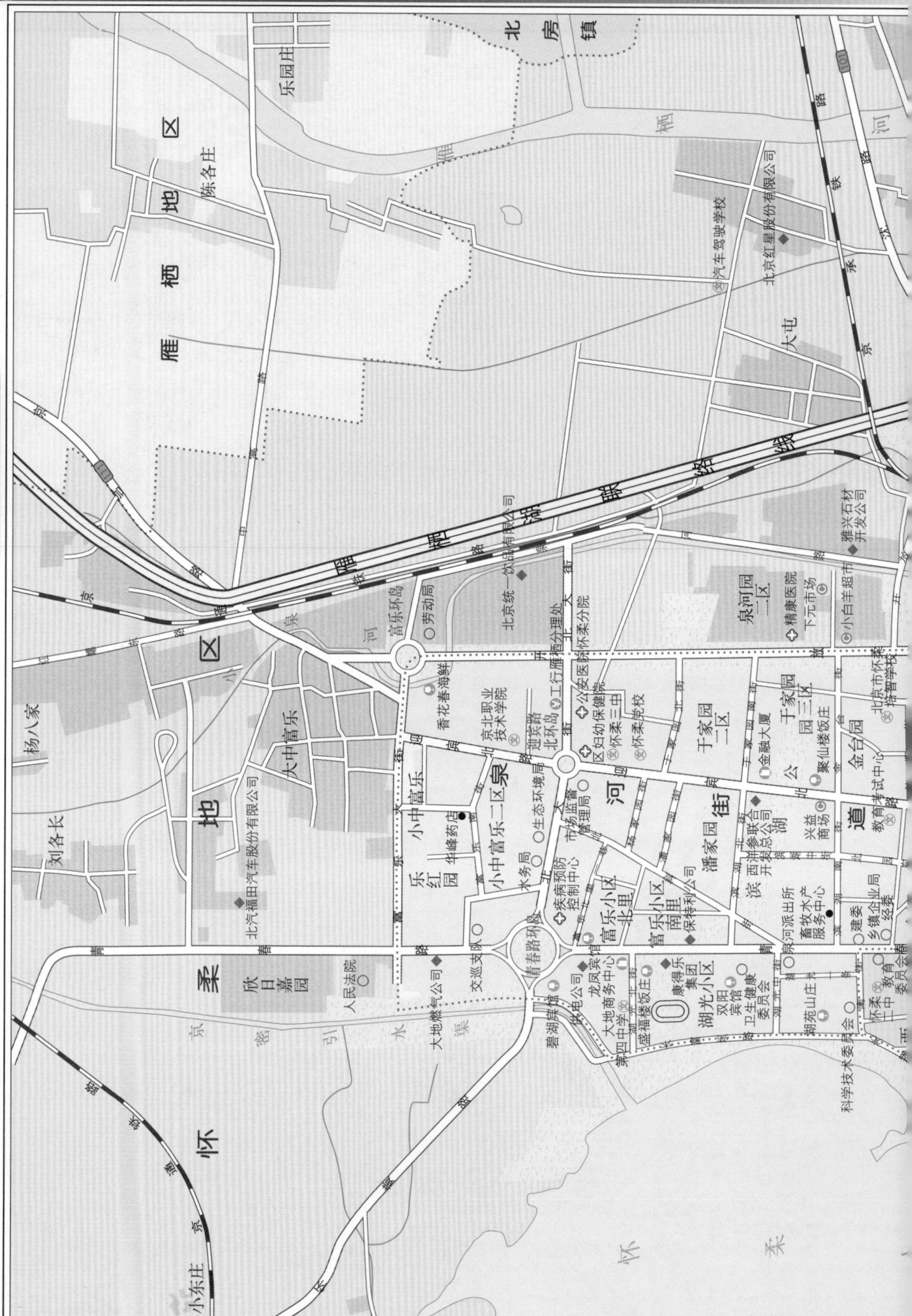
北房镇
乐园庄
雁栖地区
陈各庄
汽车驾驶学校
北京红星股份有限公司
大屯
雁栖湖联络线
京承铁路
雅兴石材开发公司
泉河园二区
精康医院
下元市场
小白羊超市
北京统一饮品有限公司
劳动局
富乐环岛
怀柔分院
工行雁栖分理处
公安医院
区妇幼保健院
怀柔二中
怀柔党校
香花春海鲜
京北职业技术学院
迎宾路北环岛
干家园一区
干家园二区
金融大厦
聚仙楼饭庄
金台园
北京市怀柔培智学校
大中富乐
杨八家
刘各长
北汽福田汽车股份有限公司
小中富乐
华峰药店
乐红园
小中富乐二区
生态环境局
水务局
市场监督管理局
疾病预防控制中心
富乐小区北里
富乐小区南里
保持利公司
潘家园
泉河街道
西洋参联合开发总公司
兴益商场
教育考试中心
泉河派出所
畜牧水产服务中心
建委
乡镇企业局
青春路环岛
交巡支队
大地燃气公司
人民法院
欣日嘉园
怀柔地区
京密引水渠
供电公司
碧湖宾馆
龙凤宾馆
大地商务中心
第四中学
盛福楼饭庄
康得乐集团
湖光小区
双阳宾馆
卫生健康委员会
湖苑山庄
科学技术委员会
教育委员会
小东庄
怀柔

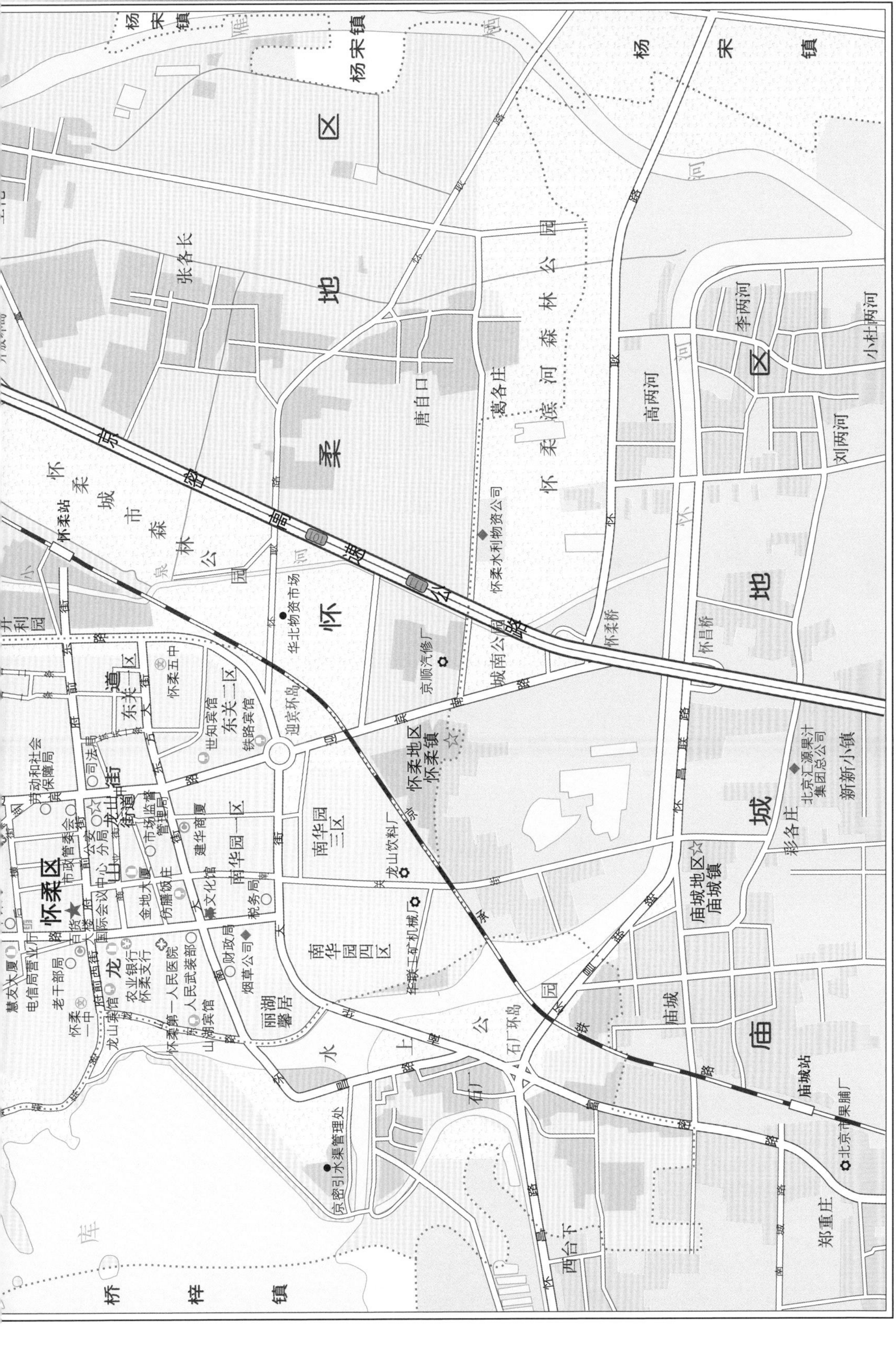
杨宋镇
杨宋镇
怀柔地区
京密高速公路
怀柔城市森林公园
怀柔滨河森林公园
张各长
唐自口
葛各庄
高两河
李两河
小杜两河
刘两河
怀柔水利物资公司
华北物资市场
京顺汽修厂
怀柔站
怀柔桥
怀昌桥
城南公园
迎宾环岛
怀柔地区
怀柔镇
北京汇源果汁集团总公司
新新小镇
彩各庄
庙城地区
庙城镇
庙城
庙城站
北京市果脯厂
郑重庄
西台下
石厂环岛
石厂
京密引水管理处
水上公园
丽湖馨居
南华园四区
华联工矿机械厂
龙山饮料厂
南华园二区
南华园一区
建华商厦
税务局
财政局
烟草公司
文化馆
怀柔区
慧友大厦
电信局营业厅
老干部局
怀柔一中
龙山宾馆
农业银行怀柔支行
怀柔第一人民医院
人民武装部
山湖宾馆
金地大厦
仿膳饭庄
国际会议中心
百货大楼
市政管委会
公安分局
龙山街道
市场监督管理局
劳动和社会保障局
司法局
世知宾馆
铁路宾馆
东关二区
东关一区
怀柔五中
庙城地区
桥梓镇
京承铁路
怀昌路

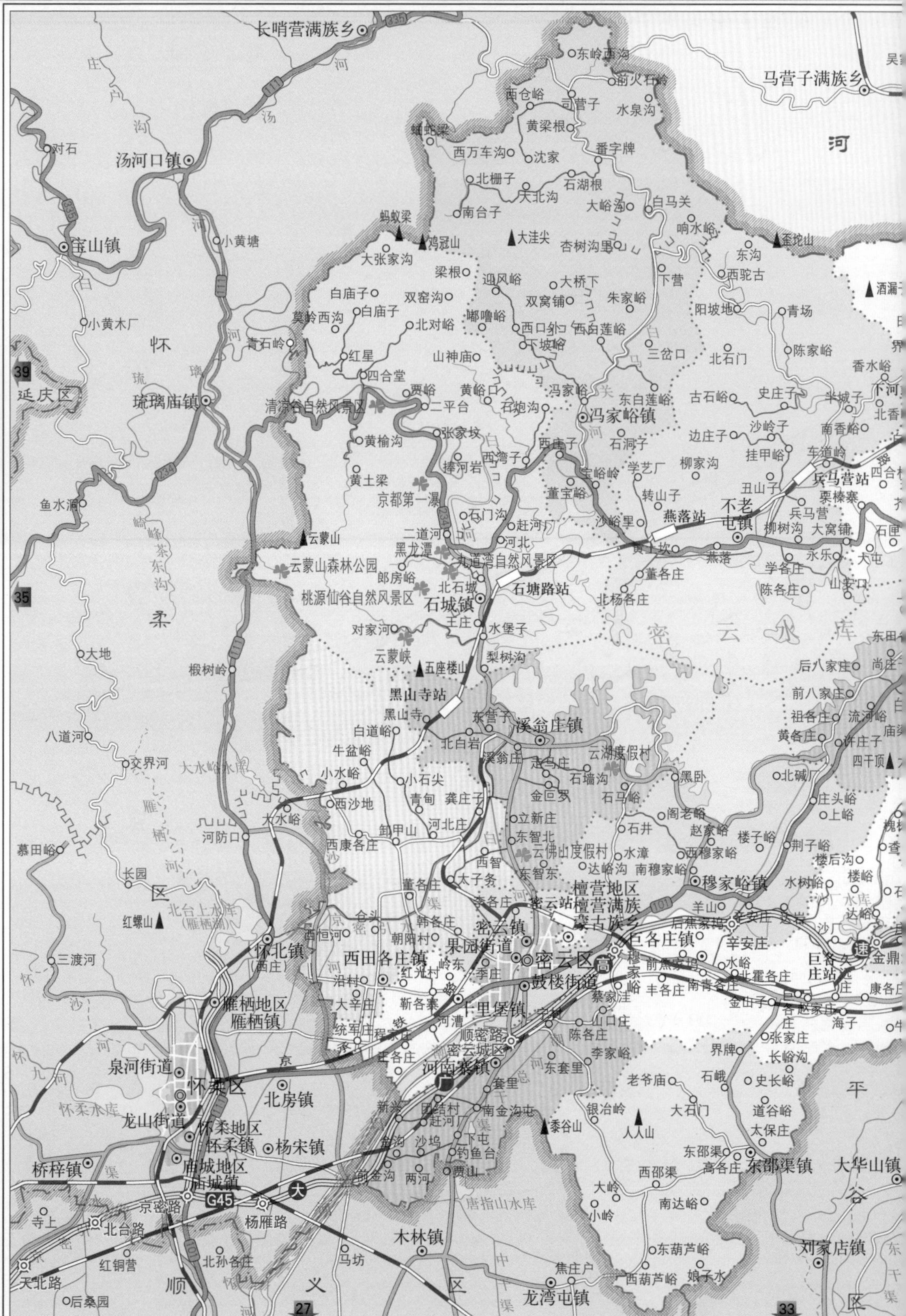
长哨营满族乡
335
东岭西沟
前火石岭
马营子满族乡
吴
西仓峪
司营子
水泉沟
蝎蛇梁
黄梁根
西万车沟
沈家
番字牌
河
对石
汤河口镇
北栅子
石湖根
大北沟
白马关
大峪沟
南台子
响水峪
蚂蚁梁
鸡冠山
大洼尖
杏树沟里
云岫山
宝山镇
小黄塘
东沟
大张家沟
下营
西驼古
梁根
迎风峪
大桥下
酒漏
白庙子
双窑沟
双窝铺
朱家峪
莫岭西沟
白庙子
阳坡地
青场
小黄木厂
北对峪
嘟噜峪
西口外
西白莲峪
青石岭
下坡峪
红星
山神庙
三岔口
北石门
陈家峪
怀
四合堂
香水峪
39
延庆区
琉璃庙镇
贾峪
黄峪口
冯家峪
东白莲峪
古石峪
史庄子
半城子
下河
清凉谷自然风景区
二平台
石炮沟
冯家峪镇
北香
南香峪
张家坟
黄榆沟
石洞子
沙岭子
边庄子
西庄子
挂甲峪
车道岭
柳家沟
西湾子
捧河岩
宝峪岭
学艺厂
丑山子
兵马营站
四合村
黄土梁
董宝峪
转山子
栗榛寨
鱼水洞
京都第一瀑
不老屯镇
燕落站
沙峪里
兵马营
石门沟
赶河厂
大窝铺
柳树沟
石匣
云蒙山
二道河
河北
黄土坎
永乐
燕落
大屯
黑龙潭
九道湾自然风景区
云蒙山森林公园
董各庄
学各庄
郎房峪
山安口
陈各庄
北石城
石塘路站
桃源仙谷自然风景区
石城镇
北杨各庄
35
王庄
对家河
水堡子
密云水库
东田
柔
大地
云蒙峡
梨树沟
尚庄
后八家庄
椴树岭
五座楼山
黑山寺站
前八家庄
黑山寺
东营子
溪翁庄镇
祖各庄
流河峪
白道峪
北白岩
云湖度假村
黄各庄
许庄子
八道河
牛盆峪
溪翁庄
走马庄
四干顶
交界河
大水峪水库
小水峪
小石尖
石墙沟
黑卧
北碱厂
金巨罗
青甸
龚庄子
石马峪
庄头峪
西沙地
上峪
阎老峪
立新庄
大水峪
赵家峪
河防口
河北庄
石井
楼子峪
东智北
慕田峪
卸甲山
水漳
西穆家峪
荆子峪
西康各庄
云佛山度假村
西智
东智东
达峪沟
南穆家峪
楼后沟
楼峪
长园
太子务
檀营地区
穆家峪镇
水树峪
区
董各庄
檀营满族蒙古族乡
密云站
李各庄
羊山
沙厂水库
北台上水库（雁栖湖）
红螺山
仓头
韩各庄
后焦家坞
辛安庄
达岩
达峪
密云镇
怀北镇（西庄）
西恒河
朝阳村
果园街道
巨各庄镇
辛安庄
沙厂
三渡河
西田各庄镇
密云区
穆家峪
水峪
巨各庄站
金鼎
红光村
岭东
季庄
前焦家坞
北霍各庄
沿村
鼓楼街道
丰各庄
南青各庄
康各庄
大辛庄
靳各寨
十里堡镇
蔡家洼
金山子
赵家庄
雁栖地区
雁栖镇
统军庄
程家庄
河漕
宁村
山口庄
海子
顺密路
陈各庄
张家庄
泉河街道
庄各庄
密云城区
李家峪
界牌
长峪沟
怀柔区
河南寨镇
东套里
老爷庙
石峨
史长峪
平
北房镇
套里
怀柔水库
龙山街道
新兴
团结村
赶河厂
南金沟屯
银冶岭
大石门
道谷峪
怀柔地区
怀柔镇
杨宋镇
金沟
沙坞
下屯
钓鱼台
泰谷山
人人山
太保庄
东邵渠
桥梓镇
庙城地区
庙城镇
西金沟
两河
贾山
东邵渠镇
西邵渠
高各庄
大华山镇
大岭
谷
G45
京密路
唐指山水库
寺上
北台路
杨雁路
南达峪
小岭
木林镇
红铜营
北孙各庄
马坊
东葫芦峪
刘家店镇
天北路
焦庄户
顺
义
区
西葫芦峪
娘子水
后桑园
龙湾屯镇
27
33
区

【地理位置】地处北京的东北部，区政府驻鼓楼街道，下辖2街道、17镇、1少数民族乡。

【面积人口】面积2229平方千米，人口44万，是北京面积最大的远郊区。

【历史沿革】密云历史悠久，源远流长。据出土文物考证和历史文献档案记载，远在新石器时代，我们的祖先就在这块土地上劳动、生息。战国时期为燕地，名渔阳郡。《顺天府志》云："燕王喜十二年置渔阳郡和渔阳县"。治所在今统军庄村南约500米处。公元前221年秦统一中国，实行郡县制，渔阳郡为三十六郡之一。密云县名始于北魏，《魏书》载："皇始二年置密云郡、县，治提携城，领密云、白檀、要阳三县"。隋唐五代辽、宋、夏、金、元时称檀州，到明朝又恢复密云县名。中华人民共和国成立后，密云县属河北省通州专区，1958年4月划入承德专区，同年9月划归北京市，2015年11月，密云县改为密云区。

【资　　源】密云有丰富的自然资源，金属矿和非金属矿种类繁多，金、银矿有很高的开采价值，共生矿物铅、锌、铜、钨、锑、钼等均达到中型矿床规模。大理石、花岗石、石灰岩、透辉石等储量大，品质优。铁矿石储量占北京地区总储量的95%。

【经　　济】密云区农业发达，是全国"三高"生态农业示范区，是北的副食品基地。为确保密云水库的水质不受污染，密云在环境保护、生态农业等方面取得了重大的成就。工方面，已基本形成了以五金机械、轻纺服装、食品加工、建材、化工、采矿选矿等为主的六大支柱产业。

交　　通】密云"左瞰苍海，右枕居庸，南当平顺，北倚长城"，是连接东北、华北两大平原的要冲，素有京师锁钥"之誉，自古为兵家必争之地。交通便利，大广高速公路穿境而过，京承、京通两条铁路横贯境，101、234国道等公路穿境而过，以城区为中心的公路网辐射到全区各乡、镇、村。

土特产品】密云三烧、荞麦宴、驴打滚、不老宴。

风景名胜】密云山青水秀，名胜古迹众多，景色怡人。司马台长城始建于明洪武初年，全长19千米，设有敌楼5座。"雄关要塞"古北口，自古既是京东要隘，又是商贾云集之地。其他还有白龙潭、黑龙潭、京东第一瀑、山岭长城等景点。密云水库是我国华北第一大人工湖，北京城主要生活用水水源地，是著名的休闲度假地。

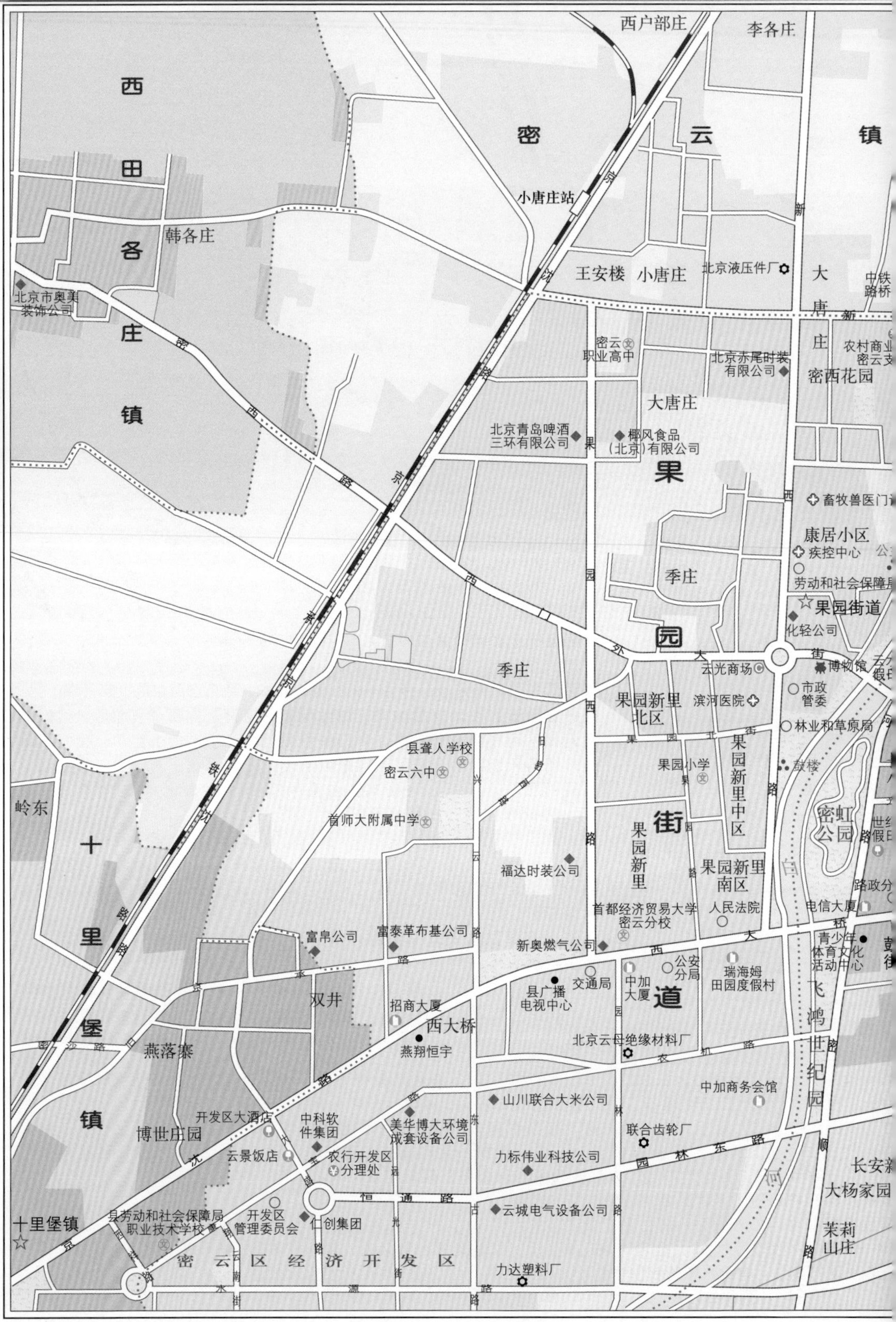
西户部庄
李各庄
西田各庄镇
密云镇
小唐庄站
韩各庄
王安楼
小唐庄
北京液压件厂
大唐庄
中铁路桥
北京市奥美装饰公司
密云职业高中
北京赤尾时装有限公司
农村商业密云支
密西花园
大唐庄
北京青岛啤酒三环有限公司
椰风食品(北京)有限公司
果园街道
畜牧兽医门诊
康居小区
疾控中心
季庄
劳动和社会保障局
果园街道
化轻公司
季庄
云光商场
博物馆
市政管委
果园新里北区
滨河医院
林业和草原局
县聋人学校
果园小学
果园新里中区
鼓楼
密云六中
岭东
首师大附属中学
密虹公园
十里堡镇
果园新里
福达时装公司
果园新里南区
路政分
首都经济贸易大学密云分校
人民法院
电信大厦
富帛公司
富泰革布基公司
新奥燃气公司
青少年体育文化活动中心
公安分局
瑞海姆田园度假村
县广播电视中心
交通局
中加大厦
双井
招商大厦
西大桥
飞鸿世纪园
燕翔恒宇
燕落寨
北京云母绝缘材料厂
中加商务会馆
山川联合大米公司
开发区大酒店
中科软件集团
美华博大环境成套设备公司
博世庄园
联合齿轮厂
云景饭店
农行开发区分理处
力标伟业科技公司
长安
大杨家园
恒通路
县劳动和社会保障局职业技术学校
开发区管理委员会
仁创集团
云城电气设备公司
茉莉山庄
十里堡镇
密云区经济开发区
力达塑料厂
京密路
西门外大街
京承铁路
京沈路
园林东路
果园西路
水源路
白河

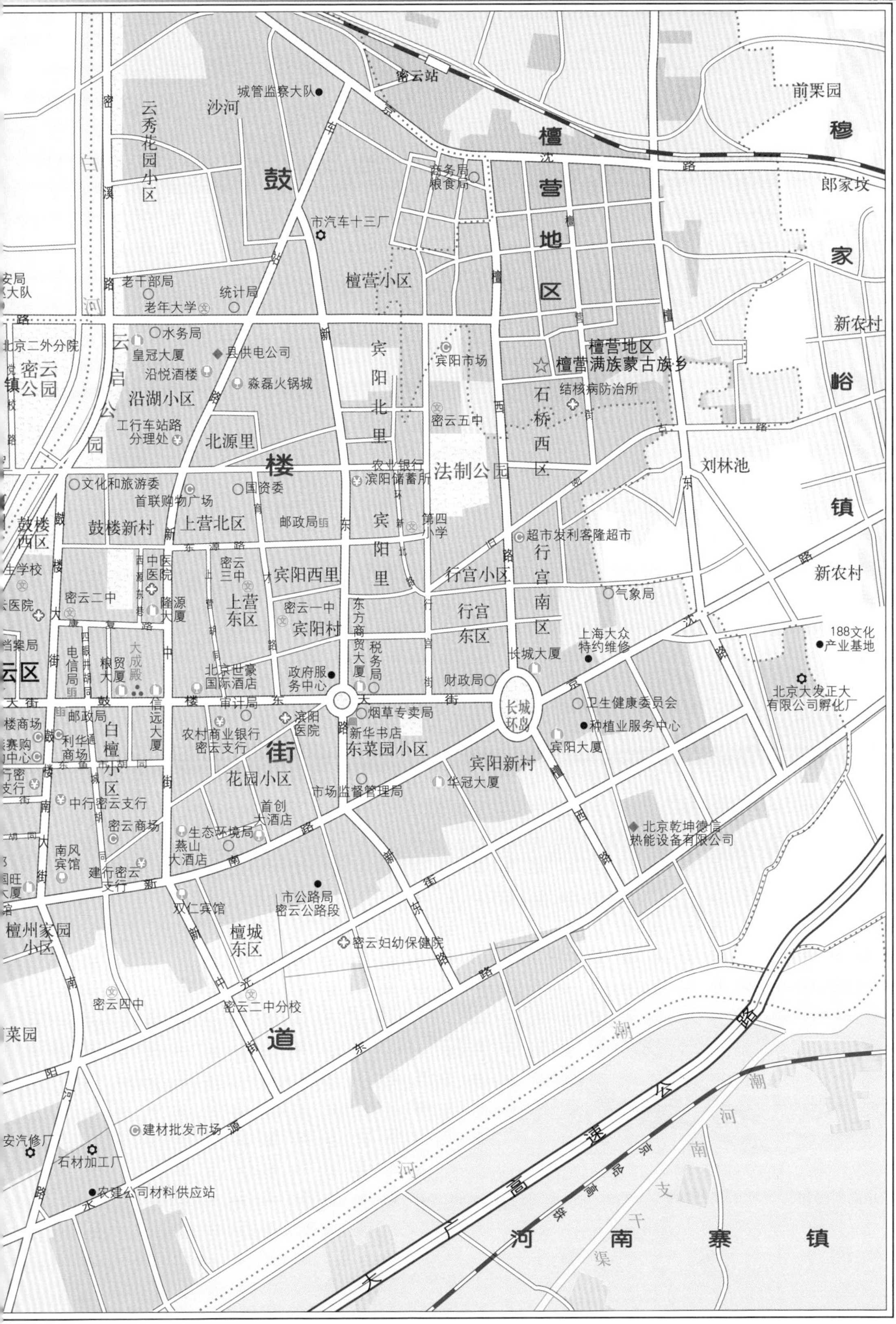

密云站
城管监察大队
沙河
云秀花园小区
鼓
楼
街
道
檀
营
地
区
穆
家
峪
镇
前栗园
郎家坟
商务局
粮食局
市汽车十三厂
老干部局
统计局
老年大学
檀营小区
水务局
北京二外分院
密云公园
皇冠大厦
县供电公司
沿悦酒楼
森磊火锅城
沿湖小区
工行车站路分理处
北源里
宾阳北里
宾阳市场
密云五中
檀营地区
檀营满族蒙古族乡
结核病防治所
石桥西区
新农村
刘林池
文化和旅游委
首联购物广场
国资委
农业银行
滨阳储蓄所
法制公园
鼓楼新村
上营北区
邮政局
宾阳里
第四小学
超市发利客隆超市
鼓楼西区
中医医院
密云三中
宾阳西里
行宫小区
行宫南区
密云二中
隆源大厦
上营东区
密云一中
宾阳村
东方商贸大厦
税务局
行宫东区
气象局
上海大众特约维修
188文化产业基地
电信局
粮贸大厦
大成殿
北京世豪国际酒店
政府服务中心
财政局
长城大厦
长城环岛
北京大发正大有限公司孵化厂
邮政局
审计局
烟草专卖局
滨阳医院
新华书店
卫生健康委员会
种植业服务中心
利华商场
白檀小区
信远大厦
农村商业银行密云支行
东菜园小区
宾阳大厦
宾阳新村
花园小区
市场监督管理局
华冠大厦
中行密云支行
密云商场
首创大酒店
生态环境局
燕山大酒店
北京乾坤德信热能设备有限公司
南风宾馆
建行密云支行
双仁宾馆
市公路局密云公路段
檀州家园小区
檀城东区
密云妇幼保健院
密云四中
密云二中分校
建材批发市场
石材加工厂
农建公司材料供应站
河南寨镇
京承高速公路
京承铁路
潮河

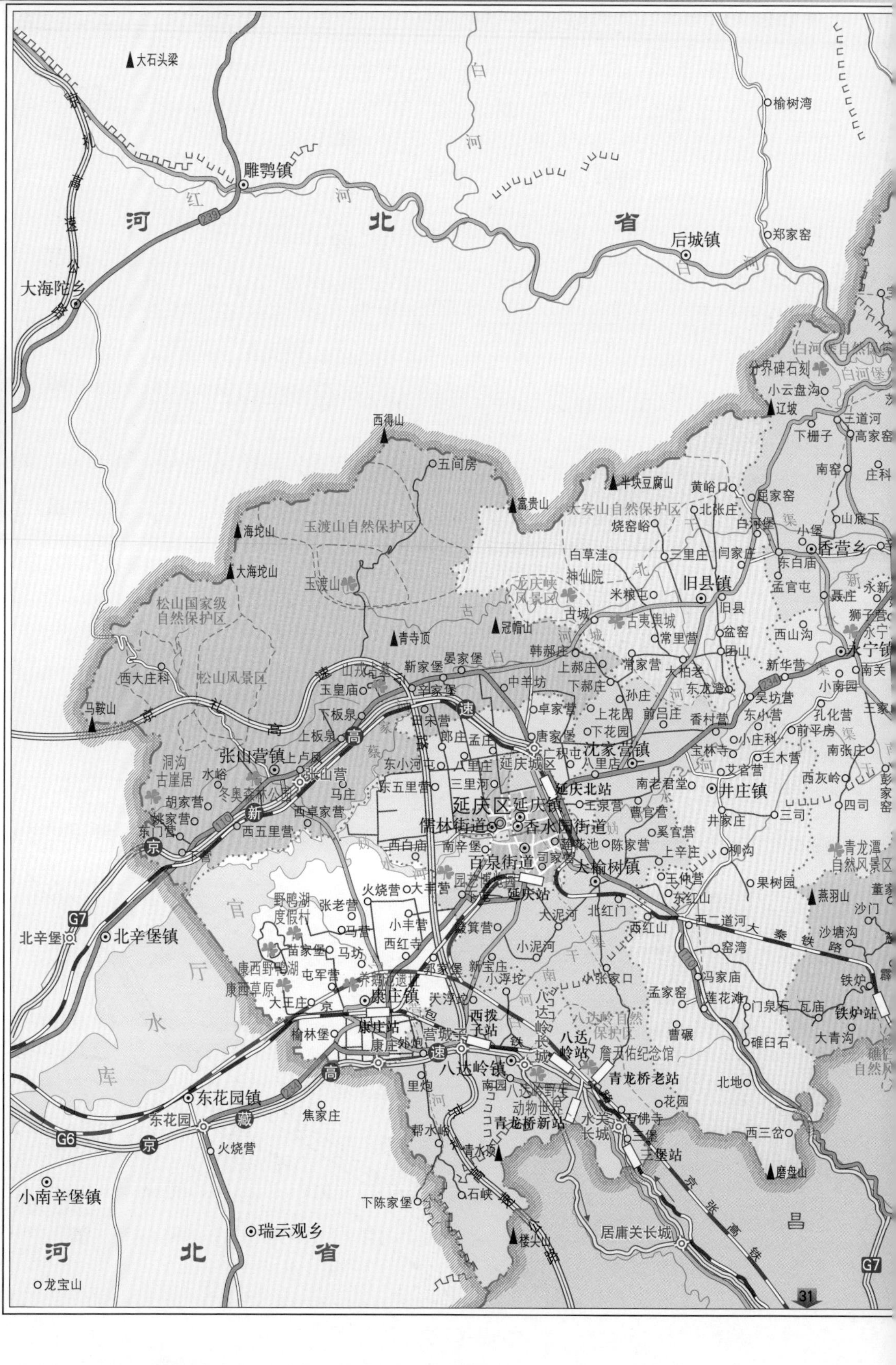

大石头梁
雕鹗镇
河
北
省
后城镇
榆树湾
郑家窑
大海陀乡
京
礼
高
速
公
路
红
河
白
河
239
白河堡自然保护区
分界碑石刻
小云盘沟
辽坡
三道河
下栅子
高家窑
南窑
庄科
西得山
五间房
半块豆腐山
黄峪口
周家窑
庄科
富贵山
大安山自然保护区
北张庄
白河堡
山底下
海坨山
玉渡山自然保护区
烧窑峪
小堡
香营乡
白草洼
三里庄
闫家庄
东白庙
大海坨山
神仙院
孟官屯
聂庄
永新
玉渡山
龙庆峡风景区
米粮屯
旧县镇
旧县
狮子营
松山国家级自然保护区
古城
古夷舆城
永宁
冠帽山
青寺顶
常里营
盆窑
西山沟
永宁镇
韩郝庄
团山
新华营
南关
西大庄科
松山风景区
晏家堡
靳家堡
中羊坊
上郝庄
常家营
大柏老
小南园
山戎古墓
玉皇庙
辛家堡
下郝庄
孙庄
东龙湾
吴坊营
王家
马鞍山
下板泉
田宋营
卓家营
上花园
前吕庄
香村营
东小营
孔化营
上板泉
郎庄
孟庄
唐家堡
下花园
宝林寺
前平房
南张庄
张山营镇
上卢凤
张山营
东小河屯
八里庄
广积屯
八里店
沈家营镇
小庄科
王木营
洞沟古崖居
水峪
东五里营
三里河
延庆城区
南老君堂
艾官营
西灰岭
彭家窑
冬奥森林公园
马庄
延庆北站
井庄镇
四司
胡家营
延庆区
延庆镇
王泉营
曹官营
三司
姚家营
西卓家营
儒林街道
香水园街道
奚官营
井家庄
东门营
西五里营
西白庙
南辛堡
莲花池
陈家营
上辛庄
柳沟
青龙潭自然风景区
下营
百泉街道
司家营
大榆树镇
王仲营
果树园
园艺博览园
火烧营
大丰营
延庆站
东红山
燕羽山
野鸭湖度假村
张老营
大泥河
北红门
西二道河
大秦铁路
沙塘沟
G7
官厅
小丰营
西红山
北辛堡
北辛堡镇
马营
西红寺
小泥河
窑湾
八家堡
马坊
郭家堡
新宝庄
冯家庙
铁炉
康西野鸭湖
屯军营
养鹅池遗址
小浮坨
小张家口
孟家窑
莲花滩
门泉石
瓦庙
铁炉站
康西草原
大王庄
康庄镇
大浮坨
八达岭自然保护区
大青沟
康庄站
西拨子站
八达岭
碓臼石
榆林堡
康庄
外炮
营城子
八达岭站
詹天佑纪念馆
曹碾
水
库
八达岭长城
青龙桥老站
八达岭镇
北地
东花园镇
里炮
南园
八达岭野生动物世界
花园
东花园
焦家庄
G6
帮水峪
青龙桥新站
水关长城
石佛寺
西三岔
火烧营
青水顶
三堡
三堡站
磨盘山
小南辛堡镇
下陈家堡
石峡
京
张
高
铁
昌
居庸关长城
瑞云观乡
楼大山
河
北
省
龙宝山

31

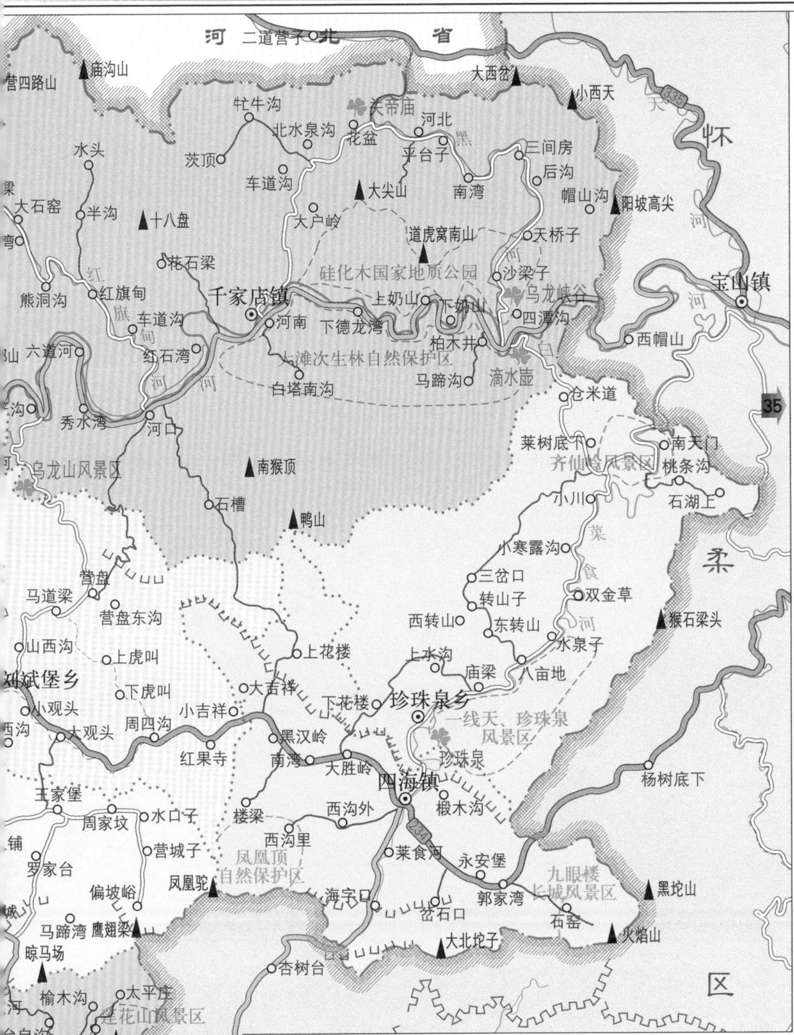

【地理位置】地处北京的西北部，被称为首都的北大门。区政府驻儒林街道，辖3街道、11镇、4乡。

【面积人口】面积1994平方千米，总人口29万。

【历史沿革】延庆历史悠久，源远流长。早在秦时属上谷郡，境内分为夷舆、居庸二县；北齐时称之为怀戎县；唐时初称妫州县，后改称缙山县；元时因仁宗皇帝、金璋皇帝诞生于境内，而升之为龙庆州，故有“虎啸龙吟帝王乡”的美称；明初改为隆庆州，后到隆庆元年时，为避穆宗年号改称延庆州；1913年改延庆州为延庆县，属直隶省口北道，后改属察哈尔省。1952年转属河北省，1955年10月，划归北京市，2015年11月，延庆县改为延庆区。

【资　源】延庆区林木资源丰富，松山国家级自然保护区内现存有华北地区唯一的原始油松林。探明的矿产资源有金、银、铜、铁、铅、锌、大理石、花岗石、石灰石等。地处永定河、潮白河水系上游，水资源总量较多。地热资源较为丰富，有很高的利用价值。

【经　济】农业发达，妫河沿岸已建成2万公顷稳产、高产的商品粮基地。由于海拔高，光照足，昼夜温差大，很适合果树的生长。目前，果园总面积已经发展到1万余公顷，苹果是果品中的拳头产品，被国家确定为苹果生产基地。近年建起了华北地区最大的集培育、科研、生产为一体的良种杏基地。牛奶商品量名列京郊之首。已建成食品、轻纺、电子、医药、消防、建筑、建材等门类齐全、具有一定规模的新兴工业体系。

【交　通】交通发达，境内有京包、大秦两条铁路干线，京张高铁穿过延庆于2019年底通车。有110、234国道以及S216、S221等省道通往河北、内蒙等省，京藏高速和京新高速均通往张家口方向，京礼高速北京段全线建成。

【土特产品】延庆葡萄、延庆杏、延庆苹果、火盆锅、豆腐宴等。

【风景名胜】延庆城区三面环山，一面临湖，气候凉爽，是著名的避暑胜地，有首都北京的“夏都”之称。境内旅游资源十分丰富，是北京重要的旅游区之一。八达岭长城犹如一条横空飞越的玉龙，蜿蜒起伏在崇山峻岭之间。“不到长城非好汉”已成为世人共同的夙愿。国家级松山自然保护区，有神秘莫测的原始森林，其间有600多种野生植物，狍、獾、豹等200多种野生动物。另外，延庆还有千古之谜的古崖居、山戎墓群，两处遗址均属市级文物保护单位，是考古、旅游的理想去处。列入北京新十六景之一的龙庆峡，独特的石峰峭壁层峦叠翠，清澈的湖水曲折缓流，被游客称为“塞外小漓江”，已成功举办了37届驰名中外的冰灯艺术节。2021年9月底,冬奥森林公园开园。

延庆镇
王泉营
广积屯
中等职业学校
京新高速公路
大秦铁路
延庆北站
华凤温泉大城堡
商业一区
石河营建材城
汽车检测场
香水苑公园
泰安小区
长岭饭店
水务局
圣岛饭店
双路小区
路政分局
延庆面粉厂
粮食局
延庆除垢厂
吉庆宾馆
民政局
儿童乐园
老干部局
教育委员会
保险公司
市场监督管理局
石河营
香苑小区
体育中心
体育局
延庆三中
延庆四中
粮食和物资储备局
自然资源和规划局
香水园街道
妫川路
文化和旅游委
科委
审计局
九州宾馆
东外大街
档案局
税务局
妇幼保健医院
发改委
职业技校
劳动和社会保障局
财政局
延庆宾馆
乡镇企业局
新兴小区
恒安环岛
邮政支局
供电公司
延庆镇卫生院
小营
延庆镇
延庆疾控中心
中医院
中银酒店
恒安小区
市政管理处
东关新村
仁和聚友饭店
川北小区
规委
物资总公司
城建大厦
电信局
卫生健康委员会
东外小区
八达岭国际会议中心
学生公寓
高塔小区
广播电视中心
妫川商场
人才市场
医药大厦
新风大酒
检察院
温泉第二国际会议中心
夏都公园
图书馆
温泉南区东里
延庆一中
夏都酒业
胜芳园小区
延庆大厦
农村商业银行延庆支行
夏都大厦
妫川广场
金色假日酒店
成人教育中心
电视大学
北京科技大学延庆分校
八达岭温泉度假村
三里河
儒林街道
温泉南区西里
延庆医院
北关
百货大楼
统计局
高庙
北关小区
西楼
中学
上水磨
湿地公园
下水磨
王庄
西关
百泉街
新华街
东顺城街
庆园街
高塔街

妫水公园
南大桥
南关桥
莲花池
妫邻动感影院
延庆社区服务中心
对外经济贸易大学
高等职业学院
延庆五中
延庆六中
颍泽洲
小区
湖南小区
城镇办事处
武装部
百泉街道
贾家园
达霖
大酒店
公安分局
气象局
人民法院
延
庆
镇
南辛堡
园艺博览园
南菜园
二区
第四小学
延庆
二中
延庆经济技术开发区
双鹤药业
南菜园
民主村
百
泉
街
道
莲花苑
小区
国润家园
公安交巡大队
延庆消防中队
司家营
北京集味村食品工业有限公司
菜园环岛
燕水佳园
百眼泉
延庆站
延庆镇
宗家营
西杏园
东杏园
大
榆
树
镇

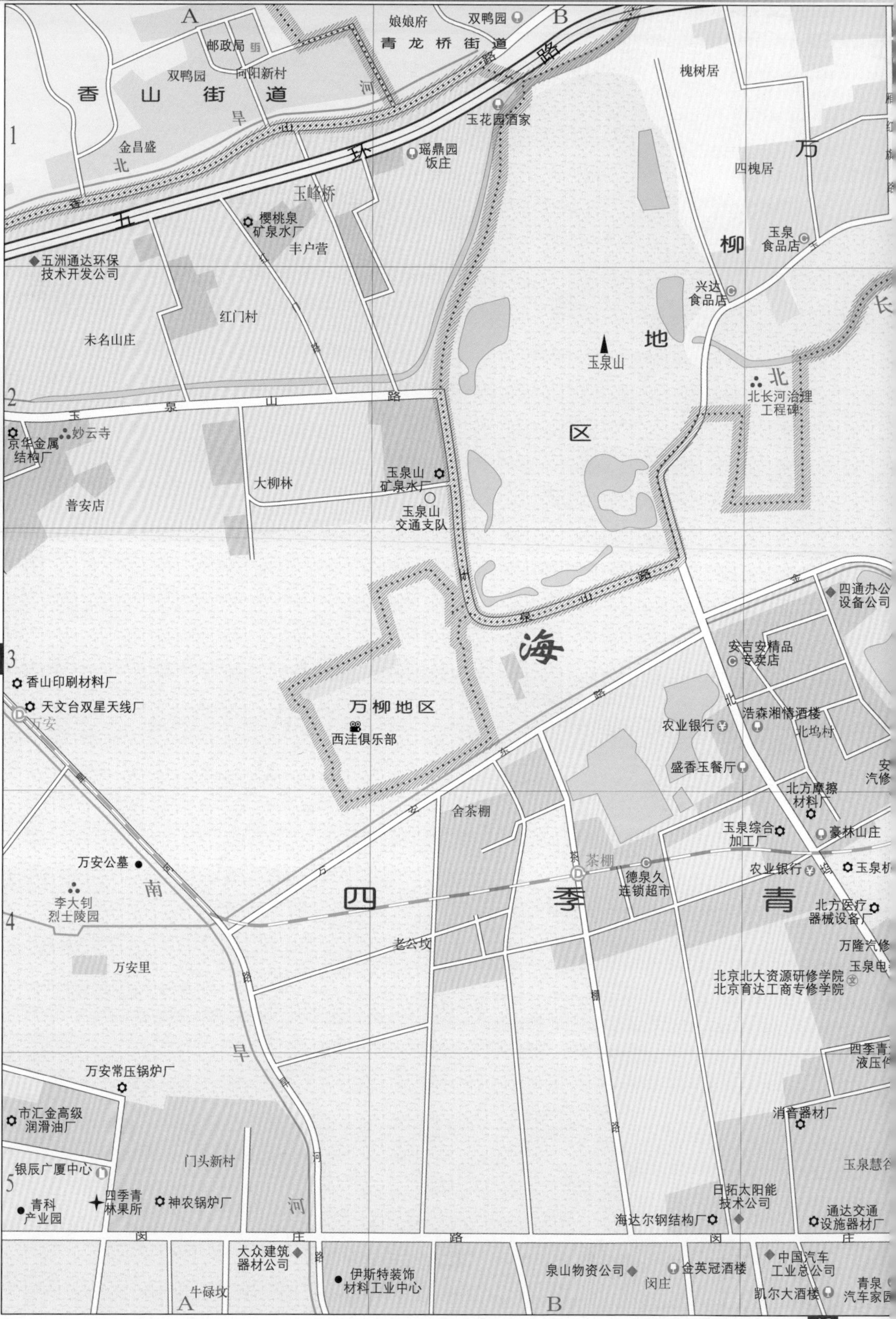
A
B
娘娘府
双鸭园
青龙桥街道
邮政局
双鸭园
向阳新村
香山街道
槐树居
玉花园酒家
金昌盛
瑶鼎园饭庄
万
四槐居
玉峰桥
北五环路
樱桃泉矿泉水厂
丰户营
玉泉食品店
柳
五洲通达环保技术开发公司
兴达食品店
红门村
地
未名山庄
玉泉山
北长河治理工程碑
玉泉山路
妙云寺
京华金属结构厂
区
大柳林
玉泉山矿泉水厂
玉泉山交通支队
普安店
四通办公设备公司
海
安吉安精品专卖店
香山印刷材料厂
天文台双星天线厂
万安
万柳地区
西洼俱乐部
浩森湘情酒楼
农业银行
北坞村
盛香玉餐厅
北方摩擦材料厂
舍茶棚
玉泉综合加工厂
豪林山庄
万安公墓
茶棚
德泉久连锁超市
农业银行
李大钊烈士陵园
四
季
青
北方医疗器械设备厂
老公坟
万隆汽修
万安里
北京北大资源研修学院
北京育达工商专修学院
万安常压锅炉厂
市汇金高级润滑油厂
消音器材厂
门头新村
银辰广厦中心
日拓太阳能技术公司
青科产业园
四季青林果所
神农锅炉厂
海达尔钢结构厂
通达交通设施器材厂
闵庄路
大众建筑器材公司
伊斯特装饰材料工业中心
泉山物资公司
金英冠酒楼
中国汽车工业总公司
闵庄
牛禄坟
凯尔大酒楼
1
2
3
4
5

85

46

81
42

颐和园
青龙桥街道
昆明湖
西湖
南湖
万寿山
佛香阁
万寿山大酒店
北宫门
颐和园路
国际关系学院
潮好味酒家
学习时报社
谐趣园
东宫门
渔具商店
中央党史资料出版社
同庆街
颐和园酒楼
西苑
龙桥宾馆
第一大饭店
颐和园消防中队
知春亭
颐和园宾馆
颐和园派出所
二龙闸路
青龙桥派出所
文昌阁
昆明湖路
二龙闸
中牧股份兽药研究所
电子技术应用研究所
北京生物医药研究所
颐和园管理处
龙王庙
廓如亭
十七孔桥
万苑物业管理公司
柳浪庄公园
海淀公园
万柳地区
六郎庄
顺和食品店
新源丽景超市
六郎庄路
青龙桥酿造厂
六一幼儿园
京源大酒店
青龙桥
界湖桥
清晏舫
玉泉山中学
官碾房
青龙桥街道办事处
河
耕织图
豳风桥
玉带桥
镜桥
治镜阁址
练桥
石桥
玉泉山食品厂
畅观堂
景明楼
藻鉴堂
大山口
颐和园西门
玉泉山运输公司
柳桥
凤凰墩
地区
后窑
东关场
园外园餐厅
京密引水渠
船营
山西面馆
鑫客隆超市
柳浪游泳场
南楼
玉泉
绿化公司
中坞
知春汽修
金河堤碑
火器营桥
中坞出租汽车公司
今日新概念汽修部
汇通集团公司
中坞市场
中坞北路
翔鸽出租汽车公司
海淀街道
北四环西路
海泉清洁公司
中国航空港建设总公司
市直机动车检测场
比亚经贸公司
西郊农贸大市场
曙光街道
怡丽园
四季青公园
D
E
1
2
3
4
5

青龙桥街道
燕园街道
海淀街道
海淀
万柳地区
海淀公园
万柳体育公园
北京大学
未名湖
圆明园
西苑
海淀桥
中关村一桥
万泉河桥
稻香园桥
西苑桥
北四环路
颐和园路
清华西路
万泉河路
苏州街
海淀南路
海淀大街
巴沟路
万泉庄路
芙蓉里小区
燕南园
朗润园
承泽园
蔚秀园
达园宾馆
海淀展览馆
海淀体育馆
海淀区政府
万柳地区办事处
海淀镇
海淀街道办事处
燕园街道办事处
北京大学医院
海淀图书城
海淀图书馆
中关村图书大厦
人大附中
海淀公园
万泉文化公园
万泉垂钓世界

城区扩大图

41

47

81

D
E
清华二校门
清华大学
北京林业大学
清华东路西口
京裕宾馆
清华大学医院
清华园街道办事处
清华园社区服务中心
中区
北京建筑市场
市绿色自由快餐厅
西区
清华大学出版社
清华同方科技大厦
学研大厦
中国电子期刊杂志社
清华园街道
东王庄
北京银行
新林院
羊大爷火锅
同方大厦
西南区
华业大厦
京
学
市工控计算机厂
西郊宾馆
紫光大楼
城建四公司职工医院
西王庄
北大幼儿园
清华附小
清华园国际科技交流中心
东升地区
市城建集团四公司
院
五道口宾馆
普吉院
清华科技园创新中心
东升地区办事处东升镇
北京语言大学
兴起北中京学
南区
东升派出所
张
路
清华大学
清华紫光软件中心
东升大厦
东源大厦
五道口
北大重离子物理所加速器楼
蓝旗营
工商银行
成府公寓
成府路
中国地质大学研究生院
益润商厦
华清商务会馆
济安堂药店
五道口商业中心
街
中科院北京科学仪器研究所
传感技术国家重点实验室
华清嘉园
高
道
中科院化工冶金研究所
中科院工程研究所
财智国际大厦
地质出版社
展春园
科龙生物医学技术总公司
中科院自动化研究所
中科院低温试验中心
通联成贸易商行
地大附中
金川宾馆
中关村北区
银谷大厦
海淀区科委海淀区科技中心
技海术淀学职校业
海大淀学职工
中科院卫通公司
电子中研科究院所
高技术公司
北京科电
科电大厦
中科院力学研究所
区
中
中科院数学与工程热物理研究所
展春桥
中科院动物研究所
路
中关村二桥
中科院研究生分院
中关村三桥
保福寺桥
融金国际酒店
铁
北京应用技术大学
北京联大电子工程学院
北京航空航天大学
融科资讯中心
世纪科贸大厦
中科学院微生物研究所
中科院物理研究所
关
中科院青年公寓园区
中关村一小
云集楼
中科院计算研究所
花
新科祥园
联想集团总部
恒兴大厦
园
中科院文献中心
中科院遗传与发育生长所
中科院管理中心行政
科技心物资
中科院空间中心凌云科技开发部
中加阳光学校
超市发超市
北京航空航天大学体育馆
村
怡升园
西五道口
路
超市发超市
外国专家公寓
中科院空间科学应用研究所
北京航空航天大学医院
北航附中
中关村医院
华中大厦
京城惠食佳食府
服务中心
中关村社区
北京银行
康拓宾馆
中科院自动化大厦
中科院计算机软件园
街
中关村派出所
东五道口
道
中关村街道办事处
中关村中学
海淀规划局海淀地名办
成府饭店
大酒店
天鸿科园
蓟门超市
北大附中
中关村东南区
街
北京卫星信息工程研究中心
希格玛大厦
中关村海关
慎昌大厦
大运村公寓
派出所
大运
同仁堂时珍药店
卫星制造厂
知春路
银网中心
理想电子大厦
知春里
卫星科研大厦
计量测试大厦
知
春
路
淀黄庄
中国空间技术研究所
翠宫饭店
中海实业大厦
中航科技大厦
友仁居
汉荣家园
石油大厦
中国海洋
农村商业银行
数据大厦
中国通信
中国医药大厦
旭发大厦
中发电子大厦
泛亚大厦
国际大厦
太平洋大厦
科技大厦
中宜国际
中国银行
知春药店
建设银行
道
知春东里
白塔庵
中国航空工业勘察设计院
知春里
北太平庄街道
海淀国有资产投资经营公司
知春里中学
海淀邮票公司
京海研修学院
市仪器仪表工业学校
热力集团热源公司
太月园
工商银行
宝客隆商场
榆苑公寓
小白羊超市
海淀糖业烟酒公司
大恒集团光电研究所
大钟寺
农村商业银行
科技与企业杂志社
白塔庵
市照相机总厂
1
2
3
4
5

43

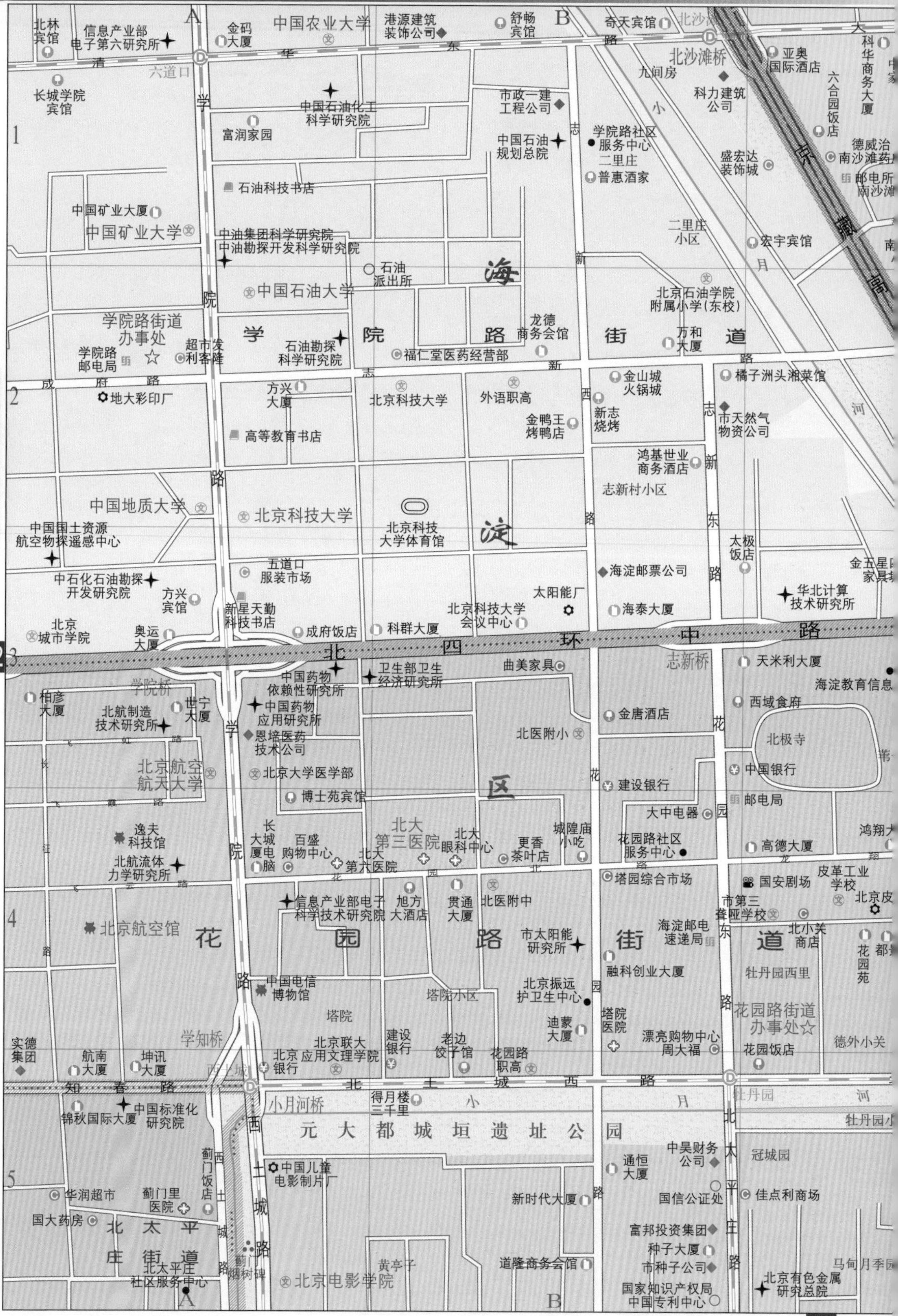

A
B
1
2
3
4
5
北林宾馆
信息产业部电子第六研究所
金码大厦
中国农业大学
港源建筑装饰公司
舒畅宾馆
奇天宾馆
北沙滩
亚奥国际酒店
科华商务大厦
六道口
清华东路
长城学院宾馆
中国石油化工科学研究院
市政一建工程公司
北沙滩桥
九间房
科力建筑公司
六合园饭店
富润家园
中国石油规划总院
学院路社区服务中心
二里庄
普惠酒家
盛宏达装饰城
德威治
南沙滩药店
邮电所
南沙滩
京藏高速
石油科技书店
中国矿业大厦
中国矿业大学
中油集团科学研究院
中油勘探开发科学研究院
石油派出所
二里庄小区
宏宇宾馆
中国石油大学
北京石油学院附属小学(东校)
学院路街道办事处
学院路邮电局
超市发利客隆
石油勘探科学研究院
福仁堂医药经营部
龙德商务会馆
万和大厦
海淀
学院路街道
成府路
地大彩印厂
方兴大厦
北京科技大学
外语职高
金山城火锅城
橘子洲头湘菜馆
金鸭王烤鸭店
新志烧烤
市天然气物资公司
小月河
高等教育书店
鸿基世业商务酒店
志新村小区
中国地质大学
北京科技大学
北京科技大学体育馆
中国国土资源航空物探遥感中心
太极饭店
金五星家具
五道口服装市场
海淀邮票公司
中石化石油勘探开发研究院
方兴宾馆
新星天勤科技书店
太阳能厂
北京科技大学会议中心
海泰大厦
华北计算技术研究所
北京城市学院
奥运大厦
成府饭店
科群大厦
北四环中路
志新桥
天米利大厦
海淀教育信息
柏彦大厦
学院桥
中国药物依赖性研究所
卫生部卫生经济研究所
曲美家具
北航制造技术研究所
世宁大厦
中国药物应用研究所
恩培医药技术公司
金唐酒店
西域食府
北医附小
北极寺
北京航空航天大学
北京大学医学部
建设银行
中国银行
博士苑宾馆
邮电局
大中电器
鸿翔大
逸夫科技馆
长城大厦电脑
百盛购物中心
北大第三医院
北大眼科中心
更香茶叶店
城隍庙小吃
花园路社区服务中心
高德大厦
北航流体力学研究所
北大第六医院
塔园综合市场
国安剧场
皮革工业学校
北京皮
信息产业部电子科学技术研究院
旭方大酒店
贯通大厦
北医附中
市第三聋哑学校
北京航空馆
花园路街道
市太阳能研究所
海淀邮电速递局
北小关商店
花园苑
都
融科创业大厦
牡丹园西里
中国电信博物馆
北京振远护卫生中心
塔院小区
塔院
花园路街道办事处
北京联大应用文理学院
建设银行
老边饺子馆
迪蒙大厦
塔院医院
漂亮购物中心周大福
花园饭店
德外小关
实德集团
航南大厦
坤讯大厦
学知桥
北京银行
花园路职高
西土城
知春路
北土城西路
牡丹园
锦秋国际大厦
中国标准化研究院
小月河桥
得月楼三千里
元大都城垣遗址公园
牡丹园小
中吴财务公司
冠城园
蓟门饭店
中国儿童电影制片厂
通恒大厦
华润超市
蓟门里医院
新时代大厦
国信公证处
佳点利商场
国大药房
北太平庄街道
西土城路
富邦投资集团
种子大厦
北太平庄路
蓟门烟树碑
黄亭子
道隆商务会馆
市种子公司
马甸月季
北太平庄社区服务中心
北京电影学院
国家知识产权局中国专利中心
北京有色金属研究总院

42

48

82

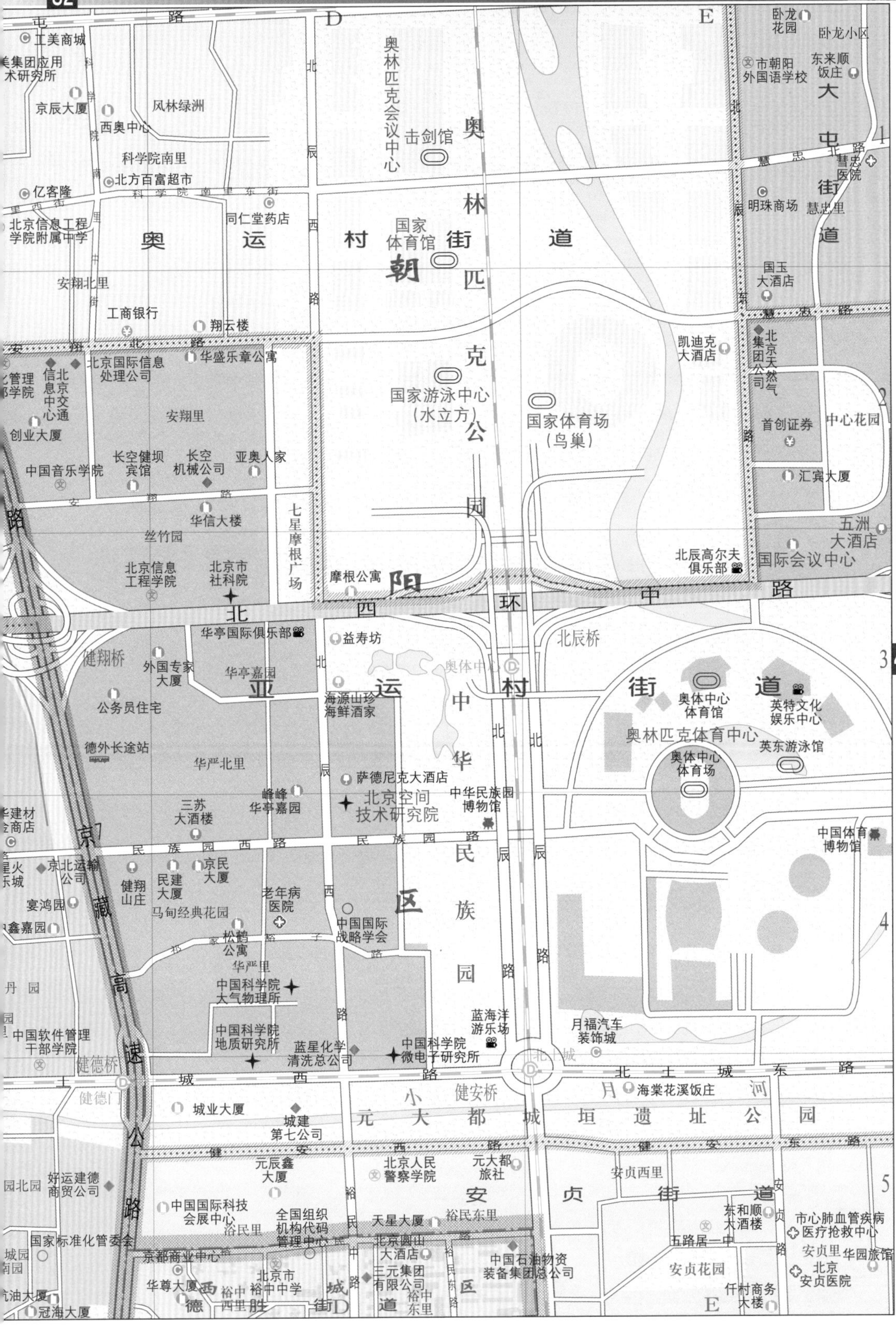
工美商城
奥林匹克会议中心
击剑馆
卧龙花园
卧龙小区
市朝阳外国语学校
东来顺饭庄
京辰大厦
风林绿洲
西奥中心
科学院南里
北方百富超市
亿客隆
同仁堂药店
慧忠北路
慧忠医院
明珠商场
慧忠里
北京信息工程学院附属中学
奥运村街道
国家体育馆
朝阳区
奥林匹克公园
大屯街道
安翔北里
国玉大酒店
工商银行
翔云楼
安翔北路
北京国际信息处理公司
华盛乐章公寓
凯迪克大酒店
北京天然气集团公司
国家游泳中心(水立方)
国家体育场(鸟巢)
首创证券
中心花园
安翔里
创业大厦
长空健坝宾馆
长空机械公司
亚奥人家
中国音乐学院
汇宾大厦
华信大楼
丝竹园
七星摩根广场
五洲大酒店
北京信息工程学院
北京市社科院
北辰高尔夫俱乐部
国际会议中心
摩根公寓
北四环中路
北辰桥
华亭国际俱乐部
益寿坊
健翔桥
外国专家大厦
华亭嘉园
奥体中心
亚运村街道
奥体中心体育馆
英特文化娱乐中心
公务员住宅
海源山珍海鲜酒家
奥林匹克体育中心
英东游泳馆
德外长途站
华严北里
奥体中心体育场
萨德尼克大酒店
北京空间技术研究院
中华民族园博物馆
三苏大酒楼
峰峰华亭嘉园
中国体育博物馆
民族园西路
民族园路
京北运输公司
京民大厦
健翔山庄
民建大厦
老年病医院
宴鸿园
马甸经典花园
中国国际战略学会
中华民族园
松鹤公寓
华严里
中国科学院大气物理研究所
京藏高速公路
中国软件管理干部学院
月福汽车装饰城
蓝海洋游乐场
中国科学院地质研究所
蓝星化学清洗总公司
中国科学院微电子研究所
健德桥
北土城西路
北土城东路
健德门
健安桥
海棠花溪饭庄
城业大厦
城建第七公司
元大都城垣遗址公园
小月河
健安西路
健安东路
元辰鑫大厦
北京人民警察学院
元大都旅社
安贞西里
好运建德商贸公司
安贞街道
中国国际科技会展中心
全国组织机构代码管理中心
裕民里
天星大厦
裕民东里
东和顺大酒楼
市心肺血管疾病医疗抢救中心
国家标准化管委会
五路居一中
北京圆山大酒店
安贞里
华园旅馆
京都商业中心
北京市裕中中学
中国石油物资装备集团总公司
安贞花园
北京安贞医院
华尊大厦
三元集团有限公司
德胜街道
西城区
裕中东里
裕中西里
仟村商务大楼
冠海大厦
城区扩大图
44

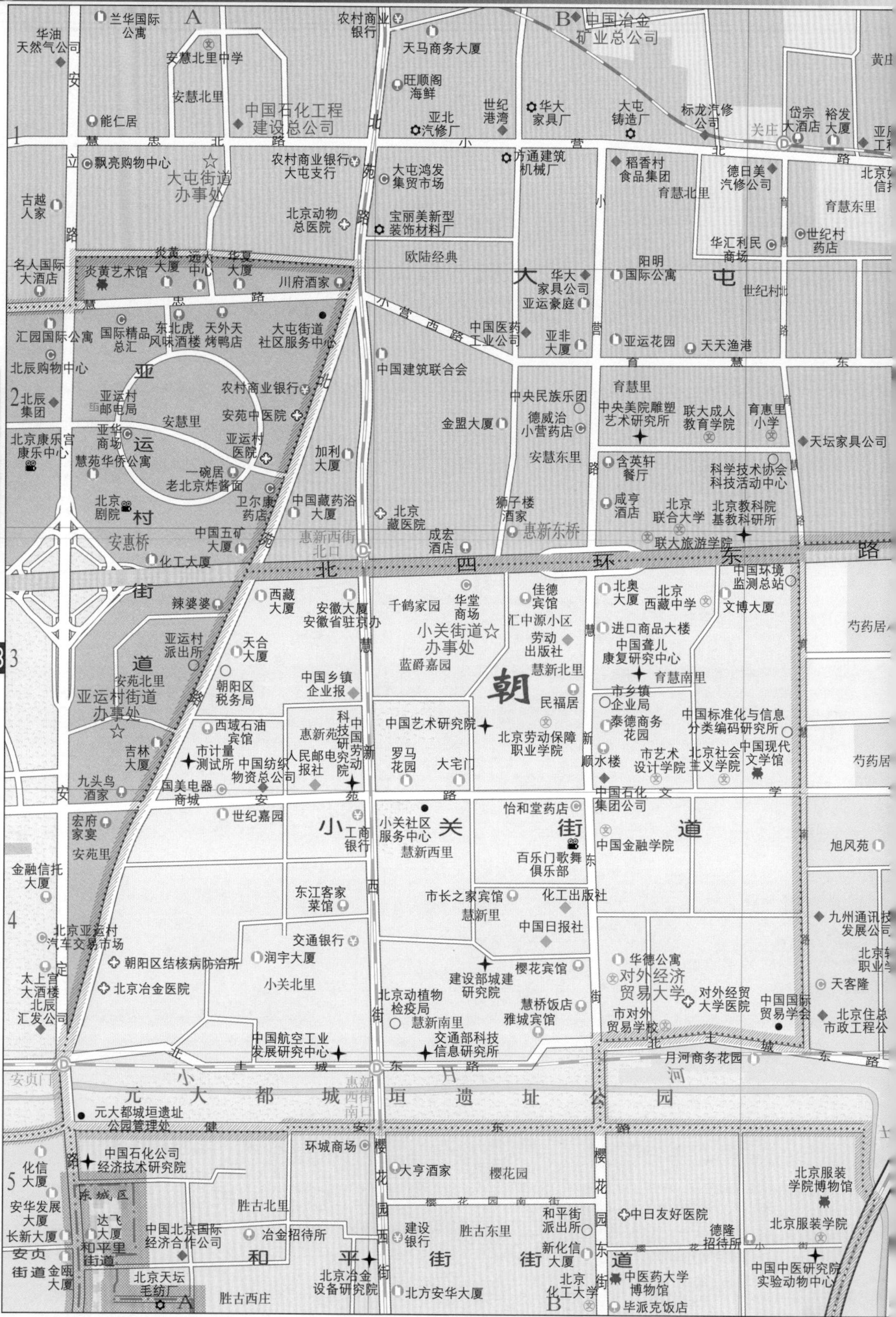

A
B
1
2
3
4
5
兰华国际公寓
华油天然气公司
安慧北里中学
安慧北里
能仁居
中国石化工程建设总公司
农村商业银行
天马商务大厦
旺顺阁海鲜
亚北汽修厂
世纪港湾
华大家具厂
大屯铸造厂
中国冶金矿业总公司
标龙汽修公司
岱宗大酒店
裕发大厦
关庄
黄庄
慧忠北路
小营北路
飘亮购物中心
大屯街道办事处
农村商业银行大屯支行
大屯鸿发集贸市场
方通建筑机械厂
稻香村食品集团
德日美汽修公司
育慧北里
育慧东里
古越人家
北京动物总医院
宝丽美新型装饰材料厂
世纪村药店
华汇利民商场
名人国际大酒店
炎黄艺术馆
炎黄大厦
远大中心
华夏大厦
川府酒家
欧陆经典
大屯
阳明国际公寓
华大家具公司
亚运豪庭
世纪村北
慧忠路
小营西路
汇园国际公寓
国际精品总汇
东北虎风味酒楼
天外天烤鸭店
大屯街道社区服务中心
中国医药工业公司
亚非大厦
亚运花园
天天渔港
北辰购物中心
中国建筑联合会
育慧东路
亚运村邮电局
农村商业银行
安苑中医院
北辰集团
安慧里
中央民族乐团
育慧里
中央美院雕塑艺术研究所
联大成人教育学院
育惠里小学
亚华商场
亚运村医院
金盟大厦
德威治小营药店
天坛家具公司
北京康乐宫康乐中心
慧苑华侨公寓
加利大厦
安慧东里
含英轩餐厅
科学技术协会科技活动中心
一碗居老北京炸酱面
亚运村
北京剧院
卫尔康药店
中国藏药浴大厦
北京藏医院
狮子楼酒家
咸亨酒店
北京联合大学
北京教科院基教科研所
安惠桥
中国五矿大厦
惠新西街北口
成宏酒店
惠新东桥
联大旅游学院
化工大厦
北四环东路
中国环境监测总站
辣婆婆
西藏大厦
安徽大厦
安徽省驻京办
千鹤家园
华堂商场
佳德宾馆
北奥大厦
北京西藏中学
文博大厦
芍药居
汇中源小区
小关街道办事处
进口商品大楼
亚运村派出所
天合大厦
劳动出版社
中国聋儿康复研究中心
安苑北里
朝阳区税务局
蓝爵嘉园
慧新北里
育慧南里
亚运村街道办事处
中国乡镇企业报
朝
民福居
市乡镇企业局
西域石油宾馆
惠新苑
中国劳动科技研究院
中国艺术研究院
北京劳动保障职业学院
泰德商务花园
中国标准化与信息分类编码研究所
吉林大厦
市计量测试所
中国纺织物资总公司
人民邮电报社
罗马花园
大宅门
顺水楼
市艺术设计学院
北京社会主义学院
中国现代文学馆
九头鸟酒家
国美电器商城
安苑路
北土城东路
中国石化集团公司
宏府家宴
世纪嘉园
工商银行
小关社区服务中心
怡和堂药店
中国金融学院
安苑里
小关街道
慧新西里
百乐门歌舞俱乐部
旭风苑
金融信托大厦
东江客家菜馆
市长之家宾馆
化工出版社
慧新里
九州通讯技术发展公司
北京亚运村汽车交易市场
交通银行
中国日报社
朝阳区结核病防治所
润宇大厦
华德公寓
北京职业
太上宫大酒楼
北京冶金医院
小关北里
建设部城建研究所
樱花宾馆
对外经济贸易大学
天客隆
北辰汇发公司
北京动植物检疫局
慧桥饭店
雅城宾馆
对外经贸大学医院
中国国际贸易学会
北京住总市政工程公司
慧新南里
市对外贸易学校
中国航空工业发展研究中心
交通部科技信息研究所
月河商务花园
安贞门
惠新西街南口
元大都城垣遗址公园
元大都城垣遗址公园管理处
安定路
安健东路
中国石化公司经济技术研究院
环城商场
化信大厦
大亨酒家
樱花园
北京服装学院博物馆
安华发展大厦
樱花园南街
东城区
达飞大厦
胜古北里
和平街派出所
中日友好医院
长新大厦
中国北京国际经济合作公司
冶金招待所
建设银行
胜古东里
新化信大厦
德隆招待所
北京服装学院
安贞街道
和平里街道
金oi大厦
和平街街道
樱花东街
北京冶金设备研究院
中医药大学博物馆
中国中医研究院实验动物中心
北京天坛毛纺厂
胜古西庄
北方安华大厦
北京化工大学
毕派克饭店

43
城区扩大图
49

82

45

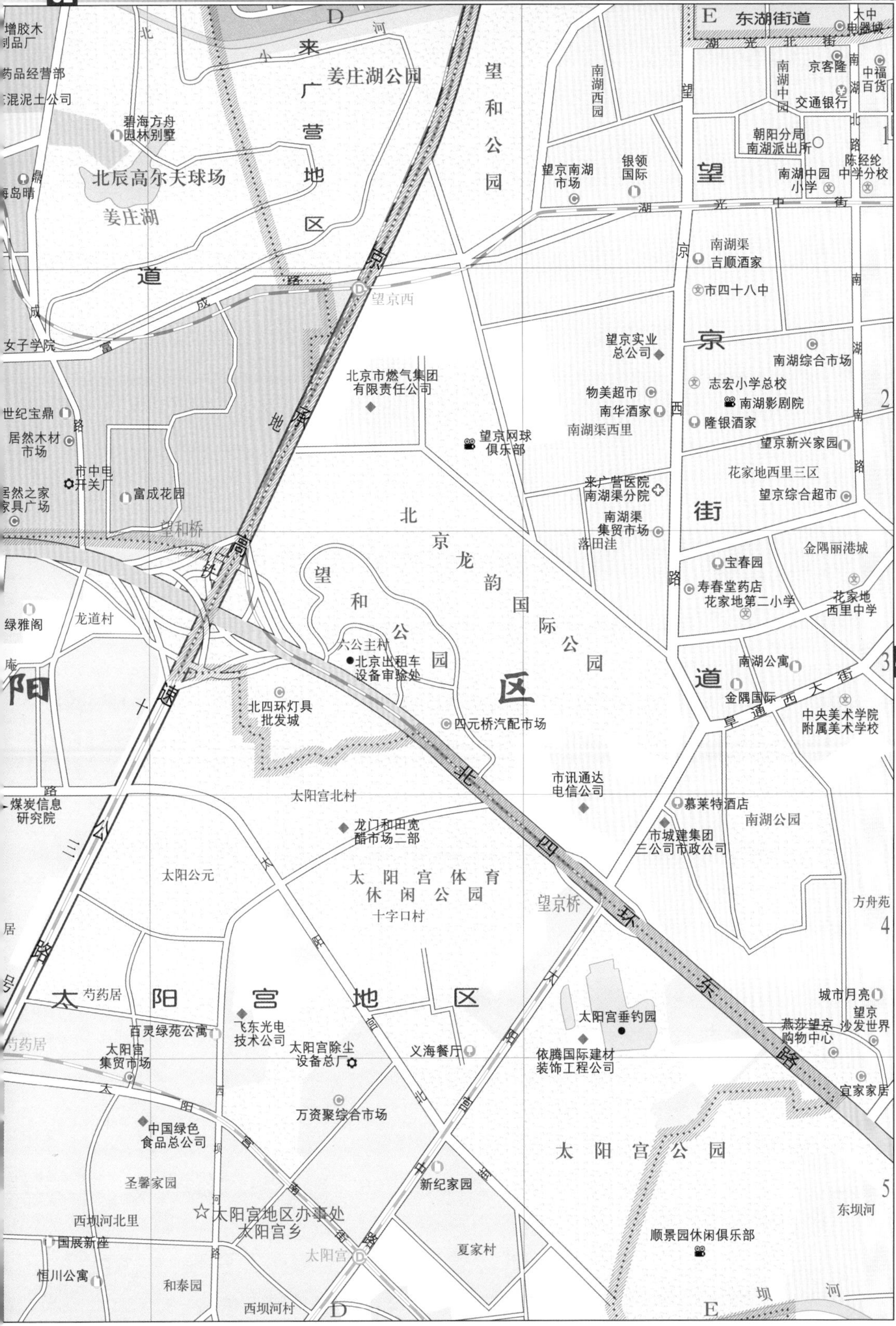
东湖街道
大中电器城
湖光北街
南湖西园
南湖中园
京客隆
中福百货
交通银行
朝阳分局南湖派出所
陈经纶中学分校
南湖中园小学
望京南湖市场
银领国际
望京
湖光中街
南湖渠
吉顺酒家
市四十八中
望京实业总公司
南湖综合市场
志宏小学总校
南湖影剧院
物美超市
南华酒家
隆银酒家
南湖渠西里
望京新兴家园
花家地西里三区
来广营医院南湖渠分院
望京综合超市
南湖渠集贸市场
落田洼
街
金隅丽港城
宝春园
寿春堂药店
花家地第二小学
花家地西里中学
南湖公寓
道
金隅国际
阜通西大街
中央美术学院附属美术学校
市讯通达电信公司
慕莱特酒店
南湖公园
市城建集团三公司市政公司
方舟苑
城市月亮
望京沙发世界
燕莎望京购物中心
宜家家居
东坝河
坝河
增胶木制品厂
药品经营部
混凝土公司
来广营地区
姜庄湖公园
小河
望和公园
碧海方舟园林别墅
北辰高尔夫球场
姜庄湖
海岛晴
道
京承高速
望京西
成富路
女子学院
北京市燃气集团有限责任公司
望京网球俱乐部
世纪宝鼎
居然木材市场
市中电开关厂
富成花园
居然之家家具广场
望和桥
北京龙韵国际公园
望和公园
绿雅阁
龙道村
六公主村
北京出租车设备审验处
阳
十
北四环灯具批发城
四元桥汽配市场
区
北四环东路
煤炭信息研究院
太阳宫北村
龙门和田宽醋市场二部
太阳公元
太阳宫体育休闲公园
十字口村
望京桥
三
公
路
太阳宫地区
芍药居
百灵绿苑公寓
飞东光电技术公司
太阳宫集贸市场
太阳宫除尘设备总厂
义海餐厅
太阳宫垂钓园
依腾国际建材装饰工程公司
太阳宫中路
中国绿色食品总公司
万资聚综合市场
太阳宫公园
圣馨家园
新纪家园
西坝河北里
太阳宫地区办事处
太阳宫乡
国展新座
夏家村
顺景园休闲俱乐部
恒川公寓
和泰园
太阳宫
西坝河村
D
E

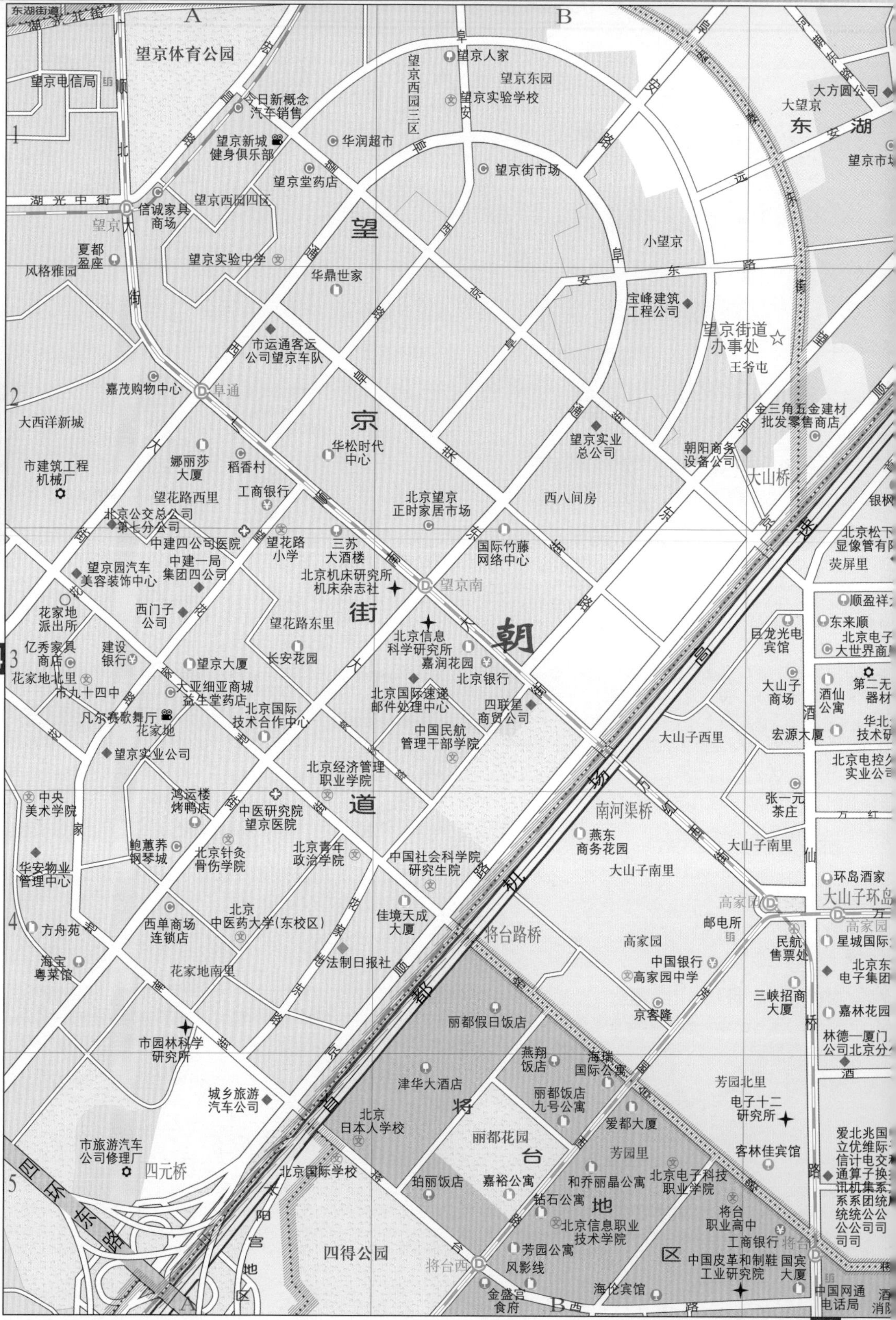

A
B
东湖街道
望京体育公园
望京电信局
今日新概念汽车销售
望京新城健身俱乐部
华润超市
望京堂药店
望京西园四区
信诚家具商场
湖光中街
望京人家
望京东园
望京实验学校
望京西园三区
望京街市场
望京
夏都盈座
风格雅园
望京实验中学
华鼎世家
小望京
宝峰建筑工程公司
望京街道办事处
王爷屯
大方圆公司
大望京
东湖
望京市场
市运通客运公司望京车队
嘉茂购物中心
阜通
大西洋新城
市建筑工程机械厂
娜丽莎大厦
稻香村
华松时代中心
望京实业总公司
朝阳商务设备公司
金三角五金建材批发零售商店
大山桥
望花路西里
工商银行
北京望京正时家居市场
西八间房
北京公交总公司第七分公司
中建四公司医院
望花路小学
三苏大酒楼
国际竹藤网络中心
望京园汽车美容装饰中心
中建一局集团四公司
北京机床研究所机床杂志社
望京南
北京松下显像管有限
荧屏里
顺盈祥
东来顺
北京电子大世界商
花家地派出所
西门子公司
望花路东里
北京信息科学研究所
嘉润花园
北京银行
亿秀家具商店
建设银行
望京大厦
长安花园
花家地北里
市九十四中
大亚细亚商城益生堂药店
北京国际技术合作中心
北京国际速递邮件处理中心
四联星商贸公司
凡尔赛歌舞厅
花家地
中国民航管理干部学院
巨龙光电宾馆
大山子商场
酒仙公寓
第二无器材
宏源大厦
华北技术研
大山子西里
望京实业公司
北京经济管理职业学院
北京电控实业公司
中央美术学院
鸿运楼烤鸭店
中医研究院望京医院
南河渠桥
张一元茶庄
燕东商务花园
鲍蕙荞钢琴城
北京针灸骨伤学院
北京青年政治学院
大山子南里
华安物业管理中心
中国社会科学院研究生院
环岛酒家
大山子环岛
高家园
方舟苑
西单商场连锁店
北京中医药大学(东校区)
佳境天成大厦
将台路桥
邮电所
民航售票处
星城国际
海宝粤菜馆
花家地南里
法制日报社
中国银行
高家园中学
北京东电子集团
三峡招商大厦
京客隆
嘉林花园
丽都假日饭店
市园林科学研究所
燕翔饭店
海瑞国际公寓
林德一厦门公司北京分
津华大酒店
芳园北里
城乡旅游汽车公司
丽都饭店九号公寓
电子十二研究所
北京日本人学校
爱都大厦
丽都花园
爱北兆国立优维际信计电交通算子换讯机集系系系团统统公公公司司司
客林佳宾馆
市旅游汽车公司修理厂
四元桥
芳园里
北京国际学校
珀丽饭店
嘉裕公寓
和乔丽晶公寓
北京电子科技职业学院
将台地区
钻石公寓
将台职业高中
四得公园
北京信息职业技术学院
工商银行
将台
中国皮革和制鞋工业研究院
国宾大厦
芳园公寓
风影线
将台西
海伦宾馆
金盛宫食府
中国网通电话局
四环东路
首都机场路
太阳宫地区
望京街道
朝阳区
将台地区

44
50

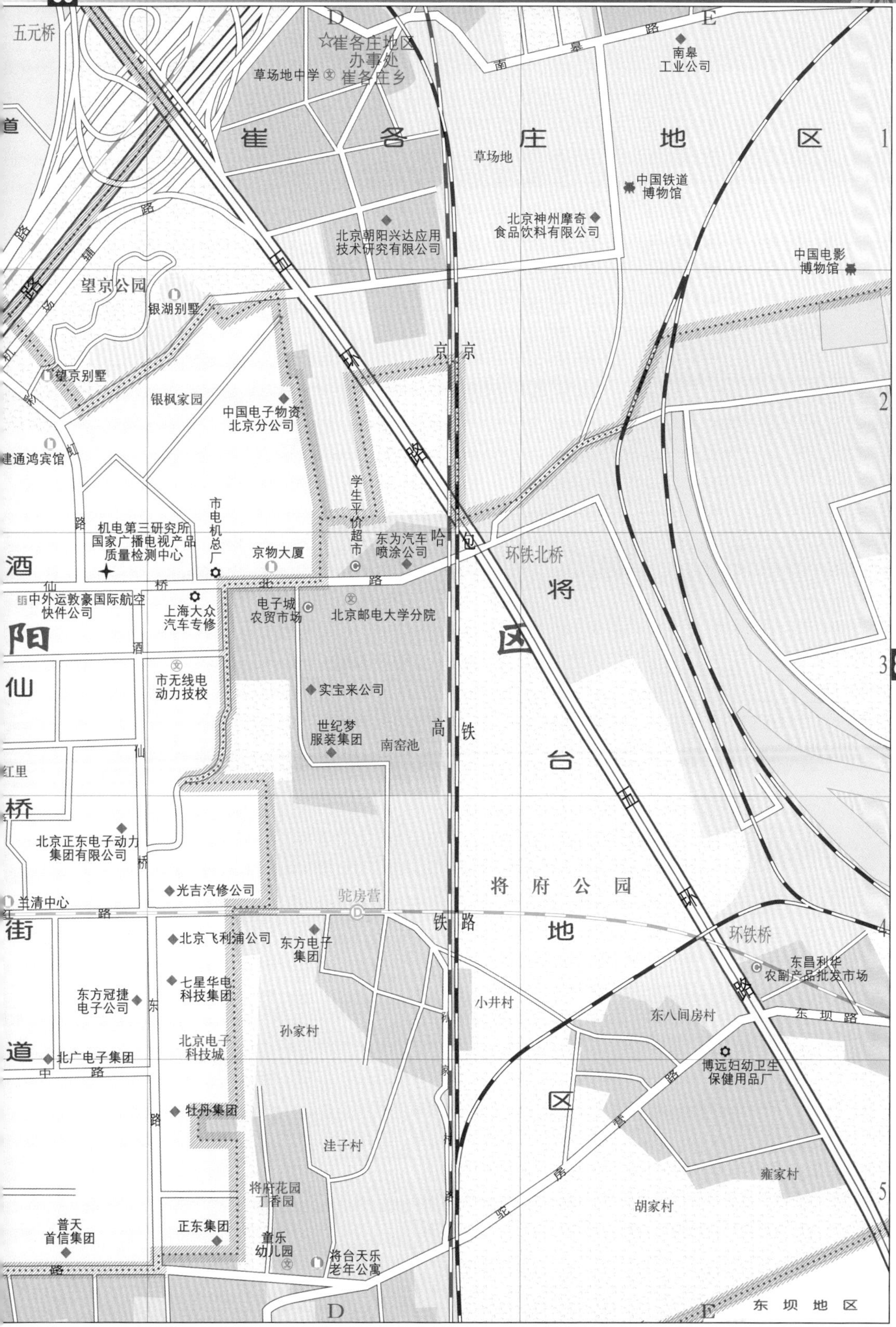
五元桥
崔各庄地区办事处
崔各庄乡
草场地中学
南皋路
南皋工业公司
崔各庄地区
草场地
中国铁道博物馆
北京神州摩奇食品饮料有限公司
北京朝阳兴达应用技术研究有限公司
中国电影博物馆
望京公园
银湖别墅
京京
望京别墅
银枫家园
中国电子物资北京分公司
建通鸿宾馆
学生平价超市
市电机总厂
机电第三研究所
国家广播电视产品质量检测中心
京物大厦
东为汽车喷涂公司
哈包
环铁北桥
将台地区
中外运敦豪国际航空快件公司
上海大众汽车专修
电子城农贸市场
北京邮电大学分院
市无线电动力技校
实宝来公司
世纪梦服装集团
南窑池
高铁
北京正东电子动力集团有限公司
光吉汽修公司
羊清中心
驼房营
将府公园
铁路
环铁桥
东昌利华农副产品批发市场
北京飞利浦公司
东方电子集团
七星华电科技集团
东方冠捷电子公司
小井村
东八间房村
东坝路
孙家村
北京电子科技城
北广电子集团
博远妇幼卫生保健用品厂
牡丹集团
洼子村
驼房营路
雍家村
将府花园丁香园
胡家村
正东集团
普天首信集团
童乐幼儿园
将台天乐老年公寓
东坝地区
朝阳区
酒仙桥路
酒仙桥街道
东四环路
四环路
机场辅路
红里
D
E
1
2
3
4
5

城区扩大图
86

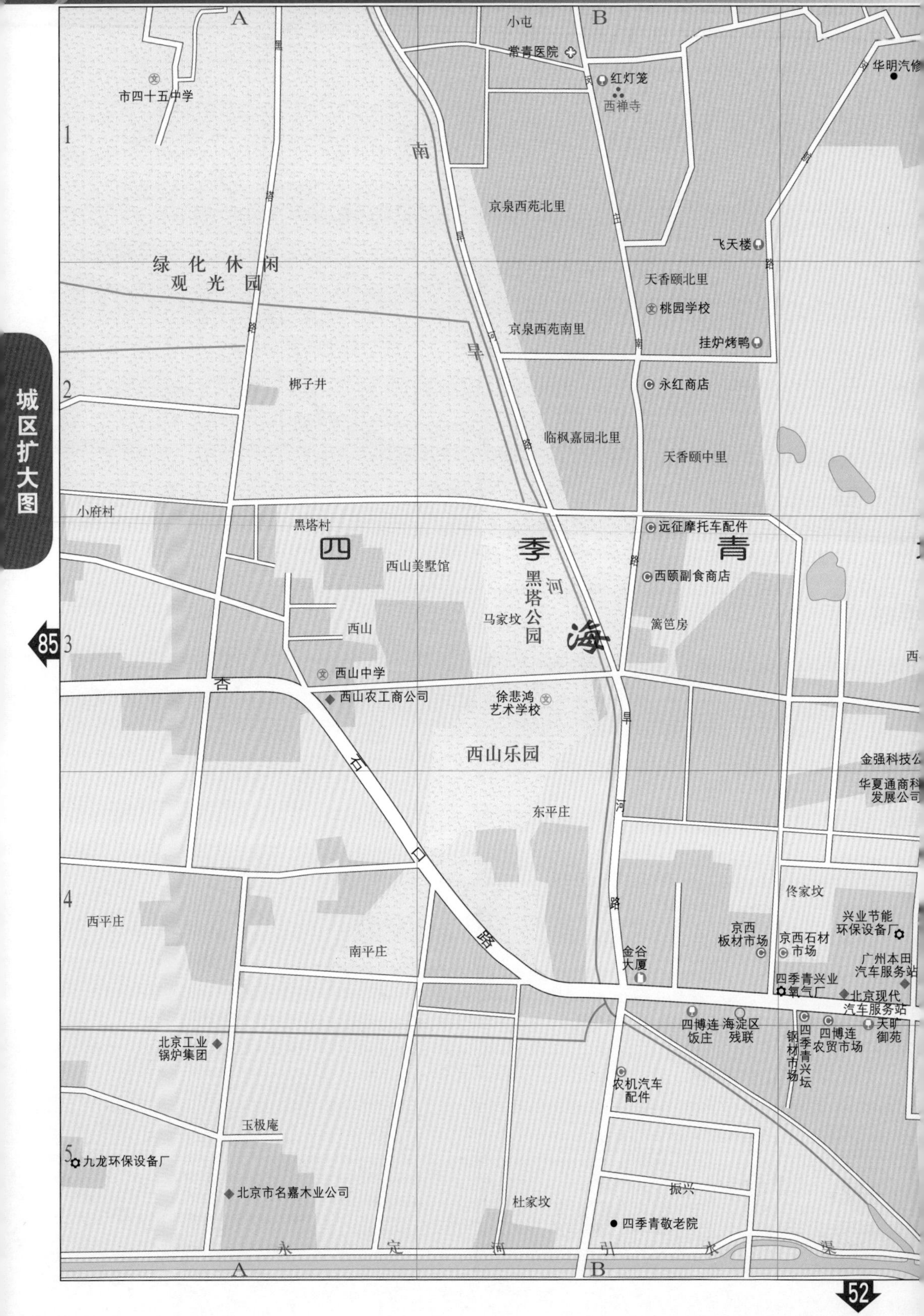
城区扩大图
市四十五中学
小屯
常青医院
红灯笼
西禅寺
华明汽修
京泉西苑北里
飞天楼
绿化休闲
观光园
天香颐北里
桃园学校
京泉西苑南里
挂炉烤鸭
永红商店
梆子井
临枫嘉园北里
天香颐中里
小府村
黑塔村
远征摩托车配件
四
季
青
西山美墅馆
黑塔公园
西颐副食商店
马家坟
篱笆房
西山
海
西山中学
杏石口路
西山农工商公司
徐悲鸿
艺术学校
西山乐园
金强科技公
华夏通商科
发展公司
东平庄
佟家坟
西平庄
兴业节能
环保设备厂
京西
板材市场
京西石材
市场
南平庄
金谷
大厦
广州本田
汽车服务站
四季青兴业
氧气厂
北京现代
汽车服务站
四博连
饭庄
海淀区
残联
四季青兴坛
钢材市场
四博连
农贸市场
天旷
御苑
北京工业
锅炉集团
农机汽车
配件
玉极庵
九龙环保设备厂
北京市名嘉木业公司
振兴
杜家坟
四季青敬老院
永定河引水渠
南旱河路
黑塔路
旱河路
85
52

41

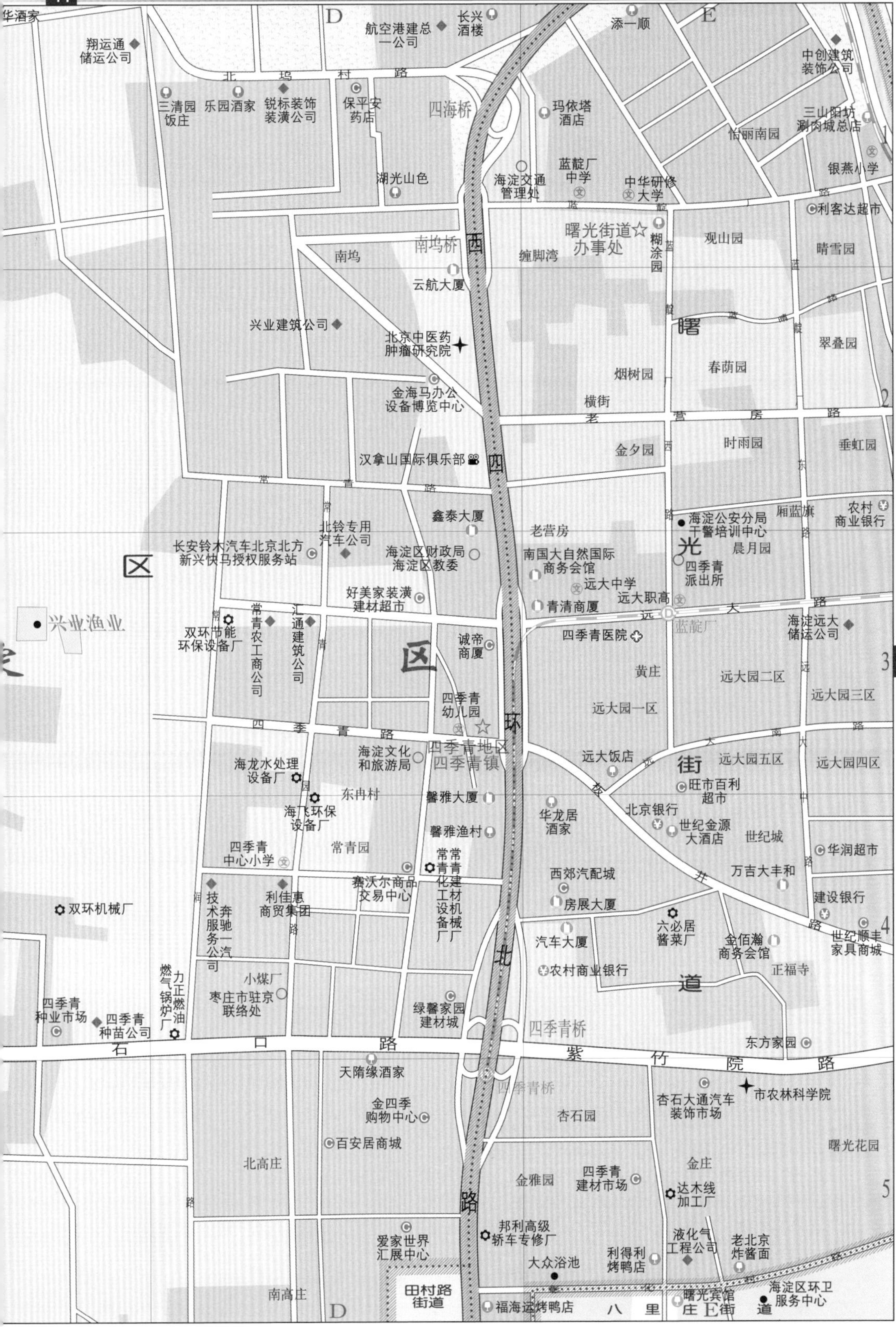

华酒家
翔运通储运公司
D
航空港建总一公司
长兴酒楼
添一顺
E
中创建筑装饰公司
北坞村路
三清园饭庄
乐园酒家
锐标装饰装潢公司
保平安药店
四海桥
玛依塔酒店
三山阳坊涮肉城总店
怡丽南园
银燕小学
湖光山色
海淀交通管理处
蓝靛厂中学
中华研修大学
利客达超市
曙光街道办事处
糊涂园
观山园
晴雪园
南坞
南坞桥
西
缠脚湾
云航大厦
兴业建筑公司
北京中医药肿瘤研究院
曙
翠叠园
烟树园
春荫园
金海马办公设备博览中心
横街
老营房路
时雨园
垂虹园
金夕园
汉拿山国际俱乐部
四
常青路
鑫泰大厦
厢蓝旗
农村商业银行
老营房
海淀公安分局干警培训中心
北铃专用汽车公司
晨月园
长安铃木汽车北京北方新兴快马授权服务站
海淀区财政局
海淀区教委
南国大自然国际商务会馆
光
四季青派出所
区
好美家装潢建材超市
远大中学
远大职高
青清商厦
远大路
海淀远大储运公司
兴业渔业
双环节能环保设备厂
常青农工商公司
汇通建筑公司
诚帝商厦
蓝靛厂
四季青医院
区
黄庄
远大园二区
远大园三区
远大园一区
四季青幼儿园
环
四季青路
四季青地区
四季青镇
海淀文化和旅游局
远大饭店
远大园五区
远大园四区
海龙水处理设备厂
东冉村
街
旺市百利超市
馨雅大厦
海飞环保设备厂
北京银行
华龙居酒家
世纪金源大酒店
世纪城
馨雅渔村
四季青中心小学
常青园
华润超市
常青化工厂
常青建材设备机械厂
万吉大丰和
西郊汽配城
赛沃尔商品交易中心
双环机械厂
技术奔驰服务一公司
利佳惠商贸集团
房展大厦
建设银行
六必居酱菜厂
汽车大厦
金佰瀚商务会馆
世纪顺丰家具商城
北
正福寺
燃气锅炉厂
力正燃油
小煤厂
农村商业银行
道
枣庄市驻京联络处
绿馨家园建材城
四季青桥
四季青种业市场
四季青种苗公司
东方家园
石口路
紫竹院路
天隋缘酒家
四季青桥
杏石大通汽车装饰市场
市农林科学院
金四季购物中心
杏石园
百安居商城
曙光花园
北高庄
金庄
金雅园
四季青建材市场
达木线加工厂
路
邦利高级轿车专修厂
爱家世界汇展中心
液化气工程公司
老北京炸酱面
利得利烤鸭店
大众浴池
南高庄
田村路街道
福海运烤鸭店
八里庄街道
曙光宾馆
海淀区环卫服务中心
1
2
3
4
5

47

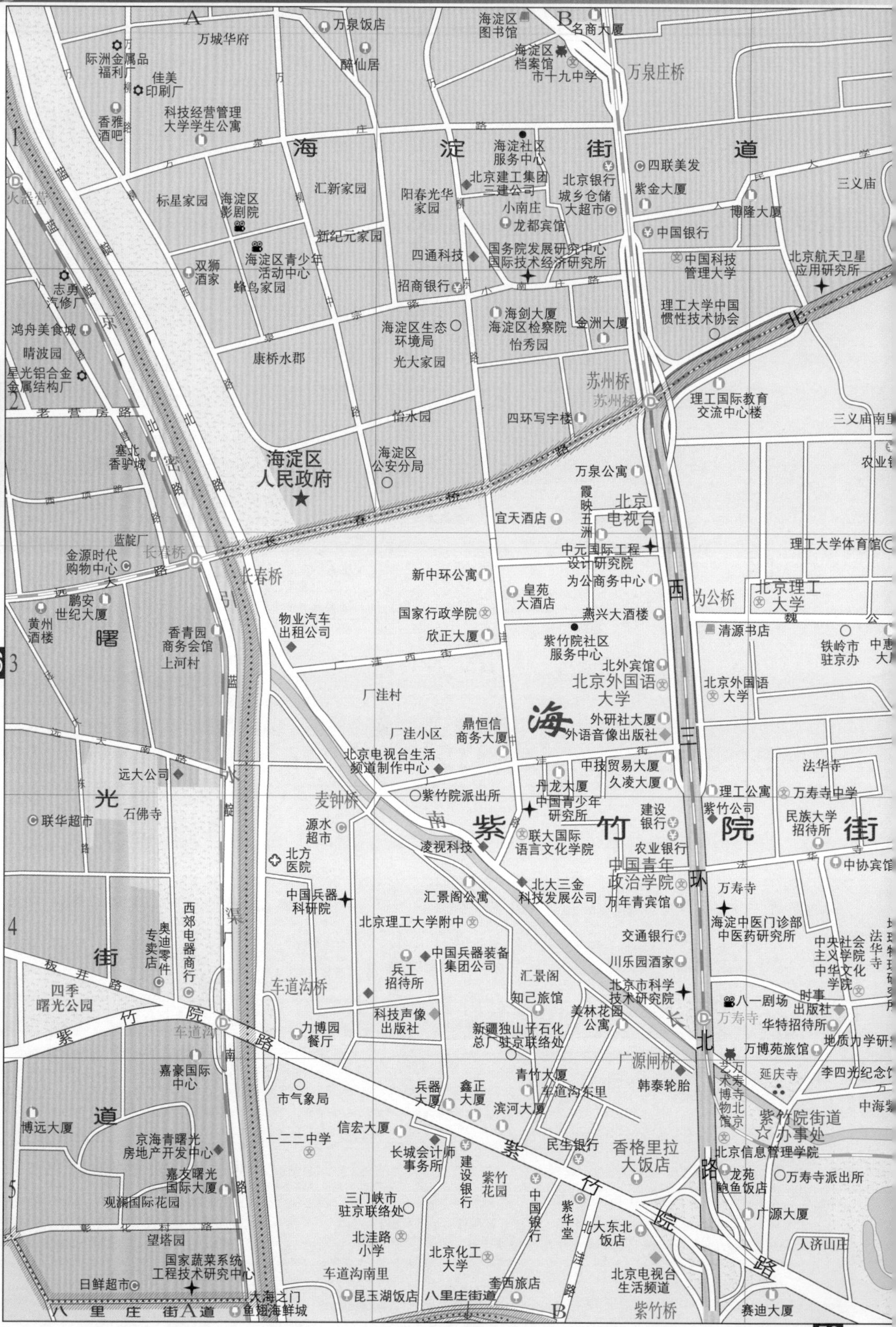

A
B
万泉饭店
海淀区图书馆
名商大厦
际洲金属品福利厂
万城华府
醉仙居
海淀区档案馆
市十九中学
万泉庄桥
佳美印刷厂
香雅酒吧
科技经营管理大学学生公寓
海
淀
街
道
海淀社区服务中心
四联美发
三义庙
火器营
标星家园
海淀区影剧院
汇新家园
阳春光华家园
北京建工集团三建公司
北京银行
城乡仓储大超市
紫金大厦
博隆大厦
小南庄
龙都宾馆
中国银行
新纪元家园
双狮酒家
海淀区青少年活动中心
蜂鸟家园
四通科技
国务院发展研究中心国际技术经济研究所
中国科技管理大学
北京航天卫星应用研究所
志勇汽修厂
招商银行
海剑大厦
海淀区检察院
金洲大厦
理工大学中国惯性技术协会
鸿舟美食城
海淀区生态环境局
晴波园
康桥水郡
光大家园
怡秀园
星光铝合金金属结构厂
苏州桥
理工国际教育交流中心楼
老营房路
怡水园
四环写字楼
三义庙南里
塞北香驴城
海淀区人民政府
海淀区公安分局
万泉公寓
农业银行
霞映五洲
北京电视台
宜天酒店
蓝靛厂
长春桥
金源时代购物中心
中元国际工程设计研究院
理工大学体育馆
新中环公寓
为公商务中心
鹏安世纪大厦
皇苑大酒店
北京理工大学
为公桥
黄州酒楼
曙
物业汽车出租公司
国家行政学院
燕兴大酒楼
清源书店
魏公
香青园商务会馆
欣正大厦
紫竹院社区服务中心
铁岭市驻京办
上河村
北外宾馆
北京外国语大学
厂洼西街
厂洼村
北京外国语大学
海
外研社大厦
厂洼小区
鼎恒信商务大厦
外语音像出版社
北京电视台生活频道制作中心
中技贸易大厦
法华寺
远大公司
久凌大厦
丹龙大厦
理工公寓
万寿寺中学
光
石佛寺
麦钟桥
紫竹院派出所
中国青少年研究所
紫竹公司
联华超市
源水超市
建设银行
民族大学招待所
紫
竹
院
街
南
凌视科技
联大国际语言文化学院
北方医院
农业银行
中国青年政治学院
中协宾馆
北大三金科技发展公司
万寿寺
中国兵器科研院
汇景阁公寓
万年青宾馆
西郊电器商行
北京理工大学附中
海淀中医门诊部中医药研究所
奥迪零件专卖店
交通银行
中央社会主义学院
中华文化学院
法华寺
兵工招待所
中国兵器装备集团公司
川乐园酒家
街
四季曙光公园
汇景阁
板井路
车道沟桥
知己旅馆
北京市科学技术研究院
八一剧场
时事出版社
科技声像出版社
美林花园公寓
万寿寺
紫竹院路
力博园餐厅
华特招待所
车道沟
新疆独山子石化总厂驻京联络处
地质力学研究所
万博苑旅馆
广源闸桥
嘉豪国际中心
青竹大厦
北京艺术博物馆
延庆寺
李四光纪念馆
市气象局
韩泰轮胎
兵器大厦
鑫正大厦
车道沟东里
道
滨河大厦
中海
博远大厦
信宏大厦
紫竹院街道办事处
一二二中学
京海青曙光房地产开发中心
长城会计师事务所
建设银行
民生银行
香格里拉大饭店
北京信息管理学院
嘉友曙光国际大厦
紫竹花园
中国银行
龙苑鲍鱼饭店
万寿寺派出所
观澜国际花园
三门峡市驻京联络处
紫华堂
广源大厦
北洼路小学
大东北饭店
彰化村路
望塔园
北京化工大学
人济山庄
国家蔬菜系统工程技术研究中心
车道沟南里
北京电视台生活频道
日鲜超市
大海之门
昆玉湖饭店
八里庄街道
奎西旅店
八里庄街道
鱼翅海鲜城
紫竹桥
赛迪大厦
西三环北路
长春桥路
1
2
3
4
5

46

53

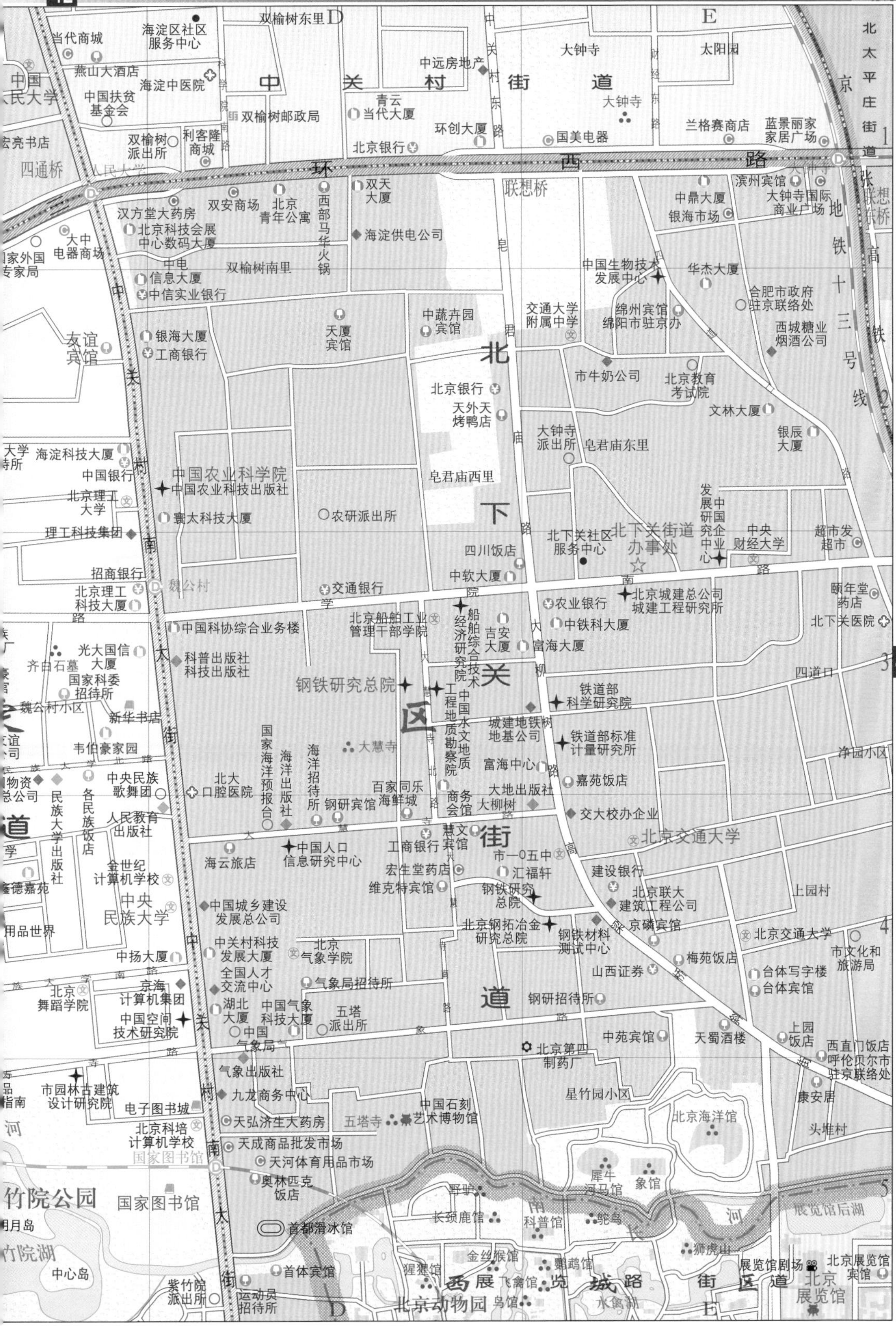
中关村街道
北下关街道
海淀区
北太平庄街道
北京展览馆
西直门外大街
北三环西路
西三环北路
中关村南大街
皂君庙路
大柳树路
学院南路
交大东路
大慧寺路
四道口路
西外大街
南长河
当代商城
海淀区社区服务中心
燕山大酒店
海淀中医院
中国扶贫基金会
双榆树东里
中远房地产
大钟寺
太阳园
双榆树邮政局
青云当代大厦
环创大厦
国美电器
兰格赛商店
蓝景丽家家居广场
北京银行
双榆树派出所
利客隆商城
四通桥
人民大学
联想桥
滨州宾馆
大钟寺国际商业广场
中鼎大厦
银海市场
汉方堂大药房
双安商场
北京青年公寓
西部马华火锅
双天大厦
北京科技会展中心数码大厦
大中电器商场
海淀供电公司
中电信息大厦
双榆树南里
中信实业银行
中国生物技术发展中心
华杰大厦
合肥市政府驻京联络处
地铁十三号线
交通大学附属中学
绵州宾馆
绵阳市驻京办
西城糖业烟酒公司
中蔬卉园宾馆
天厦宾馆
友谊宾馆
银海大厦
工商银行
市牛奶公司
北京教育考试院
文林大厦
北京银行
天外天烤鸭店
大钟寺派出所
皂君庙东里
银辰大厦
海淀科技大厦
中国银行
中国农业科学院
中国农业科技出版社
皂君庙西里
北京理工大学
寰太科技大厦
农研派出所
理工科技集团
四川饭店
北下关社区服务中心
北下关街道办事处
发展中国研究中心
中央财经大学
超市发超市
招商银行
魏公村
北京理工科技大厦
交通银行
中软大厦
北京城建总公司城建工程研究院
农业银行
颐年堂药店
北下关医院
中国科协综合业务楼
北京船舶工业管理干部学院
船舶经济综合技术研究院
吉安大厦
中铁科大厦
富海大厦
光大国信大厦
齐白石墓
国家科委招待所
科普出版社
科技出版社
钢铁研究总院
铁道部科学研究院
魏公村小区
新华书店
工程地质勘察院
中国水文地质
城建地铁树地基公司
铁道部标准计量研究所
韦伯豪家园
大慧寺
国家海洋预报台
海洋出版社
海洋招待所
净园小区
中央民族歌舞团
富海中心
嘉苑饭店
北大口腔医院
百家同乐海鲜城
钢研宾馆
商务会馆
大地出版社
民族大学出版社
各民族饭店
人民教育出版社
交大校办企业
慧文宾馆
北京交通大学
海云旅店
中国人口信息研究中心
工商银行
市一0五中
金世纪计算机学校
宏生堂药店
汇福轩
建设银行
中央民族大学
维克特宾馆
钢铁研究总院
北京联大建筑工程公司
上园村
中国城乡建设发展总公司
北京钢拓冶金研究总院
钢铁材料测试中心
京磷宾馆
北京交通大学
中关村科技发展大厦
北京气象学院
梅苑饭店
市文化和旅游局
中扬大厦
山西证券
合体写字楼
合体宾馆
全国人才交流中心
气象局招待所
北京舞蹈学院
京海计算机集团
钢研招待所
湖北大厦
中国气象科技大厦
五塔派出所
中国空间技术研究院
中国气象局
中苑宾馆
天蜀酒楼
上园饭店
西直门饭店
呼伦贝尔市驻京联络处
北京第四制药厂
气象出版社
市园林古建筑设计研究院
九龙商务中心
星竹园小区
康安居
电子图书城
中国石刻艺术博物馆
五塔寺
北京海洋馆
头堆村
北京科培计算机学校
天弘济生大药房
天成商品批发市场
国家图书馆
天河体育用品市场
奥林匹克饭店
犀牛河马馆
象馆
紫竹院公园
野驴
长颈鹿馆
科普馆
鸵鸟
展览馆后湖
明月岛
紫竹院湖
首都滑冰馆
狮虎山
金丝猴馆
鹦鹉馆
展览馆剧场
北京展览馆宾馆
中心岛
首体宾馆
猩猩馆
飞禽馆
北京动物园
鸟馆
水禽湖
紫竹院派出所
运动员招待所

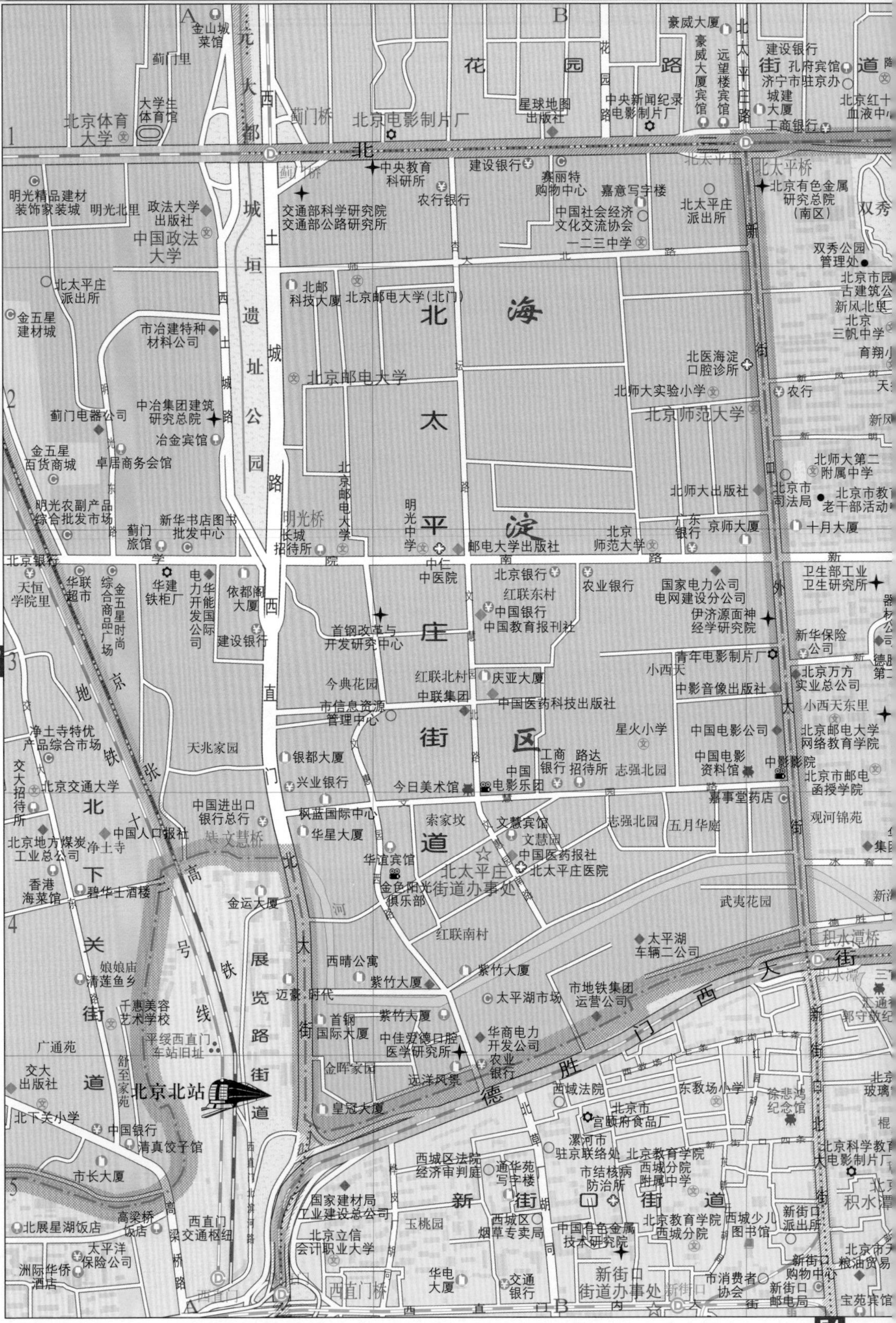

金山城菜馆
蓟门里
元大都
大学生体育馆
北京体育大学
蓟门桥
北京电影制片厂
花园路
豪威大厦
豪威大厦宾馆
远望楼宾馆
北太平庄路
星球地图出版社
中央新闻纪录电影制片厂
建设银行
孔府宾馆
济宁市驻京办
城建大厦
工商银行
北京红十字血液中心
北三环
北太平桥
明光精品建材装饰家装城
明光北里
政法大学出版社
中国政法大学
中央教育科研所
交通部科学研究院
交通部公路研究所
建设银行
农行银行
赛丽特购物中心
嘉意写字楼
中国社会经济文化交流协会
一二三中学
北太平庄派出所
北京有色金属研究总院（南区）
双秀
双秀公园管理处
北京市园古建筑公司
新风北里
北京三帆中学
育翔小学
土城遗址公园
西土城路
北京北邮科技大厦
北京邮电大学(北门)
北京邮电大学
北海淀
北太平庄街区
北太平庄派出所
金五星建材城
市冶建特种材料公司
北医海淀口腔诊所
北师大实验小学
北京师范大学
农行
新风街
中冶集团建筑研究总院
蓟门电器公司
冶金宾馆
金五星百货商城
卓居商务会馆
北京邮电大学
明光中学
明光桥
长城招待所
北师大第二附属中学
北京市司法局
北京市教育老干部活动
北师大出版社
广东银行
京师大厦
十月大厦
明光农副产品综合批发市场
新华书店图书批发中心
蓟门旅馆
邮电大学出版社
中仁中医院
北京师范大学
北京银行
学院南路
卫生部工业卫生研究所
天恒学院里
华联超市
综合商品广场
金五星时尚
华建铁柜厂
电力华能开发国际公司
依都阁大厦
建设银行
北京银行
红联东村
中国银行
中国教育报刊社
农业银行
国家电力公司电网建设分公司
伊济源面神经学研究院
新华保险公司
首钢改革与开发研究中心
青年电影制片厂
小西天
北京万方实业总公司
德胜门
京张铁路
地
今典花园
红联北村
庆亚大厦
中联集团
中影音像出版社
中国医药科技出版社
市信息资源管理中心
小西天东里
净土寺特优产品综合市场
天兆家园
中国电影公司
北京邮电大学网络教育学院
交大招待所
北京交通大学
银都大厦
工商银行
路达招待所
志强北园
中国电影资料馆
中影影院
兴业银行
今日美术馆
中国电影乐团
北京市邮电函授学院
嘉事堂药店
北下关街道
中国进出口银行总行
枫蓝国际中心
索家坟
文慧宾馆
志强北园
五月华庭
观河锦苑
北京地方煤炭工业总公司
中国人口报社
净土寺
华星大厦
文慧桥
文慧园
中国医药报社
北太平庄医院
香港海莱馆
碧华士酒楼
华谊宾馆
北太平庄街道办事处
金色阳光俱乐部
武夷花园
新街口外大街
二号线
金运大厦
红联南村
太平湖车辆二公司
积水潭桥
娘娘庙
清莲鱼乡
西直门北大街
西晴公寓
紫竹大厦
紫竹大厦
展览路街道
迈豪时代
太平湖市场
市地铁集团运营公司
千惠美容艺术学校
首钢国际大厦
紫竹大厦
中佳爱德口腔医学研究所
华商电力开发公司
汇通祠
郭守敬纪念馆
广通苑
平绥西直门车站旧址
农业银行
金晖家园
远洋风景
德胜门西大街
交大出版社
北京北站
舒至家苑
西城法院
东教场小学
北京市宫颐府食品厂
徐悲鸿纪念馆
北京玻璃
北下关小学
中国银行
皇冠大厦
清真饺子馆
西城区法院经济审判庭
通华苑写字楼
漯河市驻京联络处
北京教育学院西城分院附属中学
北京科学教育电影制片厂
市长大厦
市结核病防治所
国家建材局工业建设总公司
新街口街道
西城区烟草专卖局
北京教育学院西城分院
西城少儿图书馆
新街口派出所
积水潭
北京立信会计职业大学
玉桃园
中国有色金属技术研究院
北展星湖饭店
高梁桥饭店
西直门交通枢纽
高梁桥路
太平洋保险公司
洲际华侨酒店
华电大厦
交通银行
新街口街道办事处
市消费者协会
新街口购物中心
新街口邮电局
北京市粮油贸易
宝苑宾馆
西直门
西直门桥
西直门内大街
新街口

47
54

43

松原市驻京办
山东、吉林省驻京办
浙江、江西省驻京办
湖南、福建省驻京办
马甸清真寺
泰思特大厦
马甸公园
马甸桥
西城区疾病预防控制中心
西城区裕中小学
商房大厦
大中电器商城
超市发超市
英斯泰克大厦
京版信息港
北京市农业农村局
双全大厦
大森林酒店
中国科学技术馆
宝蓝影厅
北京市林业和草原局
安贞里派出所
福建大厦
兴业银行
深房大厦
华联商厦
浙江大厦
凯康大厦
中国冶金建设集团公司
安贞里中学
中国冶金报社
北三环中路
马甸南村
德胜饭店
中国国际经济技术交流中心
福丽特家具建材城
装饰材料市场
高等教育出版社
福丽特宾馆
辽宁饭店
国泰君安证券公司
果品大厦
中天大厦
中轻大厦
马甸邮市卡市场
北京出版社
双旗杆东里
北京医疗器械研究所
金海湾酒楼
西湖新村
华北大酒店
安华桥
安华西里
安贞街道办事处
中国木偶剧院
求实中学
求实饭店
安华商场
安贞社区服务中心
石油工业出版社
安华里
石油天然气总公司信息研究所
安贞街道
朝阳区
兰州市驻京办
安华医院
交通宾馆
贵州铜仁驻京联络处
安华里五区
安华里三区
人民交通出版社
中化化工科技研究总院
阳光丽景
中科利华
黄寺
双旗杆东里
藏语系高级佛学院
龙德行大厦
西黄寺
东方明珠健身娱乐广场
黄寺大街
合信大厦
天龙饭店
医药养生保健报社
中国地质调查局
明湖大厦
什坊西里
北京国电华北电力工程公司
北京市三建水电工程公司
中国航空工业规划设计研究院
五路通小学
什坊东里
北京教育学院
万网大厦
八一游泳馆
柳荫公园
柳荫湖
中国航空工业华北公司
中国石油工程建设企业集团
中国工商银行
民族团结小学
黄寺南里
八一体工大队黄寺训练基地
市新兴房地产开发总公司
东和平街
鼎成大厦
青年湖北里
香江宾馆
中国电源动力总公司
五路通北里
德外桥
五路通
人定湖西里
中汽通合汽车贸易中心
北京四川石油宾馆
浦发银行
安德里北街
中国人民保险公司
德富宫宾馆
银丰宾馆
人定湖公园
石油机关幼儿园
石油物资装备总公司
华北石油经济技术开发公司
青年湖小学
德外医院
华北电力设计院
西城区实验学校
恒通伟业大厦
青年湖公园
青年湖西里
青年湖
德胜街道办事处
北京中油宾馆
水利水电规划设计总院
中国电力信息中心
中国石油天然气集团总公司
北京教育学院
市一七七中
金湖苑宾馆
德隆家园
市机械工业自动化研究所
中国化工报社
中国工人出版社
和平里街道
青年湖南里
德胜新城
市汽车修理公司八厂
六铺炕三区
六铺炕二区
六铺炕一区
顺天府超市
市七中
中煤国际集团公司
中国石化总公司北京设计院
寓安招待所
工人日报社
金海洋饭店
东城审计局
翔宇中学
法源清真寺
邮电所
安德馨居
民族团结中学
石油天然气集团公司
北京奇石馆
东城骨伤医院
洲际大厦
中景濠庭
中国装饰集团公司
中成集团大厦
神华大厦
中景濠庭大厦
安外西河沿
德胜门外派出所
国旅发展大厦
白孔雀艺术世界
北滨河公园
德胜门箭楼古币展览馆
德胜门东大街
安定门西大街
鼓楼大街
钟鼓北桥
北二环城市旧貌街心公园
鼓楼桥
净业寺
锦胜华安商务写字楼
市十三中分校
台办综合楼
双寺
东城区急救站
中国联通分公司
市社会团体管理办公室
北京电焊机厂
拈花寺
丽豪园
德胜世嘉
雷锋小学
健康报社
市一中
中国进口汽车贸易中心
第一市交通客运分公司
企业管理协会
北京机械工业设计院
中国社会科学出版社
关岳庙
四合院
历史研究杂志社
西藏驻京办珠穆朗玛宾馆
中华全国总工会文工团
北京竹园宾馆
庆丰大厦
北京市财经学校
北京法制日报社
标准件二厂
毛泽东故居
宋庆龄故居
国家宗教局宗教研究中心
北京市土地整理储备中心
万方福宾馆
北京市鼓楼中医院
真武庙
永泉庵
德胜桥
国家宗教事务局
醇亲王府
市十三中
寿明寺
东城区职工中等专业学校
安定门派出所
市第二聋哑学校
摄政王府
市牛奶公司
三元食品有限公司
安定门街道
东街小学
什刹海街道
后海公园
大藏龙华寺
西城区什刹海风景区管理处
望海楼
钟楼
后海幼儿园
北京市自动化技术研究所
中国医药质量管理协会
北京杭鑫园宾馆
大华卫宾馆
广化寺
鸦儿胡同小学
北京市眼镜五厂
隆福宾馆
鼓楼
市税务局涉外税务分局
市五中分校
交道口街道
鼓楼东大街
西城区
东城区

49

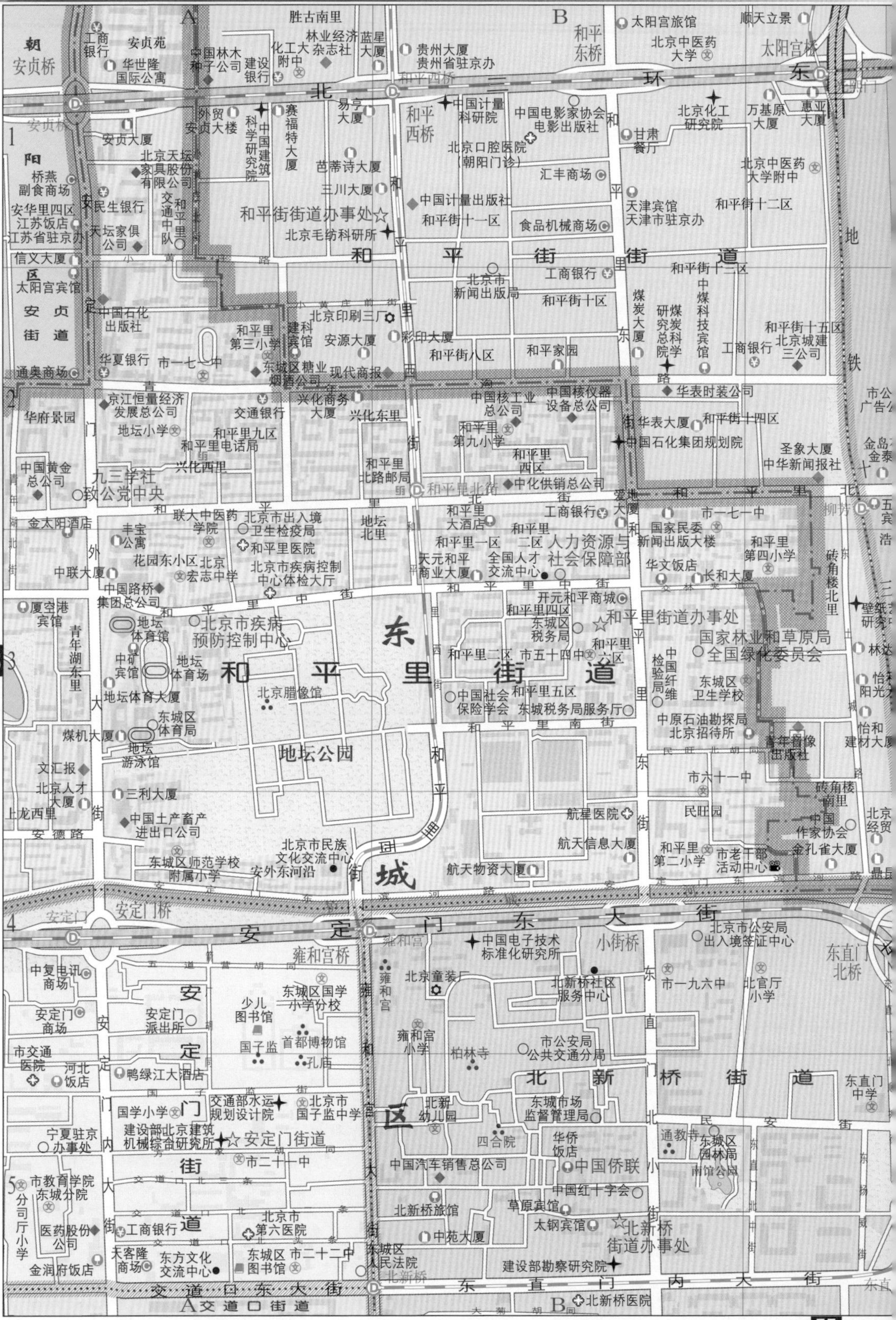

胜古南里
林业经济杂志社
蓝星大厦
贵州大厦
贵州省驻京办
太阳宫旅馆
顺天立景
北京中医药大学
太阳宫桥
工商银行
安贞苑
安贞桥
华世隆国际公寓
中国林木种子公司
化工大附中
建设银行
和平东桥
和平西桥
北三环东
易亨大厦
中国计量科研院
中国电影家协会电影出版社
北京化工研究院
万基原大厦
惠亚大厦
外贸安贞大楼
科学研究院
中国建筑
赛福特大厦
和平西桥
北京口腔医院（朝阳门诊）
甘肃餐厅
安贞大厦
北京天坛家具股份有限公司
芭蒂诗大厦
三川大厦
汇丰商场
北京中医药大学附中
桥燕副食商场
交通中队
中国计量出版社
天津宾馆
天津市驻京办
和平街十二区
安华里四区
江苏饭店
江苏省驻京办
民生银行
和平街街道办事处
和平街十一区
食品机械商场
天坛家俱公司
北京毛纺科研所
和平街街道
信义大厦
太阳宫宾馆
安贞街道
北京市新闻出版局
工商银行
和平街十二区
中国石化出版社
北京印刷三厂
和平街十区
煤炭大厦
研究总院
中煤科技宾馆
和平街十五区
北京城建三公司
和平里第三小学
建科宾馆
安源大厦
彩印大厦
和平街八区
和平家园
工商银行
华夏银行
市一七一中
东城区糖业烟酒公司
现代商报
通奥商场
京江恒量经济发展总公司
兴化商务大厦
中国核工业总公司
中国核仪器设备总公司
华表时装公司
市公广告公
华府景园
交通银行
兴化东里
华表大厦
和平街十四区
地坛小学
和平里九区
和平里电话局
和平里第九小学
中国石化集团规划院
圣象大厦
中华新闻报社
兴化西里
和平里西区
中国黄金总公司
九三学社
致公党中央
和平里北路邮局
和平里北街
中化供销总公司
金太阳酒店
联大中医药学院
北京市出入境卫生检疫局
地坛北里
和平里大酒店
工商银行
市一七一中
丰宝公寓
和平里医院
和平里一区
和平里二区
人力资源与社会保障部
国家民委新闻出版大楼
和平里第四小学
花园东小区
北京宏志中学
北京市疾病控制中心体检大厅
天元和平商业大厦
全国人才交流中心
华文饭店
长和大厦
中联大厦
中国路桥集团总公司
砖角楼北里
厦空港宾馆
地坛体育馆
北京市疾病预防控制中心
开元和平商城
和平里四区
东城区税务局
和平里街道办事处
国家林业和草原局
全国绿化委员会
青年湖东里
中矿宾馆
地坛体育场
和平里街道
和平里二区
市五十四中
和平里六区
检验纤维局
东城区卫生学校
地坛体育大厦
北京腊像馆
中国社会保险学会
和平里五区
东城税务局服务厅
东城区体育局
中原石油勘探局北京招待所
煤机大厦
地坛游泳馆
地坛公园
青年音像出版社
文汇报
市六十一中
砖角楼南里
北京人才大厦
三利大厦
民旺园
中国作家协会
上龙西里
中国土产畜产进出口公司
航星医院
安德路
航天信息大厦
北京市民族文化交流中心
和平里第二小学
市老干部活动中心
金孔雀大厦
东城区师范学校附属小学
安外东河沿
航天物资大厦
东城
安定门
安定门桥
安定门东大街
北京市公安局出入境签证中心
中国电子技术标准化研究所
小街桥
雍和宫桥
东直门北桥
中复电讯商场
五道营胡同
雍和宫
北京童装厂
北新桥社区服务中心
市一九六中
北官厅小学
安定门商场
安定门派出所
少儿图书馆
东城区国学小学分校
安定门街道
雍和宫小学
市公安局公共交通分局
市交通医院
河北饭店
国子监
首都博物馆
孔庙
柏林寺
北新桥街道
东直门中学
鸭绿江大酒店
国学小学
交通部水运规划设计院
北京市国子监中学
北新幼儿园
东城市场监督管理局
宁夏驻京办事处
建设部北京建筑机械综合研究所
安定门街道
四合院
华侨饭店
通教寺
东城区园林局
南馆公园
市二十一中
中国汽车销售总公司
中国侨联
市教育学院东城分院
分司厅小学
医药股份公司
中国红十字会
北京市第六医院
北新桥旅馆
草原宾馆
太钢宾馆
北新桥街道办事处
工商银行
中苑大厦
天客隆商场
东方文化交流中心
东城区图书馆
市二十二中
东城区人民法院
建设部勘察研究院
金润府饭店
交道口东大街
北新桥
东直门内大街
交道口街道
北新桥医院

48

55

44

50

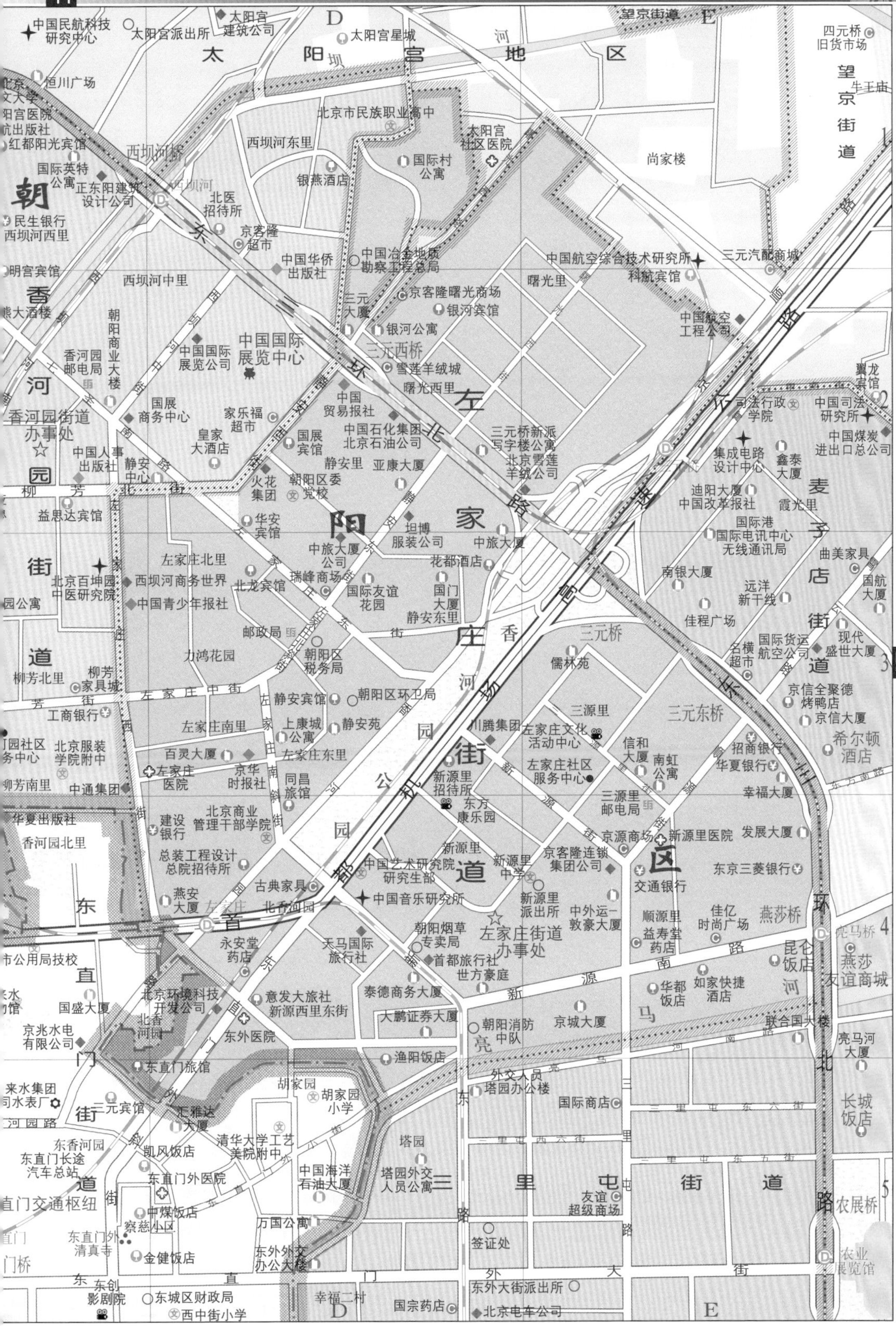

D
E
太阳宫地区
中国民航科技研究中心
太阳宫派出所
太阳宫建筑公司
太阳宫星城
望京街道
四元桥旧货市场
望京街道
牛王庙
恒川广场
北京市民族职业高中
太阳宫社区医院
西坝河东里
西坝河桥
国际村公寓
尚家楼
国际英特公寓
正东阳建筑设计公司
银燕酒店
朝阳
北医招待所
民生银行
西坝河西里
京客隆超市
中国华侨出版社
中国冶金地质勘察工程总局
中国航空综合技术研究所
三元汽配商城
科航宾馆
明宫宾馆
西坝河中里
曙光里
京客隆曙光商场
三元大厦
银河宾馆
银河公寓
中国航空工程公司
三元西桥
中国国际展览中心
中国国际展览公司
朝阳商业大楼
香河园邮电局
雪莲羊绒城
曙光西里
香河园街道办事处
国展商务中心
家乐福超市
中国贸易报社
中国石化集团北京石油公司
皇家大酒店
国展宾馆
三元桥新派写字楼公寓
北京雪莲羊绒公司
司法行政学院
中国司法研究所
中国煤炭进出口总公司
翼龙宾馆
集成电路设计中心
鑫泰大厦
中国人事出版社
静安中心
静安里
亚康大厦
火花集团
朝阳区委党校
迪阳大厦
中国改革报社
霞光里
麦子店街道
益思达宾馆
华安宾馆
左家庄街道
坦博服装公司
中旅大厦
国际港
国际电讯中心
无线通讯局
曲美家具
左家庄北里
中旅大厦公司
花都酒店
南银大厦
国航大厦
北京百坤园中医研究院
西坝河商务世界
北龙宾馆
瑞峰商场
国际友谊花园
国门大厦
远洋新干线
中国青少年报社
静安东里
佳程广场
邮政局
朝阳区税务局
三元桥
现代盛世大厦
力鸿花园
儒林苑
国际货运航空公司
名横超市
柳芳北里
柳芳家具城
左家庄中街
静安宾馆
朝阳区环卫局
三源里
三元东桥
京信全聚德烤鸭店
京信大厦
工商银行
左家庄南里
上康城公寓
静安苑
川腾集团
左家庄文化活动中心
信和大厦
南虹公寓
希尔顿酒店
北京服装学院附中
百灵大厦
左家庄东里
左家庄社区服务中心
招商银行
华夏银行
左家庄医院
京华时报社
同昌旅馆
新源里招待所
东方康乐园
三源里邮电局
幸福大厦
柳芳南里
中通集团
华夏出版社
建设银行
北京商业管理干部学院
京源商场
新源里医院
发展大厦
香河园北里
总装工程设计总院招待所
中国艺术研究院研究生部
新源里
新源里中学
京客隆连锁集团公司
东京三菱银行
交通银行
古典家具
燕安大厦
北香河园
中国音乐研究所
新源里派出所
中外运敦豪大厦
顺源里益寿堂药店
佳亿时尚广场
燕莎桥
亮马桥
东直门
永安堂药店
天马国际旅行社
朝阳烟草专卖局
左家庄街道办事处
首都旅行社
世方豪庭
昆仑饭店
燕莎友谊商城
市公用局技校
北京环境科技开发公司
意发大旅社
新源西里东街
泰德商务大厦
华都饭店
如家快捷酒店
国盛大厦
大鹏证券大厦
朝阳消防中队
京城大厦
联合国大楼
京兆水电有限公司
东外医院
亮马河大厦
渔阳饭店
东直门旅馆
胡家园
胡家园小学
外交人员塔园办公楼
国际商店
长城饭店
来水集团司水表厂
三元宾馆
汇雅达大厦
东直门街道
东香河园
东直门长途汽车总站
凯风饭店
清华大学工艺美院附中
塔园
中国海洋石油大厦
塔园外交人员公寓
三里屯街道
友谊超级商场
农展桥
东直门外医院
中煤饭店
万国公寓
察慈小区
东直门外清真寺
金健饭店
东外外交办公大楼
签证处
农业展览馆
东创影剧院
东城区财政局
西中街小学
幸福二村
国宗药店
东外大街派出所
北京电车公司
东直门外大街
三环北路
东三环北路
京顺路
机场高速公路
新源南路
三里屯东六街
三里屯西六街
三里屯东五街
三里屯路
东大桥路
亮马河南路
香河园路
柳芳北街
左家庄东街
新源街
新中街

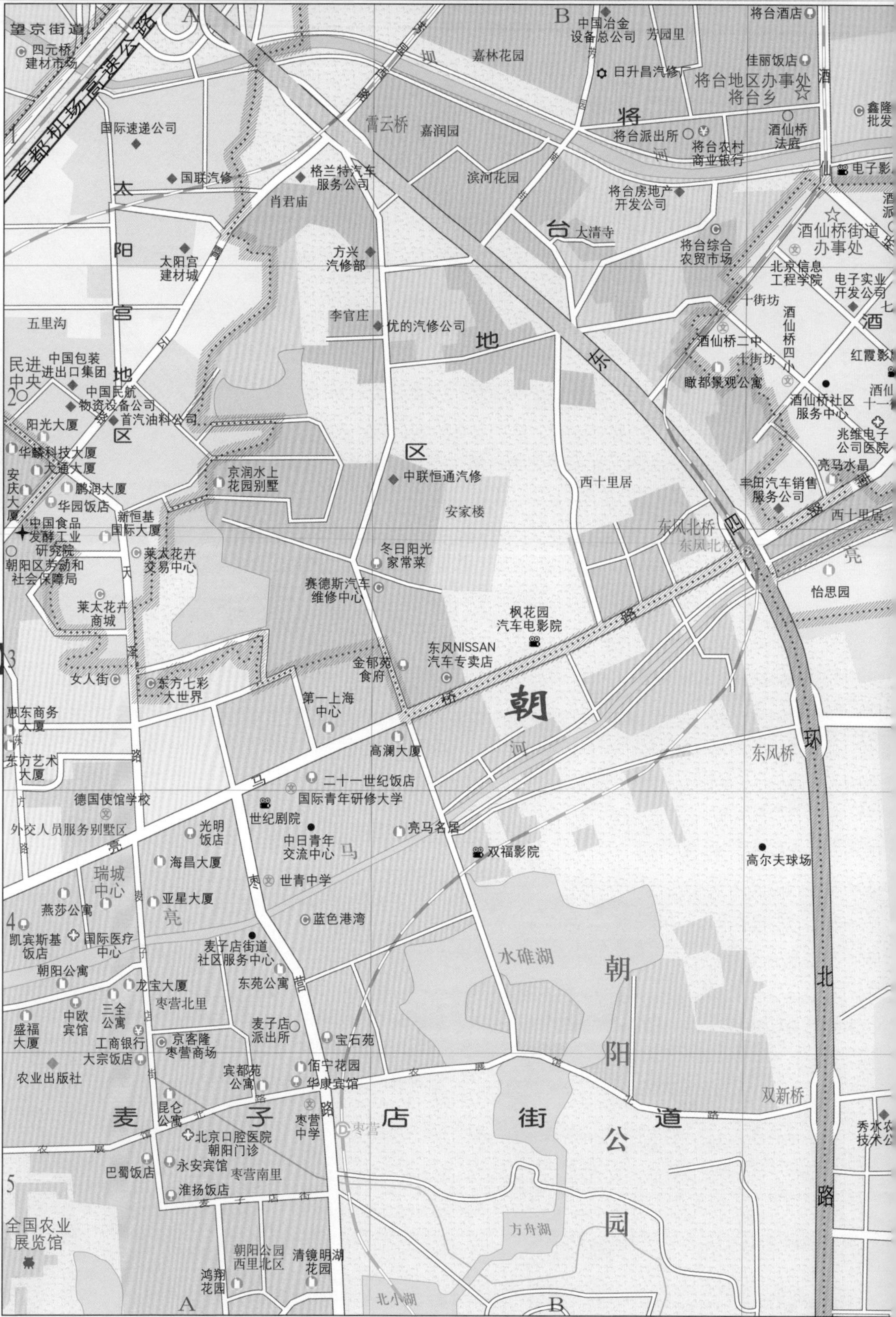

望京街道
四元桥建材市场
首都机场高速公路
中国冶金设备总公司
芳园里
将台酒店
嘉林花园
日升昌汽修厂
佳丽饭店
将台地区办事处
将台乡
鑫隆批发
国际速递公司
霄云桥
嘉润园
将
将台派出所
将台农村商业银行
酒仙桥法庭
电子影
国联汽修
格兰特汽车服务公司
滨河花园
将台房地产开发公司
肖君庙
太
阳
宫
地
区
大清寺
台
将台综合农贸市场
酒仙桥街道办事处
太阳宫建材城
方兴汽修部
北京信息工程学院
电子实业开发公司
十街坊
五里沟
李官庄
优的汽修公司
地
酒仙桥四小
酒
民进中央
中国包装进出口集团
酒仙桥二中
七街坊
瞰都景观公寓
红霞影
中国民航物资设备公司
首汽油料公司
东
酒仙桥社区服务中心
阳光大厦
兆维电子公司医院
华麟科技大厦
大通大厦
区
亮马水晶
安庆大厦
鹏润大厦
京润水上花园别墅
中联恒通汽修
西十里居
丰田汽车销售服务公司
华园饭店
新恒基国际大厦
安家楼
中国食品发酵工业研究院
东风北桥
西十里居
朝阳区劳动和社会保障局
莱太花卉交易中心
冬日阳光家常菜
四
亮
赛德斯汽车维修中心
怡思园
莱太花卉商城
枫花园汽车电影院
路
东风NISSAN汽车专卖店
金郁苑食府
女人街
东方七彩大世界
桥
朝
第一上海中心
惠东商务大厦
东方艺术大厦
高澜大厦
河
东风桥
环
马
二十一世纪饭店
国际青年研修大学
德国使馆学校
世纪剧院
外交人员服务别墅区
光明饭店
亮马名居
中日青年交流中心
马
双福影院
高尔夫球场
海昌大厦
瑞城中心
世青中学
燕莎公寓
亚星大厦
亮
蓝色港湾
凯宾斯基饭店
国际医疗中心
麦子店街道社区服务中心
水碓湖
朝
北
朝阳公寓
东苑公寓
龙宝大厦
枣营北里
中欧宾馆
三全公寓
盛福大厦
麦子店派出所
宝石苑
阳
工商银行
京客隆枣营商场
大宗饭店
宾都苑公寓
佰宁花园
农业出版社
华康宾馆
双新桥
昆仑公寓
麦
子
店
枣营中学
枣营
街
道
秀水农技术公
北京口腔医院朝阳门诊
公
巴蜀饭店
永安宾馆
枣营南里
淮扬饭店
路
全国农业展览馆
方舟湖
园
朝阳公园西里北区
清镜明湖花园
鸿翔花园
北小湖
A
B
1
2
3
4
5

49

56

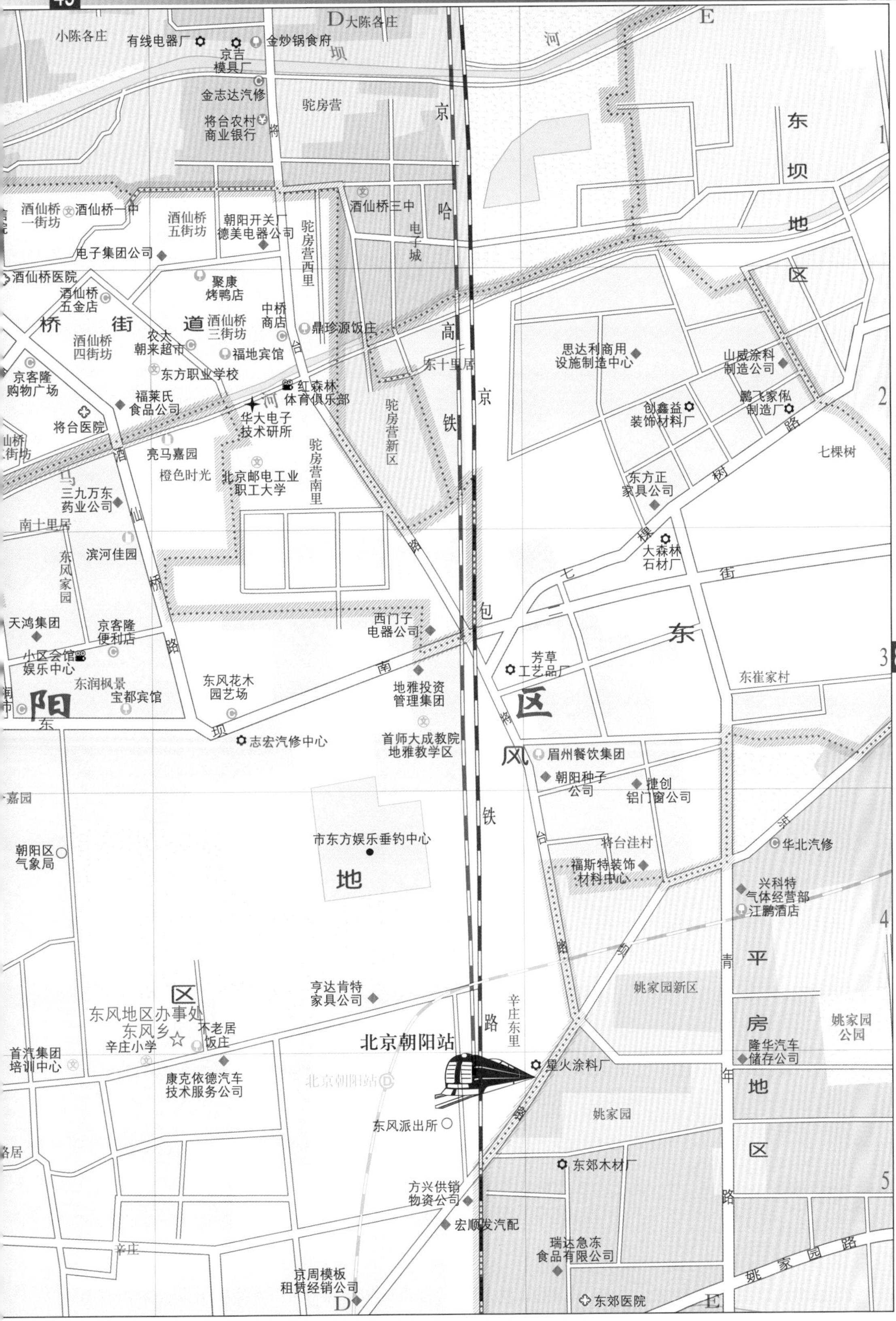
大陈各庄
小陈各庄
有线电器厂
京吉模具厂
金炒锅食府
金志达汽修
驼房营
将台农村商业银行
东坝地区
酒仙桥一街坊
酒仙桥一中
酒仙桥五街坊
朝阳开关厂
德美电器公司
驼房营西里
酒仙桥三中
电子城
电子集团公司
酒仙桥医院
酒仙桥五金店
聚康烤鸭店
酒仙桥三街坊
中桥商店
鼎珍源饭庄
酒仙桥四街坊
农大朝来超市
福地宾馆
东十里居
思达利商用设施制造中心
山威涂料制造公司
京客隆购物广场
东方职业学校
红森林体育俱乐部
福莱氏食品公司
将台医院
华大电子技术研所
驼房营新区
创鑫益装饰材料厂
鹏飞家俬制造厂
七棵树
亮马嘉园
橙色时光
北京邮电工业职工大学
驼房营南里
三九万东药业公司
东方正家具公司
南十里居
滨河佳园
东风家园
大森林石材厂
七棵树街
天鸿集团
京客隆便利店
西门子电器公司
小区会馆娱乐中心
东润枫景
宝都宾馆
东风花木园艺场
地雅投资管理集团
芳草工艺品厂
东崔家村
志宏汽修中心
首师大成教院地雅教学区
眉州餐饮集团
朝阳种子公司
捷创铝门窗公司
嘉园
朝阳区气象局
市东方娱乐垂钓中心
将台洼村
华北汽修
福斯特装饰材料中心
兴科特气体经营部
江鹏酒店
姚家园新区
亨达肯特家具公司
东风地区办事处
东风乡
不老居饭庄
辛庄小学
首汽集团培训中心
北京朝阳站
辛庄东里
姚家园公园
隆华汽车储存公司
星火涂料厂
康克依德汽车技术服务公司
东风派出所
姚家园
东郊木材厂
方兴供销物资公司
宏顺发汽配
瑞达急冻食品有限公司
辛庄
京周模板租赁经销公司
东郊医院
姚家园路
京哈高速
京包铁路
京承铁路
酒仙桥路
坝河
将台路
东坝南路
七棵树路
青年路
酒仙桥街道
朝阳区
东风地区
平房地区
将台地区
D
E
1
2
3
4
5

86

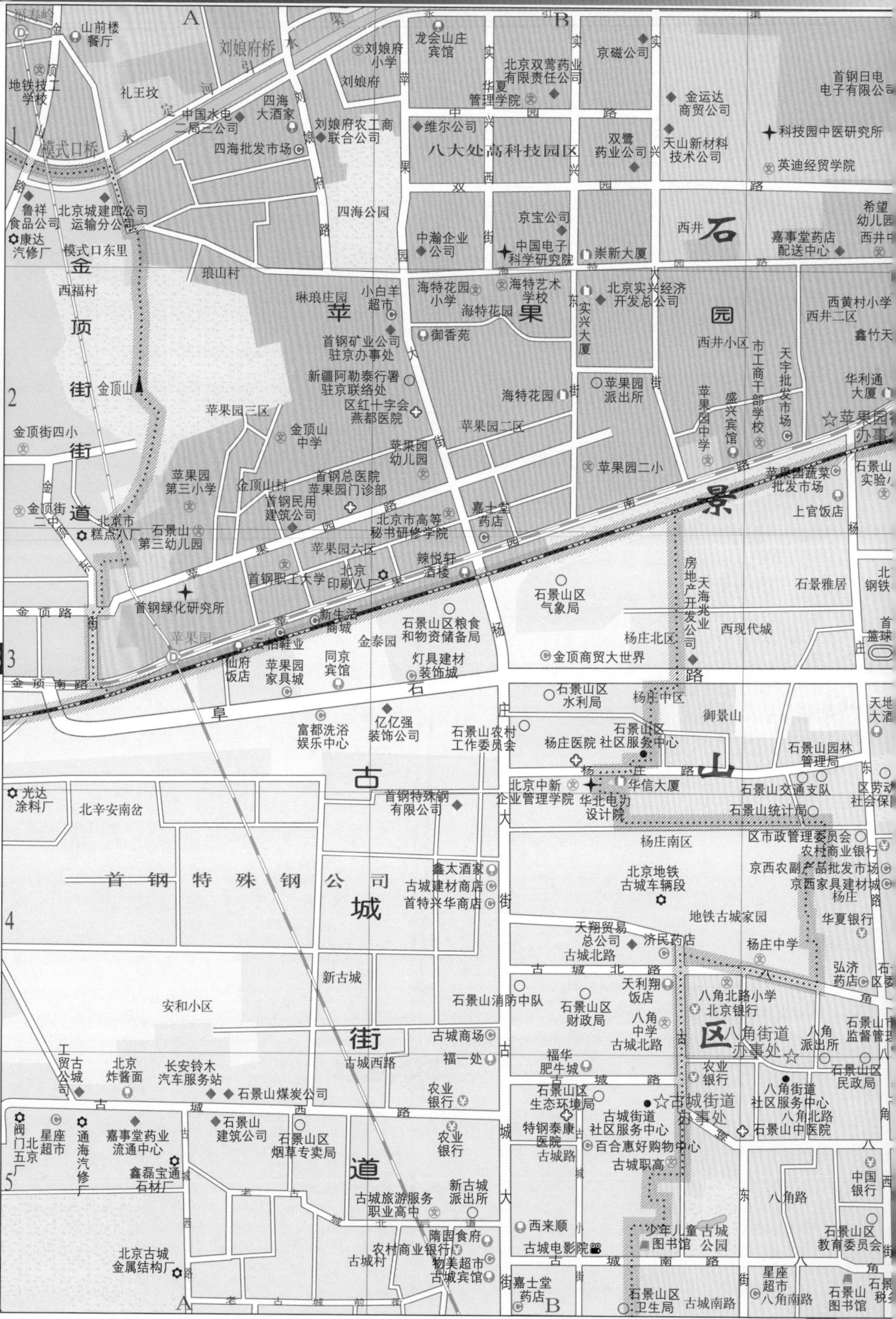

A
B
1
2
3
4
5
福寿岭
山前楼餐厅
刘娘府桥
刘娘府小学
龙会山庄宾馆
北京双鹭药业有限责任公司
京磁公司
首钢日电电子有限公司
地铁技工学校
礼王坟
刘娘府
华夏管理学院
中国水电二局三公司
四海大酒家
刘娘府农工商联合公司
维尔公司
金运达商贸公司
科技园中医研究所
模式口桥
四海批发市场
八大处高科技园区
双鹭药业公司
天山新材料技术公司
英迪经贸学院
鲁祥食品公司
北京城建四公司运输分公司
四海公园
京宝公司
西井
石
嘉事堂药店配送中心
希望幼儿园
西井中
康达汽修厂
模式口东里
中瀚企业公司
中国电子科学研究院
崇新大厦
金
西福村
琅山村
琳琅庄园
小白羊超市
苹
海特花园小学
海特艺术学校
海特花园
果
北京实兴经济开发总公司
园
西黄村小学
西井二区
顶
首钢矿业公司驻京办事处
御香苑
实兴大厦
西井小区
市工商干部学校
天宇批发市场
鑫竹天
新疆阿勒泰行署驻京联络处
苹果园派出所
华利通大厦
街
金顶山
海特花园
区红十字会燕都医院
苹果园中学
盛兴宾馆
苹果园三区
苹果园二区
苹果园办事处
金顶街四小
金顶山中学
苹果园幼儿园
苹果园二小
石景山实验
街
苹果园第三小学
金顶山村
首钢总医院苹果园门诊部
苹果园蔬菜批发市场
首钢民用建筑公司
嘉士堂药店
景
上官饭店
金顶街二中
道
北京市糕点八厂
石景山第三幼儿园
北京市高等秘书研修学院
苹果园六区
杨
辣悦轩酒楼
房地产开发公司
天海兆业
北京印刷八厂
首钢职工大学
石景山区气象局
石景雅居
北钢铁
首钢绿化研究所
金顶路
新生活商城
石景山区粮食和物资储备局
西现代城
首篮球
苹果园
二柏鞋业
金泰园
杨庄北区
金顶商贸大世界
仙府饭店
苹果园家具城
同京宾馆
灯具建材装饰城
金顶南路
路
石
石景山区水利局
杨庄中区
天地大酒
阜
富都洗浴娱乐中心
亿亿强装饰公司
石景山农村工作委员会
石景山区社区服务中心
御景山
杨庄医院
石景山园林管理局
古
北京中新企业管理学院
华北电力设计院
华信大厦
山
石景山交通支队
区劳动社会保
光达涂料厂
北辛安南岔
首钢特殊钢有限公司
石景山统计局
杨庄南区
区市政管理委员会
农村商业银行
北京地铁古城车辆段
京西农副产品批发市场
京西家具建材城
首钢特殊钢公司
鑫太酒家
古城建材商店
首特兴华商店
城
杨庄
地铁古城家园
华夏银行
天翔贸易总公司
济民药店
古城北路
杨庄中学
新古城
弘济药店
区委
安和小区
石景山消防中队
石景山区财政局
天利翔饭店
八角北路小学
北京银行
八角中学
古城北路
区
八角街道办事处
八角派出所
石景山监督管
街
古城商场
福华肥牛城
福一处
古城西路
工贸古城公司
北京炸酱面
长安铃木汽车服务站
石景山煤炭公司
农业银行
石景山区民政局
八角街道社区服务中心
石景山区生态环境局
古城街道办事处
八角北路
农业银行
古城路
阀门北五京厂
星座超市
通海汽修厂
嘉事堂药业流通中心
石景山建筑公司
石景山区烟草专卖局
特钢泰康医院
古城街道社区服务中心
石景山中医院
百合惠好购物中心
农业银行
道
鑫磊宝通石材厂
古城职高
中国银行
古城旅游服务职业高中
新古城派出所
八角路
西来顺
少年儿童图书馆
古城公园
石景山区教育委员会
北京古城金属结构厂
农村商业银行
隋园食府
古城村
物美超市
古城宾馆
古城电影院
古城南路
嘉士堂药店
星座超市
八角南路
石景山图书馆
石景山区卫生局
古城南路
石景山税务

88

58

85
52

八大处机械厂
食品饮料公司
万兴方圆
机械设备公司
工南
酒店
希望公园
唐人街
西黄村牧业
食品公司
处农工商
合公司
西黄新村
包装物资
运公司
八大处联营
经销部
西黄村
西黄村桥
北京永昌渔具厂
田
村
路
晓伟餐厅
道
利
华
公
司
兴华木材厂
经营部
宝山
构件厂
宝山
机械厂
冠景新城
西黄村
新四平台
龚村桥
西黄村站
首钢地质
勘察院
首钢总医院
北方工业大学
晋元庄
首钢地质矿产
开发研究所
南苑
元
庄
路
首钢
液压中心
首钢工学院
宝山渔场
锦绣大地农业
科技示范园区
四
行
集
寺
路
廖公庄
宝山
季
海
北京水生野生
动物救治中心
田
村
路
汇源电子
设备厂
廖公庄
青
路
铁
台
大
绿谷雅园
地
京奉通
家具厂
淀
龚村
区
锦绣大地农副
产品批发市场
平绿
物资公司
金福居
美食
阜
石
路
五
环
路
晋元桥
区
石景山区
自来水分公司
冠雅阁
饭庄
泽洋大厦
沃尔玛
山姆会员店
西
蓄
公
园
田
村
路
街
道
晋元庄
小区
路
南
山
城建混凝土
一公司
职工中专
学校
石景山城市
监管大队
诺玛特
超市
八角安装
公司
国家摩托车俱乐部
北
路
国家体育总局
自行车、击剑管理中心
老山
五景桥
老山城市休闲公园
八角北里
摩托车
训练场
老山汉墓
发掘现场
实验小学
农村商业
银行
路
石景山区
实验中学
工商
银行
八一摩托车队
老
山
街
道
八角中里
石景山游乐园
老山自行车馆
老山小轮车赛场
老山山地自行车场
八角公园
农村商业
银行
南
路
老山
派出所
老山街道
办事处
农业
银行
八角
饭店
D
E
1
2
3
4
5

永引渠南路
锦绣大地农业科技示范园区
四季青地
十王坟
行集寺
华丰市政安装工程
行集寺路
大台
锦绣大地农业科技示范园区
什坊院
欧亚公司
田村派出所
田村
畅茜园
海清物业管理公司
金象大药房
田村小区
田村路
田村
云星声像器材厂
大北方化工贸易公司
六建机械公司
海淀
福建万隆石材北京公司
首都师范大学附属中学西校区
王致和腐乳厂
兰德华庭
机动车检测场
蜀豫情酒楼
阜石路
田村路
普尔斯马会员商店
葡萄酒博龙徽酿酒
兴达木材
阜石石材市场
乡村驴肉馆
玉阜嘉园
石场路
山南村
田村山庄
田村路街道办事处
旺富元饭店
玉海园酒家
新兴保信建设八公司
盛安堂大药房
上庄东路
腾克隆商店
市政四公司预制构件厂
城建混泥土公司
北京城建戎泉工贸有限责任公司
田村山南路
三联石材市场
良安
住源便利店
欣喜阳坊涮肉
玉泉小学
市建材供应公司西郊分公司
荣利源宾馆
建筑工程总公司
航天总公司中心医院
金沟河
北京市八宝山人民公墓
北京应用技术大学
物美科大店
海凌宾馆
中国地震局综合观测中心
中国银行
三街坊
石景山区
八宝山
玉泉路小学
平安酒楼
航天技术开发部
老山街道
合家村
工商银行
玉泉路
众得塑钢厂
邮电所
京科商城
湘润之酒楼
中国科学院高能物理研究所
宜品小肥羊
银亚大酒店
北方旧货交易市场
思露德公司
九州大厦
八宝山木工厂
华联工程公司

51

59

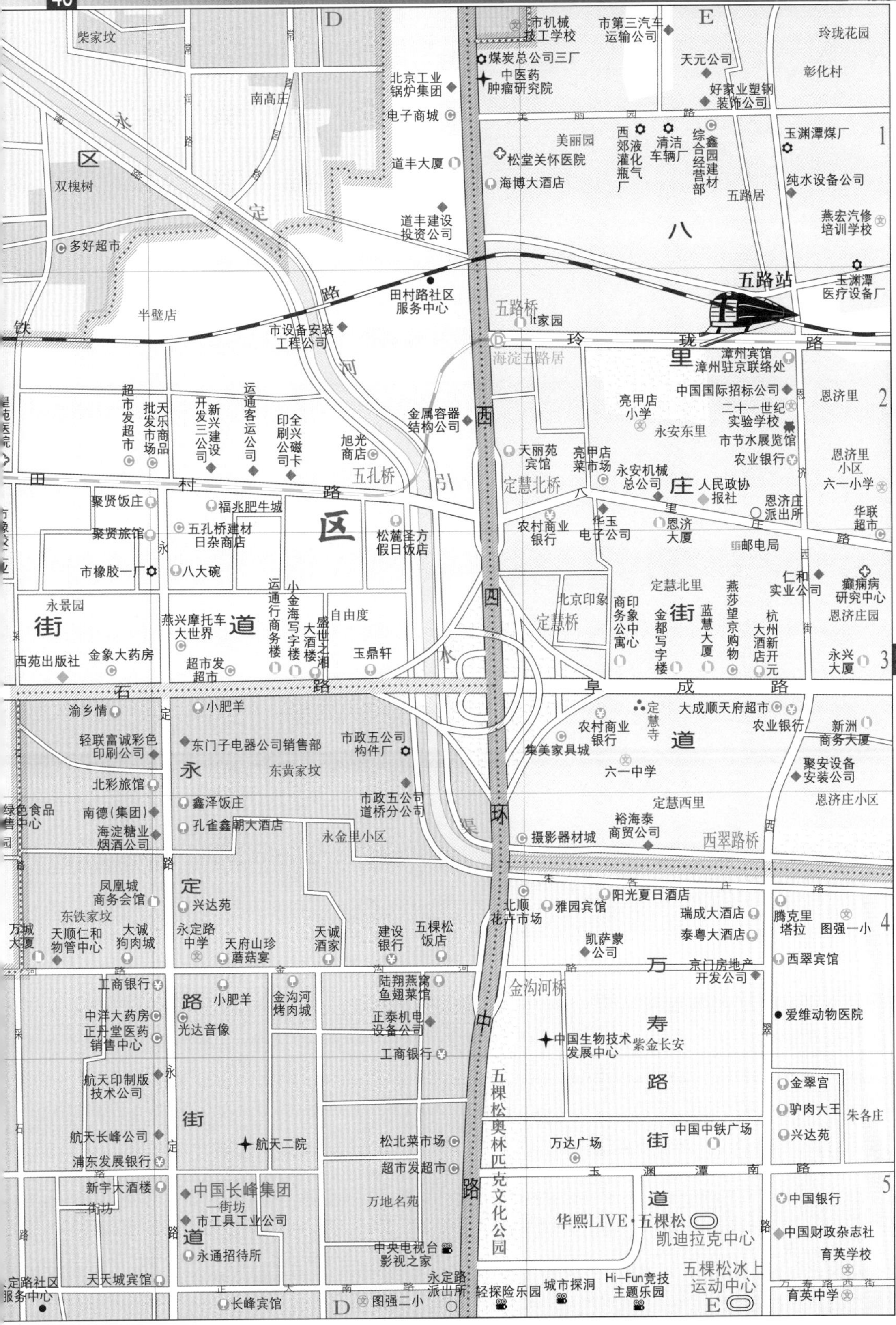
柴家坟
市机械技工学校
市第三汽车运输公司
玲珑花园
煤炭总公司三厂
天元公司
中医药肿瘤研究院
北京工业锅炉集团
彰化村
南高庄
好家业塑钢装饰公司
电子商城
美丽园
玉渊潭煤厂
区
双槐树
美丽园
松堂关怀医院
西郊液化气灌瓶厂
清洁车辆厂
综合经营部
鑫园建材
道丰大厦
海博大酒店
纯水设备公司
五路居
道丰建设投资公司
燕宏汽修培训学校
多好超市
八
五路站
玉渊潭医疗设备厂
田村路社区服务中心
半壁店
五路桥
家园
市设备安装工程公司
铁路
玲珑路
里
漳州宾馆
漳州驻京联络处
海淀五路居
中国国际招标公司
亮甲店小学
二十一世纪实验学校
恩济里
超市发超市
天乐商品批发市场
开发三公司
新兴建设
运通客运公司
印刷公司
全兴磁卡
金属容器结构公司
永安东里
市节水展览馆
旭光商店
天丽苑宾馆
亮甲店菜市场
农业银行
恩济里小区
五孔桥
永安机械总公司
六一小学
田村路
定慧北桥
人民政协报社
恩济庄派出所
聚贤饭店
福兆肥牛城
华联超市
区
五孔桥建材日杂商店
农村商业银行
华玉电子公司
恩济大厦
聚贤旅馆
松麓圣方假日饭店
邮电局
市橡胶一厂
八大碗
仁和实业公司
癫痫病研究中心
永景园
运通行商务楼
小金海写字楼
大酒楼
盛世之湘
定慧北里
北京印象
商印务象公寓中心
金都写字楼
蓝慧大厦
燕莎望京购物
杭州大酒店新开元
恩济庄园
街道
燕兴摩托车大世界
自由度
定慧桥
西苑出版社
金象大药房
超市发超市
玉鼎轩
永兴大厦
阜成路
石
渝乡情
小肥羊
定慧寺
大成顺天府超市
农业银行
新洲商务大厦
轻联富诚彩色印刷公司
东门子电器公司销售部
市政五公司构件厂
农村商业银行
集美家具城
道
永
东黄家坟
聚安设备安装公司
北彩旅馆
六一中学
鑫泽饭店
市政五公司道桥分公司
定慧西里
恩济庄小区
绿色食品售中心
南德(集团)
裕海泰商贸公司
海淀糖业烟酒公司
孔雀鑫朝大酒店
永金里小区
摄影器材城
西翠路桥
凤凰城商务会馆
定
兴达苑
阳光夏日酒店
北顺花卉市场
雅园宾馆
瑞成大酒店
腾克里塔拉
图强一小
东铁家坟
万城大厦
天顺仁和物管中心
大诚狗肉城
永定路中学
天府山珍蘑菇宴
天诚酒家
建设银行
五棵松饭店
凯萨蒙公司
泰粤大酒店
西翠宾馆
万
京门房地产开发公司
金沟河桥
工商银行
小肥羊
金沟河烤肉城
陆翔燕窝鱼翅菜馆
中洋大药房
正丹堂医药销售中心
光达音像
正泰机电设备公司
寿
爱维动物医院
中国生物技术发展中心
紫金长安
工商银行
航天印制版技术公司
路
金翠宫
驴肉大王
朱各庄
航天二院
兴达苑
航天长峰公司
街
松北菜市场
中国中铁广场
万达广场
浦东发展银行
超市发超市
五棵松奥林匹克文化公园
玉渊潭南路
新宇大酒楼
中国长峰集团
中国银行
一街坊
二街坊
万地名苑
道
市工具工业公司
华熙LIVE·五棵松
凯迪拉克中心
中国财政杂志社
永通招待所
中央电视台影视之家
育英学校
五棵松冰上运动中心
定路社区服务中心
天天城宾馆
永定路派出所
轻探险乐园
城市探洞
Hi-Fun竞技主题乐园
万寿路西街
育英中学
长峰宾馆
图强二小
西四环中路
D
E
1
2
3
4
5

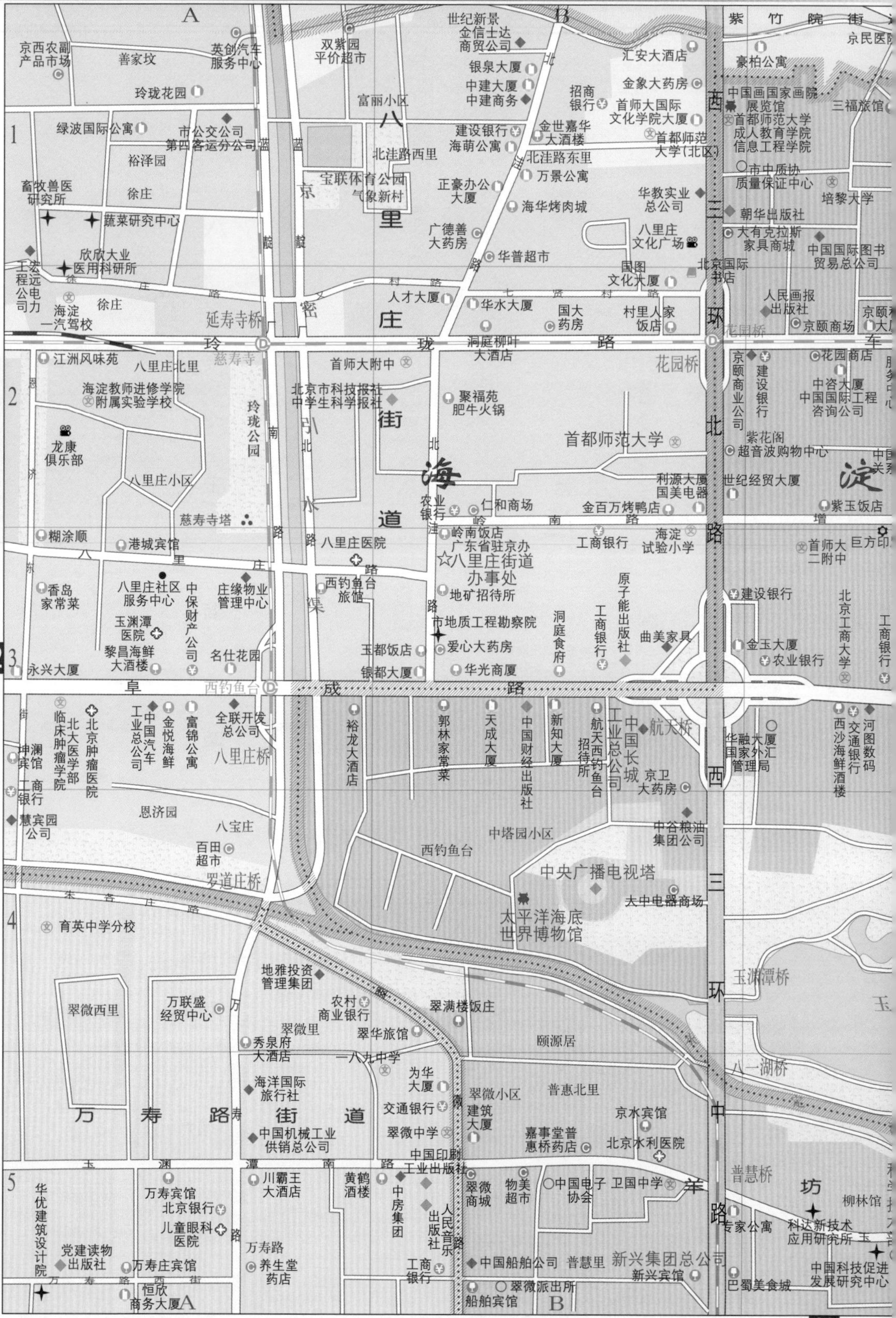

A
B
1
2
3
4
5
京西农副产品市场
善家坟
英创汽车服务中心
双紫园平价超市
世纪新景
金信士达商贸公司
汇安大酒店
京民医院
紫竹院街
玲珑花园
富丽小区
银泉大厦
中建大厦
中建商务
金象大药房
招商银行
首师大国际文化学院大厦
豪柏公寓
中国画国家画院展览馆
三福旅馆
绿波国际公寓
市公交公司第四客运分公司
建设银行
海萌公寓
金世嘉华大酒楼
首都师范大学(北区)
首都师范大学成人教育学院
信息工程学院
裕泽园
北洼路西里
北洼路东里
万景公寓
市中质协质量保证中心
畜牧兽医研究所
徐庄
宝联体育公园
气象新村
正豪办公大厦
海华烤肉城
华教实业总公司
朝华出版社
培黎大学
蔬菜研究中心
八里庄文化广场
大有克拉斯家具商城
中国国际图书贸易总公司
广德善大药房
华普超市
欣欣大业医用科研所
王宏程远公电司力
北京国际书店
国图文化大厦
人民画报出版社
人才大厦
华水大厦
国大药房
村里人家饭店
京颐商场
海淀一汽驾校
延寿寺桥
洞庭柳叶大酒店
花园桥
京颐大厦
八
里
庄
京
密
引
水
渠
玲
珑
路
蓝
靛
村
路
七
贤
北
洼
西
三
环
北
路
江洲风味苑
八里庄北里
慈寿寺
首师大附中
花园商店
京颐商业公司
建设银行
中咨大厦
中国国际工程咨询公司
海淀教师进修学院附属实验学校
北京市科技报社中学生科学报社
聚福苑肥牛火锅
首都师范大学
紫花阁
超音波购物中心
龙康俱乐部
玲珑公园
街
海
道
淀
八里庄小区
利源大厦
国美电器
世纪经贸大厦
慈寿寺塔
农业银行
仁和商场
金百万烤鸭店
紫玉饭店
糊涂顺
岭
南
路
岭南饭店
广东省驻京办
海淀试验小学
首师大二附中
巨方印
港城宾馆
八里庄医院
八里庄街道办事处
工商银行
香岛家常菜
八里庄社区服务中心
中保财产公司
庄缘物业管理中心
西钓鱼台旅馆
地矿招待所
原子能出版社
建设银行
北京工商大学
工商银行
玉渊潭医院
市地质工程勘察院
洞庭食府
爱心大药房
曲美家具
金玉大厦
农业银行
黎昌海鲜大酒楼
名仕花园
玉都饭店
永兴大厦
银都大厦
华光商厦
阜
成
路
西钓鱼台
临床肿瘤学院
北大医学部
北京肿瘤医院
中国汽车工业总公司
金悦海鲜
富锦公寓
全联开发总公司
裕龙大酒店
郭林家常菜
天成大厦
中国财经出版社
新知大厦
航天西钓鱼台招待所
工业总公司
中国长城
航天桥
华融大厦
国家外汇管理局
西沙海鲜酒楼
交通银行
河图数码
坤澜宾馆
工商银行
八里庄桥
京卫大药房
慧宾园公司
恩济园
八宝庄
中塔园小区
中谷粮油集团公司
百田超市
西钓鱼台
罗道庄桥
中央广播电视塔
太平洋海底世界博物馆
大中电器商场
育英中学分校
玉渊潭桥
地雅投资管理集团
翠微西里
万联盛经贸中心
农村商业银行
翠满楼饭店
翠微里
翠华旅馆
秀泉府大酒店
一八九中学
颐源居
八一湖桥
海洋国际旅行社
为华大厦
翠微小区
普惠北里
万
寿
路
街
道
交通银行
建筑大厦
京水宾馆
中国机械工业供销总公司
翠微中学
嘉事堂普惠桥药店
北京水利医院
玉
渊
潭
南
路
中国印刷工业出版社
华优建筑设计院
川霸王大酒店
黄鹤酒楼
中房集团
人民音乐出版社
翠微商城
物美超市
中国电子协会
卫国中学
羊
坊
中
路
普慧桥
万寿宾馆
北京银行
儿童眼科医院
专家公寓
科达新技术应用研究所
柳林馆
党建读物出版社
万寿路
养生堂药店
中国船舶公司
普慧里
新兴集团总公司
中国科技促进发展研究中心
万寿庄宾馆
工商银行
翠微派出所
新兴宾馆
巴蜀美食城
恒欣商务大厦
船舶宾馆
A
B

52

60

47

竹院路
白石新桥
首都体育馆
北京市园林局
海兽馆
爬虫馆
陆谟克堂
大熊猫馆
莫斯科餐厅
德宝新园
北下关街道
银赛庄园
中国印钞造币总公司
乐善园建筑遗址
北展广场
北展桥
航竹招待所
三诚实业公司
方圆大厦
凯旋大厦
动物园
中国建筑材料集团公司
中盾招待所
腾达大厦
西直门外大街
建设银行
二里沟
京鼎大厦
古动物馆
市科技情报研究院
动物园交通枢纽
新世纪饭店
西苑饭店
北京天文馆
公安部第一研究所
中国科学院古脊椎动物与人类研究所
首汽服务公司
机械科学研究院
新世纪饭店写字楼
市五十六中
北京矿冶研究总院
科贸大厦
郝家湾
北京建筑大学
车公庄北里
外文招待所
吉佳招待所
工商银行
东方酒店
金达招待所
中国水利水电出版社
文兴街小学
北京教育学院留学生部
展
外文印刷厂
二里沟中心小学
中国五矿集团
朝阳庵
国谊宾馆
规划设计院
北京电信
甘
国兴家园
规划设计研究院
中国城市
新疆驻京办事处
伊斯兰饭店
中国建筑设计研究院
西
车公庄中里
展览路街道办事处
华云酒店
华通大厦
国兴大厦
市液化石油气公司
新大都饭店
中俊酒店
国防工业出版社
和畅园招待所
白石桥南
中国建筑工业出版社
二里沟
沈新宾馆
车公庄大街
车公庄西
西直门外大街
交通银行
工商银行
京爱岭德华酒店大厦
市生态环境局
中国风景园林协会
中国建筑业协会
机械总公司
中国建筑
车辆总公司
中国城市
广建宾馆
中国建设报社
住房与城乡建设部
西城区月坛少年之家
百万庄子区
市税务局
市地方税务局
百万庄午区
中国工业报社
葡萄园
马尾沟教堂
家
百万庄丑区
百万庄北里
展览路第一小学
三塔村
水晶餐厅
中国建材工业协会
百万庄寅区
百万庄中里
中国经济出版社
百万庄己区
农业银行北京分行
北沙沟
景王坟
区
中国纺织工业设计院
中国建材大厦
银龙苑宾馆
中海馥园
首钢康太尔公司
建设银行
北京矿冶招待所
中国银监会北京监管局
百万庄卯区
百万庄辰区
展览路派出所
市一一零中
商业银行
方策写字楼
城市规划院招待所
阜成路
增光路
展览路邮电局
北京自动化系统工程设计院
口
顺天府超市
康康大药房
云建大厦
汉帝商务会馆
海淀区卫生健康委员会
甘家口大厦
中国地质科学院
中国国际出版集团
外文出版发行事业局
机械工业出版社
北露园
展览路加油站
后白堆子
阜光里
甘家口医院
甘家口市场
开源市政物资回收公司
华青旅馆
甘家口派出所
海淀区规划与自然资源局
黄瓜园
城
外交学院
阜成路中学
首都师范大学外国语学院
国家机械工业联合会科技信息研究院
街
北京工商大学
市财政局
超市发超市
景源鑫饭庄
北京实用美术职业学校
中国新闻社
北京建工路桥工程建筑公司
立新学校
市一五四中
南露园
甘家口青少年活动中心
创景大厦
甘家口西里
福春药店
中国保护消费者基金会
国务院侨务办公室
敦煌大厦
核工业设研院
地科院
富成大厦
国家开发银行
航天科技大厦
金象
顺天府超市
地质研究所
国侨宾馆
阜成门外大街
建设大药房
白堆子
工商银行
甘家口
轻工业联合会
中国
白堆子
长征出版社
泰阳大厦
京润大厦
京滨饭店
道
三里河路
道
阜成门第二小学
甘家口街道办事处
东钓鱼台
月坛房管所
中船宾馆
中国商业联合会
洪茂沟社会发展研究所
区
月坛北街
市二一四中
市政三工程有限公司
三里河一区
首汽经营服务公司
市城市管理综合行政执法局
中古友谊小学
南沙沟
国家市场监督管理总局
潭
金帝雅宾馆
月坛
中国标准出版社
月坛街道办事处
玉渊潭公园
望海楼宾馆
玉渊潭派出所
国务院港澳事务办
三里河邮电局
淮扬春饭店
永寿寺
玉渊潭东门
月坛南街
国家统计局
兵器工业总公司
银岛饭店
国家发展和改革委员会
人事部全国人才流动中心
月新大厦
中驿大厦
湖
市水文总站
万方西单商场
中商大厦
龄儿童科学公园
晾果厂小区
国家能源局
北京市城市建设档案馆
宋庆龄儿童科学技术馆
街道
中国机械工业联合会
市四十四中
测绘出版社
中华世纪坛
中华世纪钟
工商银行
市水务局
二七剧场路
潭南路
广播中心
张家港饭店
中国科学院
三里河第三小学
财政部
北京市铁路第三中学
张家港市驻京联络处
茂林招待所
水利水电科学研究院
中国地震局地震信息中心
铁路文工团
三里河东路
二七剧场路西里

城区扩大图

54

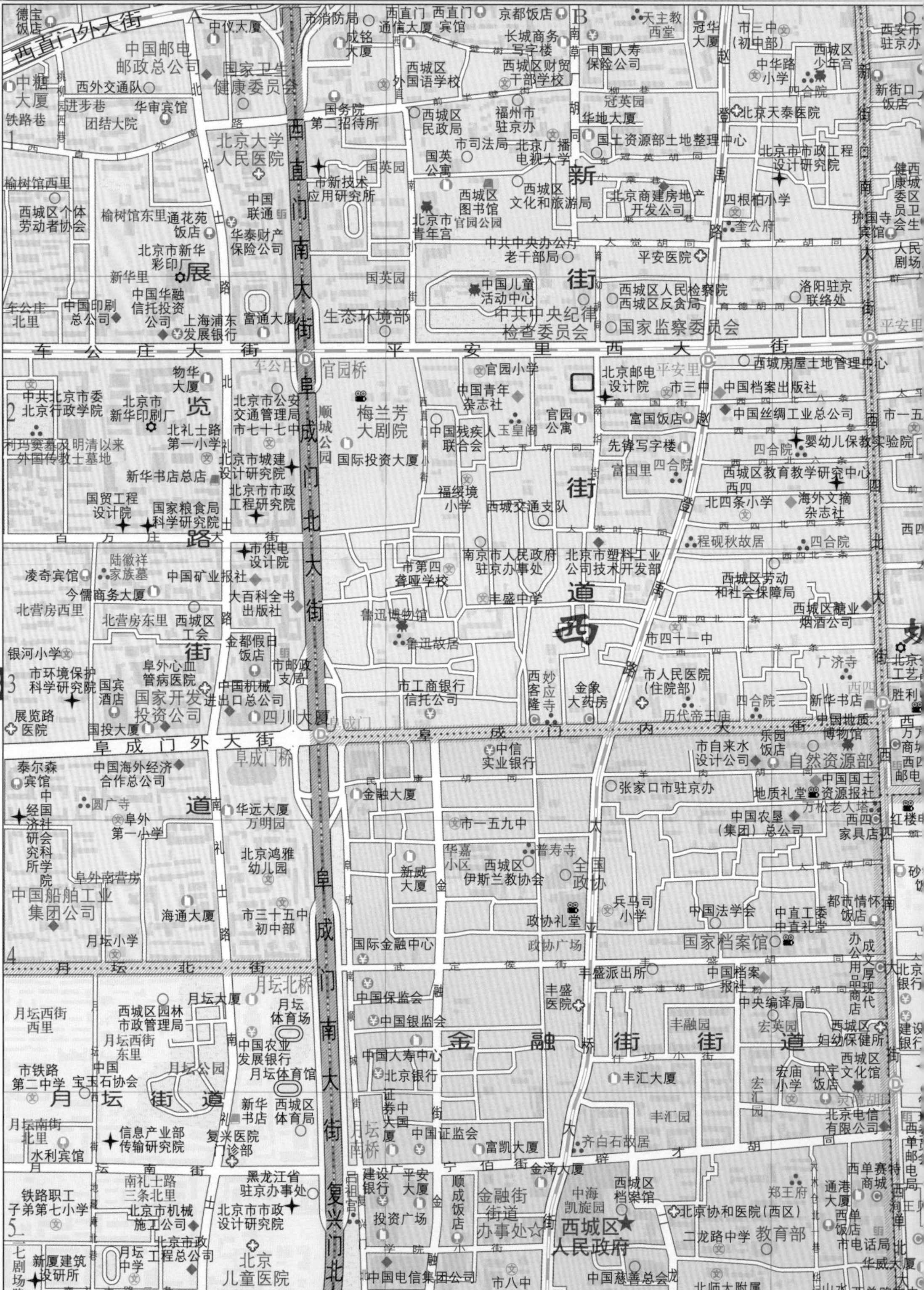
A
B
1
2
3
4
5
德宝饭店
西直门外大街
中仪大厦
中国邮电邮政总公司
国家卫生健康委员会
中糧大厦
西外交通队
进步巷
华审宾馆
铁路巷
团结大院
北京大学人民医院
榆树馆西里
西城区个体劳动者协会
榆树馆东里
通花苑饭店
中国联通
华泰财产保险公司
北京市新华彩印厂
展
新华里
中国华融信托投资公司
车公庄北里
中国印刷总公司
上海浦东发展银行
富通大厦
市消防局
成铭大厦
西直门通信大厦
西直门宾馆
京都饭店
长城商务写字楼
西城区财贸干部学校
西城区外国语学校
国务院第二招待所
西城区民政局
福州市驻京办
市司法局
北京广播电视大学
国英公寓
国英园
市新技术应用研究所
北京市青年宫
西城区图书馆
官园公园
西城区文化和旅游局
中共中央办公厅老干部局
国英园
中国儿童活动中心
中共中央纪律检查委员会
生态环境部
天主教西堂
中国人寿保险公司
冠华大厦
冠英园
华地大厦
国土资源部土地整理中心
新
北京商建房地产开发公司
平安医院
街
西城区人民检察院
西城区反贪局
国家监察委员会
市三中（初中部）
中华路小学
西城区少年宫
四合院
北京天泰医院
北京市市政工程设计研究院
四根柏小学
奎公府
洛阳驻京联络处
西安市驻京办
新街口饭店
健康委员会
护国寺宾馆
人民剧场
平安里
西直门南大街
赵登禹路
新街口南大街
车公庄大街
平安里西大街
车公庄
官园桥
中共北京市委北京行政学院
北京市新华印刷厂
物华大厦
览
北礼士路第一小学
利玛窦墓及明清以来外国传教士墓地
北京市公安交通管理局
市七十七中
北京市城建设计研究院
新华书店总店
北京市市政工程研究院
国贸工程设计院
国家粮食局科学研究院
百万庄路
路
市供电设计院
陆徽祥家族墓
凌奇宾馆
今儒商务大厦
中国矿业报社
大百科全书出版社
北营房西里
北营房东里
西城区工会
银河小学
金都假日饭店
市邮政支局
阜外心血管病医院
市环境保护科学研究院
国宾酒店
国家开发投资公司
中国机械进出口总公司
四川大厦
展览路医院
国投大厦
阜成门北大街
顺城公园
梅兰芳大剧院
国际投资大厦
官园小学
中国青年杂志社
中国残疾人联合会
玉皇阁
官园公寓
福绥境小学
西城交通支队
市第四聋哑学校
南京市人民政府驻京办事处
北京市塑料工业公司技术开发部
丰盛中学
道
鲁迅博物馆
鲁迅故居
市工商银行信托公司
西四
妙应寺
客隆
金象大药房
口
北京邮电设计院
市三中
富国饭店
先锋写字楼
富国里
四合院
中国档案出版社
中国丝绸工业总公司
婴幼儿保教实验院
西城区教育教学研究中心
西四北四条小学
海外文摘杂志社
程砚秋故居
四合院
西城区劳动和社会保障局
西城区糖业烟酒公司
市四十一中
市人民医院（住院部）
历代帝王庙
四合院
广济寺
新华书店
西城房屋土地管理中心
市一五
北京工艺
胜利
阜成门外大街
阜成门内大街
阜成门
阜成门桥
泰尔森宾馆
中国海外经济合作总公司
中经国济社研会究所学院
圆广寺
阜外第一小学
道
华远大厦
万明园
北京鸿雅幼儿园
阜外南营房
中国船舶工业集团公司
海通大厦
市三十五中初中部
月坛小学
中信实业银行
金融大厦
张家口市驻京办
市一五九中
华嘉小区
新威大厦
普寿寺
西城区伊斯兰教协会
全国政协
政协礼堂
政协广场
兵马司小学
中国法学会
中直工委中直礼堂
国家档案馆
国际金融中心
太平桥大街
市自来水设计公司
东园饭店
中国地质博物馆
自然资源部
中国国土资源报社
地质礼堂
万松老人塔
中国农垦（集团）总公司
西四家具店
红楼
都市情怀饭店
月坛北街
月坛北桥
月坛西街西里
西城区园林市政管理局
月坛大厦
月坛体育场
月坛西街东里
中国农业发展银行
月坛公园
市铁路第二中学
中国宝玉石协会
月坛体育馆
月坛街道
新华书店
西城区体育局
复兴医院门诊部
月坛南街北里
水利宾馆
信息产业部传输研究院
月坛南街
丰盛派出所
中国保监会
中国银监会
中国人寿中心
北京银行
证券大厦
中国证监会
中国档案报社
中央编译局
丰融园
宏英园
金融街街道
丰汇大厦
丰汇园
宏汇园
宏庙小学
中宇饭店
西城区妇幼保健所
西城区文化馆
北京电信有限公司
富凯大厦
齐白石故居
丰盛医院
武定侯街
广宁伯街
辟才胡同
铁路职工子弟第七小学
南礼士路三条北里
北京市机械施工公司
黑龙江省驻京办事处
北京市市政设计研究院
北京儿童医院
北京市政工程总公司
七剧场路东里
新厦建筑设计所
月坛中学
地藏庵
北京建工集团
建设银行
南礼士路公园
西区邮政局
市规划委员会
招商银行北京分行
复兴门北大街
复兴门
月坛南桥
建设银行
平安大厦
顺成饭店
投资广场
中国电信集团公司
市八中
交通银行
通泰大厦
都城隍庙后殿
国际企业大厦
金泽大厦
中海凯旋园
西城区档案馆
西城区人民政府
中国慈善总会
西城公安分局
市三十五中（高中部）
市肛肠医院
北京协和医院（西区）
二龙路中学
教育部
北师大附属实验中学
西城税务局
石化宾馆
星座大厦
郑王府
通港大厦
西单饭店
市电话局
华威大厦
山水宾馆
西单购物中心
西单科技广场
西单赛特商城
西单北大街
办公文化用品商店
成方大厦
现代银行
建设银行
灵境胡同

53

61

48

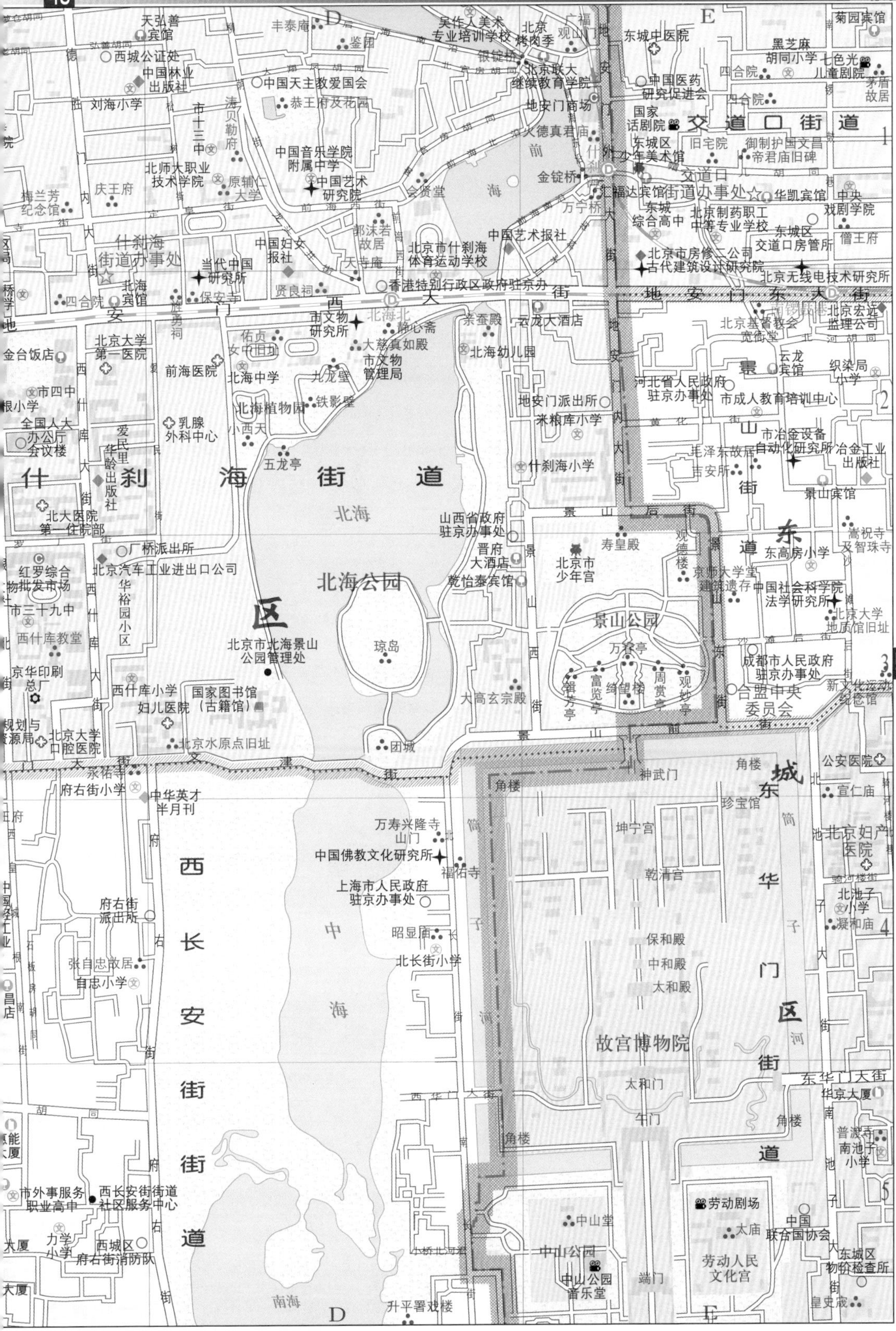
天弘善
宾馆
丰泰庵
鉴园
实作人美术
专业培训学校
北京
烤肉季
观山门
东城中医院
菊园宾馆
西城公证处
中国林业
出版社
中国天主教爱国会
银锭桥
北京联大
继续教育学院
黑芝麻
胡同小学
七色光
儿童剧院
四合院
茅盾
故居
刘海小学
恭王府及花园
地安门商场
四合院
国家
话剧院
交道口街道
市十三中
火德真君庙
旧宅院
御制护国文昌
帝君庙旧碑
中国音乐学院
附属中学
少年美术馆
北师大职业
技术学院
原辅仁
大学
中国艺术
研究院
金锭桥
交道口
街道办事处
华凯宾馆
中央
戏剧学院
梅兰芳
纪念馆
庆王府
会贤堂
北辰福达宾馆
万宁桥
东城
综合高中
北京制药职工
中等专业学校
郭沫若
故居
中国艺术报社
东城区
交道口房管所
僧王府
什刹海
街道办事处
中国妇女
报社
北京市什刹海
体育运动学校
北京市房修二公司
古代建筑设计研究院
当代中国
研究所
天寿庵
北京无线电技术研究所
四合院
北海
宾馆
保安寺
贤良祠
香港特别行政区政府驻京办
地安门东大街
西
安
门
大
街
北京基督教会
宽街堂
北京宏远
监理公司
市文物
研究所
静心斋
亲蚕殿
云龙大酒店
佑贞
女中旧址
金台饭店
北京大学
第一医院
大慈真如殿
市文物
管理局
北海幼儿园
景
云龙
宾馆
织染局
小学
前海医院
北海中学
九龙壁
河北省人民政府
驻京办事处
市成人教育培训中心
市四中
铁影壁
地安门派出所
全国人大
办公厅
会议楼
乳腺
外科中心
北海植物园
米粮库小学
市冶金设备
自动化研究所
冶金工业
出版社
爱民
华龄
出版社
小西天
毛泽东故居
吉安所
山
街
五龙亭
什刹海小学
景山宾馆
什
刹
海
街
道
北海
北大医院
第一住院部
山西省政府
驻京办事处
嵩祝寺
及智珠寺
寿皇殿
东高房小学
厂桥派出所
晋府
大酒店
北京市
少年宫
观德楼
北京汽车工业进出口公司
红罗综合
物批发市场
乾怡泰宾馆
北海公园
京师大学堂
建筑遗存
中国社会科学院
法学研究所
华裕园小区
北京大学
地质馆旧址
市三十九中
区
景山公园
西什库教堂
琼岛
北京市北海景山
公园管理处
万春亭
成都市人民政府
驻京办事处
京华印刷
总厂
辑芳亭
富览亭
绮望楼
周赏亭
观妙亭
西什库小学
国家图书馆
（古籍馆）
合盟中央
委员会
新文化运动
纪念馆
妇儿医院
大高玄宗殿
北京大学
口腔医院
北京水原点旧址
团城
公安医院
永佑寺
角楼
神武门
角楼
城
府右街小学
中华英才
半月刊
珍宝馆
宣仁庙
万寿兴隆寺
山门
坤宁宫
北京妇产
医院
西
中国佛教文化研究所
福佑寺
乾清宫
上海市人民政府
驻京办事处
北池子
小学
府右街
派出所
昭显庙
凝和庙
长
中
北长街小学
保和殿
张自忠故居
中和殿
自忠小学
太和殿
安
海
区
故宫博物院
街
太和门
东华门大街
华京大厦
街
午门
角楼
普渡寺
南池子
小学
道
角楼
市外事服务
职业高中
西长安街街道
社区服务中心
劳动剧场
中山堂
中国
联合国协会
太庙
力学
小学
西城区
府右街消防队
中山公园
劳动人民
文化宫
东城区
物价检查所
中山公园
音乐堂
端门
皇史宬
南海
升平署戏楼
D
E

55

城区扩大图

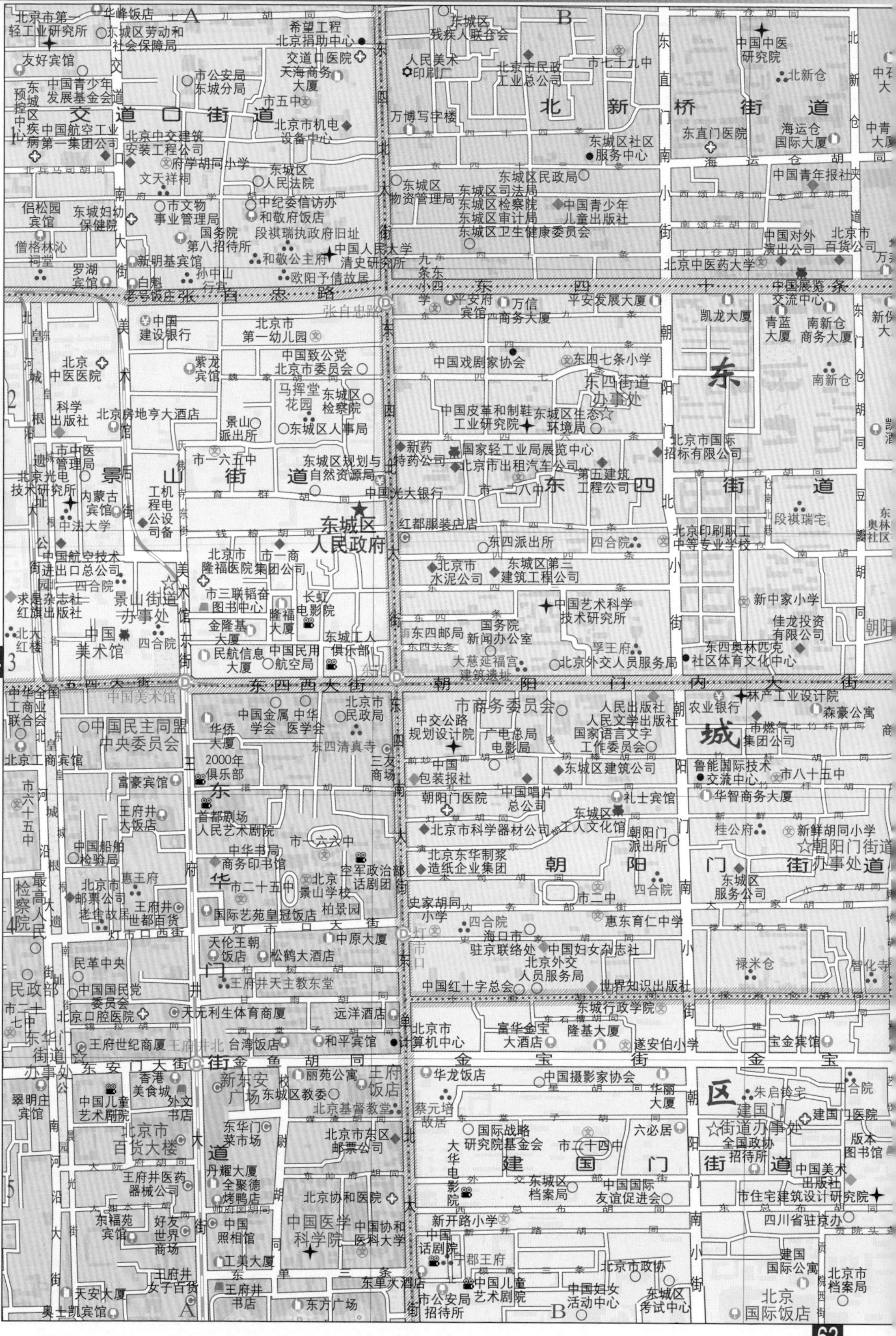
交道口街道
北新桥街道
东四街道
景山街道
朝阳门街道
东华门街道
建国门街道
东城区
张自忠路
东四西大街
朝阳门内大街
金宝街
东安门大街
灯市口西街
东四北大街
东四南大街
朝阳门北小街
朝阳门南小街
东直门南小街
建国门北大街
王府井大街
美术馆后街
东城区人民政府
北京市第一轻工业研究所
华峰饭店
东城区劳动和社会保障局
希望工程北京捐助中心
交道口医院
天海商务大厦
市公安局东城分局
友好宾馆
中国青少年发展基金会
东城区疾病预防控制中心
市五中
北京市机电设备中心
中国航空工业第一集团公司
北京中交建筑安装工程公司
府学胡同小学
文天祥祠
东城区人民法院
倡松园宾馆
东城妇幼保健院
市文物事业管理局
中纪委信访办
和敬府饭店
僧格林沁祠堂
国务院第八招待所
段祺瑞执政府旧址
中国人民大学清史研究所
新明基宾馆
和敬公主府
罗湖宾馆
孙中山行宫
欧阳予倩故居
老舍故居
东城区残疾人联合会
人民美术印刷厂
北京市民政工业总公司
市七十九中
万博写字楼
东城区社区服务中心
东城区物资管理局
东城区民政局
东城区司法局
东城区检察院
东城区审计局
东城区卫生健康委员会
中国青少年儿童出版社
中国中医研究院
北新仓
东直门医院
海运仓国际大厦
中国青年报社
中国对外演出公司
北京市百货公司
北京中医药大学
中国展览交流中心
青蓝大厦
南新仓商务大厦
凯龙大厦
南新仓
北京市国际招标有限公司
段祺瑞宅
北京印刷职工中等专业学校
新中家小学
佳龙投资有限公司
东四奥林匹克社区体育文化中心
平安府宾馆
万信商务大厦
平安发展大厦
北京市第一幼儿园
中国建设银行
北京中医医院
紫龙宾馆
中国致公党北京市委员会
马挥堂花园
东城区检察院
东四七条小学
中国戏剧家协会
东四街道办事处
科学出版社
北京房地亨大酒店
景山派出所
东城区人事局
中国皮革和制鞋工业研究所
东城区生态环境局
市中医管理局
北京光电技术研究所
内蒙古宾馆
中法大学
工机程电公设司备
市一六五中
东城区规划与自然资源局
新药特药公司
国家轻工业局展览中心
北京市出租汽车公司
第五建筑工程公司
市一二八中
中国光大银行
红都服装店
东四派出所
四合院
北京市隆福医院
市一商集团公司
北京市水泥公司
东城区第三建筑工程公司
中国航空技术进出口总公司
求是杂志社
红旗出版社
市三联韬奋图书中心
长虹电影院
中国艺术科学技术研究所
景山街道办事处
金隆基大厦
隆福大厦
东四邮局
国务院新闻办公室
中国美术馆
民航信息大厦
中国民用航空局
东城工人俱乐部
大慈延福宫建筑遗址
孚王府
北京外交人员服务局
中华全国工商业联合会
中国民主同盟中央委员会
北京工商宾馆
华侨大厦
中国金属学会
中华医学会
北京市民政局
东四清真寺
中交公路规划设计院
广电总局电影局
市商务委员会
人民出版社
人民文学出版社
国家语言文字工作委员会
农业银行
林产工业设计院
森豪公寓
市燃气集团公司
2000年俱乐部
三友商场
中国包装报社
东城区建筑公司
鲁能国际技术交流中心
市八十五中
富豪宾馆
首都剧场
人民艺术剧院
朝阳门医院
中国唱片总公司
礼士宾馆
华智商务大厦
王府井大饭店
市六十五中
中国船舶检验局
中华书局
商务印书馆
市一六六中
北京市科学器材公司
东城区工人文化宫
朝阳门派出所
桂公府
新鲜胡同小学
朝阳门街道办事处
惠王府
北京市邮票公司
王府井世都百货
老舍故居
市二十五中
北京景山学校
空军政治部话剧团
北京东华制浆造纸企业集团
市二中
东城区服务公司
检察人民最高院
国际艺苑皇冠饭店
柏景园
史家胡同小学
惠东育仁中学
天伦王朝饭店
松鹤大酒店
中原大厦
海口市驻京联络处
中国妇女杂志社
北京外交人员服务局
禄米仓
智化寺
民革中央
民政部
王府井天主教东堂
中国红十字总会
世界知识出版社
中国国民党委员会
市二十七中
北京口腔医院
天元利生体育商厦
远洋酒店
东城行政学院
北京市计算机中心
富华金宝大酒店
隆基大厦
遂安伯小学
宝金宾馆
王府世纪商厦
台湾饭店
和平宾馆
华龙饭店
中国摄影家协会
华丽大厦
朱启钤宅
四合院
翠明庄宾馆
香港美食城
外文书店
中国儿童艺术剧院
新东安广场
丽苑公寓
东城区教委
王府饭店
北京基督教堂
蔡元培故居
国际战略研究院基金会
六必居
建国门街道办事处
建国门医院
北京市百货大楼
东华门菜市场
北京市东区邮票公司
市二十四中
全国政协招待所
版本图书馆
王府井医药器械公司
丹耀大厦
全聚德烤鸭店
大华电影院
东城区档案局
中国国际友谊促进会
中国美术出版社
市住宅建筑设计研究院
东福苑宾馆
好友世界商场
中国照相馆
北京协和医院
中国医学科学院
中国协和医科大学
新开路小学
四川省驻京办
中国话剧院
宁郡王府
建国国际公寓
北京市档案局
王府井女子百货
工美大厦
北京市政协
天安大厦
王府井书店
东方广场
东单大酒店
中国儿童艺术剧院
中国妇女活动中心
东城区考试中心
北京国际饭店
奥士凯宾馆
市公安局招待所
A
B
1
2
3
4
5

54

62

49

三里屯街道
朝阳区
朝外街道
呼家楼街道
建外街道
东直门街道
团结湖街道
中国港湾建设(集团)总公司
锦绣园
幸福二村
幸福三村
联合国儿童基金会
三里屯北
三里屯街道办事处
朝阳区卫生健康委员会
朝阳区教委
外交公寓
麦子店街道
三里屯派出所
凤凰宾馆
东三里屯
中信实业银行
中国文联
农业农村部
通广大厦
瑞秀宾馆
太平庄南里
中医药出版社
朝阳区工业局
杰座大厦
华通新饭店
幸福公寓
国家中医药机关服务局
朝阳区土地房管局
中国青年杂志社
三里屯南
工商银行
幸福一村西里
爱德公寓
保利源大厦
民生银行
麒麟大厦
雅秀服装市场
团结湖
工人体育场
工人体育场北路
新世纪剧场
城市宾馆
南三里屯
服装学院附中
市经济和信息化委员会
北京中宇研究院
凯富大厦
百货
太平洋
盈科中心
兆龙饭店
长虹桥
交通旅社
恒安大厦
团结湖街道办事处
北京银行
乐澜宝邸国际公寓
白家庄北里
北京联大机电学院
农业银行
北京包装食品机械研究所
华鹏大厦
中纺东里
白家庄东里
华夏航空服务公司
中纺里
工体宾馆
工商银行
展华商务楼
鸿晨商务楼
中国银行
蓝天招待所
华源之星
京客隆
兴华公寓
聚龙源宾馆
白家庄商务中心
职城工建医第院五
北京医药总公司
八十中
白家庄中学
北京青年报社
博智大厦
光彩国际公寓
富国海底世界
东直门南大街
十字坡西里
十字坡东里
市微电子技术应用研究所
东直门派出所
市一六三中
曙光小学
金地花园
北京教育考试培训中心
市五十五中
中国民航客货运输销售代理公司
东城区职业技术学校
元嘉国际公寓
阳光都市家园
工体北里
鸿基大厦
直门
巨石公寓
新中西里
新兴里菜市场
十条桥
亚洲大酒店
中国轻工集团公司
北京工人体育馆
东直门街道办事处
美惠大厦
东城区职工大学
聚龙花园
富东大厦
文化和旅游部
吉庆里小区
天和大厦
工体西里
朝外街道社区服务中心
工体药店
医药中心
天福大厦
丰合大厦
民建中央
吉祥里
吉祥小区
中国工艺品进出口公司
常州市驻京联络处常州宾馆
华普国际大厦
祥业大厦
铁道部设计院
隆中宾馆
市公证处
西草园
朝阳中医院
京客隆
体育场路中学
金菲国际公寓
东草园
通产大厦
神路圆大酒店
京九旅馆
金麒大厦
森宝鲍鱼饭店
东岳庙
中国航空公司
中云商贸公司
中国人寿大厦
丰联广场
外交部
北京银行
兴业银行
京客隆
昆泰大厦
蓝岛大厦
紫光写字楼
建设银行
昆泰嘉华大酒店
泛利大厦
联合大厦
朝外MSN购物中心
朝阳区档案局
朝阳伊斯兰教协会
环美娜公寓
中保大厦
怡景园
朝阳区人民政府
中国质量认证中心
韩京宾馆
白领公寓
保罗公寓
朝外街道办事处
陈经纶中学
机关住房交易中心
在京中央和国家
三丰里
中保人寿保险公司
朝阳区技术监督局
桃联美景公寓
雅宝里
朝外派出所
朝阳区老干部局
芳草苑
迪阳公寓
朝阳区财政局
汉鼎大厦
中国旅行社
日坛宾馆
中达进出口公司
荣宝宾馆
朝阳物价局
吉利大厦
北斗星大厦
日坛公园
天雅大厦
雅宝大厦
凯威大厦
首都儿科研究所附属儿童医院
日坛公园派出所
顺美服装
首旅集团
莫斯科风味饭店
朝阳医院
中国图书进出口总公司
中复电信设备公司
中信实业银行
天兆大酒店
北京假肢厂
民政部假肢研究所
金图公司
宝胜宾馆
核桃园
鹏丽国际公寓
汇鑫写字楼
紫荆豪庭
向军北里
圣天使酒店
团结湖大厦
市民政局
农丰里
住总开发公司
朝阳建委
京龙大厦
东大桥
深圳开发银行
国安宾馆
立诚中学
雨霖大厦
朝阳医药公司
呼家楼
紫光园饭店
东方雨宫大厦
朝阳区供电局
日豪华厦商务楼
向军南里
呼家楼宾馆
呼家楼交通队
广大药店
东大桥东里
泰德商务公寓
京广中心
华运尚都国际大厦
万通中心
广澳商务楼
京广桥
北京银行
新城国际
朝阳剧场
朝阳文化和旅游委
中国书店
金台夕照
财富中心
北京双鹤药业公司
北京制药工业研究所
中国电器进出口联营公司
北京制药厂
光华国际
富尔大厦
呼家楼新苑
中央电视台(新址)
世贸国际商业中心
旺座中心
嘉里中心
世纪财富中心
嘉里中心饭店
京贸国际公寓
世贸国际公寓
汉威大厦
金茂公寓
嘉都大厦
嘉都饭店
北京银行
光华桥
美术学院
东大桥招待所
双鹤公司
建外派出所
日坛中学
光华西里
光华饭店
美国大使馆签证处
北京国际邮电局
保罗大厦
光华里
中海广场
光华东里
国贸饭店
外经贸咨询信息大楼
新族大厦
国际大厦
友谊商店
乐杰士餐厅
永安里利民药店
秀水市场
国贸大厦
中国大饭店
东三环北路
东三环中路
光华路
朝阳门外大街
朝阳北路
秀水北街
秀水南街
建国门外大街
东大桥路
日坛路
D
E

56

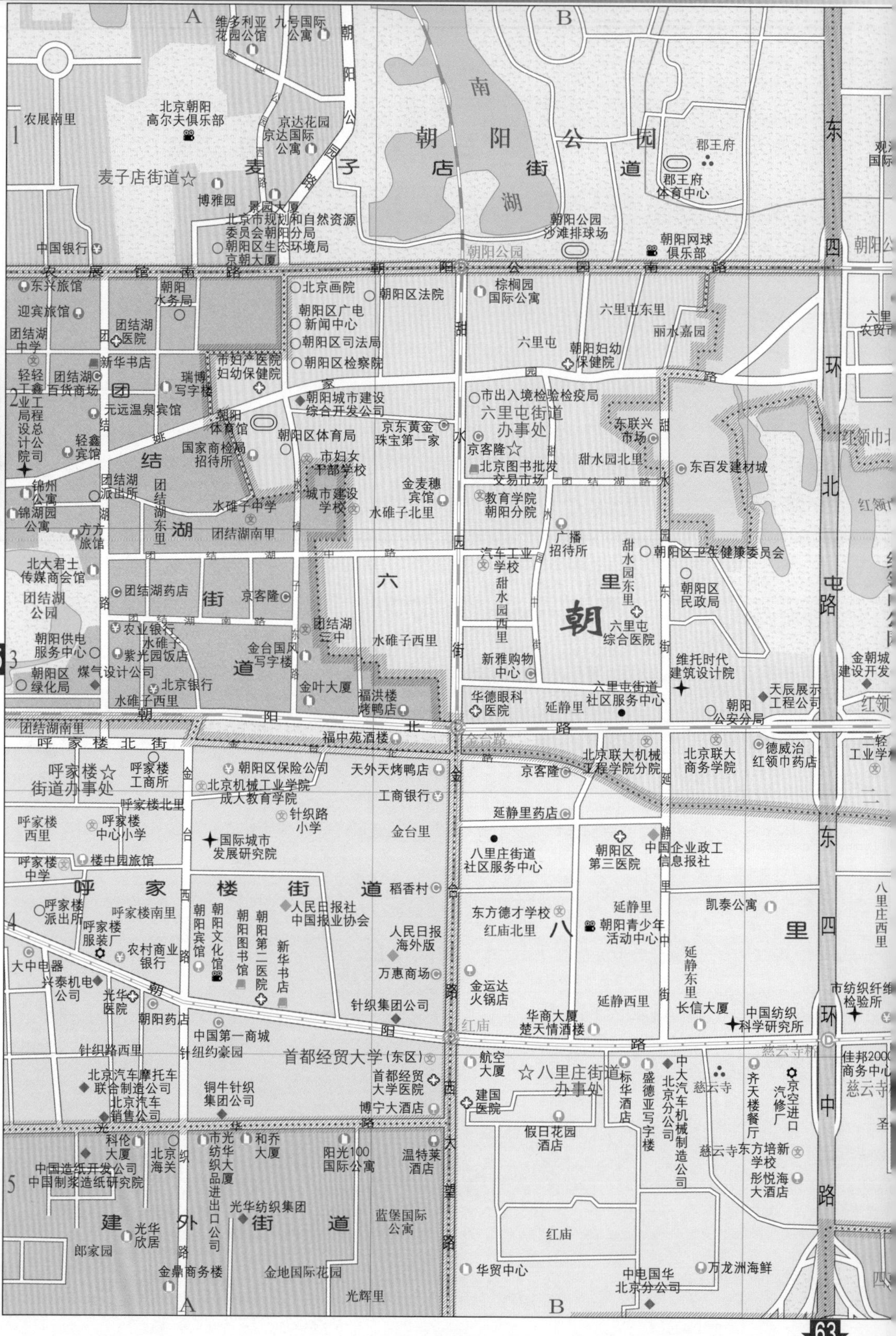
维多利亚花园公馆
九号国际公寓
农展南里
北京朝阳高尔夫俱乐部
京达花园
京达国际公寓
麦子店街道
博雅园
景园大厦
北京市规划和自然资源委员会朝阳分局
朝阳区生态环境局
京朝大厦
中国银行
朝阳公园
南湖
麦子店街道
朝阳公园路
郡王府
郡王府体育中心
朝阳公园沙滩排球场
朝阳网球俱乐部
东四环北路
农展馆南路
朝阳公园南路
东兴旅馆
迎宾旅馆
团结湖中学
朝阳水务局
团结湖医院
新华书店
北京画院
朝阳区法院
朝阳区广电新闻中心
朝阳区司法局
朝阳区检察院
棕榈园国际公寓
六里屯东里
丽水嘉园
六里屯
朝阳妇幼保健院
市妇产医院妇幼保健院
瑞博写字楼
轻轻工鑫百货商场
团结湖
轻工业工程设计总院公司
元远温泉宾馆
轻鑫宾馆
朝阳城市建设综合开发公司
朝阳体育馆
朝阳区体育局
国家商检局招待所
京东黄金珠宝第一家
市出入境检验检疫局
六里屯街道办事处
京客隆
东联兴市场
北京图书批发交易市场
甜水园北里
东百发建材城
团结湖路
锦州公寓
锦湖园公寓
团结湖派出所
团结湖东里
方方旅馆
市妇女干部学校
城市建设学校
水碓子中学
金麦穗宾馆
水碓子北里
教育学院朝阳分院
甜水园街
广播招待所
甜水园东里
朝阳区卫生健康委员会
朝阳区民政局
团结湖南里
团结湖中路
北大君士传媒商会馆
团结湖公园
团结湖药店
京客隆
汽车工业学校
甜水园西里
六里屯综合医院
朝
朝阳供电服务中心
农业银行
水碓子
紫光园饭店
团结湖三中
水碓子西里
金台国风写字楼
朝阳区绿化局
煤气设计公司
北京银行
金叶大厦
新雅购物中心
维托时代建筑设计院
金朝城建设开发公司
水碓子西里
福洪楼烤鸭店
华德眼科医院
延静里
六里屯街道社区服务中心
天辰展示工程公司
朝阳公安分局
红领巾公园
朝阳北路
团结湖南里
呼家楼北街
福中苑酒楼
金台路
北京联大机械工程学院分院
北京联大商务学院
德威治红领巾药店
二轻工业学校
呼家楼街道办事处
呼家楼工商所
朝阳区保险公司
北京机械工业学院成人教育学院
天外天烤鸭店
京客隆
工商银行
呼家楼北里
延静里药店
呼家楼西里
呼家楼中心小学
针织路小学
金台里
国际城市发展研究院
八里庄街道社区服务中心
朝阳区第三医院
中国企业政工信息报社
呼家楼中学
楼中园旅馆
呼家楼街道
稻香村
延静里
凯泰公寓
呼家楼派出所
呼家楼南里
人民日报社
中国报业协会
东方德才学校
红庙北里
朝阳青少年活动中心
八里庄西里
呼家楼服装厂
朝阳宾馆
朝阳文化馆
朝阳图书馆
朝阳第二医院
新华书店
人民日报海外版
延静东里
农村商业银行
大中电器
兴泰机电公司
万惠商场
金运达火锅店
市纺织纤维检验所
光华医院
朝阳药店
针织集团公司
延静西里
长信大厦
中国纺织科学研究所
红庙
华商大厦
楚天情酒楼
中国第一商城
朝阳路
针织路西里
针组约豪园
首都经贸大学（东区）
慈云寺桥
佳邦2000商务中心
航空大厦
八里庄街道办事处
北京汽车摩托车联合制造公司
北京汽车销售公司
铜牛针织集团公司
首都经贸大学医院
标华酒店
盛德亚写字楼
中大汽车机械制造公司北京分公司
慈云寺
齐天楼餐厅
京空进口汽修厂
慈云寺
建国医院
博宁大酒店
光华路
科伦大厦
北京海关
市光纺织华大厦
和乔大厦
阳光100国际公寓
温特莱酒店
假日花园酒店
慈云寺
东方培新学校
彤悦海大酒店
中国造纸开发公司
中国制浆造纸研究所
东大桥路
光华纺织集团
纺织品进出口公司
蓝堡国际公寓
建外街道
光华欣居
郎家园
东大望路
红庙
金鼎商务楼
金地国际花园
华贸中心
中电国华北京分公司
万龙洲海鲜
光辉里
A
B
1
2
3
4
5

55

63

50
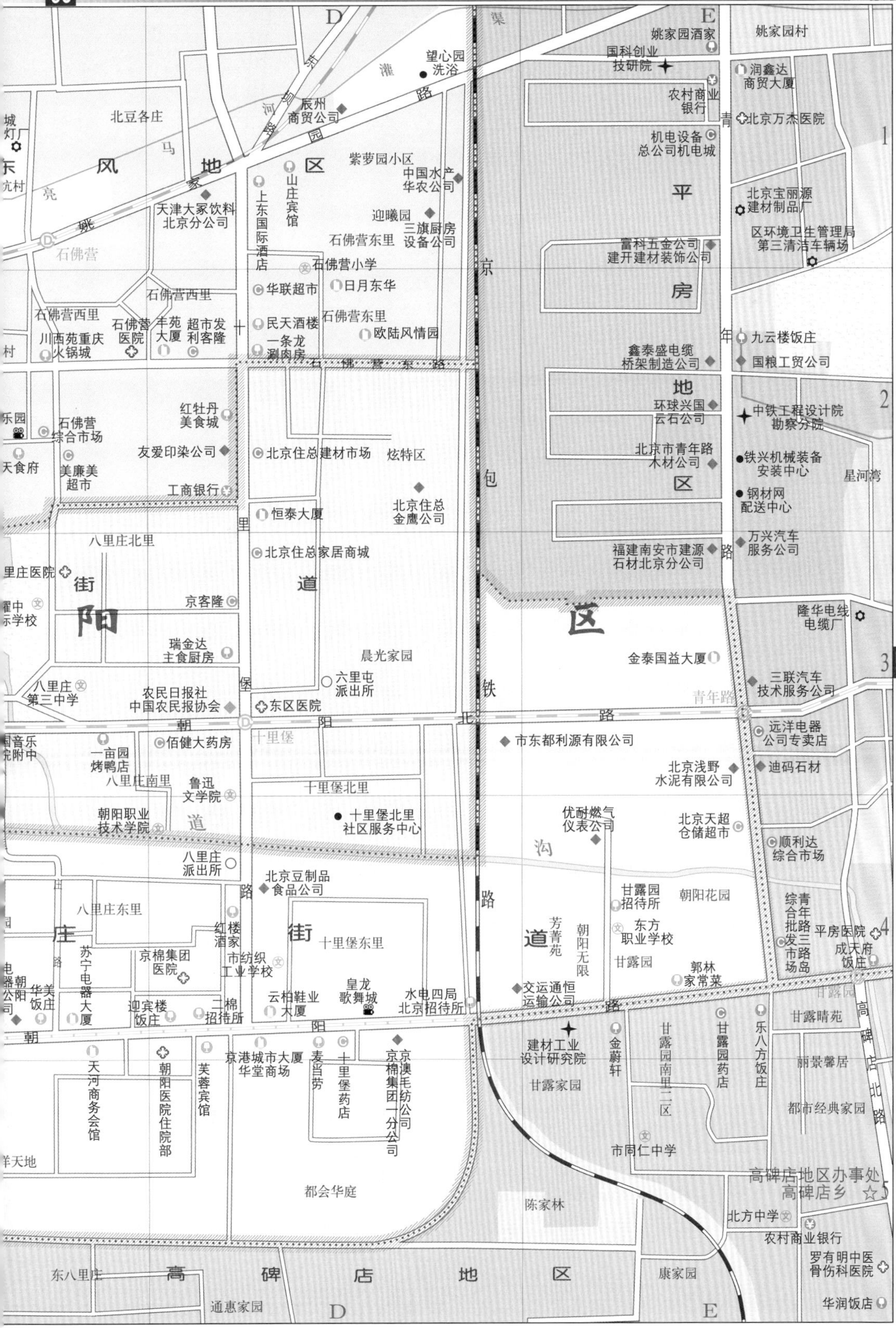
D
E
1
2
3
4
5
姚家园酒家
姚家园村
国科创业
技研院
润鑫达
商贸大厦
望心园
洗浴
灌
渠
辰州
商贸公司
农村商业
银行
北京万杰医院
青
机电设备
总公司机电城
北豆各庄
城
灯厂
亮
马
河
风
地
区
紫萝园小区
中国水产
华农公司
平
北京宝丽源
建材制品厂
天津大冢饮料
北京分公司
上
东
国
际
酒
店
山
庄
宾
馆
迎曦园
三旗厨房
设备公司
区环境卫生管理局
第三清洁车辆场
姚
家
石佛营
石佛营东里
富科五金公司
建开建材装饰公司
石佛营小学
京
石佛营西里
华联超市
日月东华
房
石佛营西里
石佛营
医院
丰苑
大厦
超市发
利客隆
民天酒楼
石佛营东里
川西苑重庆
火锅城
一条龙
涮肉房
欧陆风情园
年
九云楼饭庄
鑫泰盛电缆
桥架制造公司
国粮工贸公司
石佛营东路
地
红牡丹
美食城
环球兴国
云石公司
中铁工程设计院
勘察分院
石佛营
综合市场
乐园
北京市青年路
木材公司
铁兴机械装备
安装中心
友爱印染公司
北京住总建材市场
炫特区
天食府
美廉美
超市
包
区
星河湾
工商银行
钢材网
配送中心
北京住总
金鹰公司
恒泰大厦
里
万兴汽车
服务公司
八里庄北里
福建南安市建源
石材北京分公司
北京住总家居商城
路
里庄医院
街
道
京客隆
阳
区
隆华电线
电缆厂
瑞金达
主食厨房
晨光家园
金泰国益大厦
六里屯
派出所
堡
铁
三联汽车
技术服务公司
八里庄
第三中学
农民日报社
中国农民报协会
东区医院
青年路
朝
阳
北
路
十里堡
市东都利源有限公司
远洋电器
公司专卖店
一亩园
烤鸭店
佰健大药房
北京浅野
水泥有限公司
迪码石材
八里庄南里
鲁迅
文学院
十里堡北里
朝阳职业
技术学院
道
十里堡北里
社区服务中心
优耐燃气
仪表公司
北京天超
仓储超市
顺利达
综合市场
沟
八里庄
派出所
北京豆制品
食品公司
路
甘露园
招待所
朝阳花园
八里庄东里
红楼
酒家
街
十里堡东里
芳
菁
苑
朝
阳
无
限
东方
职业学校
综青
合年
批路
发三
市路
场岛
平房医院
庄
道
成天府
饭庄
京棉集团
医院
市纺织
工业学校
苏
宁
电
器
大
厦
甘露园
郭林
家常菜
华美
饭庄
皇龙
歌舞城
交运通恒
运输公司
迎宾楼
饭店
二棉
招待所
云柏鞋业
大厦
水电四局
北京招待所
甘露园
甘露晴苑
朝
阳
建材工业
设计研究院
金
蔚
轩
甘
露
园
南
里
二
区
甘
露
园
药
店
乐
八
方
饭
庄
高
碑
店
北
路
天
河
商
务
会
馆
朝
阳
医
院
住
院
部
芙
蓉
宾
馆
京港城市大厦
华堂商场
麦
当
劳
十
里
堡
药
店
京京
棉澳
集毛
团纺
一公
分司
公
司
丽景馨居
甘露家园
都市经典家园
市同仁中学
高碑店地区办事处
高碑店乡
都会华庭
陈家林
北方中学
农村商业银行
罗有明中医
骨伤科医院
东八里庄
高
碑
店
地
区
康家园
通惠家园
华润饭店
D
E
57

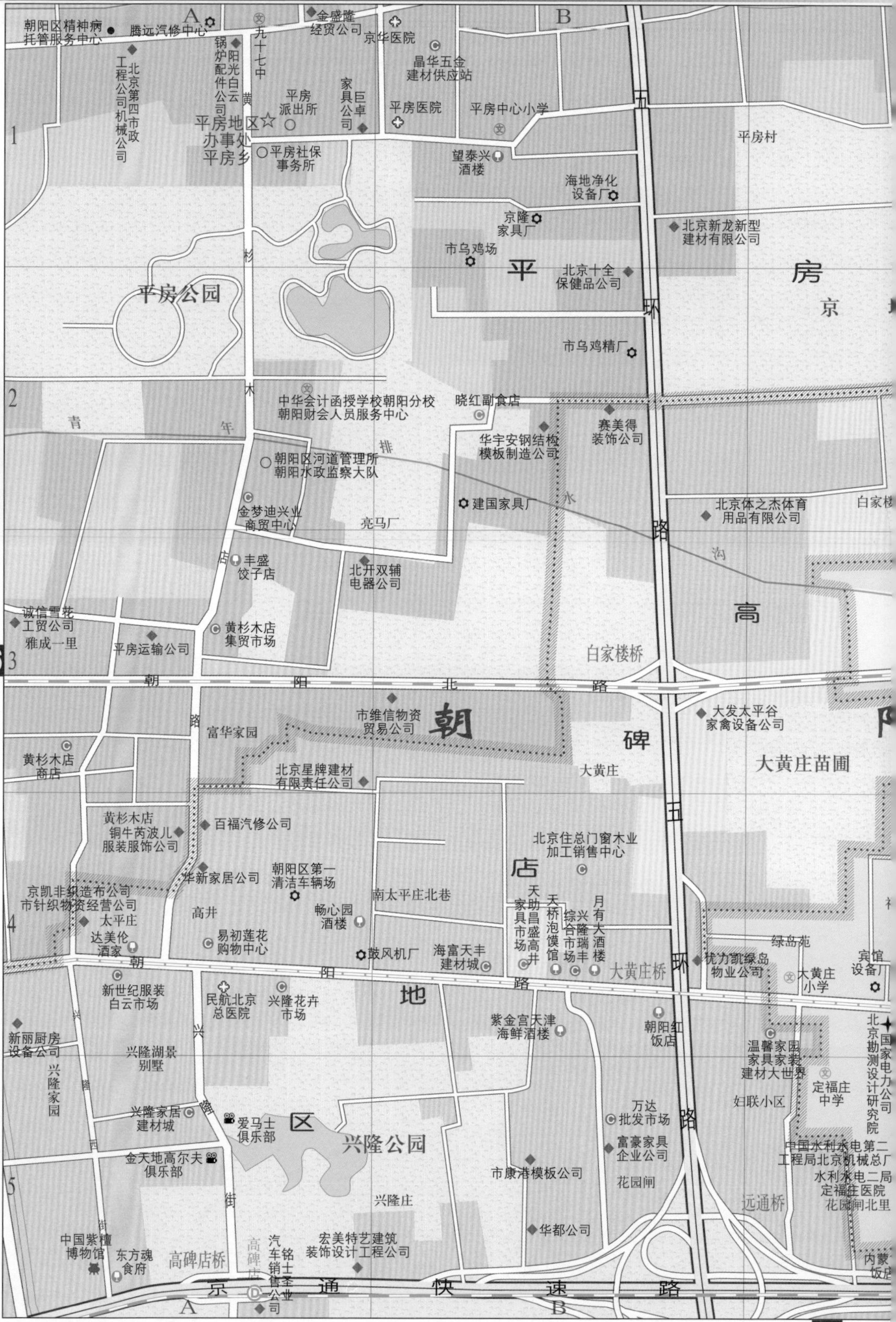
朝阳区精神病托管服务中心
腾远汽修中心
金盛隆经贸公司
京华医院
九十七中
锅炉配件公司
阳光白云公司
北京第四市政工程公司机械公司
晶华五金建材供应站
家具巨卓公司
平房派出所
平房医院
平房中心小学
平房地区办事处
平房乡
平房社保事务所
平房村
望泰兴酒楼
海地净化设备厂
京隆家具厂
北京新龙新型建材有限公司
市乌鸡场
平
房
北京十全保健品公司
平房公园
市乌鸡精厂
五
环
路
黄
杉
木
店
中华会计函授学校朝阳分校
朝阳财会人员服务中心
晓红副食店
青
年
排
水
沟
赛美得装饰公司
华宇安钢结构模板制造公司
朝阳区河道管理所
朝阳水政监察大队
建国家具厂
北京体之杰体育用品有限公司
白家楼
金梦迪兴业商贸中心
亮马厂
丰盛饺子店
北开双辅电器公司
高
诚信雪花工贸公司
雅成一里
平房运输公司
黄杉木店集贸市场
白家楼桥
朝
阳
北
路
市维信物资贸易公司
大发太平谷家禽设备公司
富华家园
朝
碑
黄杉木店商店
北京星牌建材有限责任公司
大黄庄
大黄庄苗圃
黄杉木店
铜牛芮波儿服装服饰公司
百福汽修公司
北京住总门窗木业加工销售中心
华新家居公司
朝阳区第一清洁车辆场
店
京凯非织造布公司
市针织物资经营公司
南太平庄北巷
高井
畅心园酒楼
太平庄
达美伦酒家
易初莲花购物中心
鼓风机厂
海富天丰建材城
天助昌盛高井家具市场
天桥泡馍馆
兴隆综合市场
月有大酒楼
瑞丰
大黄庄桥
绿岛苑
优力凯绿岛物业公司
大黄庄小学
宾馆设备厂
朝
阳
路
地
新世纪服装白云市场
民航北京总医院
兴隆花卉市场
紫金宫天津海鲜酒楼
朝阳红饭店
北京国家电力公司勘测设计研究院
新丽厨房设备公司
兴隆湖景别墅
兴隆家园
温馨家园家具家装建材大世界
定福庄中学
妇联小区
兴
隆
西
街
兴
隆
街
兴隆家居建材城
爱马士俱乐部
区
兴隆公园
万达批发市场
富豪家具企业公司
中国水利水电第二工程局北京机械总厂
水利水电二局定福庄医院
金天地高尔夫俱乐部
市康港模板公司
花园闸
兴隆庄
远通桥
花园闸北里
中国紫檀博物馆
东方魂食府
高碑店桥
高碑店
汽车铭士销售企业公司
宏美特艺建筑装饰设计工程公司
华都公司
内蒙饭店
京
通
快
速
路
A
B
1
2
3
4
5

城区扩大图
56
64

86
89
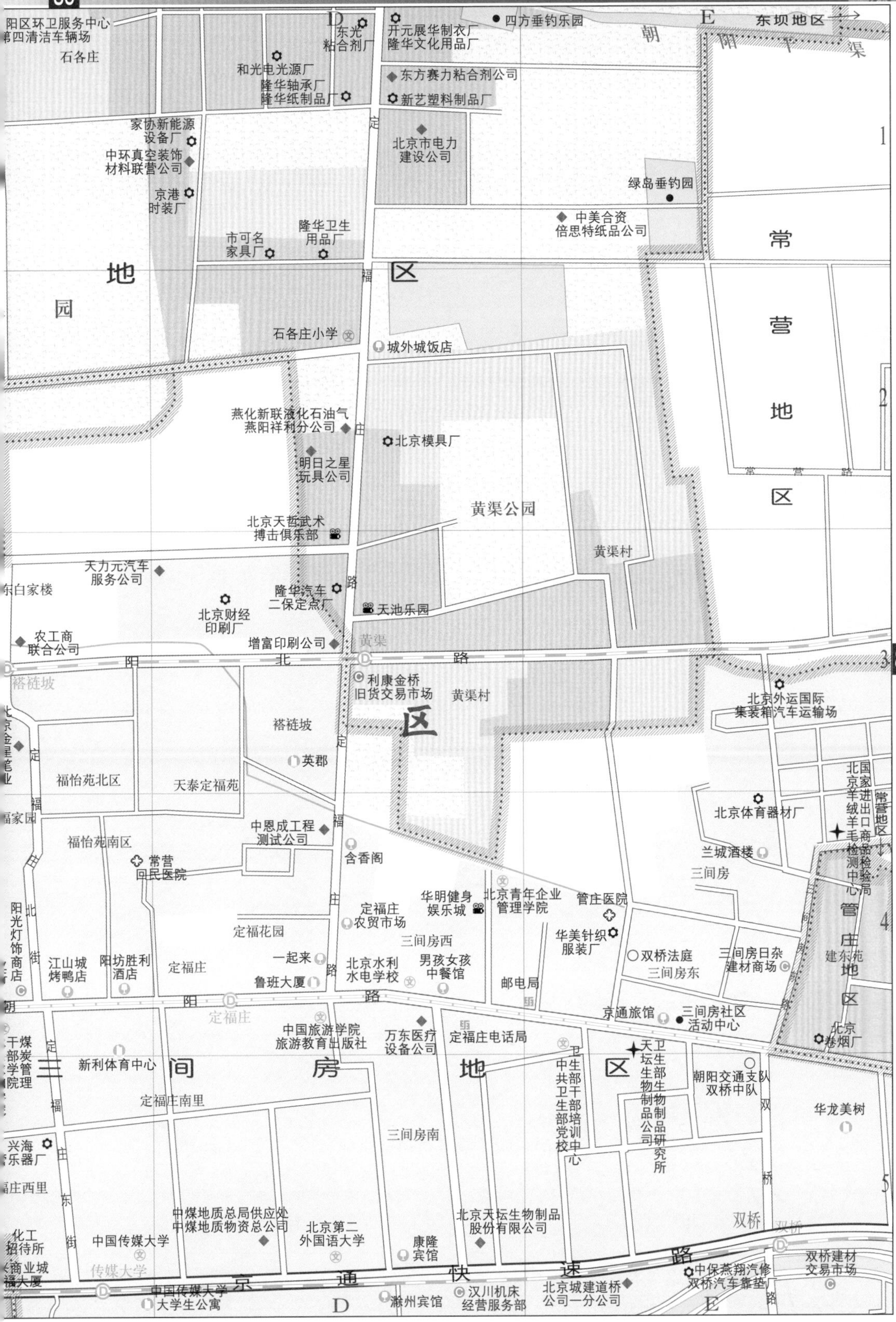
阳区环卫服务中心
第四清洁车辆场
石各庄
东光粘合剂厂
开元展华制衣厂
隆华文化用品厂
四方垂钓乐园
东坝地区
朝
阳
干
渠
和光电光源厂
隆华轴承厂
隆华纸制品厂
东方赛力粘合剂公司
新艺塑料制品厂
家协新能源设备厂
中环真空装饰材料联营公司
北京市电力建设公司
京港时装厂
绿岛垂钓园
隆华卫生用品厂
市可名家具厂
中美合资倍思特纸品公司
常
营
地
区
地
园
区
石各庄小学
城外城饭店
燕化新联液化石油气燕阳祥利分公司
北京模具厂
明日之星玩具公司
黄渠公园
北京天哲武术搏击俱乐部
常营路
黄渠村
天力元汽车服务公司
东白家楼
隆华汽车二保定点厂
北京财经印刷厂
天池乐园
农工商联合公司
增富印刷公司
黄渠
阳北路
利康金桥旧货交易市场
黄渠村
北京外运国际集装箱汽车运输场
褡裢坡
褡裢坡
英郡
区
福怡苑北区
天泰定福苑
北京体育器材厂
北京国家羊绒羊毛检测中心
常营地区进出口商品检验局
中恩成工程测试公司
福怡苑南区
含香阁
兰城酒楼
常营回民医院
三间房
华明健身娱乐城
北京青年企业管理学院
管庄医院
定福庄农贸市场
定福花园
三间房西
华美针织服装厂
管庄地区
阳光灯饰商店
江山城烤鸭店
阳坊胜利酒店
定福庄
一起来
北京水利水电学校
男孩女孩中餐馆
双桥法庭
三间房日杂建材商场
建东苑
三间房东
鲁班大厦
邮电局
三间房社区活动中心
京通旅馆
定福庄
中国旅游学院旅游教育出版社
万东医疗设备公司
定福庄电话局
北京卷烟厂
卫生部干部培训中心
中共卫生部党校
天坛生物制品研究所
朝阳交通支队双桥中队
三
间
房
地
区
新利体育中心
定福庄南里
三间房南
华龙美树
双桥
兴海乐器厂
定福庄东街
定福庄西里
中煤地质总局供应处
中煤地质物资总公司
北京第二外国语大学
北京天坛生物制品股份有限公司
双桥
中国传媒大学
康隆宾馆
中保燕翔汽修双桥汽车靠垫
双桥建材交易市场
传媒大学
京通快速路
中国传媒大学大学生公寓
滁州宾馆
汉川机床经营服务部
北京城建道桥公司一分公司
D
E
1
2
3
4
5

田顺庄
永兴金属模具厂
石景山区税务局
工商银行石景山支行
古城五中
老古城
首钢十万坪体育中心
石景山广电中心
天汇龙服装市场
羊大爷涮肉
天汇龙家具市场
新华书店
建设银行
星座商厦
古城二小
石景山区文化和旅游局、文物局
恒轮大酒店
古城四中
石景山规划与自然资
太阳岛宾
古城
石景山路
首钢设计院
华夏银行石景山支行
首钢第二炼钢厂
北京好世界阳光酒店
新古城邮电局
野山珍菌
石景山区人民检察院
石景山区人民法院
石景山公安分局
石景山文化馆
信安大厦
紫薇宾馆
长安家园
首钢电机厂
古城南里
首钢第一机械运输公司
新古城汽修厂
明来顺饭庄
市远通制管第二水泥管
长安九里
首钢总公司冷轧厂
北京瑞建机械设备厂
首钢总公司金属构件厂
北京锅炉厂
白庙
首钢一建设恒达分公司第三建筑安装公司
首钢一建材料厂
首钢汽车运输有限责任公司
首都钢铁公司
古城街道
石景山
人民渠路
首钢运输部车辆段
王庄
长安云尚
三角地家属区
北京联合大学成教部
丰沙铁路
京原路
永定河工商公司
首钢北钢公司运输部工程队
中海首钢天玺
宝山模板公
中海云庭
莲石西路
北京市林业局石景山区南大荒苗圃
永定林饭庄
水屯
京原铁路大桥
永定河
鹰山森林公园
北宫镇
丰台区
永定塔

88

91

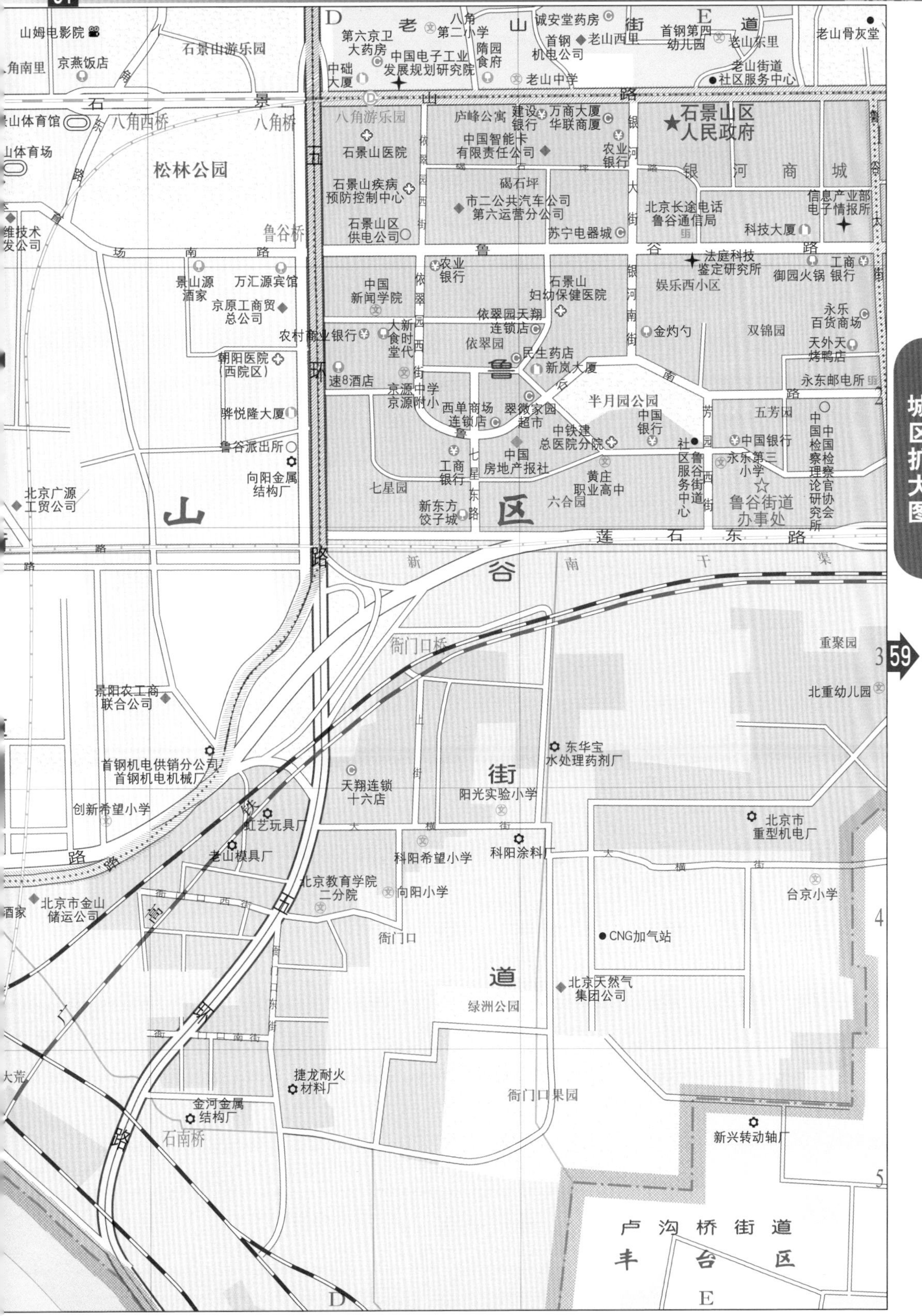
51
59
城区扩大图
山姆电影院
石景山游乐园
京燕饭店
八角西桥
八角桥
松林公园
鲁谷桥
景山源酒家
万汇源宾馆
京原工商贸总公司
朝阳医院(西院区)
骅悦隆大厦
鲁谷派出所
向阳金属结构厂
北京广源工贸公司
山
区
老山街道
第六京卫大药房
八角第二小学
中国电子工业发展规划研究院
中础大厦
隋园食府
诚安堂药房
首钢机电公司
老山西里
老山中学
首钢第四幼儿园
老山东里
老山街道社区服务中心
老山骨灰堂
八角游乐园
石景山医院
庐峰公寓
建设银行
万商大厦华联商厦
中国智能卡有限责任公司
农业银行
石景山区人民政府
银河商城
石景山疾病预防控制中心
碣石坪
市二公共汽车公司第六运营分公司
北京长途电话鲁谷通信局
信息产业部电子情报所
石景山区供电公司
苏宁电器城
科技大厦
法庭科技鉴定研究所
工商银行
御园火锅
农业银行
中国新闻学院
石景山妇幼保健医院
娱乐西小区
依翠园天翔连锁店
永乐百货商场
农村商业银行
大新食时堂代
依翠园
金灼勺
双锦园
天外天烤鸭店
速8酒店
民生药店
新岚大厦
永东邮电所
京源中学
京源附小
西单商场连锁店
翠微家园超市
半月园公园
中国银行
五芳园
中铁建总医院分院
社区鲁服务街中道心
中国银行
中国检察理论研究会
中国检察官协会
永乐第三小学
工商银行
中国房地产报社
七星园
黄庄职业高中
鲁谷街道办事处
新东方饺子城
六合园
莲石东路
新南干渠
鲁谷
衙门口桥
重聚园
北重幼儿园
景阳农工商联合公司
首钢机电供销分公司
首钢机电机械厂
创新希望小学
虹艺玩具厂
老山模具厂
天翔连锁十六店
东华宝水处理药剂厂
街
阳光实验小学
北京市重型机电厂
科阳希望小学
科阳涂料厂
北京教育学院二分院
向阳小学
台京小学
北京市金山储运公司
衙门口
CNG加气站
道
北京天然气集团公司
绿洲公园
捷龙耐火材料厂
金河金属结构厂
石南桥
衙门口果园
新兴转动轴厂
卢沟桥街道
丰台区
石景山路
五环路
鲁谷路
依翠园街
七星东路
银河南街
D
E

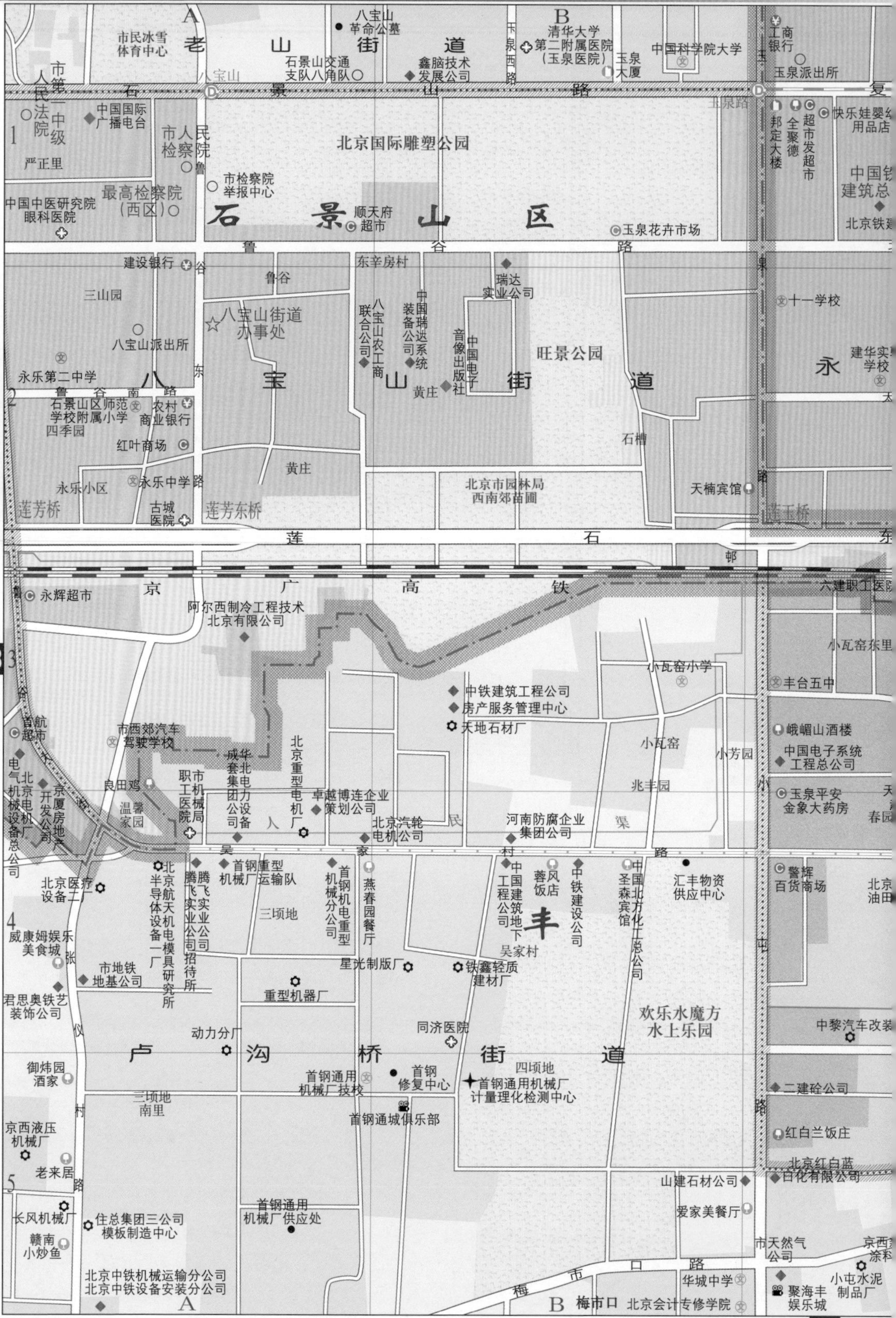

石景山区
老山街道
八宝山街道
卢沟桥街道
石景山路
鲁谷路
莲石东路
京广高铁
吴家村路
梅市口路
北京国际雕塑公园
八宝山革命公墓
市民冰雪体育中心
石景山交通支队八角队
鑫脑技术发展公司
清华大学第二附属医院（玉泉医院）
玉泉大厦
中国科学院大学
工商银行
玉泉派出所
市第二中级人民法院
中国国际广播电台
市人民检察院
严正里
市检察院举报中心
最高检察院（西区）
中国中医研究院眼科医院
顺天府超市
玉泉花卉市场
邦定大楼
全聚德
超市发超市
快乐娃婴幼用品店
建设银行
三山园
东辛房村
鲁谷
瑞达实业公司
八宝山街道办事处
八宝山派出所
八宝山农工商联合公司
中国瑞达系统装备公司
中国电子音像出版社
旺景公园
十一学校
永乐第二中学
黄庄
石景山区师范学校附属小学
四季园
农村商业银行
红叶商场
永乐小区
永乐中学
古城医院
莲芳桥
莲芳东桥
北京市园林局西南郊苗圃
天楠宾馆
石槽
莲玉桥
永辉超市
阿尔西制冷工程技术北京有限公司
中铁建筑工程公司
房产服务管理中心
天地石材厂
小瓦窑小学
小瓦窑
小瓦窑东里
丰台五中
小芳园
兆丰园
峨嵋山酒楼
中国电子系统工程总公司
玉泉平安金象大药房
首航超市
市西郊汽车驾驶学校
良田鸡
温馨家园
北京电气机械设备厂
北京开发总公司
京厦房地产公司
华北电力设备成套集团公司
市机械工业医院
职工医院
北京重型电机厂
卓越博连企业策划公司
北京汽轮电机公司
河南防腐企业集团公司
北京医疗设备二厂
北京半导体设备一厂
北京航天机电模具研究所
腾飞实业公司招待所
首钢重型机械厂运输队
首钢机电重型机械分公司
燕春园餐厅
中国工程建筑地下公司
蓉风饭店
中铁建设公司
中国北方化工总公司
圣森宾馆
汇丰物资供应中心
警辉百货商场
三项地
威康姆娱乐美食城
市地铁地基公司
星光制版厂
铁鑫轻质建材厂
吴家村
丰
重型机器厂
君思奥铁艺装饰公司
欢乐水魔方水上乐园
中黎汽车改装
动力分厂
同济医院
御炜园酒家
首钢通用机械厂技校
首钢修复中心
首钢通用机械厂计量理化检测中心
四项地
二建砼公司
三项地南里
首钢通城俱乐部
京西液压机械厂
红白兰饭庄
老来居
北京红白蓝日化有限公司
山建石材公司
爱家美餐厅
长风机械厂
住总集团三公司模板制造中心
首钢通用机械厂供应处
赣南小炒鱼
市天然气公司
小屯水泥制品厂
北京中铁机械运输分公司
北京中铁设备安装分公司
华城中学
聚海丰娱乐城
梅市口
北京会计专修学院
六建职工医院

58
65

52

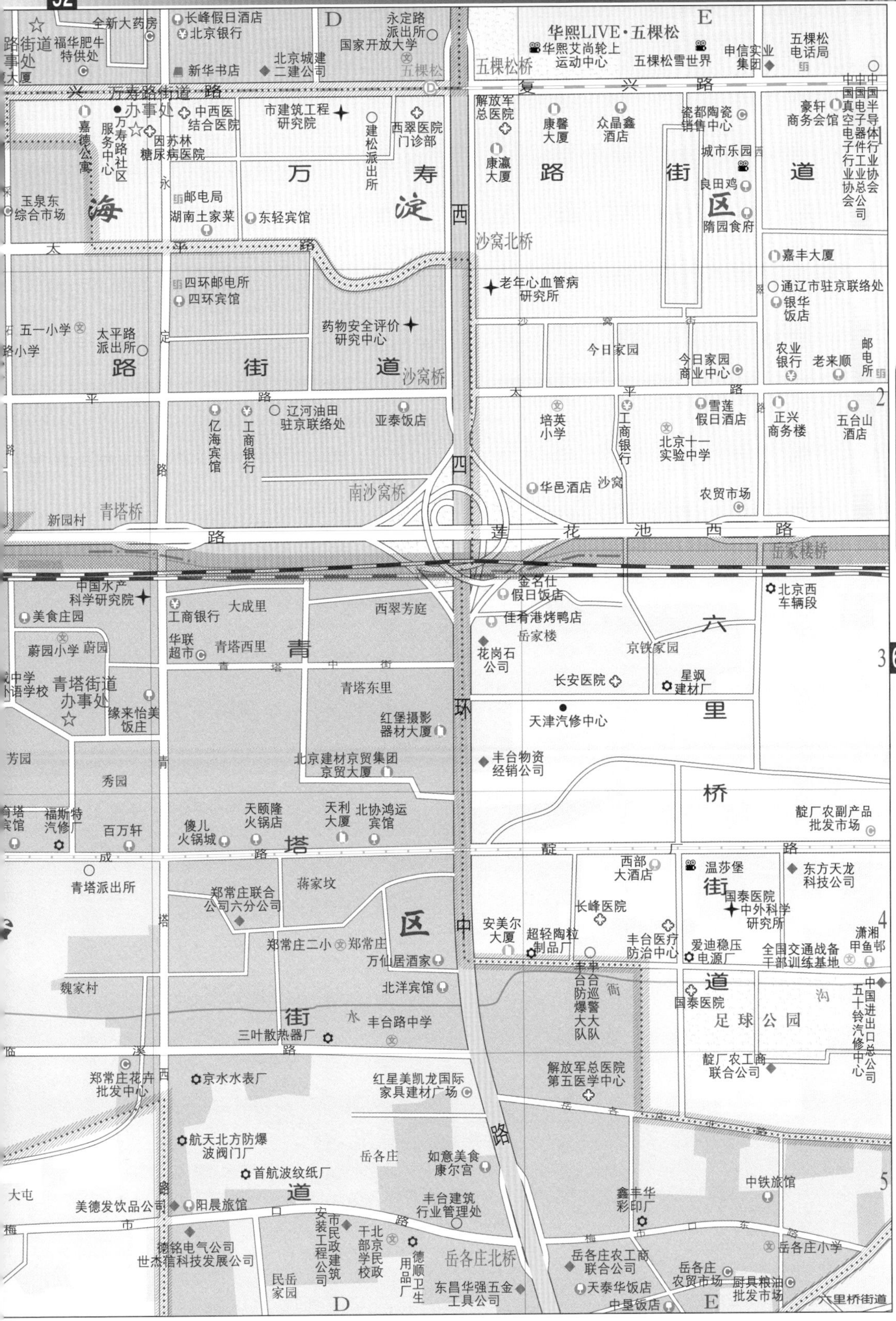

全新大药房
长峰假日酒店
北京银行
永定路派出所
国家开放大学
华熙LIVE·五棵松
华熙艾尚轮上运动中心
五棵松雪世界
申信实业集团
五棵松电话局
路街道事处
福华肥牛特供处
新华书店
北京城建二建公司
五棵松
五棵松桥
复兴路
万寿路街道
办事处
中西医结合医院
市建筑工程研究院
建松派出所
西翠医院门诊部
解放军总医院
康馨大厦
众晶鑫酒店
瓷都陶瓷销售中心
豪轩商务会馆
中国电子器件工业协会
中国半导体行业协会
国真空电子行业协会
总公司
嘉德公寓
万寿路社区服务中心
因苏林糖尿病医院
万寿路街道
海淀区
康瀛大厦
路街道
城市乐园
良田鸡
隋园食府
玉泉东综合市场
邮电局
湖南土家菜
东轻宾馆
西
沙窝北桥
太平路
嘉丰大厦
四环邮电所
四环宾馆
老年心血管病研究所
通辽市驻京联络处
银华饭店
五一小学
路小学
太平路派出所
药物安全评价研究中心
今日家园
今日家园商业中心
农业银行
老来顺
邮电所
路街道
沙窝桥
太平路
辽河油田驻京联络处
亿海宾馆
工商银行
亚泰饭店
培英小学
工商银行
雪莲假日酒店
正兴商务楼
五台山酒店
北京十一实验中学
四
南沙窝桥
华邑酒店
沙窝
农贸市场
新园村
青塔桥
莲花池西路
岳家楼桥
中国水产科学研究院
金名仕假日饭店
北京西车辆段
美食庄园
工商银行
大成里
西翠芳庭
佳肴港烤鸭店
岳家楼
六里桥街道
蔚园小学
蔚园
华联超市
青塔西里
花岗石公司
京铁家园
中学
外语学校
青塔街道办事处
青塔东里
长安医院
星飒建材厂
缘来怡美饭店
红堡摄影器材大厦
天津汽修中心
环
芳园
北京建材京贸集团京贸大厦
丰台物资经销公司
秀园
青塔街
福斯特汽修厂
百万轩
天颐隆火锅店
天利大厦
北协鸿运宾馆
傻儿火锅城
靛厂农副产品批发市场
青塔派出所
郑常庄联合公司六分公司
蒋家坟
靛厂路
西部大酒店
温莎堡
东方天龙科技公司
国泰医院
中外科学研究所
长峰医院
安美尔大厦
超轻陶粒制品厂
丰台医疗防治中心
爱迪稳压电源厂
全国交通战备干部训练基地
潇湘甲鱼邨
郑常庄二小
郑常庄
万仙居酒家
中
丰台防爆巡警大队
国泰医院
足球公园
魏家村
北洋宾馆
中国五十铃汽修中心
中国进出口总公司
丰台路中学
三叶散热器厂
临
永
溪
郑常庄花卉批发中心
京水水表厂
红星美凯龙国际家具建材广场
解放军总医院第五医学中心
靛厂农工商联合公司
航天北方防爆波阀门厂
岳各庄
如意美食康尔宫
首航波纹纸厂
路
中铁旅馆
大屯
美德发饮品公司
阳晨旅馆
丰台建筑行业管理处
鑫丰华彩印厂
梅市口路
德铭电气公司
世杰信科技发展公司
安装工程公司
市民政建筑公司
北京部队干部学校
民政
德顺卫生用品厂
岳各庄北桥
岳各庄农工商联合公司
岳各庄小学
民岳家园
东昌华强五金工具公司
天泰华饭店
岳各庄农贸市场
厨具粮油批发市场
中垦饭店
六里桥街道
D
E
2
3
4
5

城区扩大图

60

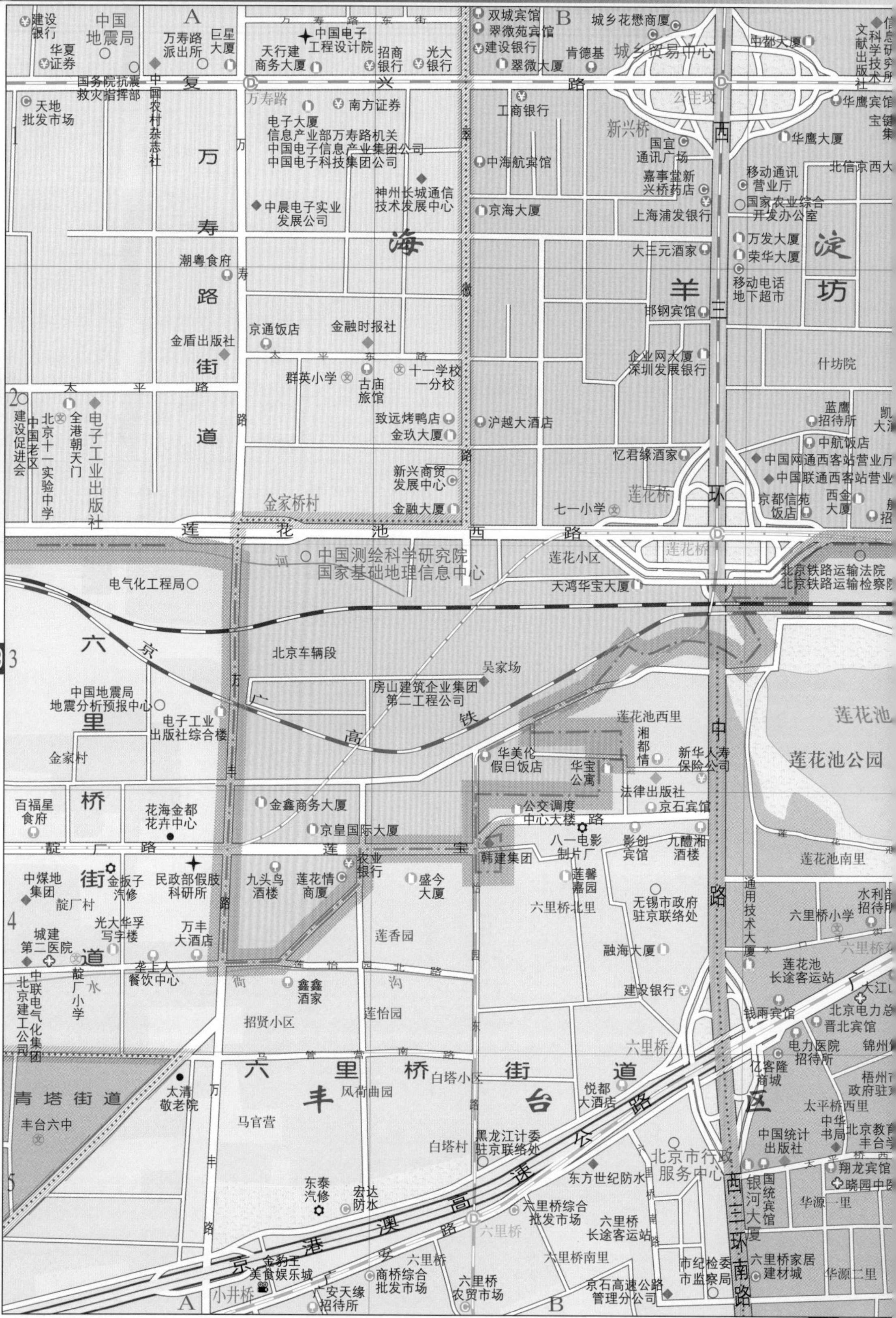

A
B
建设银行
中国地震局
华夏证券
万寿路派出所
巨星大厦
中国电子工程设计院
天行建商务大厦
招商银行
光大银行
双城宾馆
翠微苑宾馆
建设银行
翠微大厦
肯德基
城乡花懋商厦
城乡贸易中心
中都大厦
信息研究所
文献出版社
科学技术
国务院抗震救灾指挥部
中国农村杂志社
复
兴
路
万寿路
南方证券
工商银行
公主坟
华鹰宾馆
宝键集
天地批发市场
电子大厦
信息产业部万寿路机关
中国电子信息产业集团公司
中国电子科技集团公司
新兴桥
国宜通讯广场
西
华鹰大厦
万
中海航宾馆
嘉事堂新兴桥药店
移动通讯营业厅
北信京西大
寿
中晨电子实业发展公司
神州长城通信技术发展中心
京海大厦
国家农业综合开发办公室
上海浦发银行
万发大厦
淀
海
大三元酒家
荣华大厦
潮粤食府
羊
移动电话地下超市
坊
路
京通饭店
金融时报社
邯钢宾馆
三
金盾出版社
企业网大厦
深圳发展银行
什坊院
街
太平路
群英小学
古庙旅馆
十一学校一分校
道
建设促进会
北京十一实验中学
中国老区
全港朝天门
电子工业出版社
致远烤鸭店
金玖大厦
沪越大酒店
蓝鹰招待所
凯
中航饭店
忆君缘酒家
中国网通西客站营业厅
中国联通西客站营业
新兴商贸发展中心
莲花桥
环
京都信苑饭店
西金大厦
金家桥村
金融大厦
七一小学
莲花池西路
中国测绘科学研究院
国家基础地理信息中心
莲花小区
莲花桥
北京铁路运输法院
北京铁路运输检察院
电气化工程局
天鸿华宝大厦
六
京
北京车辆段
吴家场
房山建筑企业集团第二工程公司
中国地震局地震分析预报中心
电子工业出版社综合楼
里
广
高
铁
莲花池西里
莲花池
中
湘都情
新华人寿保险公司
莲花池公园
金家村
华美伦假日饭店
华宝公寓
法律出版社
百福星食府
桥
花海金都花卉中心
金鑫商务大厦
公交调度中心大楼
京石宾馆
京皇国际大厦
八一电影制片厂
影剧宾馆
九醴湘酒楼
靛厂路
莲
宝
农业银行
韩建集团
莲花池南里
中煤地集团
街
金振子汽修
民政部假肢科研所
九头鸟酒楼
莲花情商厦
盛今大厦
莲馨嘉园
靛厂村
光大华孚写字楼
六里桥北里
无锡市政府驻京联络处
通用技术大厦
六里桥小学
水利部招待所
城建第二医院
道
万丰大酒店
莲香园
路
融海大厦
老上人餐饮中心
靛厂小学
莲怡园北路
中联电气化集团
北京建工公司
鑫鑫酒家
莲花池长途客运站
大江
北京电力总
晋北宾馆
招贤小区
莲怡园
建设银行
钱雨宾馆
马官营南路
电力医院招待所
锦州
六
里
桥
街
道
六里桥
白塔小区
亿客隆商城
梧州政府驻
青塔街道
太清敬老院
风荷曲园
悦都大酒店
太平桥西里
丰台六中
马官营
丰
台
区
中华书局
北京教育丰台学
中国统计出版社
白塔村
黑龙江计委驻京联络处
北京市行政服务中心
翔龙宾馆
晓园中医
东泰汽修
宏达防水
东方世纪防水
银河大厦
国统宾馆
华源一里
京港澳高速公路
六里桥综合批发市场
六里桥长途客运站
西三环南路
金豹王美食娱乐城
六里桥
商桥综合批发市场
六里桥南里
市纪检委市监察局
六里桥家居建材城
华源二里
小井桥
广安天缘招待所
六里桥农贸市场
京石高速公路管理分公司

59

66

53

中央电视台
中国人民革命军事博物馆
军事博物馆
羊坊店社区服务中心
金舵饺子城
建设银行
中国银行
中国科技会堂
京民医院
中国工程院
三里河三区
国家信息中心
复成门外第二小学
唐古拉秀酒店
三里河二区
二七剧场
市建设开发集团
北京银行燕京支行
木樨地
长安商场
复兴门外大街
兴
路
中国铝业集团
中信实业银行
中国有色工程设计研究院
凌当劳
中国铁路总公司
会城门邮电局
济安堂药店
北京铁路局
木樨地桥
首都博物馆
中华全国总工会
北京银行
恩菲科技大厦
馥春洲美食城
舒满园酒家
天天梦园烤鸭店
市三十三中
月坛街道
复兴医院
广东发展银行
建设银行
西域邮政速递公司
中共中央对外联络部
国宏宾馆
中国职工之家
国家粮食和物资储备局
真武庙二里
皇亭子
玉渊潭中学
工商银行
国宏大厦
白云路小学
中国国际电视总公司
嘉事堂京西药店
博望园
会城门
会城门商场
兴东方实业公司
木樨地北里
舒菲招待所
铁道部劳动卫生研究所
超市发超市
新九龙豆花庄
北京控制与电子技术研究所
公安部幼儿园
白云路西里
中国黑色金属材料总公司
羊坊店派出所
真武庙三里
真武庙路四条
玉丰旅馆
京门大厦
会城门新意商城
引水渠
羊坊店街道办事处
铁道资金结算中心
会城门农贸市场
公安大学出版社
楼酒家
乔建里
天佑大厦
工商银行
中国人民公安大学
中国道教协会
西城卫生学校
设计研究院
工商银行
天洋商厦
全新药房
会城门公园
招待所
兰燕招待所
三峡大楼
北京工商大学培训中心
白云观
北京铁道大厦
北蜂窝
北蜂窝医院
五十七中学
羊坊店铁路医院
木樨地南里
天华电器有限公司
天客隆
纪坛医院
海天广场
通联大酒店
中卫电视传播中心
新站宾馆
铁路宿舍
北国大酒店
财政局招待所
丽隆宾馆
通达宾馆
中雅大厦
正海大酒店
中国华融资产管理中心
白云观街南里
同仁堂药店
海天商务中心
西铁酒家
电信宿舍
中盛大厦
九澧湘大酒店
宁阳大酒店
中铁工程设计院
大天元饭店
颐园饭店
铁通光信营业厅
顺天德中医院
华天大厦
沈阳市人民政府驻京办事处
中裕世纪大酒店
东新隆商城
会城门桥
人民铁道报社
中土大厦
莲花池东路
白云桥
长江国际俱乐部
天莲大厦
小马厂西里
白云路医院
小马厂东里
工商银行
北恒大厦
北京西站
瑞尔威饭店
市公安局西客站分局
北蜂窝南路
北京西客站管理委员会
北京唱片厂
天宁寺
荣丰嘉园
京九铁路
湖北巨浪酒店
蝶翠华庭
北京建设大厦
广安门外街道
北京铁路票管理中心
京铁大酒店
市住房和城乡建设委员会
莲花河北里
天宁寺西里
天宁寺小学
天宁寺前街北里
小马厂南里
西豪逸景
广莲东路
湾子村
大方饭店
莲花河西里
莲花河东里
莲花河南街
天宁寺前街
机电汽车大厦
中国电工设备总公司
莲花河南里
北京市工业设计研究院
天宁寺前街南里
太平洋保险公司
永居东里
西城卫生健康委员会
苏源锦江大厦
中铁北路
爱华国际集团
广华轩
中国有色工程大厦
中盐大厦
中国建设银行
百万庄园集团
亚视大厦
章丘大厦
兴丰大厦
鸿坤国际大饭店
机械工业经济管理研究院
达官营
广安门外大街
中国烟草交易中心
马连道北里
三义西里
北京轴承一条街
加油站
华联超市
手帕口桥
中央电视台电视剧制作中心
建银大厦
机械大厦
广外医院
三义东里
三义里
广安门外派出所
中国机械进出口总公司
北京邮局邮袋厂
大中电器城
大京九宾馆
红居东街
金口福火锅城
中国银行
市电信管理局
北京市交通局西城管理处
恒昌花园
朗琴园
北京铁路装卸机械厂
工商银行
北京市运输公司二场
马连道
马连道中里
红莲北里
红居小区
春树馆小学
鹿鸣春宾馆
太平桥东里
市一四六中
宣武社区服务中心
广信宾馆
南新小学
北京市人防总公司
广安门外百货商场
五星饭店
中学
气象宾馆
依莲轩
连道南路
丽阳四季
西环景苑
融报社
太平桥派出所
联友宾馆
馨莲茗园
马连道茶城
市农机公司
农机大厦
京城茶叶一条街
华夏女子中学
马连道幼儿园
红莲晴园
人事部家招待所
家乐福超市
红居街
广外第一小学
红莲中里
市六十六中分校
红莲小学
市商标印刷厂
小红庙
广安门站
北京茶叶总公司
广安小区
广安门外街道办事处
马连道胡同
西宁市政府驻京联络处
红莲南里
北京物通储运公司
中联饭店
中国金融出版社
金宫花园
京闽茶业批发市场
明华灯具厂
京西站南路

61

A
B
1
2
3
4
5
复兴门外大街
复兴门内大街
复兴门南大街
宣武门西大街
广安门内大街
西便门东街
白广路
南横西街
广安门北滨河路
广安门南滨河路
月坛街道
金融街街道
广安门内街道
广安门外街道
牛街街道
白纸坊街道
宣武门外大街
华北电力科学研究院
中国国际贸易促进委员会
中国国际商会
市规划设计院
市建筑设计院
建威大厦
复兴门桥
上海浦东发展银行
百盛购物中心
中国工艺美术馆
中国人民银行
九鼎大厦
中国网通复兴门营业厅
国家民族事务委员会
中国工商银行总行
民族饭店
民族文化宫
西单小学
中华全国供销合作总社
中国银行
中国光大大厦
复兴商业城
中化大厦
国家广播电视总局
中国广播电影电视集团
逸夫会议中心
北京国际金融大厦
北京巴西烤肉
中国民生银行
真武饭店
育民小学
国家版权局
中国教育电视台
远洋大厦
北京商业银行
招商银行
市第二实验小学
中央人民广播电视业务大楼
广播剧场
北京市电视节目供片中心
北京市发展和改革委员会
天银大厦
西城区电子电器职业高中
国家电网公司电力经济研究中心
李大钊故居
市印刷协会
克勤郡王府
原国立北平大学女子师范学院
鲁迅中学
文化部印刷厂
醇亲王府
中央音乐学院
中华圣工会教堂
京铁生达大厦
西城区经济贸易委员会
真武庙四里
真武庙五里
真武庙六里
青龙桥小学
北京市通信公司
国家邮政局
奋斗小学
民国国会议场
北京群众艺术馆
市电影器材公司
新华通讯社
参考消息
市八中初中部
西便门桥
明北京城墙遗址
北京信息职业技术学院
市自来水公司
中国新闻书店
新华社印刷厂
潇湘会馆
白云观街北里
飞霞饭店
西便门东里
西便门西里
金融大厦
大成大厦
金水大厦
国华商场
加油站
顺峰酒店
星海大厦
中国建设银行
翠芳园
北京翔达山城饭店
飞鹰宾馆
宣武门外西里
中国图片社
中国税务报社
长椿街西里
长椿街东里
国家资产监督管理委员会
国家食品药品监督管理总局
北京市物资总公司党校
上斜街小学
富豪宾馆
天宁寺桥
市财会学校
中国建设银行分行
槐柏树街北里
长晨宾馆
三庙大院
北京小学
之晋宾馆
市二〇四中
京中大厦
槐柏树街
康乐里小学
天宁寺东里
五洲工程设计研究院
槐柏树街南里
市金融工作局
广安门内街道办事处
康乐里
权盛里
广安门内房管所
宣武艺园
市府大楼
中国家用电器研究院
医药公司
金色假日酒店
广义里
广安门内派出所
宣武广内医院
市盐业公司
市第二公共汽车公司第三保养分公司
广义街小学
广安门内工商所
长椿里
京良宾馆
市十四中分校
校场社区
市一三一中
天泽园
天翔宾馆
宣外大街小学
丹通大厦
长椿寺
市十四中
核桃园街
核桃园南里
北京第一低压电器有限责任公司
老墙根第一小学
西城财政局
北京实验职业学校
宣武医院
宣武疾病预控中心
天齐金属大厦
北线阁小学
中医研究院
广安门医院
乐凯大厦
中国商业出版社
报国寺
北京市回民学校
宣武第二职业学校
新居东里
广安东里
广信嘉园
广安宾馆
广安门桥
广安东桥
信息大厦
深圳大厦
北京粮食集团研发中心
东来顺
菜市口
高新大厦
工商银行宣武支行
华北电网公司
新时代大酒店
市残疾人联合会
京粮大厦
菜市口百货商场
西华经典
信恒大厦
似海恰家
东华金座邮政局
凌云居
菜市口星光商厦
枫桦豪景
北京市移动通信枢纽大厦
宣武图书馆
西城武装部
中国电力总公司
北京钢铁设计研究总院
牛街街道办事处
牛街派出所
牛街东里一区
五联服务集团公司
谭嗣同故居
白菜湾小区
中国建设银行
京百南城商贸公司
北京华能公司
广安体育馆
宣武体育场
北京回民小学
法源寺
湖南会馆
绍兴会馆
国务院台湾事务办公室
京徐宾馆
义利纳贝斯克食品公司
水利部
牛街西里二区
牛街礼拜寺
牛街东里二区
法源寺西里
中国佛学院
北京实验职业学校
攀钢宾馆
中民大厦
百货商场
广安中学
春风小区
宣武文化宫
北方工业总公司
北方大厦
白菜湾
菜园北里
市六十六中
宣兴大厦
广安门电影院
金狮酿造工业公司
宣武青少年科学技术馆
国家民委招待所
中国伊斯兰教经学院
立恒名苑
国大药房
城市之光大厦
粤东新馆
中国铁路物资总公司
中环大厦
华北电网公司
白广路东里
北京市回民医院
加油站
一六一中学
宣武保险公司
陶然居
海城酒店
枣林西里
樱桃西里
樱桃东里
邮电器材总公司
双槐里
平原里
菜园东里
白广路西里
中国邮政集团邮票印刷局
北京联大建筑学院
白纸坊医院
华亨大厦
虹口宾馆
建功北里
白纸坊街道办事处
西城园林市政管理局
电力建设研究所
滨河里
白纸坊北里
市六十六中
北京中融安全印务公司
新安北里
万寿公园
市一四零中
平原里
鸭子桥北里
建功北里
北京实验职业学校
万和世家
市科通电子继电器总厂
半步桥小学
樱桃园电话局

60

67

D
E
一六一中学
天安门
皇城艺术馆
菖蒲河公园
天安门西
天安门东
仪亲王府
民航营业大厦
工业和信息化部
长安街
西长安街邮电局
国家大剧院
人民大会堂西路
人民大会堂
国旗升旗处
天安门广场
公安部
国家安全部
东华门街道
中国国家博物馆
人民英雄纪念碑
国家电网公司
建苑宾馆
北京音乐厅
嘉华大厦
市三十一中
长安小学
西长安街街道
西长安街街道办事处
长星物业管理公司
吕祖阁
北京市椿树整流器厂
四合院
宁波宾馆
人民大会堂宾馆
大会堂南路
中国银行
毛主席纪念堂
大陆银行等银行旧址
天安门地区公安分局
广场购物中心
警察博物馆
市公安局
市安全局
市二十九中
中国钱币博物馆
北京市供电公司
市一六一中
中国保险报社
正阳门
北京急救中心
北京市红十字会
和平门菜市场
北京市教育委员会
前门西大街
宣武门东大街
中国集邮总公司
和平门商场
泰丰楼饭庄
老舍茶馆
前门
箭楼
市规划馆
前门外国语学校
老北京车站商场
和平门外西里
和平门邮局
前门西街中学
北京全聚德烤鸭店
正乙祠
昆明大厦
椿树
和平门中学
北师大附属中学
大栅栏
前门新饭店
瑞蚨祥绸布店
前门全聚德烤鸭店
前门街道
北京第一实验小学
庄胜城
北京市河北梆子剧团
一得阁
墨汁厂
广甸电话局
炭儿胡同小学
瑞宾饭店
紫云恒宾馆
长巷四条小学
大众剧场
福建汀洲会馆北馆
荣宝斋
中国书店
琉璃厂邮局
清真寺
椿树医院
古籍书店
一得阁
大观楼影院
内联升鞋店
同仁堂药店
百顺宾馆
琉璃厂小学
汲古阁
大栅栏派出所
五联宾馆
京兆饭店
广甸综合楼
东南园小区
椿树园
椿树派出所
椿树街道办事处
市四十三中
启孙公园小学
大栅栏街道办事处
阳平会馆古戏楼
东城区
安徽会馆
北京工商联宣武办事处
西城个体协会
金天地宾馆
埃克盛国际大酒店
中国集邮总公司
北京机械密封件厂
椿树斜街小学
珠市口东大街
远东饭店
紫云轩宾馆
太原驻京办
珠市口
天坛街道办事处
京报馆旧址
北京第一实验小学
市公安局西城分局
宣武少儿图书馆
丰泽园饭店
泰山宾馆
华北光学仪器公司
宣武少年美术馆
市水泥供应公司
纪晓岚故居
晋阳饭店
珠市口西大街
南庆仁药店
骡马市大街
湖广会馆
首都刻字厂
北京太丰惠中大厦
北京风雷京剧团
腾远宾馆
骡马市邮局
东方饭店
香厂路小学
曙光美术学校
前门医院
西城规划与自然资源局
北京市工人俱乐部
宣武中医医院
前门教料用品商店
北京天坛实业总公司
北京广播电影电视科技公司
陶然亭街道
北京前门建国饭店
南区邮政局永安路邮局
天桥房管所
北京邮政速递局
北京市服刊零售公司
天坛街道社区服务中心
宣武职工中专
北京市技术交流馆
中国档案报社
宝山商务酒店
北京友谊医院
天桥街道
盛金天桥商城
天桥北里
天桥北里中华电影娱乐宫
陶然亭派出所
虎坊路社区
徐悲鸿中学初中部
天桥街道办事处
陶然北岸
新北纬饭店
天桥医院
北京自然博物馆
天坛街道
东城区
如家快捷酒店
潇湘大厦
市民广场
陶然医院
西城税务局
北纬路中学
伊斯兰教经学院
天桥剧场
天桥
天坛公园
四平园
韵竹园
中央芭蕾舞团
中国通用机械工程总公司
北京食品酿造研究所
环境研究所
中国疾病预防控制中心
天桥南里
新民里
中国歌剧舞剧院
天坛西门
陶然亭街道办事处
北京汽车工业总公司
红土店
宣武分局巡警支队
市地矿总公司
中国医学科学院药物研究所
天桥百货商场
祈谷门
复康里
中国药品生物制品检定所
宣武少年宫
黑窑厂西里
中国戏曲学院附属中等戏曲学校
市八十八中
先农坛
天坛北里
复康南里
陶然亭路
太平街
永定门内大街
南纬路
虎坊路
前门大街
1
2
4
5

东方广场
东方君悦大酒店
贵宾楼饭店
北京饭店
欧美同学会
中纺大厦
中华全国妇女联合会
交通运输部
长安大戏院
中国社会科学院
东长安街
建国门内大街
长安俱乐部
中国远洋运输（集团）总公司
商务部
中国华诚集团
东单体育中心
光彩国际中心
新闻大厦
华夏银行
于谦祠
四合院
北京市邮政管理局
香港特区政府驻京办事处
中粮广场
海关总署
中国纺织工业协会
北京铁路公安局
中国国际问题研究所
北京日报报业集团
北京站派出所
天元大厦
北京邮政中心局
恒基中心
汇利达宾馆
翰林院遗址
中国人民对外友好协会
职工国际旅行社
中国国际贸易学会
东单公园
内蒙古自治区人民政府驻北京办事处
北京市地下铁道建设公司
华美伦酒店
北京站邮局
宝辰饭店
北京站街
北京站
北京市人事局
北京市总工会
北京邮政博物馆
三江饭店
北京站西街
信通大厦
金安大酒店
东华门街道
东城区口腔医院
北京医院
北京同仁医院
人民最高法院
中国民生银行总行
东交民巷小学
东交民巷饭店
天主教堂
东交民巷派出所
金朗大酒店
亚斯立堂
丁香小学
东城分局巡警支队
中国旅行总社
同仁医院眼科研究所
市一二五中
北京市外国语学校
北京市邮政局干线运输局
北京邮政速递局
红都时装公司
东都宾馆
首都大酒店
紫金宾馆
中国银行
新侨饭店
汇置通大厦
华风宾馆
明城墙遗址
明城墙遗址公园
前门东大街
崇文门西大街
崇文门
崇文门东大街
崇文门饭店
崇文门中学
东城区花市小学
共青团中央
市一七五中
银建金融大厦
宝鼎大厦
市九十六中
东方瑞祥和商贸集团
东花市街道办事处
北京同仁堂制药厂
尧鑫宾馆
北京象牙雕刻厂
新世界商场
便宜坊烤鸭店
新世界万怡酒店
崇文门派出所
崇文口腔医院
假日饭店
亚通信托公司
东花市北里西区
宝润苑
回民小学
人民法院报社
商业局
前门小学
崇文区中医医院
花市电影院
花市大街
花市枣苑
前门派出所
前门街道
花市新华书店
金伦大厦
花市清真寺
东花市南里
市二二三中
北京医药机械学校
市一一六中
新世界太华公寓
正仁大厦
太康大厦
西花市南里西区
西花市南里东区
北京市东升帽厂
银都大厦
新景家园
崇文门外街道办事处
崇文小学
前门街道办事处
都市馨园
东城
新世界家园
北京市普仁医院
京文廖氏大厦
北京市电信局广渠门营业厅
市正明斋糕点厂
光明日报报业集团
新城文化大厦
崇豫宾馆
磁器口
珠市口东大街
广渠门内大街
通正国际大厦
桥湾
天坛派出所
金鱼池电话局
大都市体育时尚广场
长白山酒家
北京市汇文中学
金台书院
中国农业银行北京支行
市十一中
北京豆制品三厂
东城儿童医院
金鱼池宾馆
龙须沟北里
北京市第六住总工程公司
市一七八中
中国环境科学出版社
博士伦眼镜公司
东城区图书馆
崇文区印刷厂
万泉堂药店
北京玻璃研究所
北京围巾厂
北京市民政局
金鱼池西区
金鱼池中区
北京制帽厂
金鱼池东区
天坛北里
元隆大厦
崇文天主教堂
东城人民法院
御膳饭店
中国银行
北京市交电公司
法华寺街小学
靠港宾馆
德惠怡宾馆
市四十九中
北京市鞋帽工业联合公司
科瑞移动电话营业厅
天民市场
体育馆路医院
市公安局东城分局
天坛街道
法华寺街
北京市人民政府新闻办公室
物美商场
东南商务会馆
体育馆路街道办事处
信用北里
法华南里
京翔宾馆
北天门
红桥市场
东城实验中学
东城工人文化宫
天坛公园
天坛东门
东城环境卫生管理局
住总天排大厦
国家体育总局体育科研所
天坛饭店
幸福南里
神厨
宰牲亭
工商银行
东城税务局
体育馆路
双环万寿亭
祈年殿
膳饮斋
七十二长廊
东门
天坛体育宾馆
中国体育报业总社
北京体育馆
国家体育总局
七星石
崇文党校
东城少年宫
市一零九中
东城市政管委
宫北园
月季园
丹陛桥
东天门
天坛东里北区
龙潭路小学
西天门
昊园宾馆
天坛东路
龙潭西里
柳荫轩饭庄
钟楼
东城体育局
天坛体育场
天坛中学
北京计算机五厂
龙潭西湖公园
斋宫
崇文少年体校
万全堂药店
北京首府饭店
成贞门
崇文中医医院
皇穹宇
崇文物价局
交通银行北京分行
市二〇〇中

61

68

55

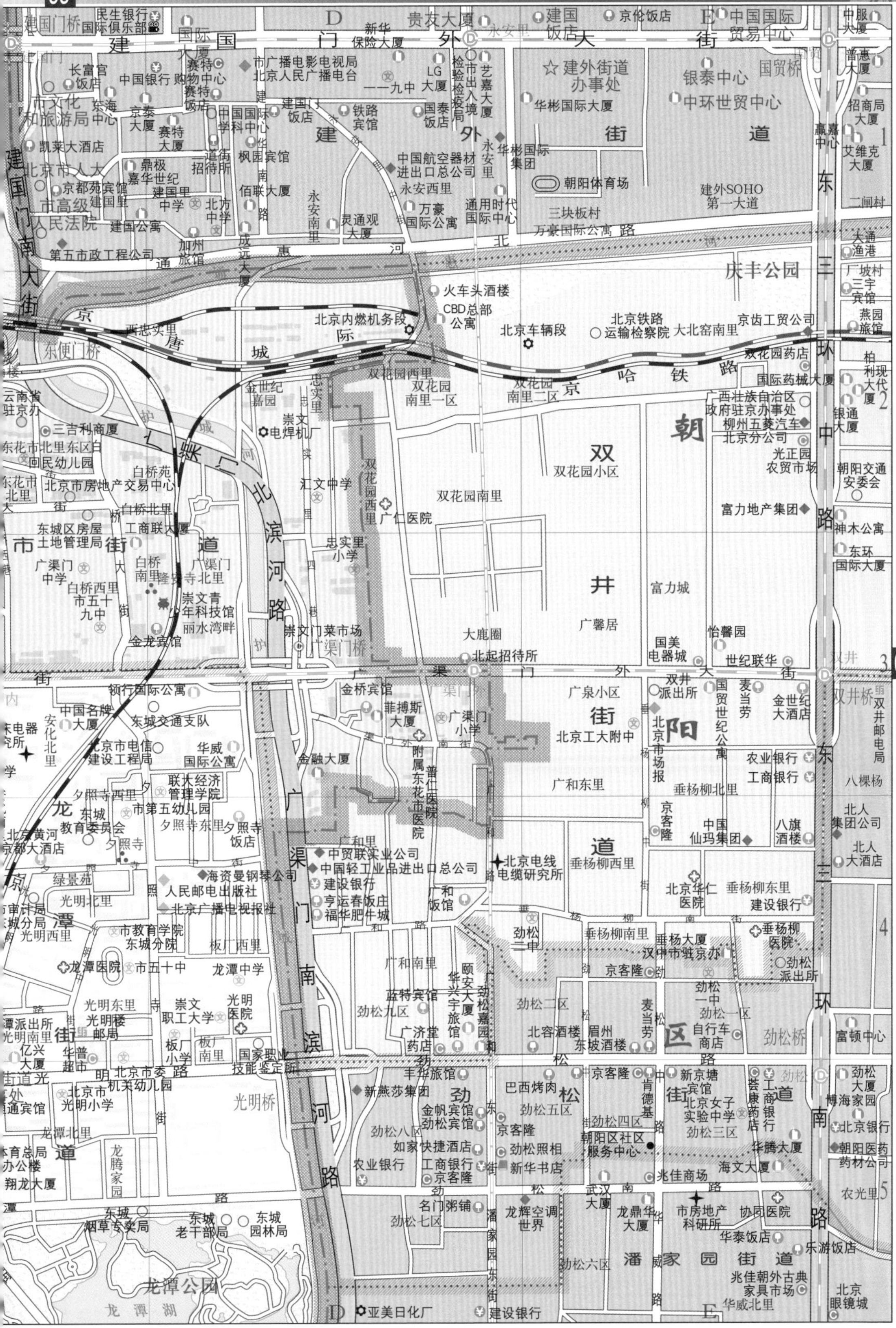
建国门桥
民生银行
国际俱乐部
建国门外大街
国际大厦
新华保险大厦
贵友大厦
永安里
建国饭店
京伦饭店
中国国际贸易中心
中服大厦
长富宫饭店
中国银行
赛特购物中心
赛特饭店
市广播电影电视局
北京人民广播电台
一一九中
LG大厦
检验检疫局
市出入境
艺嘉大厦
建外街道办事处
银泰中心
国贸桥
普惠大厦
市文化和旅游局
东海中心
京泰大厦
赛特大厦
中国国际学科中心
建国门饭店
铁路宾馆
国泰饭店
华彬国际大厦
中环世贸中心
招商局大厦
凯莱大酒店
北京市人大
鼎极嘉华世纪
二道街招待所
枫园宾馆
中国航空器材进出口总公司
永安里
华彬国际集团
嬴嘉中心
艾维克大厦
京都苑宾馆
建国里中学
佰联大厦
永安西里
朝阳体育场
北京市高级人民法院
北京市建国里
北方中学
永安南里
灵通观大厦
万豪国际公寓
通用时代国际中心
建外SOHO第一大道
三块板村
万豪国际公寓
二闸村
第五市政工程公司
建国公寓
加州旅馆
成远大厦
通惠河北路
东三环中路
大通渔港
庆丰公园
厂坡村三宇宾馆
燕园旅馆
火车头酒楼
CBD总部公寓
北京内燃机务段
北京车辆段
北京铁路运输检察院
大北窑南里
京齿工贸公司
京哈铁路
西忠实里
东便门桥
双花园药店
双花园西里
双花园南里一区
双花园南里二区
国际药械大厦
柏利现代大厦
云南省驻京办
金世纪嘉园
忠实里
广西壮族自治区政府驻京办事处
柳州五菱汽车北京分公司
银通大厦
三吉利商厦
崇文电焊机厂
朝阳
双井
光正园农贸市场
朝阳交通安委会
东花市北里东区
向民幼儿园
白桥苑
北京市房地产交易中心
东花市北里
双花园小区
双花园南里
汇文中学
双花园西里
广仁医院
富力地产集团
白桥北里
东城区房屋土地管理局
工商联大厦
神木公寓
东环国际大厦
东花市街道
广渠门中学
白桥南里
隆安寺北里
广渠门
忠实里小学
白桥西里
市五十九中
崇文青年科技馆
丽水湾畔
富力城
北滨河路
金龙宾馆
崇文门菜市场
广渠门桥
大鹿圈
广馨居
国美电器城
怡馨园
世纪联华
北起招待所
双井桥
广渠门外大街
颐行国际公寓
金桥宾馆
广泉小区
双井派出所
国贸世纪公寓
麦当劳
金世纪大酒店
双井邮电局
中国名牌大厦
东城交通支队
菲搏斯大厦
广渠门小学
北京工大附中
北京市场报
安化北里
北京市电信建设工程局
华威国际公寓
农业银行
工商银行
八棵杨
附属普仁医院
东花市医院
金融大厦
广和东里
垂杨柳北里
联大经济管理学院
夕照寺西里
市第五幼儿园
京客隆
中国仙玛集团
八旗酒楼
北人集团公司
东城教育委员会
北京黄河京都大酒店
夕照寺东里
夕照寺饭店
广和里
龙潭街道
中贸联实业公司
中国轻工业品进出口总公司
北京电线电缆研究所
垂杨柳西里
北人大酒店
绿景苑
海资曼钢琴公司
人民邮电出版社
建设银行
亨运春饭店
福华肥牛城
广和饭馆
北京华仁医院
垂杨柳东里
建设银行
光明北里
北京广播电视报社
光明西里
市教育学院东城分院
板厂西里
劲松二中
垂杨柳南里
垂杨大厦
汉中市驻京办
垂杨柳医院
劲松派出所
龙潭医院
市五十中
龙潭中学
广和南里
京客隆
劲松一中
劲松一区
光明东里
光明楼邮局
崇文职工大学
光明医院
蓝特宾馆
劲松九区
颐安华宇大厦
劲松嘉园
劲松二区
麦当劳
自行车商店
劲松桥
富顿中心
光明南里
亿兴大厦
华普超市
板厂小学
板厂南里
国家职业技能鉴定所
广济堂药店
北容酒楼
眉州东坡酒楼
区
光明路
北京市委机关幼儿园
北京市光明小学
光明桥
丰华旅馆
新燕莎集团
劲松
巴西烤肉
京客隆
肯德基
新京塘宾馆
北京女子实验中学
劲松三区
荟康药店
工商银行
劲松大厦
博海家园
龙潭北里
劲松八区
金帆宾馆
劲松宾馆
劲松五区
劲松四区
朝阳区社区服务中心
北京银行
如家快捷酒店
京客隆
劲松照相
华腾大厦
朝阳医药药材公司
体育总局办公楼
龙腾家园
农业银行
工商银行
京客隆
新华书店
兆佳商场
海文大厦
翔龙大厦
龙潭路
名门粥铺
劲松七区
龙辉空调世界
武汉大厦
龙鼎华大厦
市房地产科研所
协同医院
农光里
东城烟草专卖局
东城老干部局
东城园林局
潘家园东街
华泰饭店
乐游饭店
劲松六区
潘家园街道
兆佳朝外古典家具市场
龙潭公园
龙潭湖
亚美日化厂
建设银行
华威北里
北京眼镜城
东三环南路
广渠门南滨河路

63

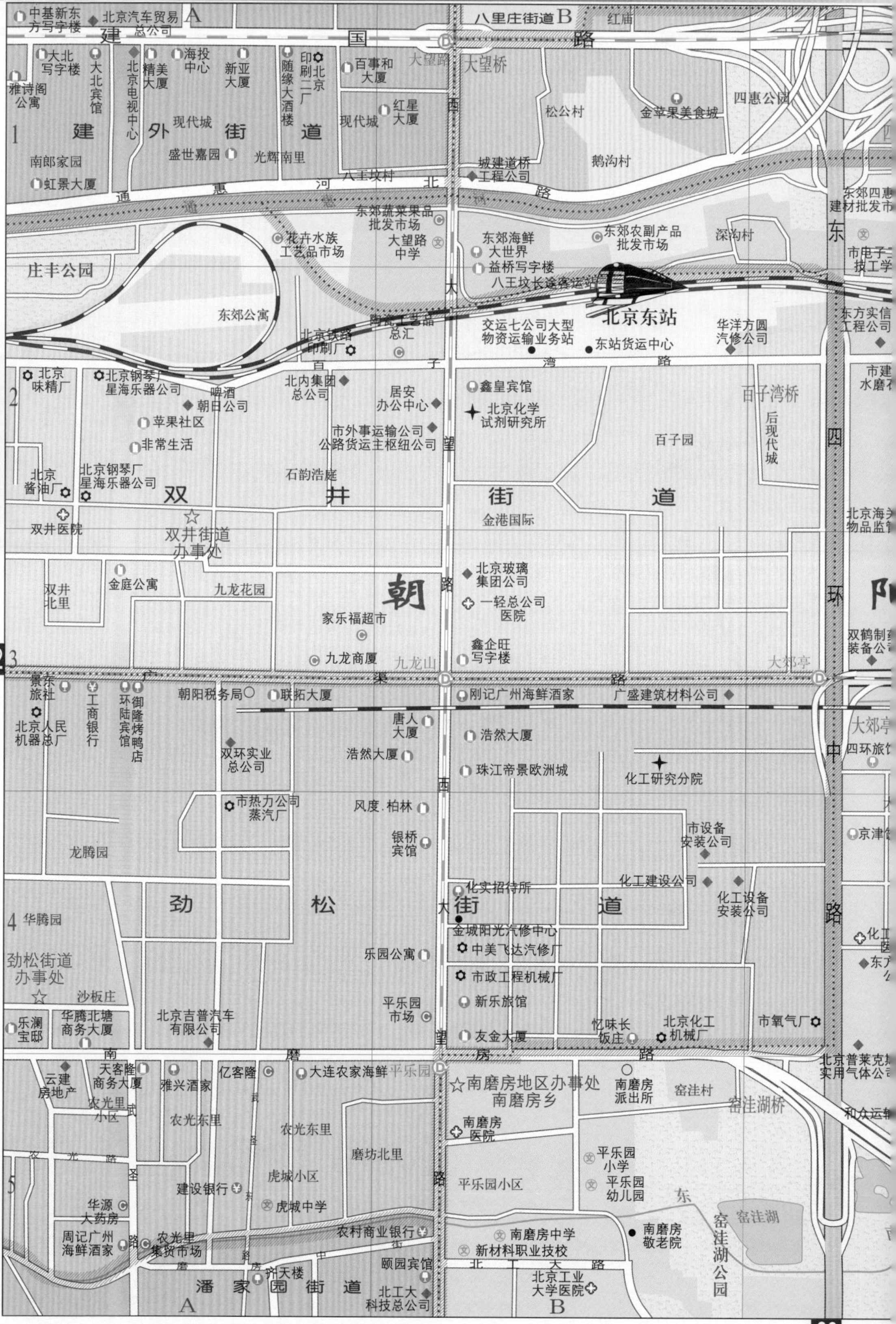

A
B
1
2
3
4
5
中基新东方写字楼
北京汽车贸易总公司
八里庄街道
红庙
建国路
大望路
大望桥
大北写字楼
大北宾馆
北京电视中心
精美大厦
海投中心
新亚大厦
随缘大酒楼
印刷二厂
北京
百事和大厦
雅诗阁公寓
红星大厦
现代城
松公村
金苹果美食城
四惠公园
建外街道
盛世嘉园
光辉南里
南郎家园
虹景大厦
八王坟村
城建道桥工程公司
鹅沟村
通惠河北路
东郊蔬菜果品批发市场
东郊四惠建材批发市
花卉水族工艺品市场
大望路中学
东郊海鲜大世界
东郊农副产品批发市场
深沟村
市电子技工学
庄丰公园
益桥写字楼
八王坟长途客运站
东郊公寓
陶瓷工艺品总汇
北京东站
东方实信工程公司
北京铁路印刷厂
交运七公司大型物资运输业务站
东站货运中心
华洋方圆汽修公司
百子湾路
北京味精厂
北京钢琴厂星海乐器公司
啤酒
朝日公司
北内集团总公司
居安办公中心
鑫皇宾馆
百子湾桥
市建水磨石
北京化学试剂研究所
苹果社区
非常生活
市外事运输公司
公路货运主枢纽公司
百子园
后现代城
东四环路
北京酱油厂
石韵浩庭
双井街道
双井医院
双井街道办事处
金港国际
北京海关物品监管
金庭公寓
九龙花园
北京玻璃集团公司
双井北里
朝阳
一轻总公司医院
家乐福超市
双鹤制药装备公司
鑫企旺写字楼
九龙商厦
九龙山
大郊亭
广渠路
景东旅社
工商银行
环陆宾馆
御隆烤鸭店
朝阳税务局
联拓大厦
刚记广州海鲜酒家
广盛建筑材料公司
北京人民机器总厂
唐人大厦
浩然大厦
大郊亭
四环旅馆
双环实业总公司
珠江帝景欧洲城
化工研究分院
市热力公司蒸汽厂
风度.柏林
市设备安装公司
京津
龙腾园
银桥宾馆
化实招待所
化工建设公司
劲松街道
化工设备安装公司
华腾园
金城阳光汽修中心
劲松街道办事处
中美飞达汽修厂
乐园公寓
沙板庄
市政工程机械厂
新乐旅馆
平乐园市场
乐澜宝邸
华腾北塘商务大厦
北京吉普汽车有限公司
忆味长饭庄
北京化工机械厂
市氧气厂
友金大厦
北京普莱克斯实用气体公司
南磨房路
云建房地产
天客隆商务大厦
雅兴酒家
亿客隆
大连农家海鲜
平乐园
南磨房地区办事处
南磨房乡
南磨房派出所
窑洼村
窑洼湖桥
和众运输
农光里小区
农光东里
农光东里
南磨房医院
武圣路
农光路
磨坊北里
平乐园小学
平乐园小区
平乐园幼儿园
建设银行
虎城小区
虎城中学
华源大药房
窑洼湖
窑洼湖公园
周记广州海鲜酒家
农光里集贸市场
农村商业银行
南磨房中学
新材料职业技校
南磨房敬老院
颐园宾馆
北工大路
齐天楼
潘家园街道
北京工业大学医院
北工大科技总公司

62

69

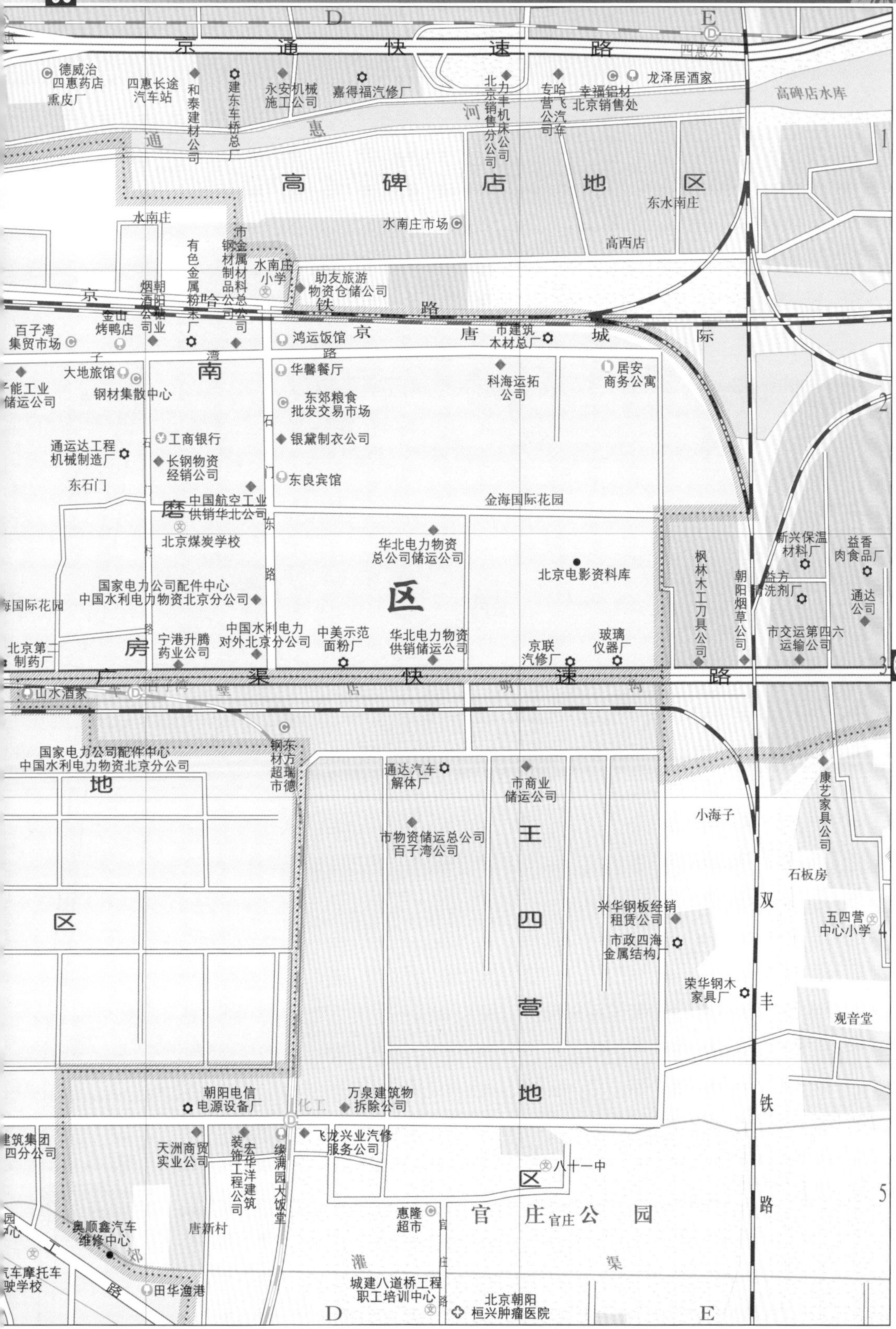
京通快速路
四惠东
德威治
四惠药店
熏皮厂
四惠长途汽车站
和泰建材公司
建东车桥总厂
永安机械施工公司
嘉得福汽修厂
北京销售分公司
力丰机床公司
专营公司
哈飞汽车
幸福铝材北京销售处
龙泽居酒家
高碑店水库
通惠河
高碑店地区
东水南庄
水南庄市场
高西店
水南庄
有色金属粉末厂
市钢材金属制品总公司
水南庄小学
助友旅游物资仓储公司
京哈铁路
京唐城际
朝阳烟酒公司
金山烤鸭店
百子湾集贸市场
鸿运饭馆
市建筑木材总厂
南磨房区
大地旅馆
钢材集散中心
华馨餐厅
科海运拓公司
居安商务公寓
东郊粮食批发交易市场
工商银行
银黛制衣公司
通运达工程机械制造厂
长钢物资经销公司
东良宾馆
东石门
中国航空工业供销华北公司
金海国际花园
北京煤炭学校
华北电力物资总公司储运公司
北京电影资料库
枫林木工刀具公司
朝阳烟草公司
新兴保温材料厂
益香肉食品厂
益方清洗剂厂
通达公司
国家电力公司配件中心
中国水利电力物资北京分公司
中国水利电力对外北京分公司
宁港升腾药业公司
中美示范面粉厂
华北电力物资供销储运公司
京联汽修厂
玻璃仪器厂
市交运第四六运输公司
北京第二制药厂
广渠快速路
山水酒家
百子湾
东方钢材超市
通达汽车解体厂
市商业储运公司
王四营地区
康艺家具公司
小海子
市物资储运总公司百子湾公司
石板房
双丰铁路
兴华钢板经销租赁公司
五四营中心小学
市政四海金属结构厂
荣华钢木家具厂
观音堂
朝阳电信电源设备厂
万泉建筑物拆除公司
化工路
建筑集团四分公司
天洲商贸实业公司
宏华洋建筑装饰工程公司
缘满园大饭堂
飞龙兴业汽修服务公司
八十一中
奥顺鑫汽车维修中心
唐新村
惠隆超市
官庄公园
灌渠
汽车摩托车驾驶学校
田华渔港
城建八道桥工程职工培训中心
北京朝阳桓兴肿瘤医院
D
E
1
2
3
4
5
64
城区扩大图

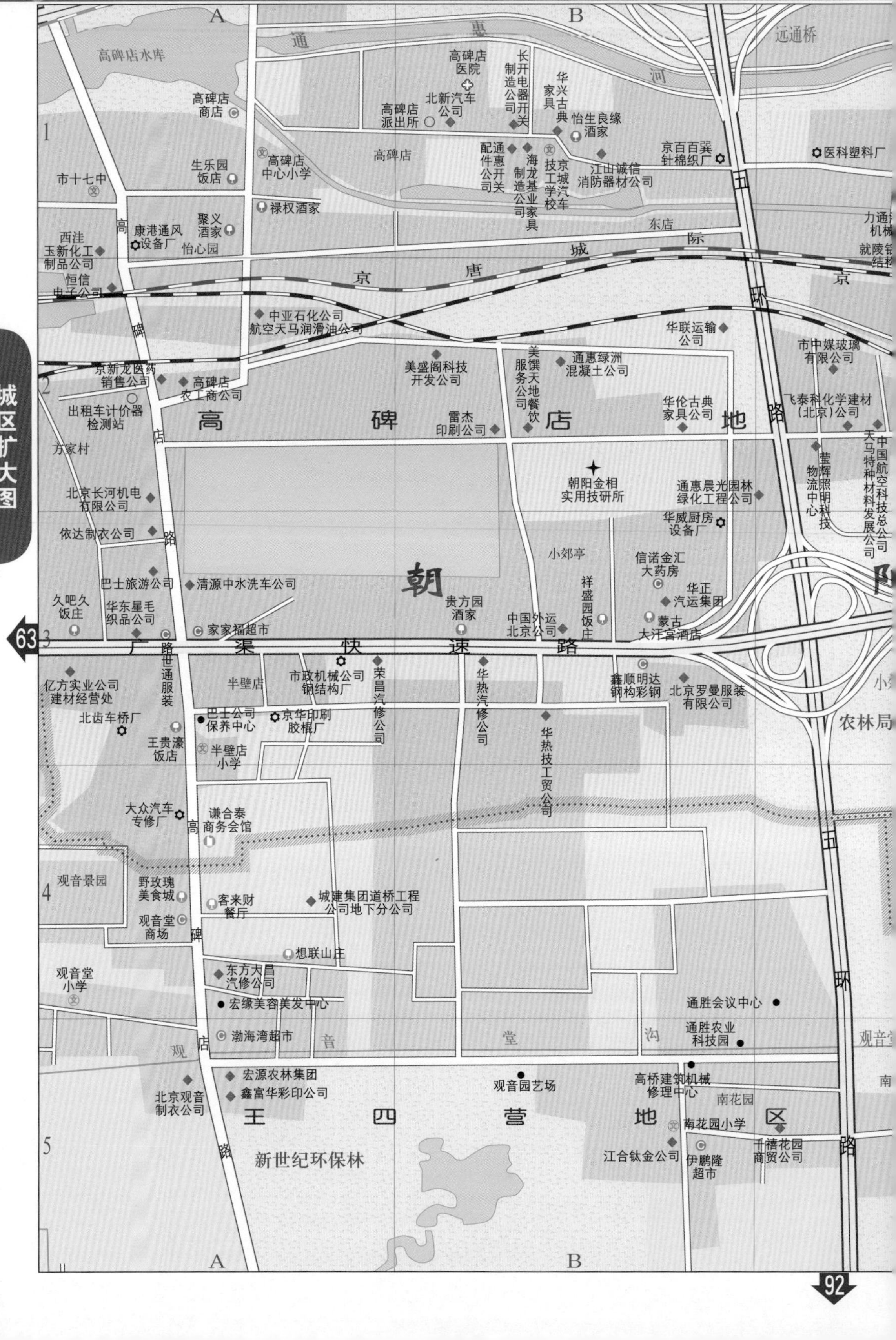
高碑店水库
通惠河
远通桥
高碑店医院
长开电器制造公司开关
华兴古典家具
北新汽车公司
高碑店商店
高碑店派出所
怡生良缘酒家
高碑店
配件公司
通惠开关
海龙基业家具制造公司
京城汽车技工学校
京百百巽针棉织厂
医科塑料厂
江山诚信消防器材公司
生乐园饭店
高碑店中心小学
市十七中
禄权酒家
聚义酒家
康港通风设备厂
怡心园
西洼
玉新化工制品公司
恒信电子公司
东店
京唐城际
京
中亚石化公司
航空天马润滑油公司
华联运输公司
市中媒玻璃有限公司
京新龙医药销售公司
高碑店农工商公司
美盛阁科技开发公司
美馔服务公司
天地餐饮
通惠绿洲混凝土公司
出租车计价器检测站
高碑店地区
雷杰印刷公司
华伦古典家具公司
飞泰科化学建材（北京）公司
方家村
朝阳金相实用技研所
莹辉照明科技物流中心
中国航空科技天马特种材料发展总公司
北京长河机电有限公司
通惠晨光园林绿化工程公司
华威厨房设备厂
依达制衣公司
小郊亭
信诺金汇大药房
巴士旅游公司
清源中水洗车公司
朝阳
华正汽运集团
久吧久饭庄
华东星毛织品公司
贵方园酒家
中国外运北京公司
祥盛园饭庄
蒙古大汗宫酒店
家家福超市
63
广渠快速路
路世通服装
亿方实业公司建材经营处
半壁店
市政机械公司钢结构厂
荣昌汽修公司
华热汽修公司
鑫顺明达钢构彩钢
北京罗曼服装有限公司
小
农林局
北齿车桥厂
巴士公司保养中心
京华印刷胶棍厂
王贵濠饭店
半壁店小学
华热技工贸公司
大众汽车专修厂
谦合泰商务会馆
高碑店路
五环路
观音景园
野玫瑰美食城
客来财餐厅
城建集团道桥工程公司地下分公司
观音堂商场
想联山庄
观音堂小学
东方大昌汽修公司
宏缘美容美发中心
通胜会议中心
渤海湾超市
观音堂沟
通胜农业科技园
观音堂
宏源农林集团
鑫富华彩印公司
北京观音制衣公司
观音园艺场
高桥建筑机械修理中心
南
南花园
王四营地区
南花园小学
千禧花园商贸公司
江合钛金公司
伊鹏隆超市
新世纪环保林
A
B
1
2
3
4
5
92

57
三间房地区
三间房乡
梆子井
德林义肢矫形器公司
珠江绿洲家园
双燕建材经营部
双柳小区
骨头庄
通惠河
双惠苑
欧陆风情商务会馆
玻璃钢制品厂
海聚酒家
北花园
北双桥
北花园小学
永和轩饭庄
北京东方物业有限公司
双桥铁路医院
台湾冠之杰汽车速箱北京分公司
天泰园
基亚特环保技术设备加工厂
西柳巷古典高捷家具公司
西柳巷
北京铁路运输技工学校
迪马石材
通双里农贸市场
鸿嘉汽修厂
宏光古典家具
恒毅石材公司
超古堂古典家具厂
京客隆站兴便利店
都一春饭店
腾飞门窗厂
中铁三局集团第四工程公司双桥办
福来乐
东柳巷
金三角汽配中心
管庄
秦
铁
双桥站
贝斯特家具材料公司
兴京木制品（北京）公司
金家村
三间房医院
德威治双惠药店
北京七〇一厂寰龙电子公司
豪沃尔电子设备公司
北内宇洋公司
北内双桥住宅小区
双桥一小
正华古典家具厂
广播电影电视部设备制造厂
双桥路西里
双桥路东里
双桥商场超市
双鹏建材商店
京通快速路
三间房地区
管庄地区
89
缘人奥涂料原材料科技公司
宏顺利达新型保温材料厂
华奥材料公司
北京鹏程房地产开发有限公司
双翔餐饮公司
京宝盛威商贸公司
金田公园
朝阳畜牧兽医技术服务中心
北京图腾宝佳厨房设备公司
中国传媒大学成教分院
双桥利通汽修公司
润发仓储部
市东方职业学校实习劳动基地
南洋模特儿衣架公司
何家村
绿友花卉公司
豆各庄地区
于家围北
于家围
石槽
万彩恒盛商贸公司
于南汽修厂
双桥商标印刷公司
于家围小学
祥和居饭庄
于家围南
运通客运公司清河车队
红石公园
双桥路
通惠灌渠
D
E
1
2
3
4
5

华荣美食城
河北鹏达建设集团
中国建筑土木工程物资设备公司
国爱艺术学院
张仪村农工商联合公司
中铁二局三公司
新兴传动轴厂
京达储运公司
东兴庄
中联达物流公司
得利鑫餐厅
富京龙门窗公司
卢沟桥老年公寓
新兴构件厂
联顺通仓服务中心
京粤港物流配套公司
苏坛伟业物资公司
大瓦窑水泥制品厂
上海鸿得利机械制造北京分公司
新兴保信建设总公司
联慧联德气体技术发展公司
丰城构件厂
首丰建材厂
东方塑料机械研究所
北京运输机械厂
城乡机械公司
二建公司
填鸭卢沟桥加工厂
六建模板分公司
市建筑木材厂分厂
六建商品混凝土公司
建工一宏达电缆桥架公司
抗日烈士赵登禹将军墓
宛平
市政构件厂
沙岗村
卢来顺饭庄
京西永世工程机械公司
银燕空调设备厂
卢沟桥北里
物美超市
隆兴餐厅
卢沟桥南路
宛平城
艾尔豪斯膜式工程研究所
卢沟桥饭店
卢沟桥南里
农村商业银行
卢沟桥农工商联合公司
和隆武碑
北京新丰汽车驾校
红运酒家
全来顺餐厅
京丰车辆管理局
市交管局京丰分所车管所
新丰机动车辆考试场
市公交管理局车辆管理所
北京新丰汽车驾校教练场
京园础租赁经营部
神龙汽车公司北京分库
小庄子
华丰纸箱厂
京岳木制门窗厂
北京城建集团道桥工程第三分公司
市一建机械分公司
大瓦窑果林农工商联合公司
大瓦窑
大瓦窑小学
卫人医院
国润堂医药研究院
惠龙源洗浴中心
晓月酒家
大瓦窑
西道口桥
会友饭庄
三环实业公司物资经销部
鑫鑫餐厅
北京铁路大型机械工程公司
祥龙物流城市配送中心
西道口站
卢沟桥街道
卢 沟 桥 街
凯恩帝数控技术公司
兴华构件厂
京华隆超市
农村商业银行
爱巢食品集团
为民饭店
西南坟
丰台区气象局
腾飞食品厂
三源建材粘合剂厂
市城建工程机械厂
城远公司
丰台成人中专
市东方食品公司
蝙蝠电器设备公司
大地物资再生联合总厂
市京安机动车监测场
中建九鼎建筑工程公司
康蒂尼制药厂
京呈元美食娱乐中心
富丽康美食娱乐城
铸锋液压件厂
中华福寿全敬老院
京丰弹簧厂
经济技术（西区）阳光修学校
西五里店
曼可顿北京公司
北京有限公司
可口可乐
物市资经公贸司委
国管局汽修厂
国管局机动车控测场
五
钢铁厂
大洋酒家
银建出租汽车公司
通宝塑料制品厂
红星集团纸箱厂
洪泰庄
丰台租赁公司
鸿达超市
奥维尔电气公司
洪泰庄
丹
看
农村机械研究所
丰台农机学校
刘庄子
瑞银汽修
碧水美食娱乐城
汇君餐馆
卢沟桥街道办事处
小屯中学
振华旅游学校
双林苑
金星装饰材料厂
郭庄子
丰台电源仪器设备厂
路香阁餐厅
双开达发装公饰司材料
京苑宾馆
凤山石材市场
凤山餐厅
郭庄子
佳通货运公司
威翔蓄电池厂
金宝岛歌舞厅
五里店北
百分百超级连锁鞋业
华洋木器厂
中外运久凌配载中心
丰台口岸
燕丰盛建设备租赁
五里店街道办事处
五里店小
京港澳
丰
京
卢
丰台
京广铁
A
B
1
2
3
4
5

91

70

D
E
岳各庄农副产品批发市场
北京联合制药厂
青塔街道
田各庄
碾子坟
新型玻璃钢制品厂
六里桥街道
浏阳河酒楼
天景园艺花卉市场
岳各庄桥
中亚石油化工集团
鸿兴食府
双楼村
北京一建公司商品砼公司
大井粘合剂
北京铁路工业总公司
丰台路口
田各庄小学
中国财经报社
东方红达食府
商贸公司
汽修服务公司
中联集利公司
双盛楼宾馆
蓝天商务楼
国医生物医学研究所
丰台城管监察直属分队
大井村
天海汽修厂
华山医院
丰台区税务局
卢沟桥国医院
商海洲宾馆
云天五金水暖分公司
科技创业中心
财政部信息网络中心
六里桥街道办事处
天翔大酒店
大井桥
岳各庄派出所
卢沟桥文化中心
阳建筑公司
中铁通信信号集团公司
科创大厦
中建一局集团公司
望园西里
大井北里
丰体北路
新民汽修厂
双盛平价超市
合仁堂大药店
丰台垒球场
望园北路
望园大厦
大井农工商联合公司
桥香建材公司
大井中里
重庆258火锅城
丰台体育中心
益人堂医药公司
华宇货运公司
河北二建公司
大井南里
北京龙力足球学校
丰台区财政局
北京市规划和自然资源委员会丰台分局
大井
丰台北路
京石高速公路
卢沟桥路
聚福祥饭庄
农村商业银行
景程桥
丰体南路
五里店北里
丰北桥
丰台花园
京丰宾馆
丰台区法院
丰台反贪贿赂局
丰台老干部局
福成肥牛火锅城
华运美食城
一汽北京军车服务站
丰台区
岳各庄车辆检测场
丰汇园酒家
聚丰川粤酒楼
丰台区检察院
聚丰宾馆
东风解放汽配大全
中国新兴供销总公司
首师大附属丽泽中学丰台师范学校
近园路
新兴家园
渝乡村
丰台区民政局
丰台区司法局
北大街
长城制药厂
北京天纬油嘴油泵公司
新华书店
丰台区人民政府
鑫丰鑫鑫轩酒家
丰台区实验学校
三利医药采购供应站药店
北大地商场
火车头宾馆
丰台师范附小
顺东方大厦
嘉事堂医药公司
五里店街道
丰台区实验学校小学二部
北大地桥
丰台少年宫
市小星星艺术团
丰卉家园
工商银行
冶金自动化研究院
丰台区人武部
北大地一里
丰卉小区
北大地三里
丰台工人俱乐部
丰益建筑工程公司
五里店小区
丰台电话局
丰台八中
丰台区粮食和物资储备局
丰台残疾人联合会
丰台党校
丰台行政学校
联大特殊教育学院
嘉信堂药店
丰台影剧院
丰台一小
和社会保障局
丰台区劳动
丰台社区医院
赛欧大厦
丰台区社区服务中心
印刷机械销售中心
丰台二中
中国航天建设集团
中复电讯商场
京都佳人娱乐城
佳盛居饭庄
安德利饭店
邮电局
东安街头条
丰台医院
市十二中（初中部）
丰台青少年图书馆
丰台街道办事处
控风货运
铁路机械厂
丰台区文化和旅游局
丰台区发改委
南永善里
丰台制药厂
丰台区卫生健康委员会
丰台百货商场
惠元旅馆
西四环南路
东大街
1
2
3
4
5

66

日月兴
和泰祥酒楼
新国线运输集团公司
亚东数控技术公司
稻花香大酒店
知味缘大酒店
职乡广业镇学企校业
友谊医院分院
铁路工程招待所
交通部档案馆
海航汽修厂
小井村
瑞发金属结构厂
商丘睢阳区驻京办
西局后街
宝丰线缆公司
亿客隆家具城
亿客隆商城
全路通宾馆
西局第五分公司
金象大药房
惠君饭店
三友宾馆
西局小学
亿浓世纪彩印公司
小井村
精图门窗厂
小井小学
尧之都广告公司
京郊旅游汽车服务中心
江苏金坛三建公司
金山城火锅
太平街道办事处
金岳电子公司
银屏道具制作部
小井
河南安阳钢铁公司驻京办
玉璞园
西局前街
万盛不锈钢设备厂
西局第一公司
西局东街农贸市场
精图消防器材厂
西局东街
六里桥街道
六里桥派出所
西局陶瓷市场
聊城市驻京联络处
西局西街
聚客隆超市
碧溪家居广场
西局西街
吉林油田驻京办
丽泽建材城
小井兴业市场
望园东里
西局欣欣
信通汇苑宾馆
宝丽达宾馆
东风宾馆
华辰饭店
西局东南街
中日园艺研究所
美食娱乐城
丰顺汽车教练场
呼铁大厦
温都快捷商务酒店
濮京酒店
濮阳市政府驻京办
朝歌大酒店
新乡宾馆
丰台区教委
丰台区司法局
瑞丰饭店
西局南街
资源和房管局
丰台区自然
首航超市
豫苑宾馆
鼎恒中心
丽泽天地购物中心
鑫丽泽招待所
丰台区供电公司
西局北路
云南楚雄驻京联络处
大江峡宾馆
金唐新光界
丽泽桥
东方家园
燕丰饭店
首都骨伤病研究所
金陶洁具公司
海航一招
丰台交通支队
丽泽天达汽修厂
丰华苑
东大街西里
雨丝书店
都市缘大酒店
富康公园
海空餐厅
东大街东里
丰台区税务局
丰
川府酒家
福兴美来酒家
圣保罗散热器公司
解放军总医院第五医学中心
紫茂陶瓷石材仓储中心
同仁堂制药厂
益泽公
星光旅馆
后泥洼
市十二中(高中部)
天主教
农业银行
保洁装饰总公司
华丰制药厂
丰台六小
人聚乐馨美食城
西管头
丰台饭店
金福成宾馆
源泰铝业铝材公司
七里庄
四环卫生药机厂
丰台街道
正航艺峰铝业装饰公司
丰益城市花园
北方汽车交易市场
闽西酒家
北方汽车交易大楼
小白羊超市
丰台区印刷厂
宏利天外天烤鸭店
盛鑫嘉园
丰台糖业烟酒公司
四环制药厂
泥洼
丰管路
建设银行
中建土木大厦
卢沟桥铁柜厂
康鑫园娱乐中心
翔峰云大厦
市公安局丰台分局
丰台东大街
东管头小区
丽泽隆科贸公司
东管头前街
中铁快
美林宾馆
丰台医星医院
东营里
金美地酒店用品公司
前泥洼
绿洲峰纸餐具厂
天添美食城
丰台派出所
文化娱乐中心
丰台煤炭公司
碧水湾
丰台站储运服务公司
丰台站货场
三环新城
正阳小区
北京丰台站
丰台站
丰台镇派出所
农工联合会
新村街
孟家村
铁道部桥梁工厂
汇丰家园
金丰园小区
长桥宾馆
房家村
孟村幼儿园
邮电所
洲洋宾馆
正阳大街
永隆中街
丰台北路
望园北路
万丰路
东大街
西三环南路

65

71

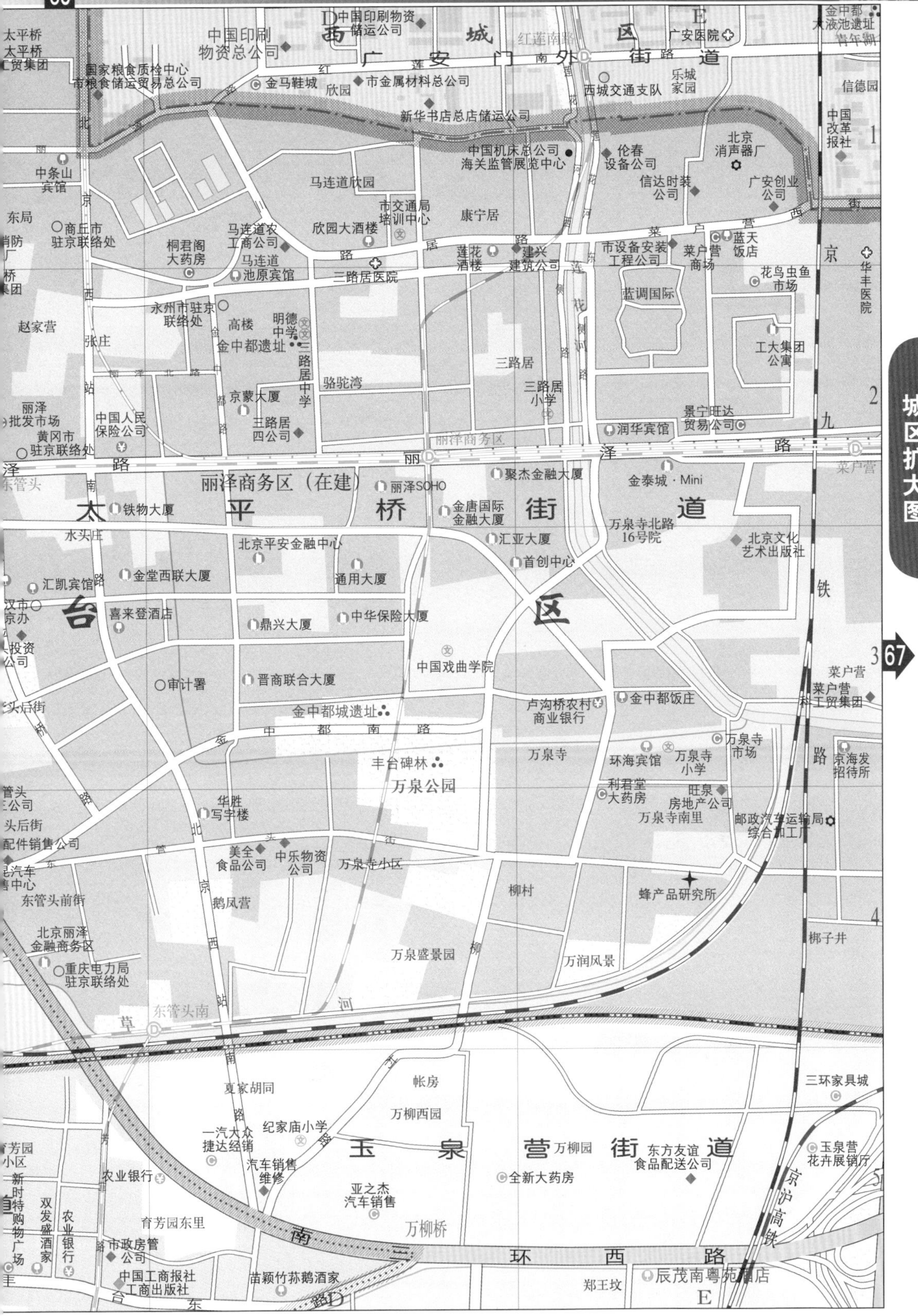
60
西城区
广安门外街道
太平桥
丽泽商务区（在建）
太平桥街道
丰台区
玉泉营街道
中国印刷物资储运公司
中国印刷物资总公司
国家粮食质检中心
市粮食储运贸易总公司
金马鞋城
欣园
市金属材料总公司
新华书店总店储运公司
广安医院
西城交通支队
乐城家园
中国机床总公司
海关监管展览中心
伦春设备公司
北京消声器厂
信达时装公司
广安创业公司
马连道欣园
市交通局培训中心
康宁居
中条山宾馆
商丘市驻京联络处
桐君阁大药房
马连道农工商公司
马连道池原宾馆
欣园大酒楼
三路居医院
莲花酒楼
建兴建筑公司
市设备安装工程公司
莱户营商场
蓝天饭店
花鸟虫鱼市场
华丰医院
蓝调国际
永州市驻京联络处
高楼
明德中学
金中都遗址
赵家营
张庄
三路居中学
骆驼湾
三路居
三路居小学
工大集团公寓
京蒙大厦
三路居四公司
中国人民保险公司
丽泽批发市场
黄冈市驻京联络处
景宁旺达贸易公司
润华宾馆
丽泽商务区
丽泽SOHO
聚杰金融大厦
金泰城·Mini
铁物大厦
金唐国际金融大厦
万泉寺北路16号院
北京文化艺术出版社
水头庄
北京平安金融中心
汇亚大厦
首创中心
金堂西联大厦
通用大厦
汇凯宾馆
喜来登酒店
鼎兴大厦
中华保险大厦
中国戏曲学院
审计署
晋商联合大厦
金中都城遗址
卢沟桥农村商业银行
金中都饭庄
菜户营
菜户营科工贸集团
金中都南路
丰台碑林
万泉公园
万泉寺
环海宾馆
万泉寺小学
万泉寺市场
京海发招待所
华胜写字楼
利君堂大药房
旺泉房地产公司
万泉寺南里
邮政汽车运输局综合加工厂
美全食品公司
中乐物资公司
万泉寺小区
东管头前街
鹅凤营
柳村
蜂产品研究所
北京丽泽金融商务区
重庆电力局驻京联络处
万泉盛景园
万润风景
椰子井
东管头南
夏家胡同
帐房
万柳西园
三环家具城
一汽大众捷达经销
纪家庙小学
万柳园
东方友谊食品配送公司
玉泉营花卉展销厅
汽车销售维修
全新大药房
农业银行
亚之杰汽车销售
育芳园东里
万柳桥
市政房管公司
南三环西路
中国工商报社工商出版社
苗颖竹荪鹅酒家
辰茂南粤苑酒店
郑王坟
京沪高铁
金中都大液池遗址
信德园
中国改革报社
D
E
1
2
3
4
67
城区扩大图

66

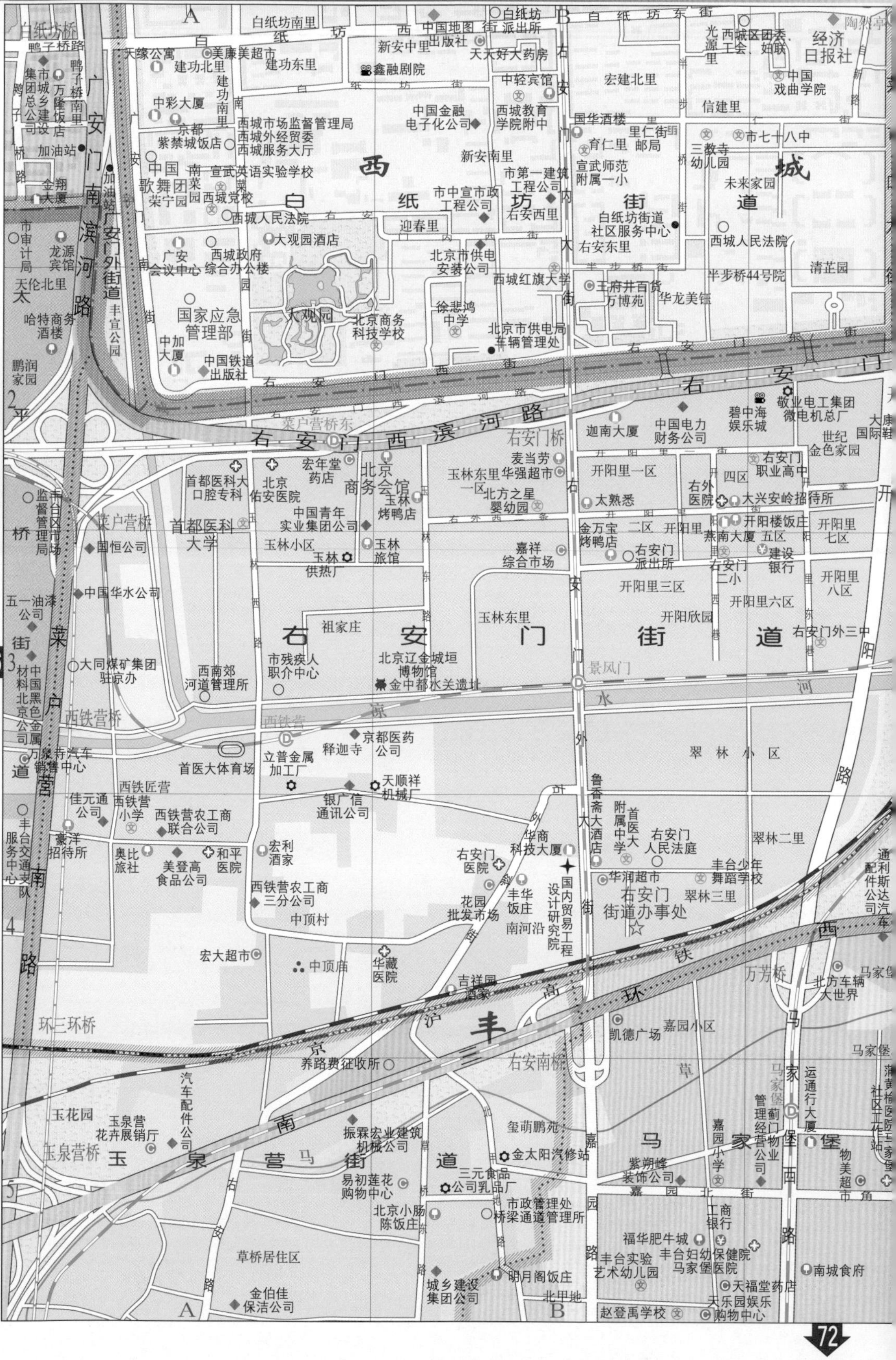
A
B
白纸坊东街
白纸坊南里
白纸坊桥
鸭子桥路
鸭子桥南里
广安门南滨河路
天缘公寓
美廉美超市
建功北里
建功东里
建功南里
中国地图出版社
白纸坊派出所
新安中里
天天好大药房
鑫融剧院
中轻宾馆
宏建北里
光源里
西城区团委、工会、妇联
经济日报社
中国戏曲学院
信建里
中彩大厦
西城市场监督管理局
西城外经贸委
西城服务大厅
中国金融电子化公司
西城教育学院附中
国华酒楼
里仁街邮局
育仁里
市七十八中
三教寺幼儿园
京都紫禁城饭店
新安南里
中国歌舞团
南菜园
宣武英语实验学校
市第一建筑工程公司
宣武师范附属一小
未来家园
荣宁园
西城党校
西城人民法院
市中宣市政工程公司
右安西里
白纸坊街道社区服务中心
西城人民法院
市审计局
龙源宾馆
大观园酒店
迎春里
北京市供电安装公司
右安东里
广安会议中心
西城政府综合办公楼
西城红旗大学
半步桥44号院
清芷园
天伦北里
王府井百货
万博苑
华龙美钰
大观园
徐悲鸿中学
国家应急管理部
北京商务科技学校
北京市供电局车辆管理处
哈特商务酒楼
中加大厦
中国铁道出版社
鹏润家园
右安门西滨河路
菜户营桥东
右安门桥
迦南大厦
中国电力财务公司
碧中海娱乐城
敬业电工集团微电机总厂
世纪金色家园
首都医科大口腔专科
北京佑安医院
宏年堂药店
北京商务会馆
麦当劳
玉林东里一区
华强超市
开阳里一区
右安门职业高中
监督管理局
菜户营桥
中国青年实业集团公司
玉林烤鸭店
北方之星婴幼园
太熟悉
右外医院
四区
大兴安岭招待所
首都医科大学
国恒公司
金万宝烤鸭店
二区
开阳里
开阳楼饭庄
燕南大厦
五区
开阳里七区
玉林小区
玉林供热厂
玉林旅馆
嘉祥综合市场
右安门派出所
右安门二小
建设银行
中国华水公司
开阳里三区
开阳里六区
开阳里八区
五一油漆公司
祖家庄
玉林东里
开阳欣园
右安门街道
右安门外三中
大同煤矿集团驻京办
市残疾人职介中心
北京辽金城垣博物馆
景风门
西南郊河道管理所
金中都水关遗址
西铁营桥
西铁营
凉水河
京都医药公司
释迦寺
翠林小区
首医大体育场
立普金属加工厂
天顺祥机械厂
西铁匠营
佳元通公司
西铁营小学
西铁营农工商联合公司
银广信通讯公司
鲁香斋大酒店
附属中学
首医大
右安门人民法庭
翠林二里
豪洋招待所
奥比旅社
美登高食品公司
和平医院
宏利酒家
华商科技大厦
右安门医院
丰台少年舞蹈学校
西铁营农工商三分公司
丰华饭庄
花园批发市场
国内贸易工程设计研究院
华润超市
右安门街道办事处
翠林三里
中顶村
南河沿
宏大超市
中顶庙
华藏医院
吉祥园酒家
万芳桥
北方车辆大世界
马家堡
环三环桥
京沪高铁
丰
右安南桥
凯德广场
嘉园小区
养路费征收所
汽车配件公司
草桥
运通行大厦
管理蓟门营物业公司
玉花园
玉泉营花卉展销厅
玉泉营桥
振霖宏业建筑机械公司
玺萌鹏苑
马家堡
玉泉营街道
金太阳汽修站
三元食品公司乳品厂
紫翔峰装饰公司
嘉园小学
嘉园北街
马家堡西路
易初莲花购物中心
北京小肠陈饭庄
市政管理处桥梁通道管理所
工商银行
草桥居住区
福华肥牛城
丰台实验艺术幼儿园
丰台妇幼保健院
马家堡医院
南城食府
城乡建设集团公司
明月阁饭店
北甲地
金伯佳保洁公司
天福堂药店
天乐园娱乐购物中心
赵登禹学校
1
2
3
4
5

72

城区扩大图

61

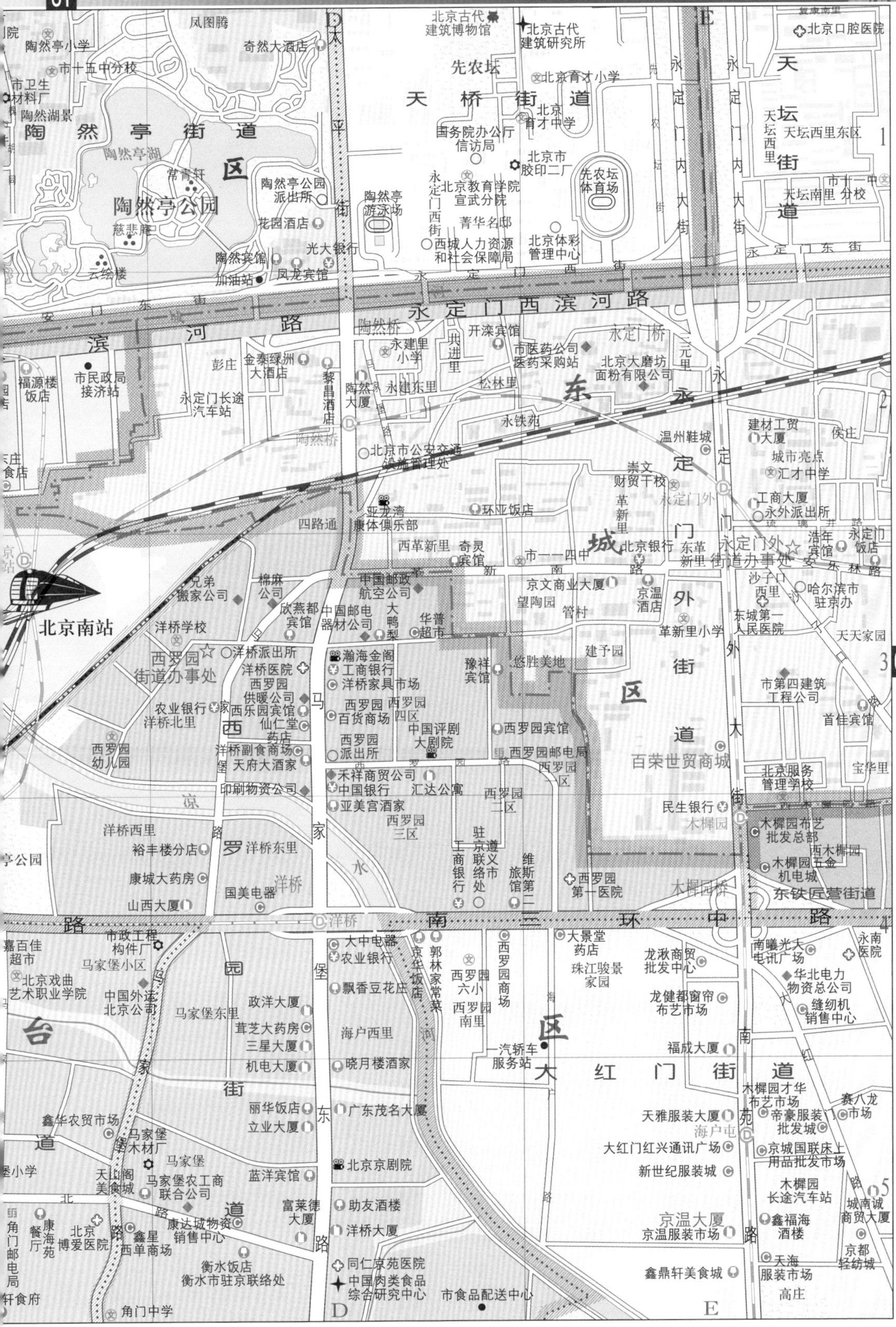

凤图腾
奇然大酒店
陶然亭小学
市十五中分校
市卫生材料厂
陶然湖景
陶然亭街道
陶然亭湖
常青轩
区
陶然亭公园
陶然亭公园派出所
慈悲庵
花园酒店
云绘楼
陶然宾馆
光大银行
加油站
凤龙宾馆
北京古代建筑博物馆
北京古代建筑研究所
先农坛
北京育才小学
天桥街道
北京育才中学
国务院办公厅信访局
北京市胶印二厂
先农坛体育场
陶然亭游泳场
永定门西街
北京教育学院宣武分院
菁华名邸
西城人力资源和社会保障局
北京体彩管理中心
永定门内大街
天坛街道
天坛西里
天坛西里东区
北京口腔医院
市十一中分校
天坛南里
永定门东街
永定门西街
永定门西滨河路
安门东滨河路
陶然桥
开滦宾馆
永建里小学
共进里
市医药公司医药采购站
永定门桥
北京大磨坊面粉有限公司
三元里
彭庄
金泰绿洲大酒店
黎昌酒店
福源楼饭店
市民政局接济站
永定门长途汽车站
陶然大厦
永建东里
松林里
东
永
定
门
外
街
道
永铁苑
建材工贸大厦
侯庄
温州鞋城
城市亮点
崇文财贸干校
汇才中学
北京市公安交通设施管理处
永定门外
工商大厦
永外派出所
亚龙湾康体俱乐部
环亚饭店
四路通
革新里
浩年宾馆
永定门饭店
西革新里
奇灵宾馆
市一一四中
北京银行
东革新里
永定门外街道办事处
安乐林路
兄弟搬家公司
棉麻公司
中国邮政航空公司
京文商业大厦
京温酒店
沙子口西里
哈尔滨市驻京办
北京南站
欣燕都宾馆
中国邮电器材公司
大鸭梨
华普超市
望陶园
管村
东城第一人民医院
革新里小学
天天家园
洋桥学校
西罗园街道办事处
洋桥派出所
瀚海金阁
洋桥医院
工商银行
洋桥家具市场
豫祥宾馆
悠胜美地
建予园
市第四建筑工程公司
西罗园供暖公司
西乐园宾馆
仙仁堂药店
马家
西罗园百货商场
西罗园四区
中国评剧大剧院
西罗园宾馆
首佳宾馆
农业银行
洋桥北里
西罗园幼儿园
洋桥副食商场
天府大酒家
西罗园派出所
西罗园邮电局
西罗园区
百荣世贸商城
宝华里
北京服务管理学校
印刷物资公司
禾祥商贸公司
中国银行
汇达公寓
西罗园二区
民生银行
木樨园
凉水河
洋桥西里
亚美宫酒家
西罗园三区
裕丰楼分店
洋桥东里
工商银行
驻京遵义联络市处
维斯旅馆第二
木樨园布艺批发总部
西木樨园
木樨园五金机电城
康城大药房
国美电器
西罗园第一医院
木樨园桥
东铁匠营街道
山西大厦
洋桥
南三环中路
嘉百佳超市
市政工程构件厂
大中电器
农业银行
京华饭店
郭林家常菜
西罗园商场
大景堂药店
龙湫商贸批发中心
南曦光大电讯广场
永南医院
马家堡小区
北京戏曲艺术职业学院
中国外运北京公司
西罗园六小
珠江骏景家园
华北电力物资总公司
飘香豆花庄
政洋大厦
马家堡东里
西罗园南里
龙健都窗帘布艺市场
缝纫机销售中心
丰台
茸芝大药房
三星大厦
海户西里
区
机电大厦
晓月楼酒家
汽轿车服务站
福成大厦
大红门街道
丽华饭店
东
广东茂名大厦
木樨园才华布艺市场
赛八龙市场
鑫华农贸市场
天雅服装大厦
海户屯
帝豪服装批发城
马家堡木材厂
马家堡
大红门红兴通讯广场
京城国联床上用品批发市场
北京京剧院
天山阁美食城
马家堡农工商联合公司
蓝洋宾馆
新世纪服装城
木樨园长途汽车站
城南诚商贸大厦
角门邮电局
餐厅
康海苑
北京博爱医院
鑫星西单商场
康达城物资销售中心
富莱德大厦
助友酒楼
洋桥大厦
京温大厦
京温服装市场
鑫福海酒楼
京都轻纺城
衡水饭店
衡水市驻京联络处
同仁京苑医院
中国肉类食品综合研究中心
天海服装市场
鑫鼎轩美食城
高庄
轩食府
角门中学
市食品配送中心

68

三音石
回音壁
东普安商场
银运通商务大厦
交通饭店
神厨
宰牲亭
北京市园林学校
天坛东里
东城税务局
聂卫平围棋道馆
市第二体育运动学校
圜丘
天坛公园
天坛东里中区
天坛东路
东城区
龙潭
龙
祈农台
天坛街道
金坛大厦
天坛公寓
鸿运花园
体育馆路街道
滨香园
广利门
泰元门
中国国际网球中心
龙潭公寓
龙潭湖游泳
昭亨门
国家体育总局游泳、篮球重竞技、航模运动管理中心
天坛南里
中国棋院
爱华宾馆
天坛南里中区
天坛南里东区
东城交通管理处
天坛东里南区
网联大厦
东城区检察院
东城区反贪局
北京大坛证券营运部
北京现代职业学校
李诚智图书馆
天坛南公寓
北京教学
永定门东滨河路
玉蜓公园
百万庄园写字楼
市城乡集团培训中心
崇文社区服务中心
景泰桥
左安门西滨
桃园东里
杨家园北里
李村北里
鞍钢玉蜓宾馆
玉蜓桥
华储大厦
华储烤鸭店
上海中发电气集团
龙珠公寓
华诺宾馆
北京泰克仪器有限公司
杨家园西里
郭庄北里
蒲黄榆二里
蒲黄榆二里
教育报社
桃杨路小学
工商银行
新华书店
新华保险公司
芳古园二区
芳古园二小
金象大药房
桃杨路北里
星火新技术应用研究所
市九十中
康源大药房
顺航酒家
中国银
蒲黄榆一小
蒲黄榆派出所
蒲黄榆一里
国美电器城
工商银行
丰台区职教中心学校
北京联大特殊教育学院
誉明斋书店
蒲黄榆
新城广场
芳古园一区
芳城园小学
李村
琉璃井北里
李村东里
蒲黄榆四里
永定门外街道
东铁匠营街道
方庄
芳古园一小
方庄体育公园
抚顺市驻京联络处
琉璃井西里
北京工业大学成人教育学院
东城区景泰小学
北京第一师范学校附属小学
通润商务会馆
蒲华苑
邮政储蓄所
蒲黄榆
招商银行
民生银行
家乐福超市
市住管理
市糖业烟酒公司
琉璃井南里
安乐林公园
市邮政局印刷厂
李村南里
蒲安北里
首航超市
光大银行
华电宾馆
方庄购物中心
天府山珍
星园饭店
监理公司
燕鹏宾馆
景泰
时代芳群
市高速公路
华寿堂药店
杭州湾招待所
中央音乐学院附中
普京医院
建设银行
金芳公寓
北京音像公司
市九十二中
景泰东里
蒲黄榆三小
蒲安东里
天坛家具城
东方医院
蒲安里
吉林化工集团公司驻京办
景泰宾馆
天奇宾馆
蒲安西里
芳群园一区
方庄派出所
芳星园
建设银行
东铁匠营街道办事处
工商银行
芳群园二区
科教音像书店
景泰西里
丰台卫生学校
福顺居
创业人宾馆
百乐商场
蒲黄榆医院
蒲华苑
半亩园
刘家窑
东铁营一中
圆形办公楼
金方舟肥牛火锅城
凯弘专修学
北京市食品工业研究所
市一零四中
中成宾馆
鑫富都
人民卫生出版社
财贸招待所
方庄街道办事处
富莱茵花园
北京市档案馆
芳群园三区
宝华里小学
亿客隆万事吉商城
定安里
四中网校
芳群园四区
刘家窑南里
科学市研邮究政所
证券海南公司
金城中心
东铁营桥
定安西里
工商银行
定安东里
芳华第二旅馆
城市印象
恒松园
东铁匠营一中
金玉超市
宣祥家园
定安旅馆
芳群公寓
金容园
木樨园电话局
双城公寓
国美电器
岳阳大厦
赵公口桥
工商银行
农业银行
恒松园
刘家窑桥
刘家窑
红泥大酒店
苏宁电器
大中电器
大陆写字楼
铁营食府
南三环中路
天外天烤鸭
嘉业大厦
世纪星
宏丰农贸市
赵公口长途汽车站
同仁堂制药厂
农业银行
东罗园小学
建设银行
国际公寓
金三环宾馆
振龙大厦
自然美
同仁堂发展公司科技
同仁园
京南旅馆
三环三千里烤肉店
铁营医院
长城家具公司
丰台道
赵公口
东罗园农工商联合公司
物美超市
正邦嘉园
北电网络通讯工程公司
市测绘仪器厂
凯嘉
长城家具装饰材料公司
北铁匠营
东铁匠营二小
同仁堂门诊部
区职教中心学校木樨园校区
东罗园
大红门街道
同仁堂药店
马公庄
市体育运动技术学院
沙子口路
东铁营派出所
御都餐厅
北京粉末冶金研究所
建筑磨石厂
天然保健品厂
北京纺织器材厂
光彩体育馆
东罗园
第三工具厂
东铁匠营
八达皮鞋
后村
市网球运动管理中心
市恩布拉科雪花压缩机有限公司
全鼎水业公司
丰台区职工大学分校
市邮政建筑工程公司
京漆实业开发公司
马村
林海浴池
市工贸技师学院轻工分院国家职业技能鉴定所
市化工原料公
东铁营顺八条
轻纺市场
众人众
农村商业银行
白庙村
石榴庄
鑫兆雅园
红狮涂料国际公司
福客隆
工商银行
慧时欣园
东铁营二中
地毯贸易
石榴庄路
时光小学
阳光双艺幼儿园
石榴庄街道
政馨嘉园
宋庄食品店
誉达机电安装公
A
B
1
2
3
4
5

67

73

62
69
龙吟阁
龙潭湖
龙潭公园
街道
崇文建筑工程公司
左安北里
市179中
向新西里
左安西里
向新东里
怡龙别墅
电子技术职业学校
左安东里
潘家园
潘家园东里
濠景阁
龙潭湖小区
银鹰温泉宾馆
淄博市驻京办
嘉定区驻京办
金兴源饭店
东来顺饭店分店
名镜苑眼镜城
农光南里
姜杰钢琴城
松榆药店
潘家园西
潘家园
银河宾馆
嘉禾园
京客隆超市
建设银行
潘家园派出所
景德镇陶瓷
潘家园旧货市场
潘家园桥
兆佳食品商场
龙潭饭店
潘家园街道
造价管理处
市建设工程
农贸市场
潘家园
华威里
潘家园南里
中国医学科学院肿瘤医院
中国疾病预防控制中心
北京同仁堂
朝阳区妇幼保健院
百环花园
建设银行
金久诚宾馆
肿瘤研究所
潘家园大厦
友朋商务中心写字楼
华威西里
广西大厦
河南大厦
河南省驻京办
翌景嘉园
华威桥
广渠门南滨河路
东三环
亚洲娱乐城
左安门桥
城际路
黎昌海鲜大酒楼
鹿城招待所
北京东方博大医院
华威南路
陕西大厦
陕西省政府驻京办
古玩城
世纪远洋宾馆
首都图书馆
南磨房地区
京瑞大厦
都寓
左外关厢东里
华星招待所
铁路
左安路
十八里店
朝阳地区
联合国际大厦
御景园
御景园大厦
弘燕路
乔山国际健康科技集团
丰台体坛医院
左安门宾馆
国泰君安证券
芳城东里
芳城园中学
建设银行
市五金矿产进出口公司
嘉多丽园
北京印刷
联合纸张公司
龙福宫宾馆
船舶重工业大厦
中国民航空中交通管理局
市服务机械研究所
大清源食府
顺峰海鲜
芳林苑
广顺苑
天翔鸿达食品公司
十里河新星汽配市场
普善房药房
十里河汽配市场
十里河桥
广东发展银行
紫芳路
方庄
市第二检察院
市人民法院第二中级
中国民航航空快递服务公司
白墙子
区
北京机电设备总公司
民乐建材城
大羊坊路
芳星园一小
赤峰宾馆
紫芳园
分钟寺桥
云龙金阁大饭店
新世纪家居广场
腾泽学校
洞庭水鱼美食城
市十八中
宝钢大酒店
贺州市驻京联络处
家和家美厨具城
十里河
芳星园中学
燕桥旅馆
小双桥
芳盛园宾馆
方庄旅馆
三英保国蓬布厂
国际商报社
人民公安报社
群众出版社
大柳树村
十里河娱乐中心
中国出口商品基地建设总公司
柏尔宁汽配
左安门中学
崇文物资经营公司
鑫元生堂大药房
双五环贸易公司
一间楼
崇丰建材厂
长兴金属结构厂
兴驰公司
京沈高速公路
东环路
方庄东路
方庄桥
四方景园
家世界分钟寺店
分钟寺
建材日通商店
电器公司
大光明
聚盛楼饭庄
鑫元融商贸公司
枣林
华实建筑工程公司
枣林桥
三环肿瘤医院
世纪星
芳安苑
安富大厦
世纪风景A区
四方景园
威格玛集团
南方家庄
古韩宾馆
分钟寺建材市场
中国国土经济研究所
南苑乡
王爷坟
北奔汽修厂
分钟寺金属加工厂
三环玻璃钢厂
标五紧固件厂
开泰钢木制品厂
北京土产进出口公司
金方大厦
区
丹药堂国医馆
分钟寺汽配厂
建设总公司
中国通讯
于家坟
爱家世界家居汇展市场
分钟寺金属结构厂
清风园公园
寿寺街道办事处
成寿寺街道
京汽车研究所
中友机电设备公司
颐方园体育健康城
倪家庄
燕竹医院
京华玻璃钢建材厂
水晶岛国际休闲俱乐部
成寿寺
成寿寺小学
分钟寺家具建材城
明光环宇电力工程安装中心
康顺纺织机械配件厂
四通达五金机电公司
分钟寺市场
瑞丰玻璃钢厂
大宝化装品公司
关家坑
倪庄
东四道口
市公安局保安总公司
多瑙河电子市场
新华家具厂
燕津武汽配厂
方庄南路
成寿寺路
万利特轻工机械厂
方庄南建材厂
永明涂料厂
格林兰康乐城
圣仁医院
华芳园
汽修服务公司
超音波集团公司
分钟寺
分钟寺金象大药房
十八里店地区
兰服装公司
丰台医院
乾坤
印铁制罐厂
方庄供热厂
朝旭办公
家具厂
朝阳区
龙爪树宾馆
四川省驻京办
建设银行
跃进村
小红门地区
南三环家具城
科兴机电厂
雅什家具公司
龙爪树北里
东铁营工业区
朝阳灯具厂
龙爪树
金龙墨盒公司

紫东苑
武圣西里
德宣坊烤鸭店
武圣东里
磨坊南里
北京工业大学
潘道庙
北京燕莎奥特莱斯购物中心
建业苑
天禧超市
工商银行
华威商城
南五圣庙
松榆里市场
北工大信息楼
亮都建材市场
北工大西门
潘家园街道
农业银行
京客隆
潘家园医院
平乐园
祁家村
南磨房工业公司
朝阳水泵厂
华海散热器厂
松榆西里
松榆里二中
新华书店
松榆里商店
逸夫图书馆
潘家园街道社区服务中心
邮电所
朝阳市政管委会
火锅城
北工大南校区
北京工业大学体育馆
南磨房旧货市场
松榆里照相馆
松榆里
松榆东里
中国银行
松榆西里
月河村
双榆公寓
老家肉饼
农业银行
饭是钢火锅城
潘家园街道办事处
朝阳科委
首航超市
京冀衡机电公司
双龙超市
东景园
美景东方
金方舟饭店
京体游泳馆
京体健身中心
南都宾馆
双龙商隆
京客隆
空调泰公大司
邮电所
双龙医院
双龙阁
汉华苑
方华苑
南八里庄
南新园一区
南磨房
南新园三区
龙头公寓
南新园二区
双龙南里
双龙公园
朝阳经贸委
双龙小区
世贤学院
世贤中学
南八里庄
劲松职高
朝阳区社区学院
弘燕路
弘燕东路
山水文园
弘燕小区
南磨坊市容监察所
四路通
弘燕菜市场
弘燕桥建材市场
大东方海鲜酒楼
青山卫浴洁具厂
西燕窑
弘燕南路
西燕东街
满井
朝
上海海湾北京分
十里河灯具批发市场
林大成人教育学院分院
圣美印刷公司
中国新闻出版报社
家和家美厨具城
龙丰肴东北菜
旌凯大厦
京雄集团
汇丰大食堂
永衡真建材检测公司
果园新村
中国新闻报出版社
小武基
皇明太
大洋坊路建材商城
北京化工集团进出口公司
京闽饭店
周家庄
家和家美商城
十里河保佳材料市场
南方鞋城
上海龙澳酒家
大羊坊路
市一清环卫工程集团公司
小武基桥
夹道沟
农村商业银行
鲁宏建材
小武基路
加拿大爱奇尔制衣公司
新立开关厂
周家庄路
久有商贸公司
高升宾馆
藁城市驻京办
金三角酒家
闽龙陶瓷一条街陶瓷集散地
程田装饰公司
红运村
闽龙陶瓷仓储物流中心
十八里店中学
周家庄
三旺酒楼
丰台区
成寿寺街道
十八里店
南地
大羊坊路市场
东风五金厂
四道口桥
北雄饭店
宝宇涂料厂
北京韩信混凝土公司
十八里店医院
二堡子
十八里店电力管理站
兴华水磨石厂
十八里店地区办事处
十八里店乡
鑫三里屯汽配城
世纪轩酒楼
进京车辆通行证办理站
五斗村
龙福宫洗浴
十八里店派出所
十八里店农村商业银行
新亚中学
十八里店小学
卡森蒂诺服饰公司
颇尔过滤器(北京)制造厂
十八里店
十八里店北桥
罗压体育用品公司
新世纪东方窗业公司
北京汽车工业进出口公司销售中心
华燕五金商店
六道口桥
福兴村烤羊饭庄
京津城际铁路
京沪高速公路
大羊坊路
东四环南路
西大望路
A
B
1
2
3
4
5

68

74

63

D
E
川都酒家
紫南市场
市公用设施抢险大队
官庄小学
南百子湾
百子湾站
紫南家园
瑞启祥装饰建材销售中心
官庄地区综合治理办公室
四通开关厂
南楼梓庄
王四营地区
百子湾站货场
楼梓庄
田华小学
大柳树医院
胜墅旅馆
田华集团第八建筑工程公司
王四营乡交通安全委员会
古玩城古典家具公司
美之荟食品技术开发中心
南楼梓庄
大柳树
百子湾医院
少则得商贸公司
非凡大酒店
金柳建材市场
京哈高速公路
厚俸桥
厚俸村
垡头桥
物茂餐厅
天宝家具批发市场
市设备物资安装公司
北京欢乐谷
化工路医院
垡头北里
垡头街道办事处
垡头派出所
京客隆便利店
新华书店
陶庄公园
虹福星汽修厂
欢乐谷景区
集贸市场
农业银行
朝阳盲孔砌块厂
邱庄浴池
世纪华侨城
垡头街道金蝉里社区服务中心
陶庄农村商业银行
电信工程局管线总公司
北京石油集团朝阳石油公司
电话局
万福成商场
北京联大化学工程学院
泉舟旅馆
垡头小学
垡头街道
万福德饭店
华兴联经贸公司
市化工学校
吉安利酒楼
邮政局
市糖业烟酒公司食糖经营公司
垡头中学
亨元利家电公司
垡头二小
京客隆
垡头饭庄
区
垡头西里
垡头东里
兴旺达肉联厂
金蝉南里
工商银行
恒特物业管理公司
垡头育青旅馆
垡头保温材料厂
华德金属包装容器公司
富有士限印公刷司机械
北京联大生化工程学院
汽车滤清器厂
曙光影剧院
华路通电工设备公司
垡头路
欢乐谷城市管理委员会
翠城馨园
五星酒楼
防火涂料厂
华德密封材料公司
金龙玻璃涂料厂
玻璃二厂
市兆峰陶瓷公司
化工路
小武基中学
六座屯
鑫中业商贸储运公司
华运仓储公司
王四营地区
垡头消防中队
农贸市场
雅诺家具公司
中建二局一公司物资分公司
大武基被褥厂
四通商店
大武基
华涛洗浴
年庄
塑钢门窗厂
精工汽修
连香餐厅
中国宗教研究中心
南杨庄
四公村
兴华活动房厂
华洋食品厂
西直河钢结构加工厂
中建一局一公司设备安装分公司基地
三星木器家具厂
长安家具厂
1
2
3
4
5

92

永胜餐厅
顺客隆超市
卢沟桥二小
工商银行
市蓄电池厂
新月家园
北京机械集团鑫源职业技校
卢沟桥家具厂
华德四机床公司
北京现代京城工程机械公司
北人集团公司第二印刷机械厂
鸿忠酒家
晓月苑
北京塑料制品公司
卢沟桥南里
现代京城工程机械公司
卢沟桥中学
北京叉车总厂
晓月一里
宛平街道办事处
永定河管理处
市第二机床厂
白菊电器集团
晓月超市
晓月二里
卢沟桥医院
宛
晓月三里
宛平小区
卢沟桥派出所
亿利达轻休房屋公司
凯特大酒楼
京丰印刷厂
明华驾校
北油工贸公司
内燃机配件厂
洪泰庄
西羊圈
丰西砼构件厂
诚丰建材制品公司
丰裕盛通用设备厂
榆树庄构件厂搅拌站
人民村
农工商联合公司
榆树庄卫生所
丰西北里
裕丰园
丰台西站文化中心
万信家连锁超市
榆树庄
丰台西站
天赐庄美食城
邮局
丰西行车公寓
中铁联合物流中心
老庄子
高强技术开发公司
老庄子小学
丰
丰沙铁路
丰西构件
燕春针织厂
中建一局三建公司物资分公司
金熊制衣厂
东宝机电产品门市部
街
世纪森林公园
道
房山区
长阳镇
永定河
京周公路
黄土岗路
灌渠
城区扩大图
91
95

凯特摩托车厂
京广高铁
丰台区卫生健康委员会
丰台区疾控中心
鑫武本科贸公司
奥翔商场
丰台区水利局、林业和草原局、审计局、统计局、市场监督管理局
五里店街道
旅客餐厅
六圈大桥
丰台铁路单身公寓
北京供电公司丰台营业站
丰台区就业公司
恒诚健身
强力地板公司
发达冶金热工元件厂
铁建电务工程部
丰台煤炭机械厂
丰台环保设备厂
丰台区福利总厂
西道口
新华学校
新东方烹饪学校
云柏鞋业
中国标准出版社
光明外语学校
翔驿旅馆
工商银行
何家园
杜家场
看丹桥
丰台铁路五中
汽车喇叭厂
冠京隆市场
华联超市
永盛商店
华日酒家
鑫元四环消毒技术开发中心
公用电话营业厅
阳光四季购物中心
丰台锅炉厂
兴隆中医院
建设银行
麦当劳
前进家具厂
看丹中学
看丹小学
京祥发超市
王庄子
富丰园
盛德木材经销部
药王庙
信海科园大药房
科丰大北农饲料公司
看丹卫生所
看丹饭馆
富丰桥
北京电子科技学院
诚缘药店
马家堡环卫所
看丹
看丹中心幼儿园
工商联科技大厦
看丹派出所
天鸟公司
星火科技大厦
设备工程储运站
昌宁大厦
看丹南路
泛之源咖啡厅
丰台科学城
中国印钞造币公司
中铁快讯
科丰热力供应中心
永康制药公司
颐安科技发展大厦
丰鑫汽车维修中心
看丹公园
桑普科澳生产基地
发航展天大海厦鹰
合欣机电
看丹街道办事处
杨树庄综合商店
京达制药
丰科城制药
富丰高科技发展总公司
赛欧科技产业大厦
航天金卡
金汤大厦
瑞欧产业
丰台保温段
杨树庄
民用微型锅炉厂
看丹建筑设备租赁站
广纳仓储公司
看丹水泥厂搅拌站
园区二期
北京城建天宁消防公司防火设备厂
万乐火锅
马草河
中国机械进出口总公司
华园汇砼
永合庄
看丹街道
丰台区
京沪高铁
京沪铁路
西四环南路
榆园
黄土岗灌渠
丰台科学城
D
E
1
2
3
4
5

城区扩大图
71

丰台街道
丰台机车车辆配件厂
刘家村
丰桥幼儿园
新村卫生所
北京城建集团材料公司
工商银行
新华街市场
利君堂大药房
丰台税务稽查局
花乡文化馆
金满轩食府
物美便利店
三环英和医院
工商银行
樊家村
花乡花卉
造甲街小区
造甲村
吴裕泰茶庄
丰台一中
物美商城
新华街
樊家村小学
中青旅服务公
社保基金管理中心
新兴铸管集团公司
丰铁供热厂
丰台南路
丰台医院
宝丰大厦
北京三兴汽车厂
华夏安全设备制造厂
邮电局
丰台二小
赛欧集团
丰台四中
北京印刷机械研究所
丰台七中
首经贸大学华侨学院
丰台铁路工人文化宫
看丹苑
丰南旅社
宝丰小区
造甲南里
千佳批发市场
新村街道办事处
新村构件厂
新村街
丰台园区公园
韩庄子
新村一里
鑫城娇酒家
北绿婷京创化国际环保中心企业集团
紫森娱乐中心
兴旺建材商店
韩庄子西里
京电变电工程处
北京信息职业技术学院
花乡信托中心马场分社
新华书店
农贸市场
韩中友汽修康庄
开元康体娱乐城
辛庄
濠江国际俱乐部
北京现代汽车信发特约销售服务中心
丰台实验小学
恒富
乐花梅兰
恒丰园
冠京装饰公司
花乡医院
吉利双星公寓
丰泽居
丰
华森木业公司
阳光四季
樊家村派出所
南极星
中国银行
八中怡海分校
京新建材厂
新丰印刷厂
新城市经典
中国建设集团北京三分公司
邮电局
城市经典
帝京花园
科学城物业管理公司
科怡路
科学城美食坊
怡海花园
四环储运公司
船舶系统工程
春鹤种植中
怡果园
航丰园大厦
华耐陶瓷配送中心
花乡成人
科丰桥
风雅餐厅
市旧机动车交易市场
八柱火锅
万泉寺销售
宝隆大厦
怡海花园
南四环
北京汽车博物馆
玉森建筑公司
花乡桥
中关村丰台园二期工程建设指挥部
北方石材
福缘风景汽修服务公司
天发批家市场园建材
丰台科技园管理委员会
花乡农机站
四合庄
四合庄农工商联合公司
新霞清饭店
四合庄医务室
育仁里
丰台保安公司
娱花园饭
京宏复合彩印厂
南梗村
波峰俱乐部
六圈周转房管理所
双城物资供应站
丰台科技园
四合庄烤
添德花圃生产基地
蓝湖科技
看丹街道
车铺
鑫方盛五金交电公司
未来城会
五圈
白盆窑花卉中心
白盆窑花木销售中
西白家窑
六圈小学
六圈
十八村花圃
隋园阁鲶鱼馆
白盆窑
华英园小区
欣江峰市政工程公司
富锦家园
创伟铁艺制品厂
国能总公司
雅胜汽修服务公司

70

95

66

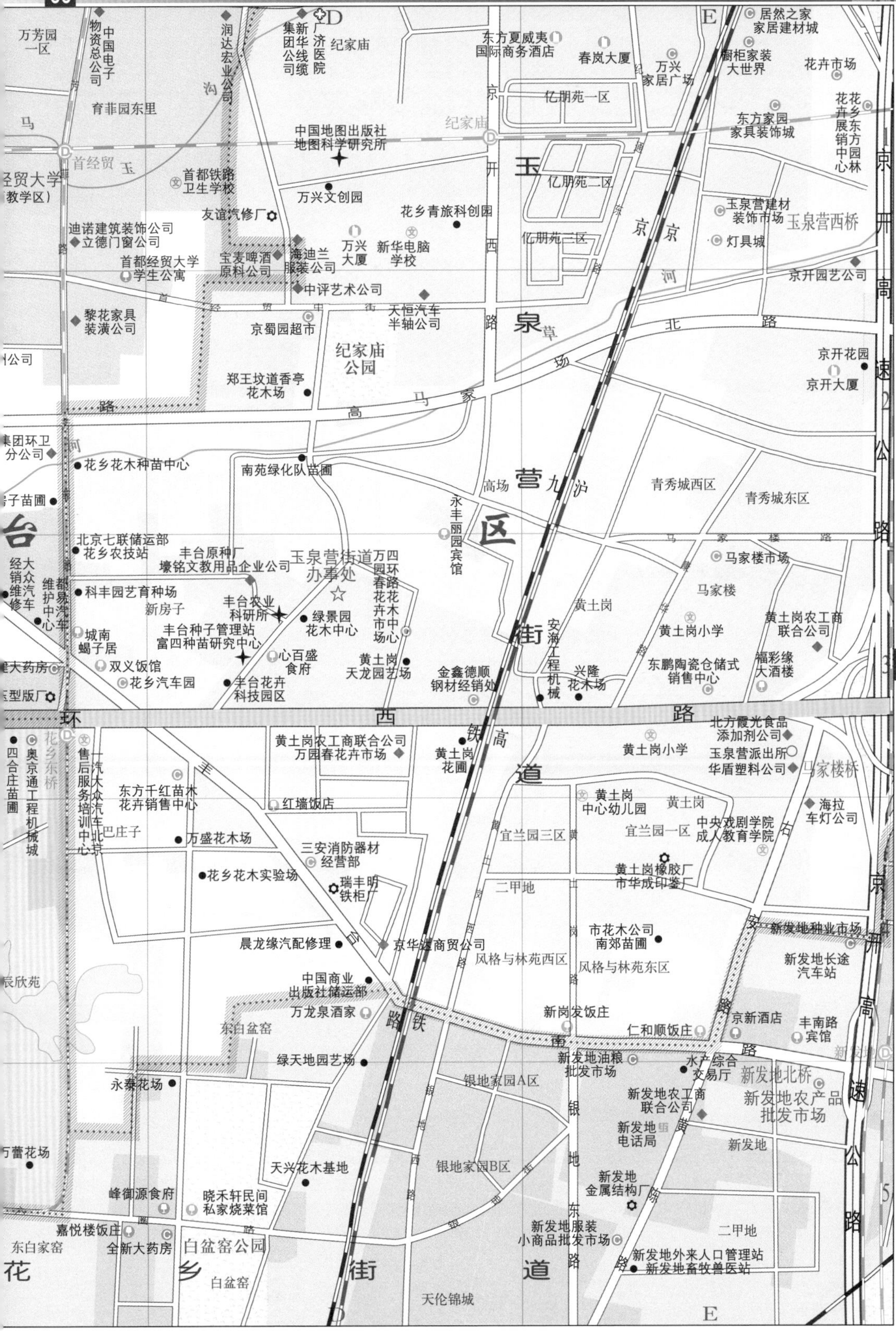
万芳园一区
中国电子物资总公司
润达宏业公司
集新团华公线司缆
广济医院
纪家庙
东方夏威夷国际商务酒店
春岚大厦
居然之家家居建材城
橱柜家装大世界
万兴家居广场
花卉市场
育菲园东里
亿朋苑一区
中国地图出版社地图科学研究所
纪家庙
东方家园家具装饰城
花乡花卉展销中心
东方园林
首经贸
经贸大学（教学区）
首都铁路卫生学校
万兴文创园
玉
亿朋苑二区
友谊汽修厂
花乡青旅科创园
玉泉营建材装饰市场
玉泉营西桥
迪诺建筑装饰公司
立德门窗公司
首都经贸大学学生公寓
宝麦啤酒原料公司
海迪兰服装公司
万兴大厦
新华电脑学校
亿朋苑三区
灯具城
中评艺术公司
京开园艺公司
黎花家具装潢公司
京蜀园超市
天恒汽车半轴公司
泉
北
路
纪家庙公园
京开花园
京开大厦
郑王坟道香亭花木场
马家
高
路
集团环卫分公司
花乡花木种苗中心
南苑绿化队苗圃
营
高场
九
沪
青秀城西区
青秀城东区
永丰丽园宾馆
区
马家楼路
北京七联储运部
花乡农技站
丰台原种厂
壕铭文教用品企业公司
玉泉营街道办事处
万四园环春路花花卉木市中场心
马家楼市场
马家楼
经大销众汽维修车
维都护易中汽心车
科丰园艺育种场
新房子
丰台农业科研所
绿景园花木中心
黄土岗
安海工程机械
黄土岗小学
黄土岗农工商联合公司
城南蝎子居
丰台种子管理站
富四种苗研究中心
心百盛食府
黄土岗天龙园艺场
街
东鹏陶瓷仓储式销售中心
福彩缘大酒楼
双义饭馆
花乡汽车园
丰台花卉科技园区
金鑫德顺钢材经销处
兴隆花木场
环
西
铁
路
北方霞光食品添加剂公司
花乡东桥
四合庄苗圃
奥京通工程机械城
一汽大众汽车售后服务培训中心
黄土岗农工商联合公司万园春花卉市场
黄土岗花圃
高
道
黄土岗小学
玉泉营派出所
华盾塑料公司
马家楼桥
东方千红苗木花卉销售中心
红墙饭店
黄土岗中心幼儿园
黄土岗
海拉车灯公司
巴庄子
北京
万盛花木场
宜兰园三区
宜兰园一区
中央戏剧学院成人教育学院
三安消防器材经营部
黄土岗橡胶厂
市华成印鉴厂
花乡花木实验场
瑞丰明铁柜厂
二甲地
晨龙缘汽配修理
京华盛商贸公司
市花木公司南郊苗圃
新发地种业市场
风格与林苑西区
风格与林苑东区
新发地长途汽车站
辰欣苑
中国商业出版社储运部
万龙泉酒家
新岗发饭庄
仁和顺饭庄
京新酒店
丰南路宾馆
东白盆窑
路
铁
南
新发地油粮批发市场
水产综合交易厅
新发地北桥
绿天地园艺场
银地家园A区
新发地农工商联合公司
新发地农产品批发市场
永泰花场
新发地电话局
新发地
万蕾花场
天兴花木基地
银地家园B区
银地东路
新发地金属结构厂
峰御源食府
晓禾轩民间私家烧菜馆
嘉悦楼饭庄
新发地服装小商品批发市场
二甲地
东白家窑
全新大药房
白盆窑公园
新发地外来人口管理站
新发地畜牧兽医站
花
乡
街
道
白盆窑
天伦锦城
京开高速公路
D
E

72

A
B
玉泉营
恋日家园
眉州东坡酒楼
象牙海岸
国际商务会馆
金九龙
恋日美食城
民航安乐
出租汽车公司
玺萌苑
马家堡
派出所
八星综合
市场
角门西里
角门西
草桥
镇国寺街
嘉园中路
草桥
市北方水泵厂
草桥招待所
恋日图片社
工商银行
大中电器
俏么妹火锅
美廉美超市
马家堡派出所
建设银行
草桥实业
总公司
草桥小学
草桥卫生所
草桥欣园
玉泉营街道
马家堡街道办事处
小肥羊
轩诺.金香
司达旅行车公司
配件经销部
欣园综合超市
轩泰制衣公司
嘉囿城市
休闲公园
四顷三
镇国寺
大连海鲜
家常菜
十二中
初中分校
中瑞液压件厂
废旧物资
收购站
大台子
嘉园南路
八方客
餐厅
角
市革制
东镇国寺
京唐酒家
花乡绿化队
太子
火锅店
新标志
家具店
玺萌苑
富卓园
草桥鲜花
园艺中心
马家堡街道
公益
西桥
恋日汽配一条街
星河城
洁士麟环境
工程公司
挚爱
动物医院
花乡花木集团
二清环卫集团公司
丰
大陆汽车俱乐部
救援中心
市市垃生圾活渣废土物消处纳理管管理理处处
马家堡垃圾转运站
城南嘉园
瑞丽江
北清
集团公司
国联汽配批发中心
心连心旅馆
市公路第五工
世界花卉
大观园
南国水乡美食广场
公益西桥
南四环西路
马家楼桥
新发地检测站
性能汽车综合
花乡街道
市公路局
质量监督处
槐新公园
铁
南苑街
李家庄
二合庄
定鑫旺塑钢门窗公司
花卉中心
生产基地
潘家庙
市纺织服装
培训学校
多元顺成
制冷公司
北方生物
技术研究所
弘峰塑钢厂
农机修理厂
南苑西路
鑫都顺航物资
供销公司
利民超市
谢家庄
任家庄
槐房小学
滕达服装厂
新宫铁塔厂
新发地公园
惠丰豆制品厂
供电局输电
管理处检修工区
新宫农工商
联合公司
新兴
商店
南苑园艺场(林业站)
中创农场
植物园香菇园
1
2
3
4
5

71

96

67
73
城区扩大图
大红门街道
大红门
南苑路
京良路
凉水河
南三环中路
槐房路
马家堡西路
西罗园街道
和义街道
大红门站
大红门桥
公益桥
公益东桥
丰双铁路
南苑森林湿地公园
惠普生大药房
京华苑
鑫福里
角门东里
百姓佳超市
市皮革工业研究所
四川广汉饭店
春龙餐厅
京泰食品公司
奔骑皮革制衣公司
大红门服装商贸城
福海公园
乐天满意得
华鹏陶瓷集团公司
通用电线电缆厂
服装古今时装公司
游子服装公司
北旅汽车制造公司角门门诊部
丰台卫生局医疗防治中心角门医院
西马场一小
龙绥招待所
奥丰物资销售公司
国家木材交易市场
建欣苑二里
建欣苑一里
东方莱馆
天宇通达商务会馆
快洁丽洗衣店
苗圃东里
建欣苑
永南路旅馆
红十字会中心药店
美廉美超市
西马场里
西马场木制品厂
石化大红门石油分公司
大红门木器厂
市木材厂
工商银行
大红门鞋城
亚飞木材厂
建欣苑四里
天月公司
建欣苑三里
大康鞋业批发市场
盐业公司大红门批发部
明波酒家
市木材厂
市木材厂职工医院
北木建材经营部
首航国力超市
华伶平价超市
亨泰写字楼
西马厂南里
燕南菜市场
东海水产品批发市场
大红门一小
西马场
宏波电器厂
大红门汽修部
华隆美食村
西马厂小区
大红门南里
北京煤炭利用研究所
金顺达玻璃公司
国家淡水渔业研究中心
金泰开元汽车销售公司
首钢公司带钢厂
首钢康宏带钢厂
市畜产品进出口公司综合业务部
大红门南
航空宾馆
南苑乡文化娱乐中心
高桥西里
南苑制桶厂
三星庄
东海城洗浴中心
陶瓷油漆总汇
皮服工业园
大红门汽车运输队
鑫磊环保机械厂
大红门火车站货场
和义西里小区
大红门站物流中心
天津庄
京新汇通电线电缆厂
南苑地区城乡敬老院
大红门派出所
公益庄
京通汇源丰木材公司
大红门汽配销售公司
傅子范墓
蓝狐养殖场机务队渔场
蒙太餐厅
路新大城沥青混凝土有限公司
北空黄亭子宾馆
鑫红海门窗公司
奔来服装公司
全利诚商贸公司
运通丰汽修厂
槐房旧货市场
天水河温泉康体中心
古桥电器公司
玻璃钢制品厂
北奥建筑防水材料厂
同合水泥制品厂
金赛尔涂料厂
丰苑建材经销部
方仕工业园
久敬庄路
盛得利服装城
同合五金机电经营部
威佳丽制衣公司
兴都火锅城
和义旅馆
仙水人家
五环联合食品厂
红星法律事务所
鑫森家具厂
王庄子
南苑医药批发部
槐房幼儿园
长城日用品工业公司
康馨花园超市
和义苑饭庄
北师大继续教育学院丰台校区
和义南里
槐房游泳娱乐中心
槐房养渔场
农业银行
熹微烤鸭店
通中世纪超市
D
E
1
2
3
4
5

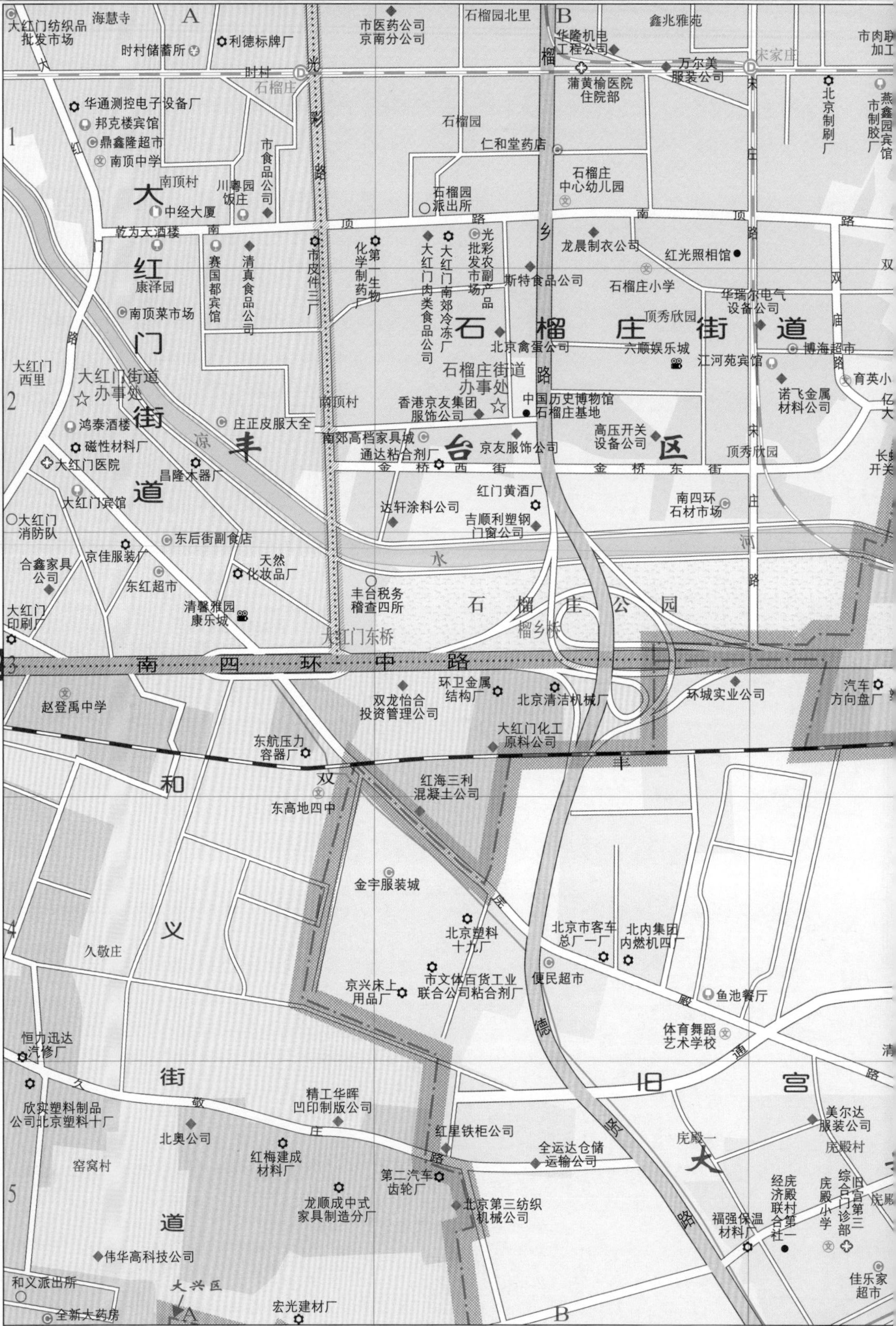

A
B
1
2
3
4
5
大红门纺织品批发市场
海慧寺
时村储蓄所
利德标牌厂
市医药公司京南分公司
石榴园北里
华隆机电工程公司
鑫兆雅苑
万尔美服装公司
宋家庄
市肉联加工
时村
石榴庄
蒲黄榆医院住院部
北京制刷厂
燕鑫园宾馆
市制胶厂
华通测控电子设备厂
邦克楼宾馆
鼎鑫隆超市
南顶中学
市食品公司
石榴园
仁和堂药店
石榴庄中心幼儿园
南顶村
川粤园饭庄
石榴园派出所
中经大厦
乾为天酒楼
大红门街道
南顶路
光彩路
化学制药厂
第一生物
大红门肉类食品公司
大红门南郊冷冻厂
光彩农副产品批发市场
龙晨制衣公司
红光照相馆
康泽园
赛国都宾馆
清真食品公司
市皮件三厂
斯特食品公司
石榴庄小学
华瑞尔电气设备公司
南顶菜市场
石榴庄街道
顶秀欣园
博海超市
北京禽蛋公司
六顺娱乐城
江河苑宾馆
育英小
大红门西里
大红门街道办事处
石榴庄街道办事处
诺飞金属材料公司
南顶村
香港京友集团服饰公司
中国历史博物馆石榴庄基地
鸿泰酒楼
庄正皮服大全
南郊高档家具城
高压开关设备公司
丰台区
磁性材料厂
通达粘合剂厂
京友服饰公司
顶秀欣园
大红门医院
昌隆木器厂
金桥西街
金桥东街
长虹开关
大红门宾馆
红门黄酒厂
南四环石材市场
大红门消防队
达轩涂料公司
吉顺利塑钢门窗公司
东后街副食店
京佳服装厂
凉水河
合鑫家具公司
天然化妆品厂
东红超市
丰台税务稽查四所
石榴庄公园
大红门印刷厂
清馨雅园康乐城
大红门东桥
榴乡桥
榴乡路
宋庄路
南四环中路
赵登禹中学
环卫金属结构厂
北京清洁机械厂
双龙怡合投资管理公司
环城实业公司
汽车方向盘厂
东航压力容器厂
大红门化工原料公司
和义街道
红海三利混凝土公司
东高地四中
双丰
金宇服装城
北京塑料十九厂
北京市客车总厂一厂
北内集团内燃机四厂
久敬庄
京兴床上用品厂
市文体百货工业联合公司粘合剂厂
便民超市
鱼池餐厅
德贤路
恒力迅达汽修厂
体育舞蹈艺术学校
庑殿通路
旧宫
欣宾塑料制品公司北京塑料十厂
久敬庄路
精工华晖凹印制版公司
北奥公司
红星铁柜公司
美尔达服装公司
庑殿一
大
庑殿村
窑窝村
红梅建成材料厂
全运达仓储运输公司
第二汽车齿轮厂
经济联合社庑殿第一
庑殿小学
综合门诊部旧宫第三
龙顺成中式家具制造分厂
北京第三纺织机械公司
福强保温材料厂
伟华高科技公司
和义派出所
大兴区
佳乐家超市
全新大药房
宏光建材厂

72

96

68
74
城区扩大图
成寿寺街道
朝阳区
小红门地区
十八里店地区
四环东路
成寿寺路
小红门路
郭家庄路
凉水河
久敬庄路
红坊路
成寿寺
肖村
肖村桥
红寺桥
小红门桥
小红门
龙爪树超市
科伦克.汉森食品公司
路明达石化中心
曙光制药厂
市交通设施工程中心
伯斯特体育设施营造中心
金海湾娱乐城
北京市地铁车辆厂
地宏旅馆
仪表机床厂
成龙五金机电城
朝龙金属材料公司
南双旗杆
西单商场连锁店
光明医疗仪器厂
新时代光大超市
龙爪树南里
龙爪树浴池
龙爪树饭庄
五华机电物资公司
金辰商贸公司
静馨嘉苑
辰然药店
三联变压器厂
龙爪树村
小红门体育公园
茅子坑
龙鼎轩食府
培新幼儿园
龙爪树汽配厂
朝阳区康欣医院
少角村
龙爪树小学
新光医院
建材供应公司
中国电器集团北京公司
农村商业银行
朝阳区龙顺诚批发市场
兰石汽车配件销售中心
四道口村
正泰集团
京野家具厂
明圆学校
华都文教用品制造厂
科达布莱迪集团
朝龙市场
宋家楼村
京艺保温板厂
龙泉电线电缆厂
百花针织厂
红寺村
农村商业银行
龙兴饭店
小红门医院
郭家村
燕南变压器厂
家岩具禄公钢司木
焕来金属结构厂
华东森源电气公司
红兴木器家具厂
中银职工大学
华东开关公司
住六公司钢筋厂
四环鑫机电设备公司
小白羊超市
肖村农工商总公司
岗上村
吉利达装饰市场
城外诚文化广场
田华建筑集团公司
市七十一中
小红门派出所
欣荣长城家具厂
利龙机电厂
华怡净化科研所
宏源铝膏厂
南辛村
市家具公司华润木制品厂
兰海水处理设备厂
肖村花山助剂厂
小红门中心小学
姚家村
小红门市场
碧融通特供水有限公司
易成-拉发基混凝土公司
南阳医院
朝阳区小红门医院
京客隆超市
齿轮总厂
拉锁厂
宝良旅馆
农工商联合总公司
红光环保设备厂
大华床上用品厂
鸿福超市
三优诚实业公司
小红门水利管理站
中瑞家具公司
三优家具展示销售中心
联星家具公司
中国农机总公司销售中心
金宝集团朝阳锅炉厂
惠通厨房设备公司
鑫鑫汽车修理厂
大鹏家具公司
大鹏酒家
富洁厨房设备公司
庑店三
欣康馨大药房
三明化工试剂油漆商店
欧式材料构件厂
金工义五金机电公司
三元天成汽修
元创汽修厂
利汇通锅炉厂
优民水暖器材厂
旺兴湖郊野公园
京华建业家具厂
北京市吉百利食品有限公司
红安建筑设备租赁公司
东北小学
意隆达汽修厂
红星建筑涂料厂
同友盛商贸公司
会友饭店
开泰塑钢厂
吉百利路
D
E
1
2
3
4
5

华都玻璃钢厂
北人力顺印刷机械公司
中信国安饮品公司
颐园老年公寓
东方远洋宾馆
东方国联汽配市场
龙泉电线电缆厂
六道口
达艺古典家具行
莱恩斯漆业公司
朝阳商业设备厂
吕家花园小区
富民服装公司
巨人通信设备制造公司
金东方火锅城
京来顺超市
三成塑料制品公司
十八里店桥
京电华振电气设备公司
吕营药店
吕营超市
狮岛消防电子公司
华兴商贸公司
互润国际食品集团公司
千杯乐美食城
华兴龙液化气公司
龙和明清古典家具商行
兴华冶金设备厂
十八里店
吕家营村
工场程道公市司政
十八里店农贸市场
天津大桥集团公司驻京联络处
吕家营农贸市场
南洋肿瘤医院
泛美国际货物储运公司
政法干部学院分部
富思特制漆（北京）公司
龙爪树金属压块厂
十八里店南桥
六彩国际食品公司
鑫源铸造厂
圣塑钢厂
伟利达床上用品公司
张家坊子
前祁家庄
吕家营南里
伟利佳化纤棉公司
贝尔佳纺织品（北京）公司
辉宇工贸商行
青岛双星集团华北经营总公司
姚家村
朝阳海关
蓝天玻璃制品中心
北京国际货物流通中心
北京海关走私侦查分局
北京和众奥达物流有限公司
朝阳口岸国际货物流通中心
南四环东路
京沪高速
北京一汽环岛汽车销售中心
朝
阳
十八
台湾三桂家具装潢公司
双丰铁路
集友艺术玻璃公司
红艺乐器厂
牌坊村
朝阳毛条厂
英开元珍禽养殖中心
宏瑞家具厂
鸿博北街
瑞华商贸公司
康乃克药业公司
牌坊村水电管理所
长青玻璃钢制品厂
南小店
银河星座
兴华淀粉厂
东风玻璃钢制品厂
牌坊村卫生所
小红门地区办事处
小红门乡
镇海寺郊野公园
马道村
鸿博街
牌坊农贸市场
华光电线电缆厂
新雅家具厂
镇海公园管理处
恋日绿岛
三优京南装饰材料厂
世纪潮门窗公司
荣华实业公司
朝阳汽修厂
红坊路
香似溢花卉园艺
除垢剂分装厂
京都长城电线电缆公司
小
红
门
地
区
鸿博公园
长友金属机械厂
起宁模具公司
江山公司
三台山化工贸易储运公司
亦博洛矿冶磁电设备公司
小红门乡九队灰膏厂
牌坊村路
镇海寺路
小红门猛子垂钓园
新胜燃气设备厂
三台村
牌坊垂钓园
中国林木种子公司小红门基地
碧海垂钓园
市农工商物资供销公司
开发区中意涂料公司
大亦

73

97

69

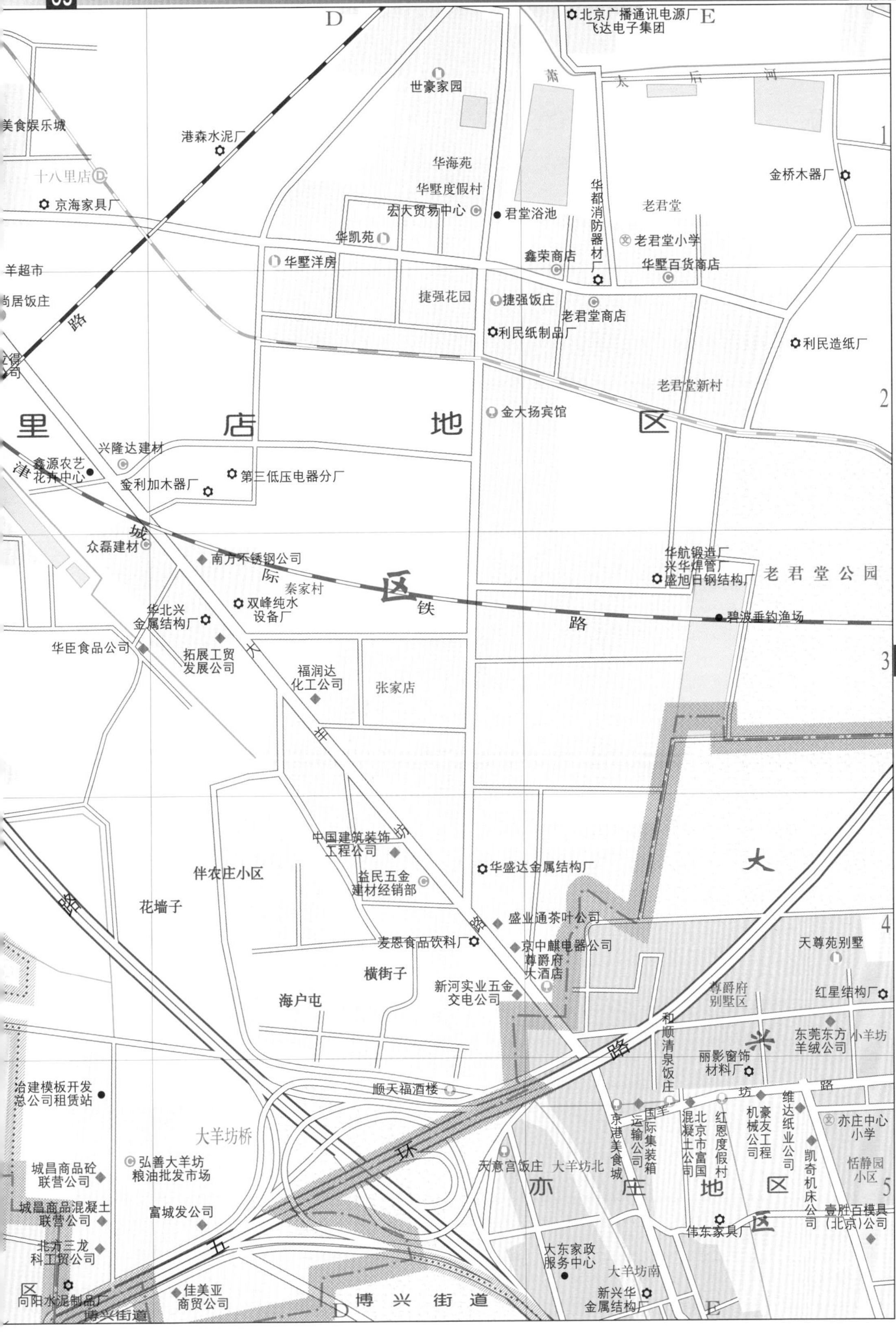
北京广播通讯电源厂
飞达电子集团
世豪家园
萧太后河
美食娱乐城
港森水泥厂
华海苑
华墅度假村
十八里店
京海家具厂
宏大贸易中心
君堂浴池
华都消防器材厂
老君堂
金桥木器厂
华凯苑
老君堂小学
华墅洋房
鑫荣商店
华墅百货商店
羊超市
尚居饭庄
捷强花园
捷强饭庄
老君堂商店
利民纸制品厂
利民造纸厂
老君堂新村
金大扬宾馆
里店地区
兴隆达建材
鑫源农艺花卉中心
第三低压电器分厂
金利加木器厂
众磊建材
南方不锈钢公司
华航锻造厂
兴华焊管厂
盛旭日钢结构厂
老君堂公园
秦家村
双峰纯水设备厂
城际铁路
区
碧波垂钓渔场
华北兴金属结构厂
华臣食品公司
拓展工贸发展公司
福润达化工公司
张家店
京津塘高速路
中国建筑装饰工程公司
伴农庄小区
华盛达金属结构厂
益民五金建材经销部
花墙子
盛业通茶叶公司
麦恩食品饮料厂
京中麒电器公司
尊爵府大酒店
天尊苑别墅
横街子
新河实业五金交电公司
尊爵府别墅区
红星结构厂
海户屯
和顺清泉饭庄
东莞东方羊绒公司
小羊坊
丽影窗饰材料厂
兴坊路
冶建模板开发总公司租赁站
顺天福酒楼
京港美食城
国际集装箱运输公司
北京市富国混凝土公司
红恩度假村
机械工程公司
豪友
维达纸业公司
亦庄中心小学
大羊坊桥
凯奇机床公司
恬静园小区
城昌商品砼联营公司
弘善大羊坊粮油批发市场
天意宫饭庄
大羊坊北
亦庄地区
城昌商品混凝土联营公司
富城发公司
五环路
壹胜百模具（北京）公司
伟东家具厂
北方三龙科工贸公司
大东家政服务中心
大羊坊南
区
向阳水泥制品厂
博兴街道
佳美亚商贸公司
博兴街道
新兴华金属结构厂
D
E
1
2
3
4
5

92

昌
平
区
阳
坊
镇
前白虎涧
后沙涧
梁家园
福胜寺
台头村
苏
家
坨
前沙涧
聂各庄
派出所
聂各庄
聂各庄桥
护国禅林
圆明园学院
齐鲁音乐学院
海
淀
区
土桥
海淀区水产良种场
稻香湖公
宫园
驾校
海淀
驾校
龙泉
驾校
后柳林村
大康公司
禾成装饰材料
制造有限公司
兴善寺
翔宇
驾校
西埠头
地
柳林
苏家坨中学
苏家坨派出所
青燕饭店
草厂
前柳林村
光华电子器件厂
北京纳华医
技术有限公
苏家坨地区办事处
苏家坨镇
苏家坨中心卫生
孚郡王墓
(九王坟)
北京冶金联合
新型建筑材料厂
苏家坨
中心小学
西小营
国家环保局
会议培训中心
温阳路
商业疗养院
北安河
北安河小学
西颐小区
中关村学院
二分院
温
泉
地
区
高里掌
A
B
1
2
3
4
5

80

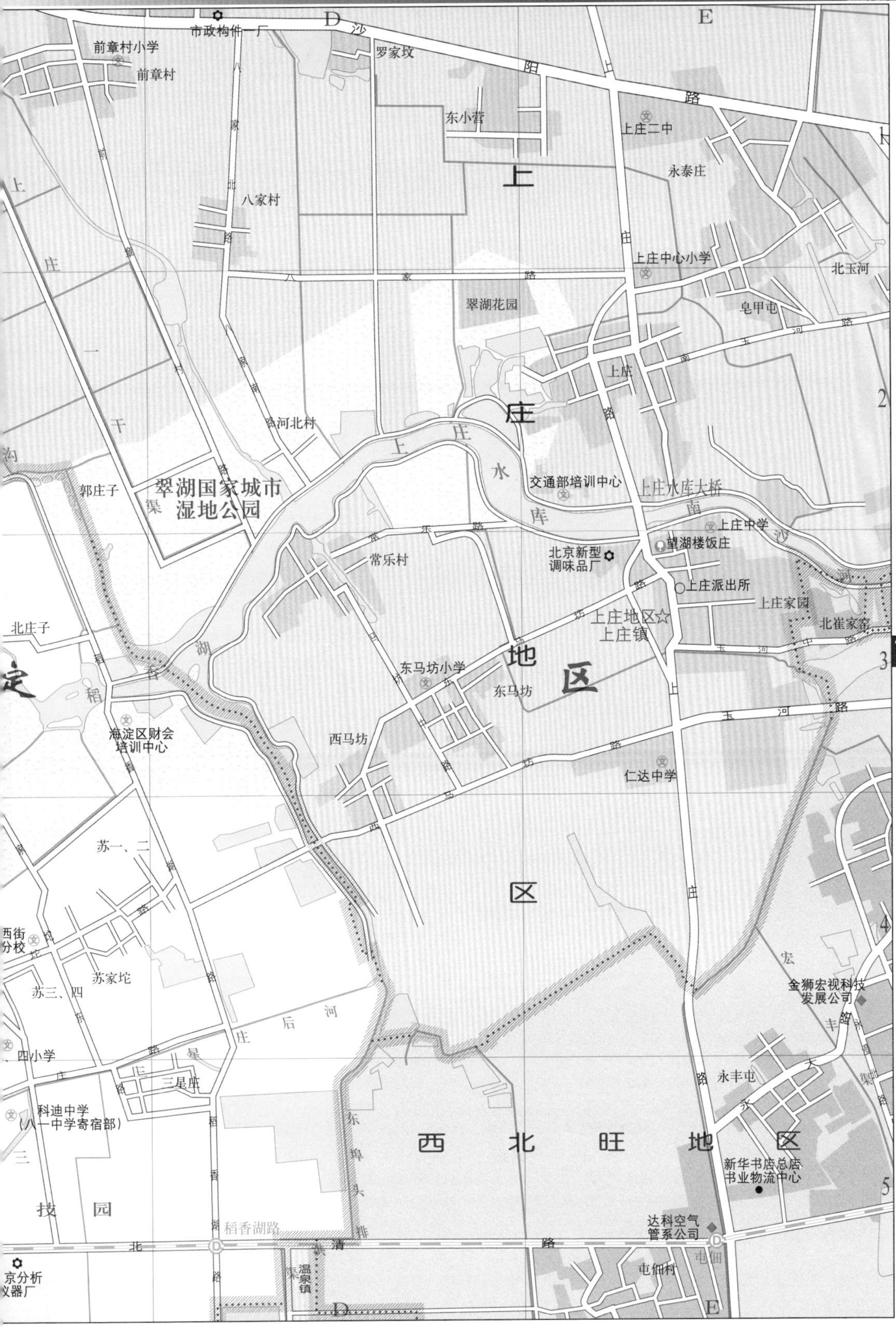
市政构件一厂
前章村小学
前章村
罗家坟
东小营
上庄二中
永泰庄
上
八家村
上庄中心小学
北玉河
翠湖花园
皂甲屯
上庄
庄
河北村
交通部培训中心
上庄水库大桥
郭庄子
翠湖国家城市湿地公园
上庄中学
望湖楼饭庄
北京新型调味品厂
常乐村
上庄派出所
上庄家园
上庄地区☆
上庄镇
北崔家窑
北庄子
东马坊小学
地
区
东马坊
海淀区财会培训中心
西马坊
仁达中学
苏一、二
区
苏家坨
苏三、四
四小学
三星庄
科迪中学
（八一中学寄宿部）
金狮宏视科技发展公司
永丰屯
西
北
旺
地
区
新华书店总店书业物流中心
达科空气管系公司
稻香湖路
温泉镇
屯佃村
京分析
仪器厂

76

A
B
1
2
3
4
5
沙河站
巩华城
北京福田
汽车公司
华夏毛纺
有限公司
上
庄
地
区
沙
阳
路
北京科技
研修学院
首钢公司
第一线材厂
京
藏
高
速
南玉河
老牛湾
定福黄庄
杨庄子
王利吉祥
汽配城
北京市兴峰
羊绒制品工业公司
丁家坟
中央广播研究所
北京
亿城大学
阎庄子
宾宾
北京东港建设
集团有限公司
高博医院
袁家坟
李家坟
东玉河村委会
G7摩托公园
北青国际公寓
东玉河
北京海世博科贸中心
北京大学
国际医院
西玉河村委会
西玉河
果庄子
西半壁店
张庄子
史
中国地质
科学院
中关村生命科学园
东半壁
西玉河小学
刘庄子
坤玉湾
紫星苑
中海
富华里
西
海
幸福里润园
中海
汇德里
皇后店
海悦青棠湾
大牛坊
栖海沄颂
北京城市学院
(航天城校区)
小牛坊
北
永丰派出所
友谊嘉园
瑞泽家园
丰锦苑
永创兴业置业
有限公司
燕保
辛店家园
中科院空间科学
与应用研究中心
三环永磁科技
有限公司
淀
旺
北清路22号院
颐丰庄园
悦康公园
永丰贤东路1号院
海淀
幸福里
唐家岭路
一号院
北京四元恒通新材
科技有限公司
中国资源卫星
应用中心
北京纵横机电
科技有限公司
冠城大通
百旺府
航天城消防中队
永丰高新技术产业基地
航天城社区
中国钢研
永丰基地
首创
天阅西山
大唐电信集团
新材料
创业大厦
地
航天东方红
卫星有限公司
海国永丰
科技园
北清路28号院
北服
大厦
中国航天城
航天五院
德成公寓
中科
产业园
四维图新大厦
区
中国航发大厦
永丰
北京应用物理与
计算数学研究所
航天湖公园
中国空间
技术研究院
中国科学院
北京新技术基地
丰滢东路1号院
人大附中
航天城学校
邓家庄
龙馨园小区
北京市建华
实验学校
用友政务软件
股份有限公司
千喜鹤大厦
朗丽兹西山
花园酒店
永旺家园
唐家岭新城
万和嘉园
唐家岭南环路
永丰培训基地六院
铁
路

75

81

小沙河
北京顶好制油公司
古庄子
地
昌
平
区
寞各庄新村
七里渠卫生院
七里渠中心小学
精英酒店
七里渠派出所
鸣远实验室家具公司
七里渠北
回龙观镇工业小区
碧水庄园
朱辛庄
史各庄桥
昌平交通支队
京京肉食品厂
七里渠南
翰林学院
科学院北京天文台
飞视国际演艺学院
育荣双语试验学校
东小口地区
庄路街道
中关村国际商城
北京大学法律自考部
史各庄街道办事处
北京农学院
华北电力大学（北京）
科学园
流星花园
马连店
回龙观城北市场
二拔子新村
二拔子桥
霍营街道
建设银行
霍营街道
龙城皇冠假日大酒店
城北交易市场
工商银行
龙城花园
京客隆
回龙观购物中心
三合庄盛商厦
回龙观文化居
龙泽园街道办事处
天鸿集团公司
二拔子
龙禧医院
通达园
回龙观中学
昌平实验小学
北京农业职业学院
龙泽园街道
龙兴园北区
天慧园
龙华园
北郊电信局
惠华苑
民泰大厦
北京人家
北京化工实业总公司
欧德宝汽车城
黄土北店
回龙观饭店
回龙观建材城
龙泽苑
地铁十三号线
京包铁路
北京少林武术学校
北京回龙观医院
黄土东村
回龙观中学
旗舰商务大厦
万润家园
黄土南店
西里北部后厂村公园
回龙观
回龙观小学
回龙观街道
吉晟别墅
回龙观街道办事处
京藏高速公路

城区扩大图
77

A
B
1
2
3
4
5
百善镇
小汤山镇
沙河地区
北
昌
东
小
口
地
区
物美超市
宏福活动中心
温都水城
宏福集团
北京邮电大学（宏福校区）
平西府中学
汽车工业技师学院
深神威安电子公司
信息谷大学科技园大厦
宏福工业产业基地
特普康科技公司生产基地
宏福创业园
信息谷大学科技园
白鹭园匹特博
万宁新华自动化生产基地
精品门窗
恩立华生态园
振华双语学校
市政协培训中心
昌平绪中乳品厂
白各庄
科机方大铁艺术发展生产基地
宏福钢结构公司
西沙各庄液化气站
西沙各庄
贵通昌平化工分公司
行国际贸易公司
东沙各庄烈士陵园
交流中心
中科院高新技术生产基地
王府温馨公寓
园中园
白庙
北京景山学校分部
中国经济时报社
农村商业银行
平西府派出所
平西府
王府家
王府花
液化气站
小辛庄
平西府
绿友大厦
中国农业大学实验站
国特公司
老甲艺术馆
梁庄
霍营街道办事处
国家档案局教育中心
北京中豪实业公司
回龙观派出所
龙观东大街
新世纪商城
农业部干部管理学院
天鑫家园
体育公园
龙泽园街道
龙跃苑一区
华龙苑小区
霍营街道
霍营
魏窑
上坡村
都市芳园
半截塔
木合山庄
碧湖园别墅
九台庄园
昌平区天通苑学
红十字会北郊医院
黄土店站
回成街
地铁十三号线
京包铁路
兰各庄
店上
太平家
沃克尔商务会
金穗
石油宾馆
北京首创轮胎有限责任公司
双合盛五星啤酒公司华都啤酒厂
回龙观街道
新康园
西三旗街道
建材技校
建材城西二里
建材城中里
建材城东里
海淀区
单村

76

82

78

D
E
蓬莱公寓
北七家中学
东二旗
小汤山镇
羊各庄
稻香村公司食品厂
西湖新村
北七家镇医院
北七家镇
桃园公寓
大鸭梨
烤鸭店
北七家电信局
晨浩花园
望都家园
八仙别墅区
沟自头
平坊
家
镇
岭上
威尼斯花园
蓬莱苑
海德堡
名佳花园
海鹊落
北七家庄
中科院遗传所
新生物技术基地
兰宾馆
名流花园
平
区
亚运村汽车
交易市场
燕城苑北区
燕丹中学
东三旗
兽医生物
制品厂
燕丹小学
北亚工业科技
开发集团
南七家庄
中直机关机关
培训中心
燕城苑
青海石油疗养院
燕丹医院
城建亚泰
机械公司
东三旗水泥制品厂
燕丹电话局
燕丹
天通苑北
南狮子营
天通北苑
一区
天通北苑
二区
天通北苑
三区
天通苑
天通苑
小学
家具建材
大世界
韩中阁烧烤城
歌甲庄
金家村
天通苑东三区
综合批发市场
物美超市
天通西苑
二区
天
通
苑
北
街
道
太平庄
天通公园
北京中汇医院
天通苑北
道办事处
天通苑中医院
天通东苑
天通苑南
驾驶员培训中心
丰田汽车
天通苑
东六区
天通东苑
邮政局
天通苑
东一区
天通苑东
天通苑
仁和医院
天通苑东二区
西单商场
天通苑购物中心
稻香村
广慈医院
朝阳区
马家坟
燕彩新型
材料厂
天通苑南街道
天通苑南街道
昌南化学
工业公司
天通东苑小学
天通苑医院
河
朝阳区
地
温榆河公园
1
2
3
4
5

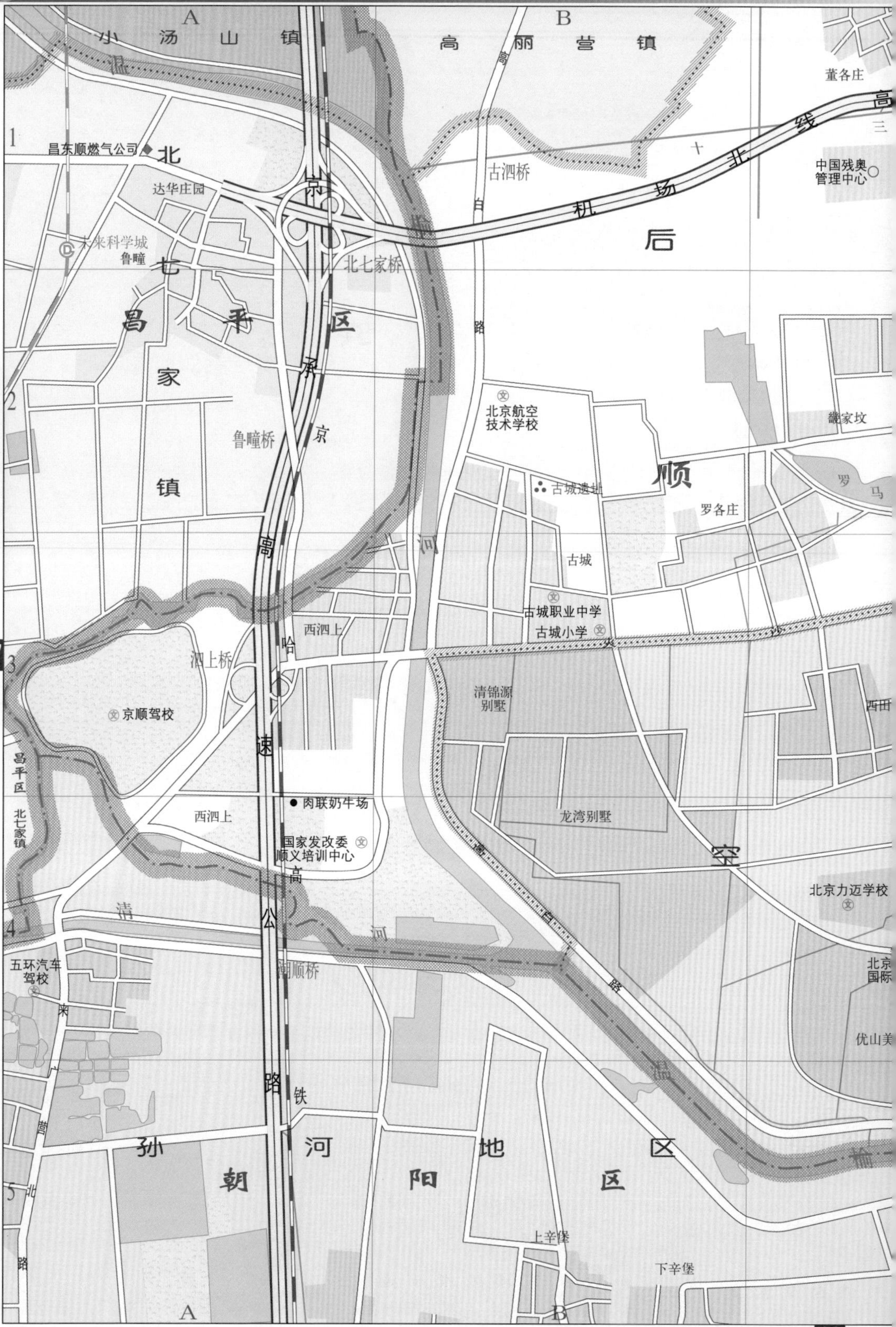
A
B
小汤山镇
高丽营镇
董各庄
机场北线
昌东顺燃气公司
北京
达华庄园
古泗桥
中国残奥管理中心
未来科学城
鲁疃
北七家桥
后
昌平区
七
家
镇
白
路
京承
鲁疃桥
京
北京航空技术学校
古城遗址
顺
罗各庄
罗马
河
高
古城
古城职业中学
古城小学
西泗上
哈
泗上桥
京顺驾校
清锦源别墅
西田
昌平区北七家镇
龙湾别墅
肉联奶牛场
西泗上
国家发改委顺义培训中心
速
高
空
北京力迈学校
公
清
河
温
五环汽车驾校
润顺桥
来
路
北京国际
优山美
广
温
路
铁
榆
营
孙
朝
河
阳
地
区
北
路
上辛堡
下辛堡

77
83

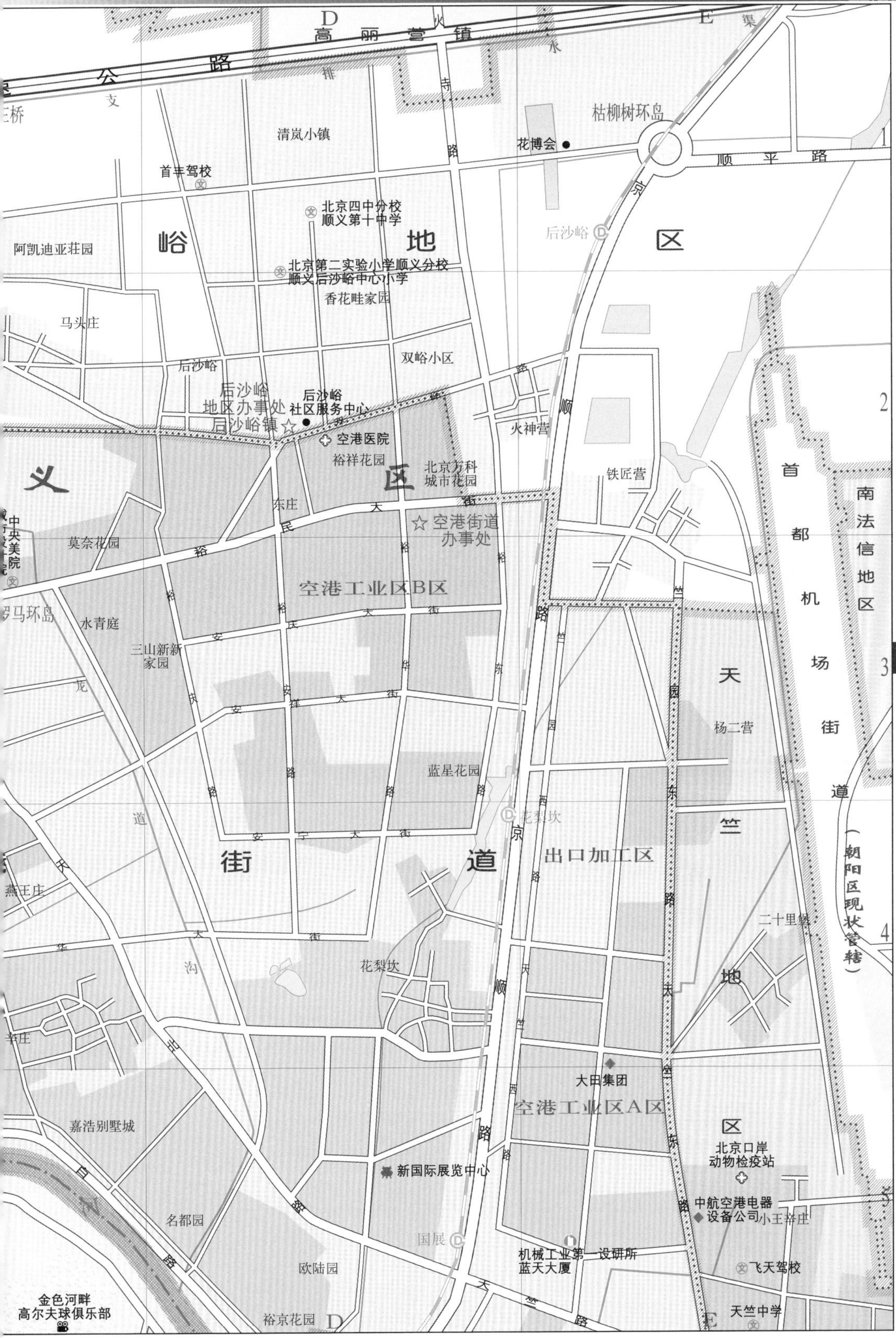

高丽营镇
公路
清岚小镇
枯柳树环岛
花博会
顺平路
首车驾校
北京四中分校
顺义第十中学
后沙峪
阿凯迪亚庄园
峪
地
区
北京第二实验小学顺义分校
顺义后沙峪中心小学
香花畦家园
马头庄
双峪小区
后沙峪
后沙峪
地区办事处
后沙峪镇
后沙峪
社区服务中心
空港医院
火神营
裕祥花园
北京万科
城市花园
铁匠营
首
都
机
场
街
道
南
法
信
地
区
义
区
东庄
空港街道
办事处
莫奈花园
裕民大街
空港工业区B区
水青庭
三山新新
家园
天
杨二营
蓝星花园
花梨坎
出口加工区
竺
街
道
(朝阳区现状管辖)
燕王庄
二十里堡
花梨坎
地
辛庄
大田集团
空港工业区A区
嘉浩别墅城
区
北京口岸
动物检疫站
新国际展览中心
中航空港电器
设备公司
小王辛庄
名都园
国展
机械工业第一设研所
蓝天大厦
欧陆园
飞天驾校
金色河畔
高尔夫球俱乐部
裕京花园
天竺中学
京顺路
天竺东路
天竺西路
安庆大街
安祥大街
安宁大街

79

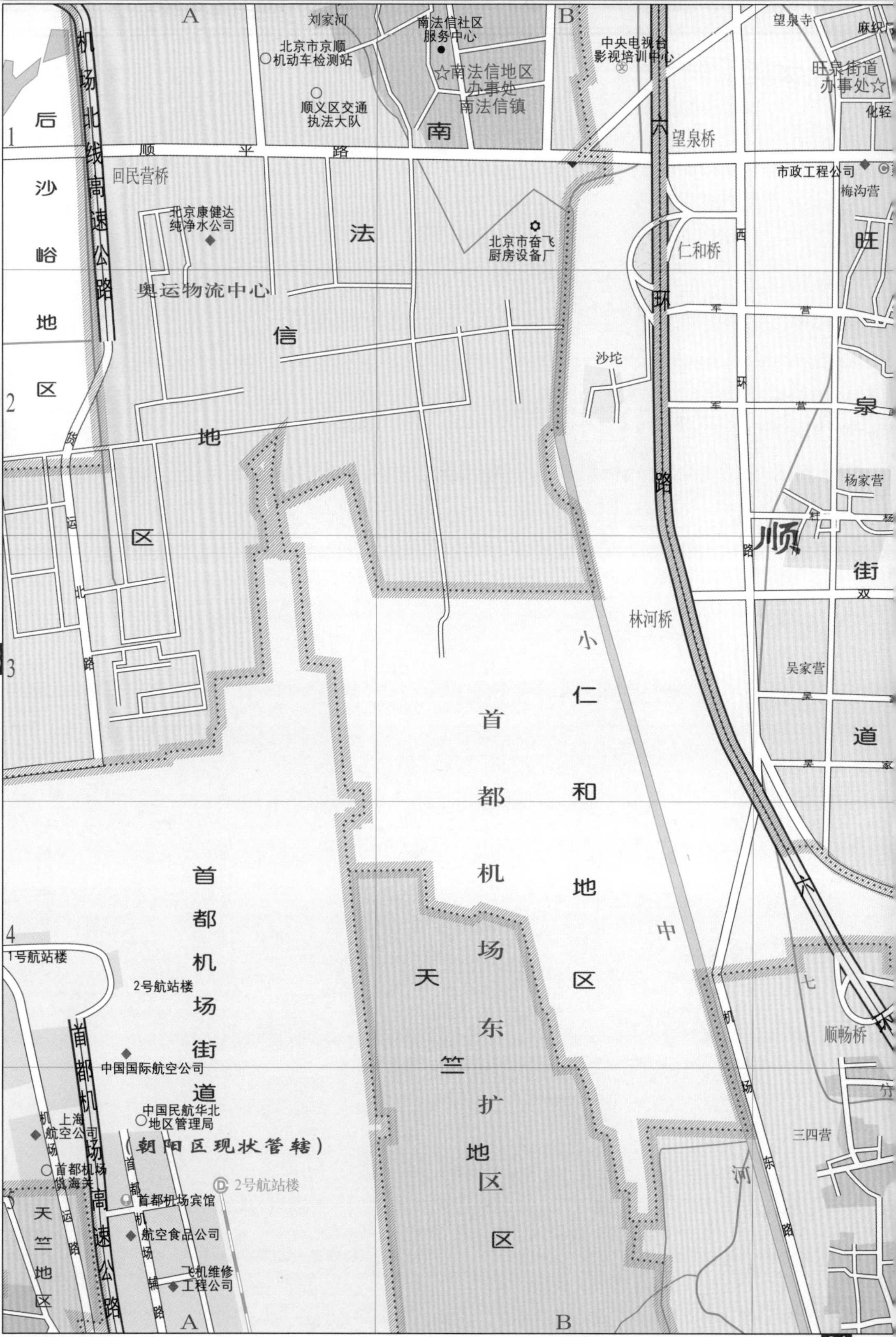

刘家河
南法信社区服务中心
北京市京顺机动车检测站
南法信地区办事处
南法信镇
顺义区交通执法大队
中央电视台影视培训中心
望泉寺
旺泉街道办事处
化轻
机场北线高速公路
后沙峪地区
顺平路
回民营桥
南
望泉桥
市政工程公司
梅沟营
北京康健达纯净水公司
法
北京市奋飞厨房设备厂
仁和桥
旺
奥运物流中心
信
西环路
军营
沙坨
泉
地
六环路
杨家营
区
顺
街
林河桥
吴家营
道
小仁和地区
首都机场东扩地区
首都机场街道
天竺地区
1号航站楼
2号航站楼
中国国际航空公司
中国民航华北地区管理局
上海航空公司
(朝阳区现状管辖)
首都机场海关
2号航站楼
首都机场宾馆
航空食品公司
飞机维修工程公司
首都机场高速公路
机场辅路
天竺地区
中
机场东路
河
顺畅桥
三四营
七

78

84

顺义检察院
胜利街道
胜利街道办事处
胜利社区服务中心
怡馨家园
仁和镇
仁和地区办事处
顺义图书馆
顺义公园
顺义科委
会计学校
裕龙花园
裕龙花园大酒店
现代职业教育学院
顺义区第六中学
光明街道
滨河小区
望潮宫宾馆
潮白河
彩虹大桥
南彩镇
河南村闸桥
平西路
公安分局
仓上小区
法医院
五里仓环岛
裕龙一区
彩虹大街
顺义汽车站
顺义区民政局
顺义区社区服务中心
石园北区
石园街道办事处
冶科电子器材公司
农业银行
老干部局
老年公寓
波兰特花园
顺翔卡丁车俱乐部
北京市农行培训中心
太平洋保险公司
顺义区第五中学
石园东区
工商银行
石园西区
仓上街
石园南大街
石园南区
北京现代汽车有限公司
仁和社区服务中心
石园街道
杜各庄
顺义区成人中等专业学校
仁和地区
平各庄
燕京路
太平街
双平路
顺义区
承大街
现代摩比斯汽车零部件公司
顺义区仁和中学
燕京啤酒集团公司
双河大街
威腾专用汽车公司
北京向阳制药厂
林河大街
林河工业开发区
北陶家坟
林河南大街
顺平水泥制品厂
陶家坟
临河
南环路
山子坟
小陶家坟
米各庄
窑坡
牙路
和硕和勤亲王碑
王家坟
后桥
庄子营
龙塘路
仁和镇
城区扩大图

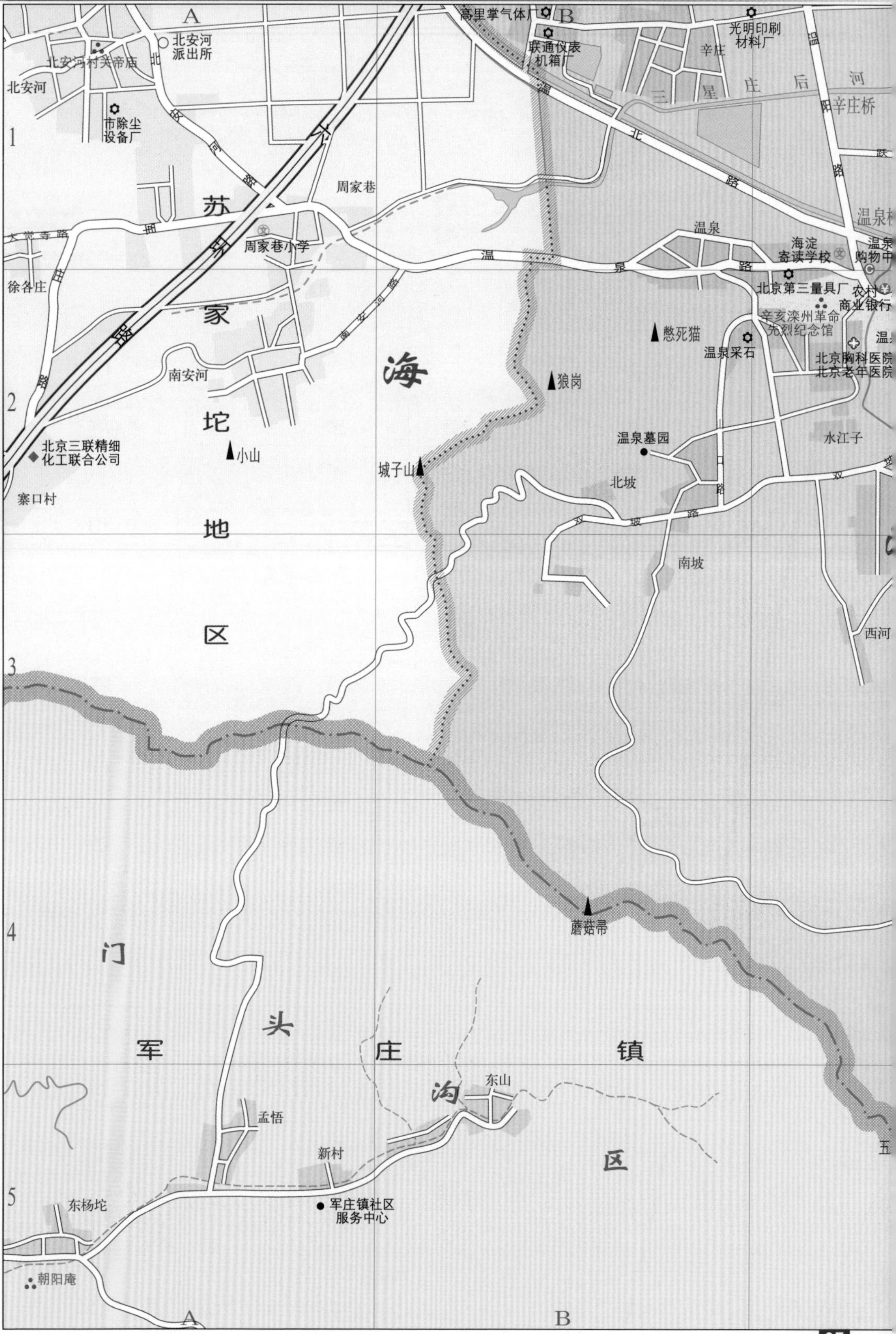
北安河
派出所
北安河村关帝庙
北安河
市除尘
设备厂
周家巷
苏
家
坨
地
区
海
大觉寺路
周家巷小学
徐各庄
温
泉
路
南安河路
南安河
北京三联精细
化工联合公司
小山
城子山
寨口村
高里掌气体厂
联通仪表
机箱厂
光明印刷
材料厂
辛庄
三 星 庄 后 河
阳辛庄桥
温 北 路
温泉
海淀
寄读学校
北京第三量具厂
农村
商业银行
辛亥滦州革命
先烈纪念馆
憨死猫
狼岗
温泉采石
北京胸科医院
北京老年医院
温泉墓园
水江子
北坡
双 坡 路
南坡
西河
蘑菇帚
门
头
军
庄
镇
沟
区
东山
孟悟
新村
东杨坨
军庄镇社区
服务中心
朝阳庵

城区扩大图

85

75
81

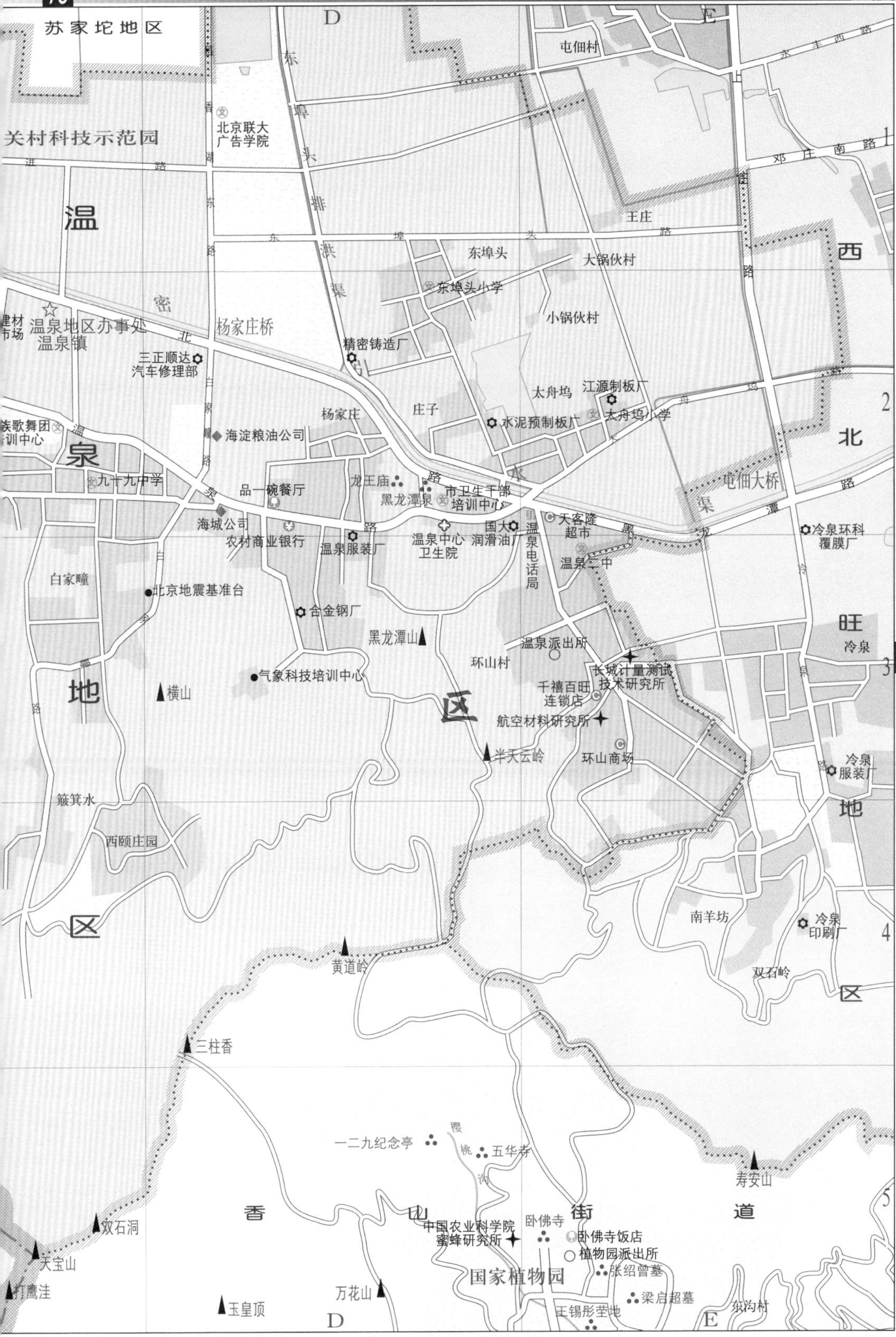
苏家坨地区
关村科技示范园
北京联大
广告学院
屯佃村
邓庄南路
王庄
东埠头
大锅伙村
东埠头小学
小锅伙村
温
泉
地
区
密
北
杨家庄桥
建材
市场
温泉地区办事处
温泉镇
三正顺达
汽车修理部
精密铸造厂
太舟坞
江源制板厂
太舟坞小学
水泥预制板厂
杨家庄
庄子
海淀粮油公司
民族歌舞团
培训中心
九十九中学
品一碗餐厅
龙王庙
黑龙潭泉
市卫生干部
培训中心
国大
润滑油厂
天客隆
超市
温泉电话局
温泉二中
屯佃大桥
冷泉环科
覆膜厂
海城公司
农村商业银行
温泉服装厂
温泉中心
卫生院
白家疃
北京地震基准台
合金钢厂
黑龙潭山
温泉派出所
环山村
长城计量测试
技术研究所
千禧百旺
连锁店
航空材料研究所
气象科技培训中心
横山
区
半天云岭
环山商场
冷泉
冷泉
服装厂
簸箕水
西颐庄园
南羊坊
冷泉
印刷厂
双石岭
黄道岭
三柱香
西
北
旺
地
区
一二九纪念亭
五华寺
樱桃沟
寿安山
香
山
街
道
双石洞
天宝山
打鹰洼
中国农业科学院
蜜蜂研究所
卧佛寺
卧佛寺饭店
植物园派出所
国家植物园
张绍曾墓
梁启超墓
万花山
玉皇顶
王锡彤茔地
东沟村
D
E
1
2
3
4
5

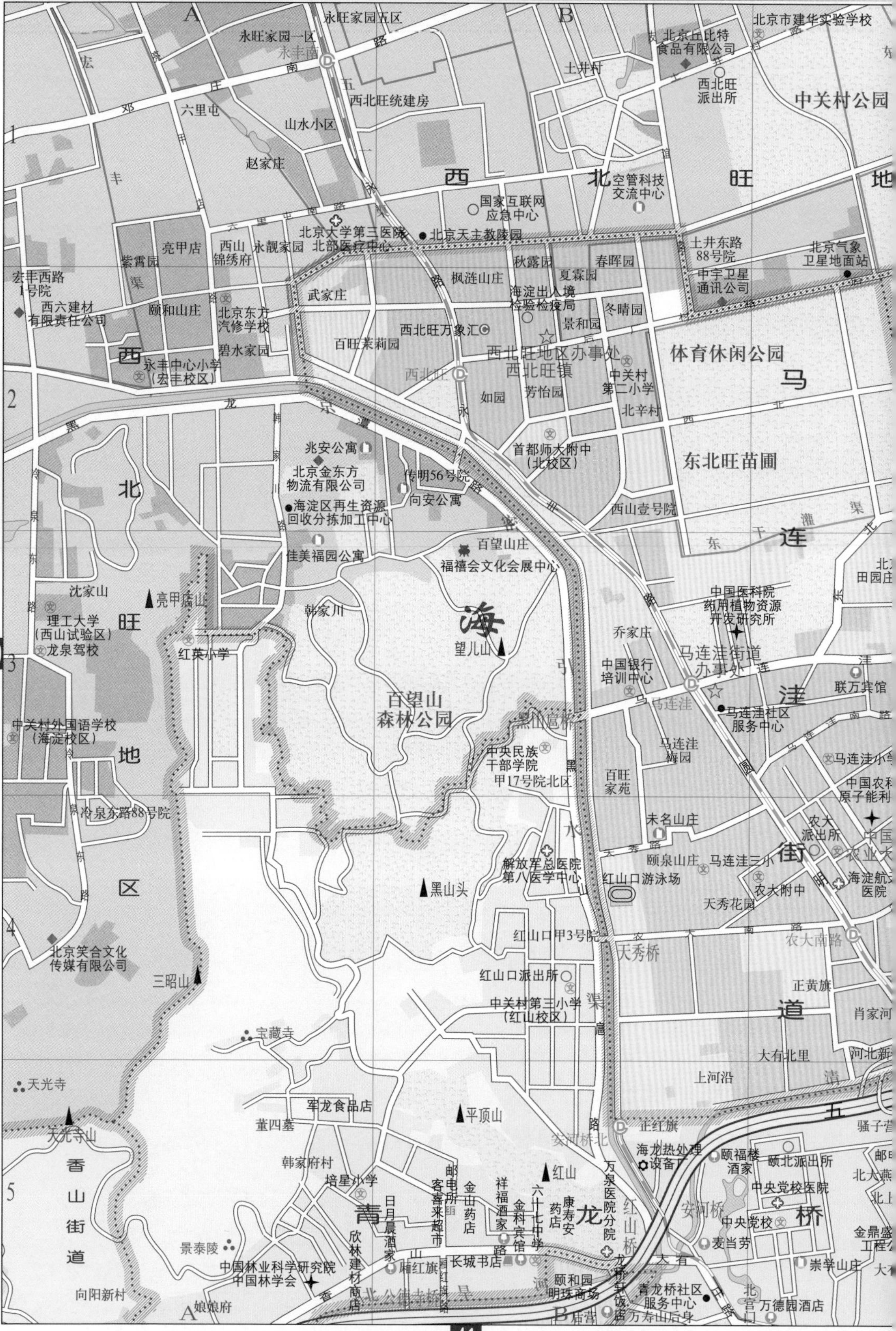
永旺家园五区
永旺家园一区
北京市建华实验学校
北京丘比特食品有限公司
土井村
西北旺派出所
中关村公园
西北旺统建房
六里屯
山水小区
赵家庄
西
北
旺
地
空管科技交流中心
国家互联网应急中心
北京大学第三医院北部医疗中心
北京天主教陵园
土井东路88号院
北京气象卫星地面站
紫霄园
亮甲店
西山锦绣府
永靓家园
秋露园
春晖园
中宇卫星通讯公司
宏丰西路1号院
西六建材有限责任公司
武家庄
枫涟山庄
夏霖园
海淀出入境检验检疫局
冬晴园
颐和山庄
北京东方汽修学校
景和园
西北旺万象汇
体育休闲公园
百旺茉莉园
碧水家园
西北旺地区办事处
西北旺镇
永丰中心小学（宏丰校区）
中关村第二小学
马
如园
芳怡园
北辛村
首都师大附中（北校区）
兆安公寓
北京金东方物流有限公司
传明56号院
东北旺苗圃
向安公寓
海淀区再生资源回收分拣加工中心
西山壹号院
北
百望山庄
连
佳美福园公寓
福禧会文化会展中心
沈家山
亮甲店山
中国医科院药用植物资源开发研究所
理工大学（西山试验区）
旺
韩家川
海
乔家庄
龙泉驾校
望儿山
红英小学
马连洼街道办事处
中国银行培训中心
联万宾馆
百望山森林公园
洼
马连洼社区服务中心
中关村外国语学校（海淀校区）
地
中央民族干部学院
马连洼梅园
马连洼小学
甲17号院北区
百旺家苑
冷泉东路88号院
未名山庄
农大派出所
颐泉山庄
马连洼三小
街
解放军总医院第八医学中心
区
黑山头
红山口游泳场
农大附中
海淀航天医院
天秀花园
北京笑合文化传媒有限公司
红山口甲3号院
天秀桥
农大南路
红山口派出所
三昭山
正黄旗
中关村第三小学（红山校区）
道
肖家河
宝藏寺
大有北里
天光寺
上河沿
军龙食品店
平顶山
董四墓
正红旗
天光寺山
安河桥北
海龙热处理设备厂
颐福楼酒家
颐北派出所
韩家府村
红山
香山街道
培星小学
中央党校医院
邮电所
客喜来超市
金山药店
祥福酒家
金科宾馆
六十七中学
康寿安药店
万泉医院分院
青
龙
红山桥
安河桥
中央党校
桥
日月晨酒家
欣林建材商店
麦当劳
景泰陵
中国林业科学研究院
中国林学会
厢红旗
长城书店
崇学山庄
向阳新村
颐和园明珠商场
青龙桥社区服务中心
龙桥轩饭店
北宫门
万德园酒店
娘娘府
万寿山后身

80
41

76

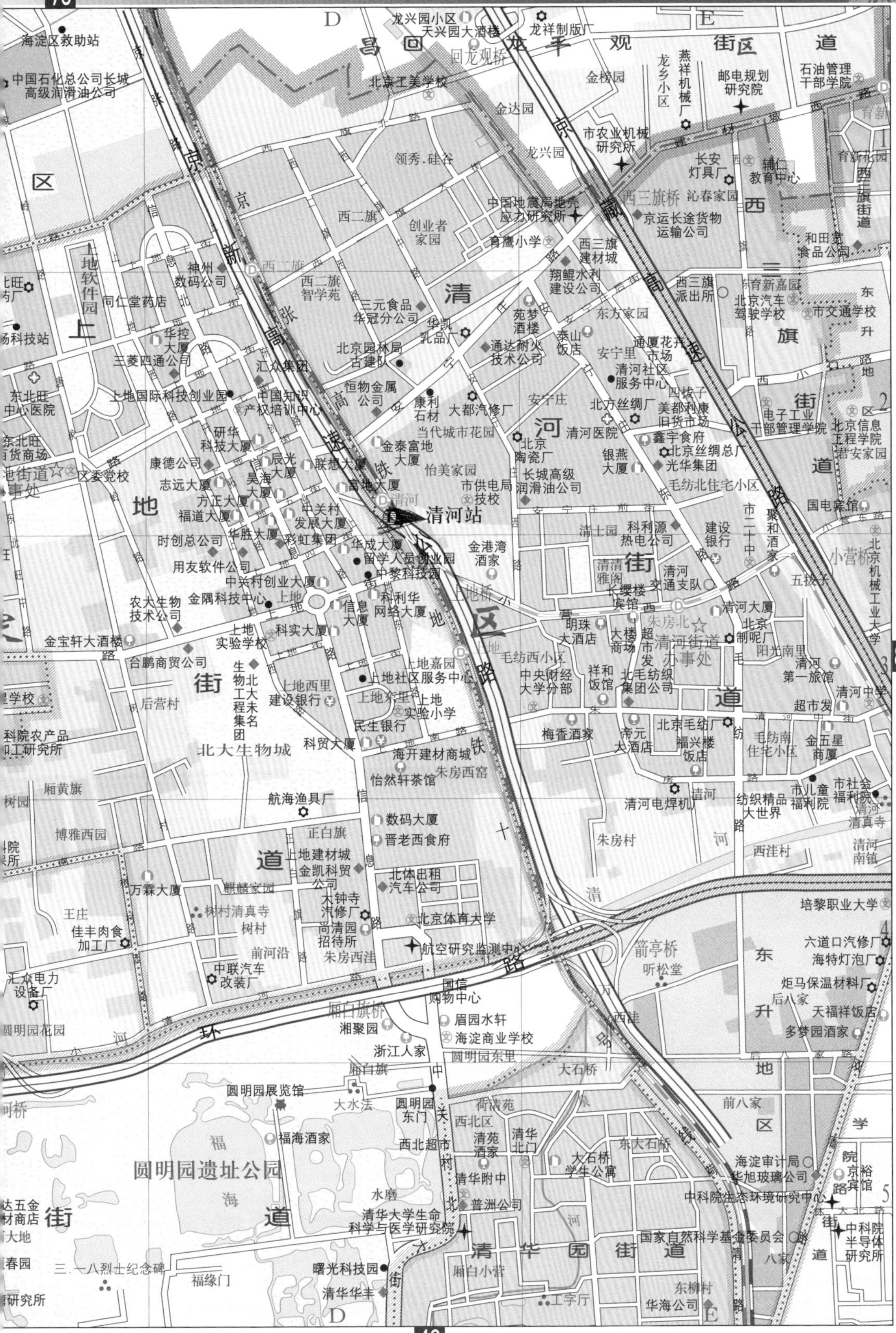
D
E
龙兴园小区
天兴园大酒楼
龙祥制版厂
回龙观镇
回龙观
街区
道
海淀区救助站
中国石化总公司长城高级润滑油公司
北京工美学校
金榜园
龙乡小区
燕祥机械厂
邮电规划研究院
石油管理干部学院
金达园
京藏高速公路
市农业机械研究所
领秀.硅谷
龙兴园
长安灯具厂
辅仁教育中心
育新花园
西三旗街道
区
京新高速
西二旗
创业者家园
中国地震局地壳应力研究所
西三旗桥
沁春家园
京运长途货物运输公司
西
育鹰小学
西三旗建材城
和田寺食品公司
上地软件园
神州数码公司
西二旗
西二旗智学苑
翔鲲水利建设公司
西三旗派出所
育新嘉园
三
东升
北旺
同仁堂药店
清
三元食品华冠分公司
苑梦酒楼
东方家园
北京汽车驾驶学校
市交通学校
旗
科技站
上
华控大厦
华凯乳品厂
泰山饭店
通厦花卉市场
三菱四通公司
北京园林局古建队
通达耐火技术公司
安宁里
清河社区服务中心
汇众集团
东北旺中心医院
上地国际科技创业园
中国知识产权培训中心
恒物金属公司
康利石材
大都汽修厂
安宁庄
北方丝绸厂
四拨子
美都利康旧货市场
街
电子工业干部管理学院
北京信息工程学院
研华科技大厦
当代城市花园
河
清河医院
君安家园
东北旺百货商场
金泰富地大厦
北京陶瓷厂
鑫宇食府
北京丝绸总厂
康德公司
辰光大厦
联想大厦
怡美家园
银燕大厦
光华集团
道
地街道办事处
区委党校
志远大厦
昊海大厦
富地大厦
市供电局技校
长城高级润滑油公司
毛纺北住宅小区
方正大厦
中关村发展大厦
清河
国电宾馆
地
福道大厦
清河站
清士园
科利源热电公司
建设银行
市二十中
聚和酒家
时创总公司
华胜大厦
彩虹集团
华成大厦
金港湾酒家
小营桥
北京机械工业大学
用友软件公司
留学人员创业园
清清雅阁
清河交通支队
五拨子
中关村创业大厦
中黎科技园
长缨楼宾馆
农大生物技术公司
金隅科技中心
上地
信息大厦
科利华网络大厦
上地桥
清河大厦
明珠大酒店
朱房北
北京制呢厂
金宝轩大酒楼
上地实验学校
科实大厦
区
大楼超市商场
清河街道办事处
阳光南里
合鹏商贸公司
上地嘉园
毛纺西小区
清河第一旅馆
上地西里
生物工程集团
北大未名
上地社区服务中心
中央财经大学分部
祥和饭馆
北毛纺织集团公司
清河中学
街
建设银行
上地东里
上地实验小学
超市发
学校
后营村
民生银行
梅香酒家
帝元大酒店
北京毛纺厂
福兴楼饭店
毛纺南住宅小区
金五星商厦
科院农产品加工研究所
北大生物城
科贸大厦
海开建材商城
朱房西窑
怡然轩茶馆
市儿童福利院
市社会福利院
厢黄旗
航海渔具厂
清河电焊机厂
纺织精品大世界
清河清真寺
树园
数码大厦
朱房村
博雅西园
正白旗
晋老西食府
西洼村
清河南镇
医院
道
上地建材城
金凯科贸公司
北体出租汽车公司
清
万霖大厦
麒麟家园
大钟寺汽修厂
北京体育大学
培黎职业大学
王庄
树村清真寺
佳丰肉食加工厂
树村
尚清园招待所
六道口汽修厂
航空研究监测中心
箭亭桥
海特灯泡厂
前河沿
朱房西洼
听松堂
东
中联汽车改装厂
炬马保温材料厂
汇众电力设备厂
国信购物中心
后八家
厢白旗桥
西洼
天福祥饭店
眉园水轩
升
圆明园花园
湘聚园
多梦园酒家
海淀商业学校
环
路
浙江人家
圆明园东里
厢白旗
大石桥
地
圆明园展览馆
大水法
圆明园东门
荷清苑
前八家
西北区
区
清苑酒家
清华北门
西北超市
福海酒家
大石桥学生公寓
东大石桥
海淀审计局
京裕宾馆
华旭玻璃公司
圆明园遗址公园
清华附中
水磨
中科院生态环境研究中心
达五金材商店
普洲公司
街
道
清华大学生命科学与医学研究院
中科院半导体研究所
国家自然科学基金委员会
八家
清华园街道
三.一八烈士纪念碑
曙光科技园
厢白小营
福缘门
东柳村
清华华丰
工字厅
华海公司
研究所

82
42

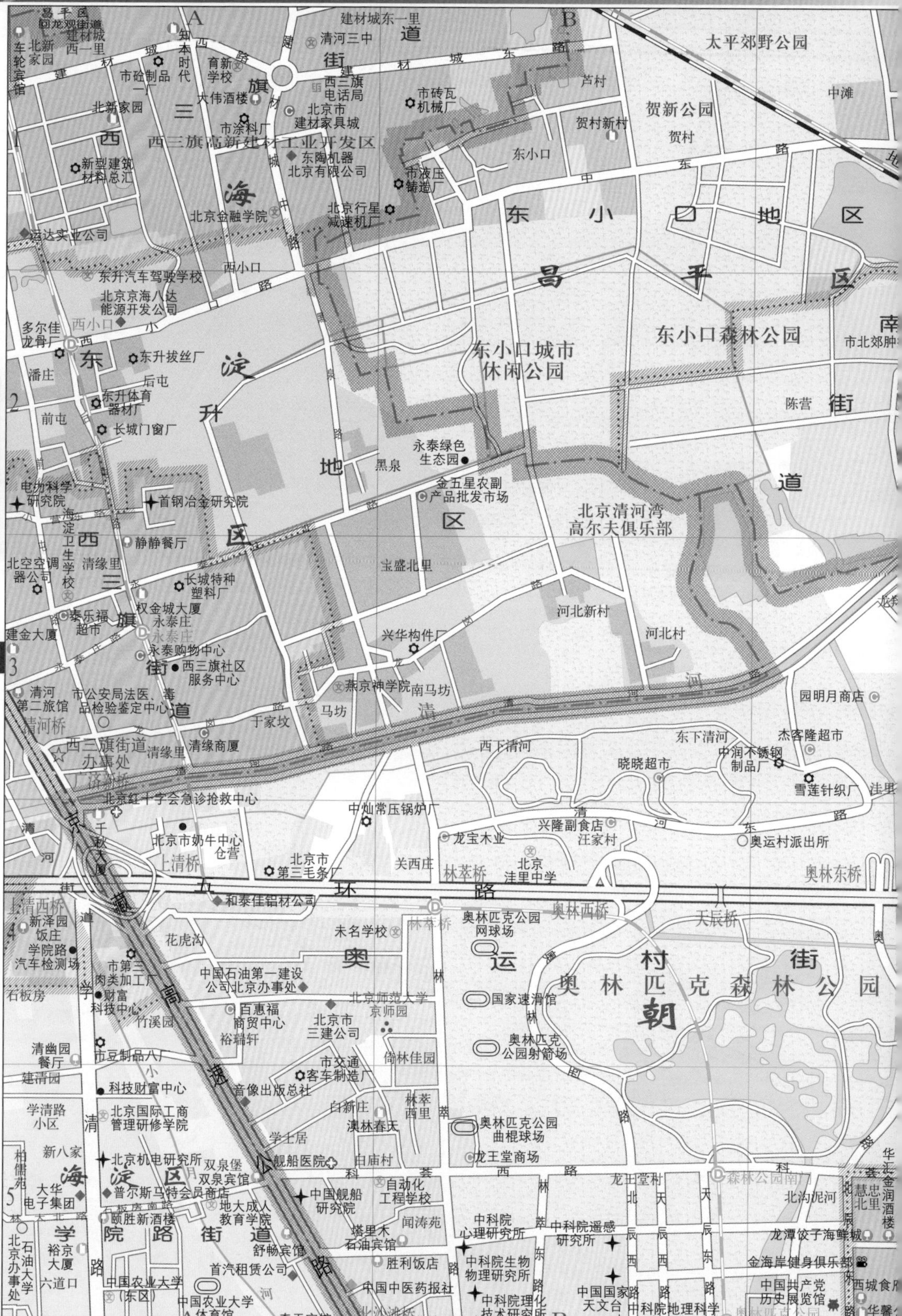
建材城东一里
清河三中
太平郊野公园
昌平区
回龙观街道
建材城西一里
北新家园
车轮宾馆
知本时代
育新学校
市砼制品一厂
西三旗电话局
市砖瓦机械厂
芦村
中滩
北新家园
大伟酒楼
北京市建材家具城
贺新公园
贺村新村
贺村
市涂料厂
西三旗高新建材工业开发区
东陶机器北京有限公司
东小口
新型建筑材料总汇
市液压铸造厂
北京金融学院
北京行星减速机厂
东小口地区
运达实业公司
西小口
东升汽车驾驶学校
昌平区
北京京海八达能源开发公司
东小口森林公园
市北郊肿
多尔佳龙骨厂
西小口
东升拔丝厂
东小口城市休闲公园
潘庄
后屯
东升体育器材厂
前屯
长城门窗厂
陈营
东升地区
永泰绿色生态园
黑泉
电力科学研究院
首钢冶金研究院
金五星农副产品批发市场
北京清河湾高尔夫俱乐部
海淀卫生学校
静静餐厅
清缘里
北空空调器公司
宝盛北里
长城特种塑料厂
泰乐福超市
权金城大厦
永泰庄
河北新村
建金大厦
永泰购物中心
兴华构件厂
河北村
西三旗社区服务中心
西三旗街道
清河第二旅馆
市公安局法医、毒品检验鉴定中心
燕京神学院
南马坊
园明月商店
清河桥
于家坟
马坊
西三旗街道办事处
清缘里
清缘商厦
西下清河
东下清河
杰客隆超市
中润不锈钢制品厂
晓晓超市
广济新桥
雪莲针织厂
北京红十字会急诊抢救中心
洼里
千秋大厦
中灿常压锅炉厂
兴隆副食店
汪家村
北京市奶牛中心
龙宝木业
奥运村派出所
仓营
上清桥
北京市第三毛条厂
关西庄
北京洼里中学
林萃桥
奥林东桥
五环路
和泰佳铝材公司
上清西桥
奥林西桥
林萃桥
新泽园饭庄
奥林匹克公园网球场
天辰桥
未名学校
学院路汽车检测场
花虎沟
奥运村街
市第三肉类加工厂
奥林匹克森林公园
中国石油第一建设公司北京办事处
朝阳区
石板房
财富科技中心
北京师范大学京师园
国家速滑馆
百惠福商贸中心
竹溪园
北京市三建公司
裕糖轩
奥林匹克公园射箭场
清幽园餐厅
市豆制品八厂
倚林佳园
市交通客车制造厂
建清园
科技财富中心
音像出版总社
林萃西里
白新庄
学清路小区
北京国际工商管理研修学院
澳林春天
奥林匹克公园曲棍球场
学士居
新八家
北京机电研究所
双泉堡
舰船医院
白庙村
龙王堂商场
科荟西路
柏儒苑
双泉宾馆
海淀区
华汇金酒楼
龙王堂村
森林公园南门
慧忠北里
大华电子集团
普尔斯马特会员商店
中国舰船研究院
自动化工程学校
北沟泥河
地大成人教育学院
瞰胜新酒楼
塔里木石油宾馆
闻涛苑
中科院心理研究所
中科院遥感研究所
龙潭饺子海鲜城
学院路街道
北京石油大学办事处
裕京大厦
舒畅宾馆
辰西路
金海岸健身俱乐部
胜利饭店
中科院生物物理研究所
首汽租赁公司
六道口
中国农业大学（东区）
中国中医药报社
中国共产党历史展览馆
西城食府
中国国家天文台
中科院理化技术研究所
中国农业大学体育馆
北沙滩桥
北沙滩
中科院地理科学与资源研究所
奇天宾馆
奥林匹克公园
华馨

81

43

77
83
44

天通西苑一区
天通苑五区
天通苑一区
天通苑南街道
天通苑北街道
北七家镇
沈家村
华联超市
天通苑四区
天通汇仁医院
天通苑综合市场
中山实验学校
天通苑七区
东小口镇
小口地区办事处
华清温泉宾馆
北方明珠
北京市汽车离合器厂
石油化工集团公司党校
北方明珠大厦
育华学校
立水桥
城建四公司水电经营一部
首都电梯厂
立水桥构建厂
立水桥市场
立水桥
北京城建四公司分公司
凯平液化石油气公司
砂轮厂
清河营
市朝阳区育惠学校
乡木器厂
北京市市政机械公司
朝阳区清河营小学
北京巴士股份公司
清河营
闻家村
港华助剂厂
天星庄园
东方天星高尔夫球场
奶子房中学
雷家桥
凤城食品厂
京华三轮车厂
来广营地区
清河
三号路
铁
马家村
渔阳花卉基地
北苑小吃城
绣菊园
紫绶园
时代庄园
黄金苑
中国环境科学研究院
易事达购物休闲广场
和平街一中分校
西坡子
清友园
北京实验动物研究中心
北京医药机械学校
黄军营
朝来绿色家园来春园
养殖场
北苑
利华学校
白家村
养殖场
奶子房牛场
立水桥南
安苑路
中媒埃尔凯煤矿电器有限公司
退役军人事务部
北苑宾馆
北京矿产地质研究所
北京京华医科大学
新生经济合作社
皇家木器厂
广华居
赢秋苑
劈李村
金苑大厦
北京有色金属与稀土应用研究所
中国黄金总公司
培黎大学（北区）
北辰集团绿洲公司
红军营南路
来广营地区办事处
来广营乡
向方医疗器械公司
勇士营
新台食品公司
北京朝来森林公园
宝兴顺建材租赁公司
北辰绿色家园
培黎大学（东区）
香山香料厂
万科水榭华都
中国航空工业中心医院
中国民用飞机开发公司
市北苑中学
红军营
刘各庄
凌飞公司
中国航空设计研究院
北苑
安家村
北京朝来农艺园
顾家庄
金路易食品公司
来广营北桥
奥运村街道办事处
仰山路
北京桂冠饭店
市广播电视配件厂
北苑高尔夫俱乐部
来广营建材超市
普尔斯马特会员商店
首都师范大学附属实验学校
来广营中心小学
来广营
仰山桥
五环路
北苑桥
仰山印刷厂
六必居食品二厂
北京市公安交通管理局车辆管理所
北京市会议中心
天安门管理处
顾家庄桥
北京骏宝威汽车贸易公司
凯中环医制药大厂
三元食品股份公司
来广营派出所
仰山村
吉盛大酒店
北京华都肉食品公司
九鼎宏业科贸公司
京承高速公路
阳
北京华戎生物激素厂
北苑射击休闲娱乐有限公司
北京朝来足球活动中心
来广营桥
张家坟子
北亚副食店
康斯丹郡
亚运新新家园
馨叶高尔夫球场
望京悦城
紫玉山庄
六王坟
鸿华高尔夫球场
崔家村
朝阳师范附小望京分校
紫玉山庄
辛店
燕顺源商贸中心
北京城建集团七公司
师家村
利泽西园
东湖街道
方家园
荣尊堡国际公寓
家和超市
辛店村
朝阳区酿酒厂
望馨园
孔乙己酒家
大屯安居小区
惠雪餐饮娱乐
四清集团工程机械维修中心
北京市北小河污水处理厂
星福源酒家
亚航机械厂
北京城建集团三公司房建分公司
北湖渠
北湖实验小学
中灿物业
大屯路
大屯村
中灿苑
市液化石油气公司
北郊罐瓶厂
北京大通冶金设备厂
黄草湾
润枫德尚公寓
巨龙公司
民生银行
北苑路建材超市
首钢冶金机械厂
北湖渠小学
北小河
安利花园
金海湾酒店
北京红十字新华医院
关庄
北亚医院
望京街道
大中电器城

奶牛场
北京荷美尔食品有限公司
曲美家具有限公司
黄港医院
孙河地区
立先村
北京福运泉野酸枣开发公司
奶子房东村
奶子房西村
黄港桥
北京强京航空化学制品公司
国家重点保护野生动物高科技培育繁殖研究基地
燕松电器有限公司
黄港村
下辛堡
孙顺路
京承高速公路
京哈高铁
北京方圆平安食品开发有限公司
孙河地区办事处
何各庄
马泉营新村
京发花园
马泉营
丽苑
香江北路
崔各庄小学
崔各庄
贝迪克园艺有限公司
浩华宫会议服务中心
善各庄
市艺术学校陈爱莲舞蹈分校
宇翔学校
崔各庄地区办事处
崔各庄乡
农村商业银行
市东郊首饰工艺品厂
崔各庄中学
和平医院
京西学校
内蒙古邮电宾馆
紫玉汽车修理厂
马南里
来广营东路
朝来万通批发市场
来广营陶瓷厂
来广营
天马旅游汽修厂
北京市东兴酿造厂
费家村
北京豪威特供热设备有限公司
索家村
广顺桥
广泽桥
北京和平建材公司
五环路
望都园小区
叶青大厦
北京松下电子产品公司
郑家庄
双鹤药业
利泽东园
育才小学
东方综合
北皋中心小学
丽景新贵
东湖小学
利泽中园
求实职业学校
惠兰医院
市八十中
泽谷根园
东辛店
平和建材公司
天都时装公司
北京高校望京花园
望京花园东区
东湖派出所
果岭里小区
五元北桥
叶家庄
东湖渠
亿腾商场
东湖街道办事处
东八家村
柯家村
北方羽绒服装公司
京华学校
南皋村
市第四清洁车辆场
市长建汽车驾驶学校
科海工业自动化仪器厂
南湖东园
星源国际园
金象大药房
博泰大厦
望京西园超市
慧谷阳光
望京街道
宝星园
大望京小学
南皋派出所
华垦实业公司
双德隆
京客隆
首都机场高速公路
朝阳区

82

45

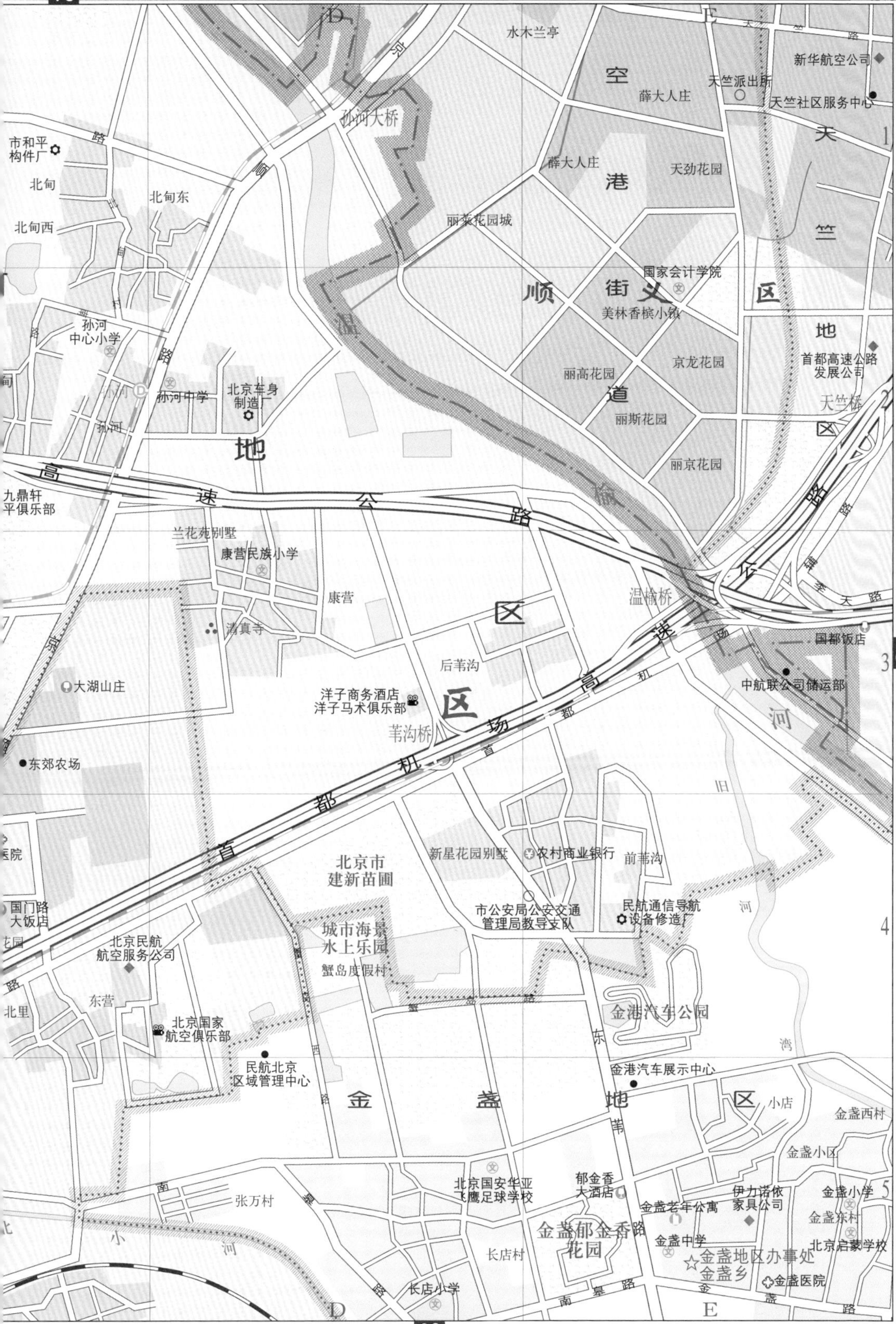
水木兰亭
新华航空公司
空
薛大人庄
天竺派出所
天竺社区服务中心
天
孙河大桥
市和平
构件厂
北甸
北甸东
北甸西
薛大人庄
港
天劲花园
丽莱花园城
竺
国家会计学院
顺
街
义
区
美林香槟小镇
孙河
中心小学
地
首都高速公路
发展公司
丽高花园
京龙花园
北京车身
制造厂
孙河中学
道
丽斯花园
天竺桥
地
丽京花园
高
速
公
路
九鼎轩
平俱乐部
兰花苑别墅
康营民族小学
康营
区
温榆桥
清真寺
国都饭店
后苇沟
大湖山庄
中航联公司储运部
洋子商务酒店
洋子马术俱乐部
区
苇沟桥
东郊农场
首
都
机
场
高
速
新星花园别墅
农村商业银行
前苇沟
北京市
建新苗圃
市公安局公安交通
管理局教导支队
民航通信导航
设备修造厂
城市海景
水上乐园
国门路
大饭店
北京民航
航空服务公司
蟹岛度假村
东营
北京国家
航空俱乐部
金港汽车公园
民航北京
区域管理中心
金港汽车展示中心
金
盏
地
区
小店
金盏西村
金盏小区
北京国安华亚
飞鹰足球学校
郁金香
大酒店
金盏老年公寓
伊力诺依
家具公司
金盏小学
金盏东村
张万村
金盏郁金香
花园
金盏中学
北京启蒙学校
长店村
金盏地区办事处
金盏乡
长店小学
金盏医院
南皋路

84
86

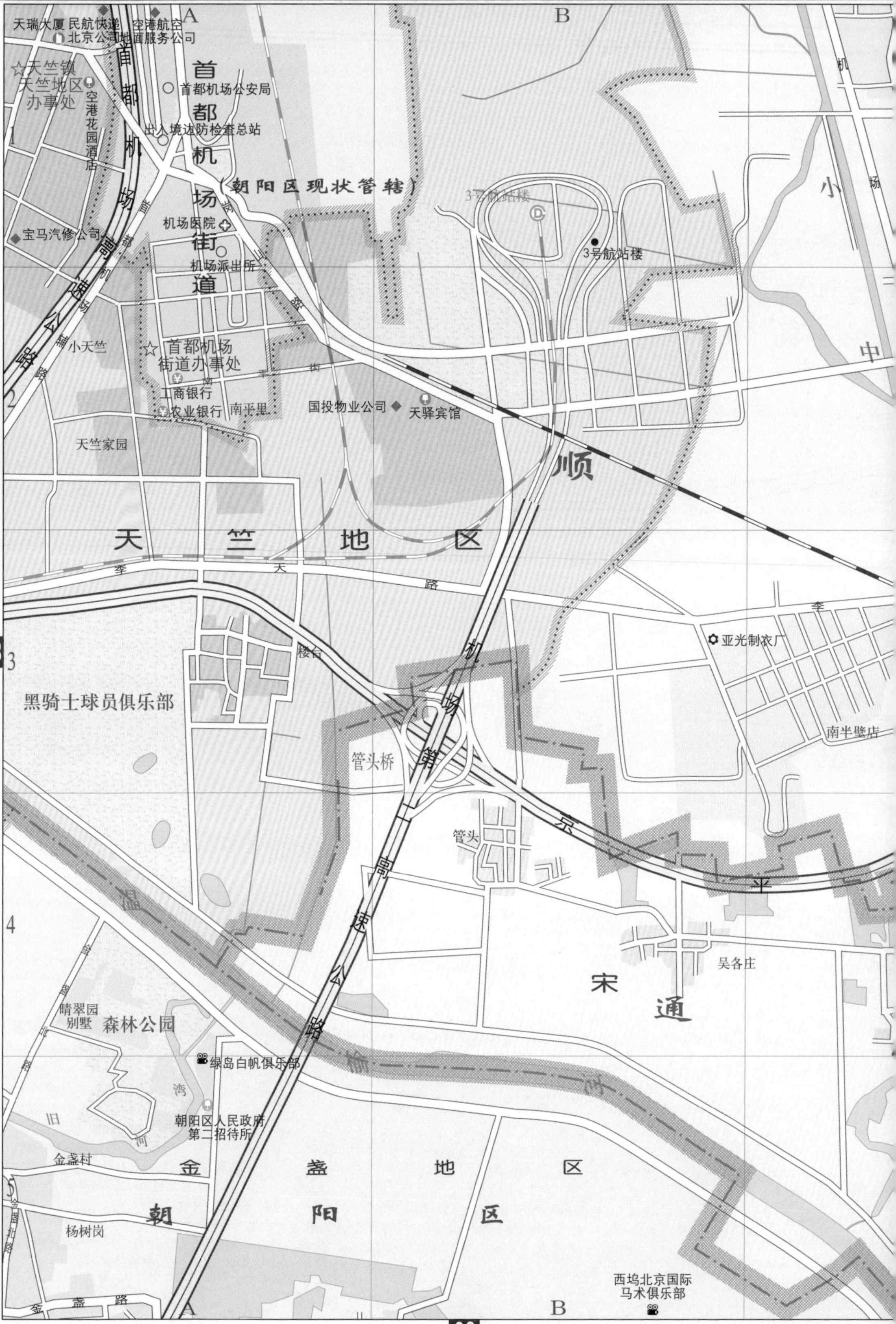
天瑞大厦
民航快递
空港航空
北京公司地面服务公司
天竺镇
天竺地区办事处
空港花园酒店
首都机场公安局
出入境边防检查总站
首都机场街道
（朝阳区现状管辖）
3号航站楼
机场医院
宝马汽修公司
机场派出所
小天竺
首都机场街道办事处
工商银行
农业银行
南平里
国投物业公司
天驿宾馆
天竺家园
顺
天竺地区
李天路
楼台
黑骑士球员俱乐部
机场第二高速公路
管头桥
亚光制衣厂
南半壁店
管头
京平
吴各庄
宋通
晴翠园别墅
森林公园
绿岛白帆俱乐部
温榆河
朝阳区人民政府第二招待所
金盏村
金盏地区
朝阳区
杨树岗
金盏路
西坞北京国际马术俱乐部
首都机场高速公路
首都机场辅路
金盏北路
A
B
1
2
3
4
5

83

86

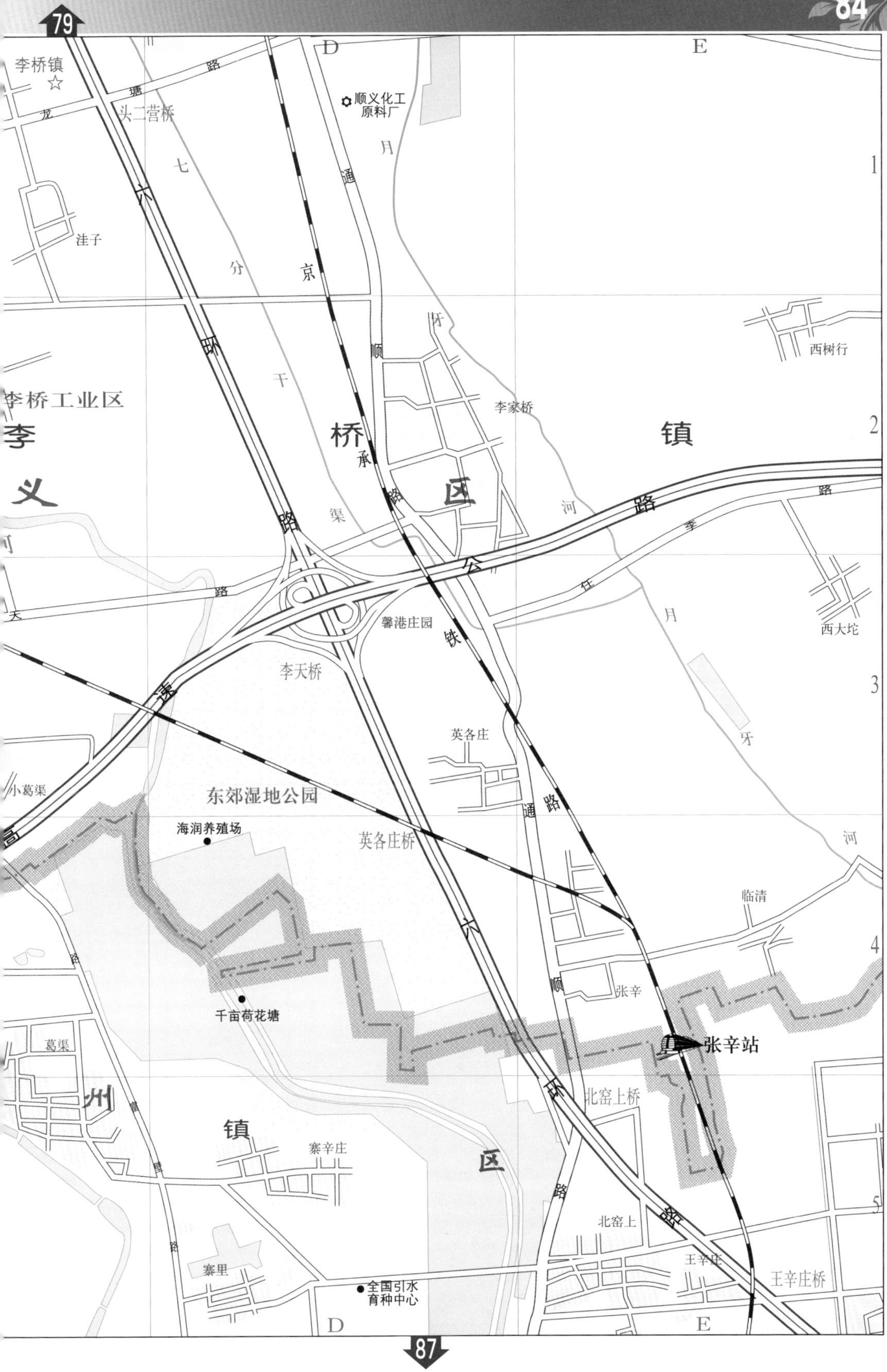
79
D
E
李桥镇
头二营桥
顺义化工原料厂
洼子
西树行
李桥工业区
李家桥
李
桥
镇
区
义
馨港庄园
李天桥
西大坨
英各庄
小葛渠
东郊湿地公园
海润养殖场
英各庄桥
临清
千亩荷花塘
张辛
张辛站
葛渠
州
镇
区
北窑上桥
寨辛庄
北窑上
王辛庄
王辛庄桥
寨里
全国引水育种中心
1
2
3
4
5
87

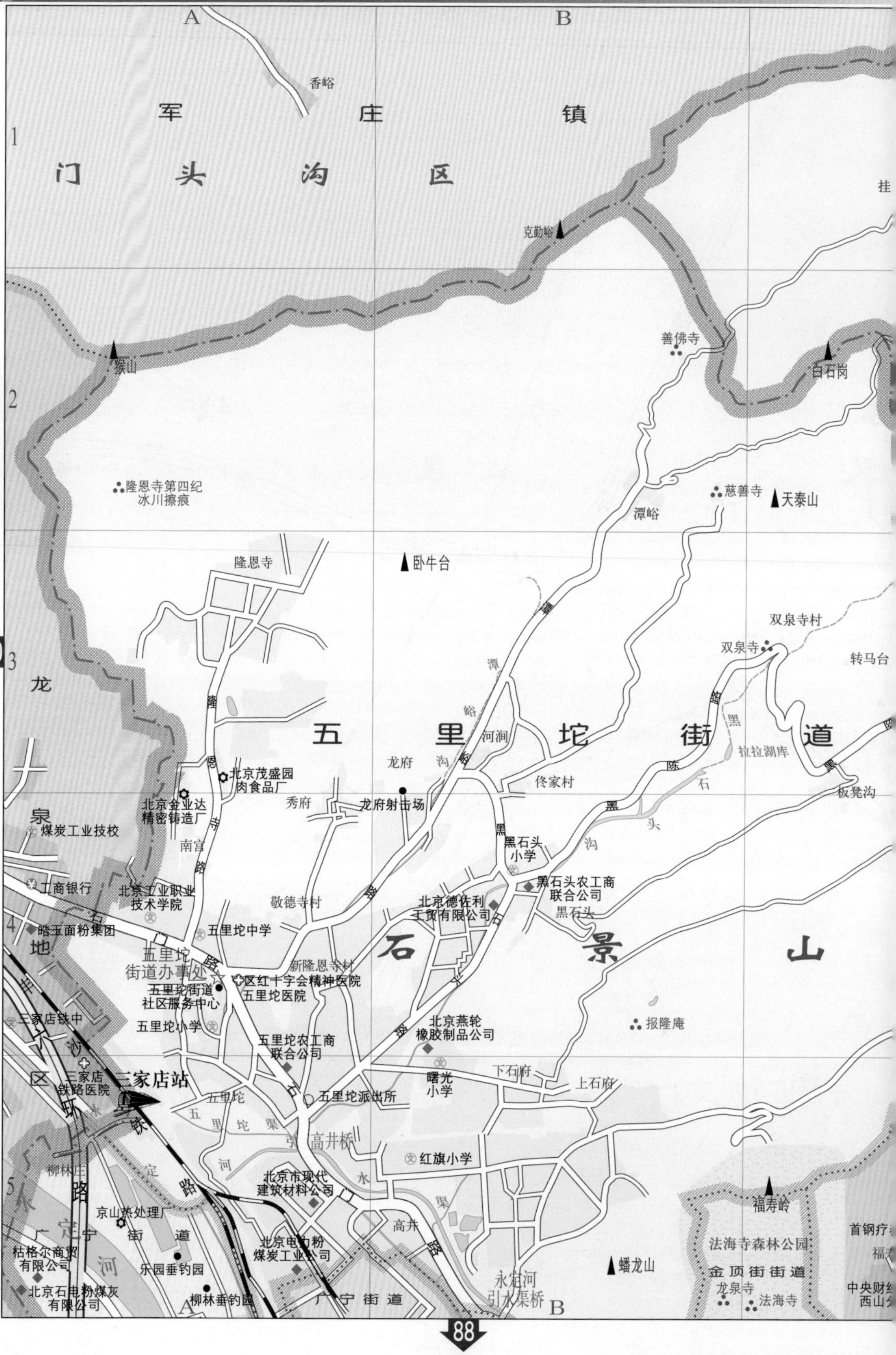
A
B
香峪
军
庄
镇
门
头
沟
区
克勤峪
猴山
善佛寺
白石岗
隆恩寺第四纪
冰川擦痕
慈善寺
天泰山
潭峪
隆恩寺
卧牛台
双泉寺村
双泉寺
转马台
龙
泉
五
里
坨
街
道
河涧
拉拉湖库
龙府
北京茂盛园
肉食品厂
佟家村
板凳沟
北京金业达
精密铸造厂
秀府
龙府射击场
煤炭工业技校
南宫
黑石头
小学
工商银行
北京工业职业
技术学院
敬德寺村
北京德佐利
工贸有限公司
黑石头农工商
联合公司
黑石头
皓玉面粉集团
五里坨中学
石
景
山
地
五里坨
街道办事处
新隆恩寺村
区红十字会精神医院
五里坨街道
社区服务中心
五里坨医院
三家店铁中
五里坨小学
北京燕轮
橡胶制品公司
报隆庵
五里坨农工商
联合公司
区
三家店
铁路医院
三家店站
曙光
小学
下石府
上石府
五里坨
五里坨派出所
五里坨渠
高井桥
红旗小学
柳林庄
北京市现代
建筑材料公司
福寿岭
京山热处理厂
高井
首钢疗
枯格尔商贸
有限公司
北京电力粉
煤炭工业公司
法海寺森林公园
乐园垂钓园
蟠龙山
金顶街街道
北京石电粉煤灰
有限公司
柳林垂钓园
广宁街道
永定河
引水渠桥
龙泉寺
法海寺
中央财经
西山

90

88

80

D
E
猴石崖
香山老年公寓
马连良墓
梅兰芳墓
北营
杏林山庄
曹雪芹纪念馆
温室
半山枫林公寓
正蓝旗
海淀水政监察所
东岳公寓
碧云寺后身
碧云寺
公主坟
西营
香山派出所
北辛村
宏满楼
美食
峪岭村
西小府
四王府
塔后身
中山堂
新营
香山街道办事处
南营
国家植物园
玉泉山医院
滇黔石油招待所
眼镜湖
熊希龄墓
宝怡山庄
煤厂街
卧佛寺饭店
正白旗
植物园路
厢白旗
中国影视音像交流协会
香炉峰（鬼见愁）
琉璃塔
香山别墅
北上坡
香山社区服务中心
鲍家窑
玉泉路
北京农业职业学院
买卖街
正黄旗
香山革命纪念馆
中国植物协会艺林酒楼
香泉桥
香山公园派出所
街
市化工医院
中科院植物研究所
道
五
当代复合材料公司
香
山
香山公园
香山金源商旅酒店
北大附中香山分校
北正黄旗
南辛村
宏业成酒楼
中科院植物园
香山饭店
双清别墅
绿化工程处
西山园林
玉香结构厂
阳光100香山别墅
海
青龙山
南正黄旗
市民政局殡葬管理处金山陵园
培黎大学
团城演武厅
团城电视拍摄基地
中北电视艺术中心
北马场
鲍家窑
香山建材厂
南马场
香山医院住院部
香山医院门诊部
万安山
金山陵园
红枫园林绿化公司
红旗村
环
门头村
达兴电控厂
无梁殿
厢蓝旗
马场水库
松堂
四季青印刷厂
京香花园
贾家坟
南河滩
团城
隋园食府
京香公司
西山骨灰林业务室
淀
京香环保设备厂
闵庄
闵西桥
礼王坟
旭华之阁
路
陈家沟
青龙山
福慧寺
红旗村
宇世通塑钢制品厂
四
尚丽外国语学校
技术推广中心
四季青果林所
市京西玻璃钢厂
华隆起重设备安装公司
大隆锅炉安装服务中心
市艺术学校
天食饭庄
西
老虎嘴
市农科院果林研究所
瑞王坟
季
卢师山
益友电控设备厂
魏家村
尚丽小学
北京师达学校
翠微山
香南电控设备厂
市军乐艺术学校
鸿德寺
青
四统碑
绿化休闲观光园
宝珠洞（七处）
兴华大学
香山电梯厂
珠联大酒楼
合成设备租赁公司
祁家村
香界寺（六处）
证果寺（八处）
北辛庄
香山艺墅
地
八大处公园
西山龙成宾馆
高家坟
大悲寺（五处）
姚家寺塔
区
双新
区
龙泉庵（五处）
三山庵（三处）
北京八大处富斯特滑道娱乐公司
灵光寺（二处）
佛牙舍利塔
东
佳民中学
西山赢府
北京名华四季国际酒店
虎头山
北京克莱明架空索道公司
西山龙城宾馆
八大处桥
福
北京生物科技研修学院
香
石
口
路
全国宣传干部培训中心
南辛庄
杏石口桥
北京师范大学（科培校区）
六一小学
渠
张北希望小学
苹
果
园
街
道
长安寺（一处）
战友体育馆
西山饭店
国家检察官学院培训中心
北京射击场
北京射击馆
南
八大处中学
八大处汽修厂
西下庄
康复医院
乐乐酒家
天冠美食街
北京联合大学应用文理学院香山校区
东下庄
国家体育总局射击射箭管理中心
四季青玻璃钢厂
雍王府
中王府
金王府
八大处百货商场
工商银行
福田公墓
巨山小学
西小府
八大处中医院
市工人疗养院
中国协和医科大学护理学院
国家检察官学院
金双剑饭庄
香山南路
巨山村
刘娘府构件厂
中宜针织联营公司
庐师山庄
石润村
福田寺村
四海工贸公司
后街
太和小学
中国医学科学院整形外科医院
永定河引水渠河涌管理处
北京智光特殊教育培训学校
实兴桥
亚疗桥
永引桥
1
2
3
4
5

41

46
51

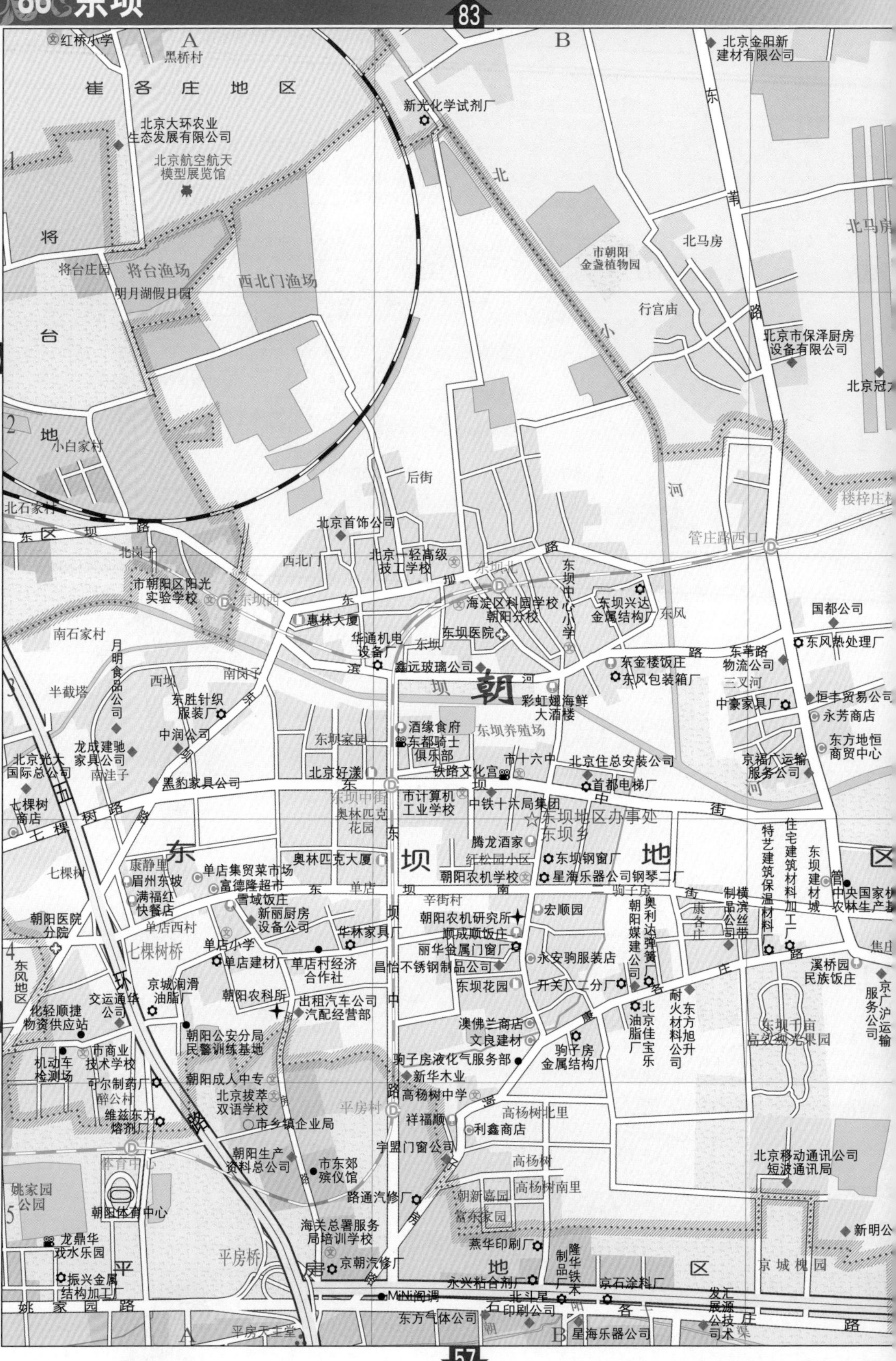
83
45
50
57
A
B
1
2
3
4
5
红桥小学
黑桥村
崔各庄地区
北京大环农业
生态发展有限公司
北京航空航天
模型展览馆
将
台
地
将台庄园
将台渔场
西北门渔场
明月湖假日园
小白家村
北石家村
东区坝路
北岗子
市朝阳区阳光
实验学校
东坝西
南石家村
月明食品公司
半截塔
西坝
南岗子
东胜针织
服装厂
中润公司
龙成建驰
家具公司
北京光大
国际总公司
南洼子
黑豹家具公司
七棵树
商店
七棵树路
七棵树
东
康静里
眉州东坡
满福红
快餐店
朝阳医院
分院
单店西村
七棵树桥
东风地区
化轻顺捷
物资供应站
交运通华
公司
京城润滑
油脂厂
市商业
技术学校
机动车
检测场
可尔制药厂
醉公村
维兹东方
熔剂厂
体育中心
姚家园
公园
朝阳体育中心
龙鼎华
戏水乐园
振兴金属
结构加工厂
平
姚家园路
平房天主堂
新光化学试剂厂
北
小
河
后街
北京首饰公司
西北门
北京一轻高级
技工学校
东坝北
东
惠林大厦
海淀区科园学校
朝阳分校
华通机电
设备厂
东坝
东坝医院
鑫远玻璃公司
滨
坝
河
朝
东坝家园
酒缘食府
东都骑士
俱乐部
东坝养殖场
北京好漾
铁路文化宫
东坝中街
奥林匹克
花园
市计算机
工业学校
中铁十六局集团
东坝地区办事处
东坝乡
腾龙酒家
奥林匹克大厦
坝
红松园小区
单店集贸菜市场
富德隆超市
雪域饭庄
新丽厨房
设备公司
东单店坝南
辛街村
朝阳农机学校
朝阳农机研究所
华林家具厂
单店小学
单店建材厂
单店村经济
合作社
顺成顺饭庄
丽华金属门窗厂
昌怡不锈钢制品公司
东坝花园
朝阳农科所
出租汽车公司
汽配经营部
中
朝阳公安分局
民警训练基地
朝阳成人中专
北京拔萃
双语学校
市乡镇企业局
平房村
路
朝阳生产
资料总公司
市东郊
殡仪馆
路通汽修厂
海关总署服务
局培训学校
平房桥
京朝汽修厂
MiNi阁调
东方气体公司
石
澳佛兰商店
文良建材
驹子房液化气服务部
新华木业
高杨树中学
祥福顺
宇盟门窗公司
利鑫商店
高杨树北里
高杨树
朝新嘉园
富东家园
高杨树南里
燕华印刷厂
永兴粘合剂厂
北斗星
印刷公司
星海乐器公司
朝
北京金阳新
建材有限公司
东
苇
路
北马房
市朝阳
金盏植物园
北马房
行宫庙
北京市保泽厨房
设备有限公司
北京冠
楼梓庄
管庄路西口
东坝中心小学
东坝兴达
金属结构厂
东风
东金楼饭庄
东风包装箱厂
彩虹翅海鲜
大酒楼
市十六中
北京住总安装公司
首都电梯厂
东坝钢窗厂
星海乐器公司钢琴二厂
驹子房
宏顺园
永安驹服装店
开关厂二分厂
驹子房
金属结构厂
地
区
京石涂料厂
隆华铁木
制品厂
发汇展源
公技司术
各庄路
国都公司
东苇路
物流公司
东风热处理厂
三叉河
恒丰贸易公司
中豪家具厂
永芳商店
东方地恒
商贸中心
京福广运输
服务公司
河
特艺建筑保温材料厂
住宅建筑材料加工厂
东坝建材城
管
中央国家机
农林生产
横滨丝带
制品公司
奥利达弹簧厂
朝阳媒建公司
北京油脂厂
佳宝乐
耐火材料公司
东方旭升
溪桥园
民族饭店
康各庄
京广沪运输服务公司
东坝千亩
高效观光果园
北京移动通讯公司
短波通讯局
新明公
京城槐园
焦庄

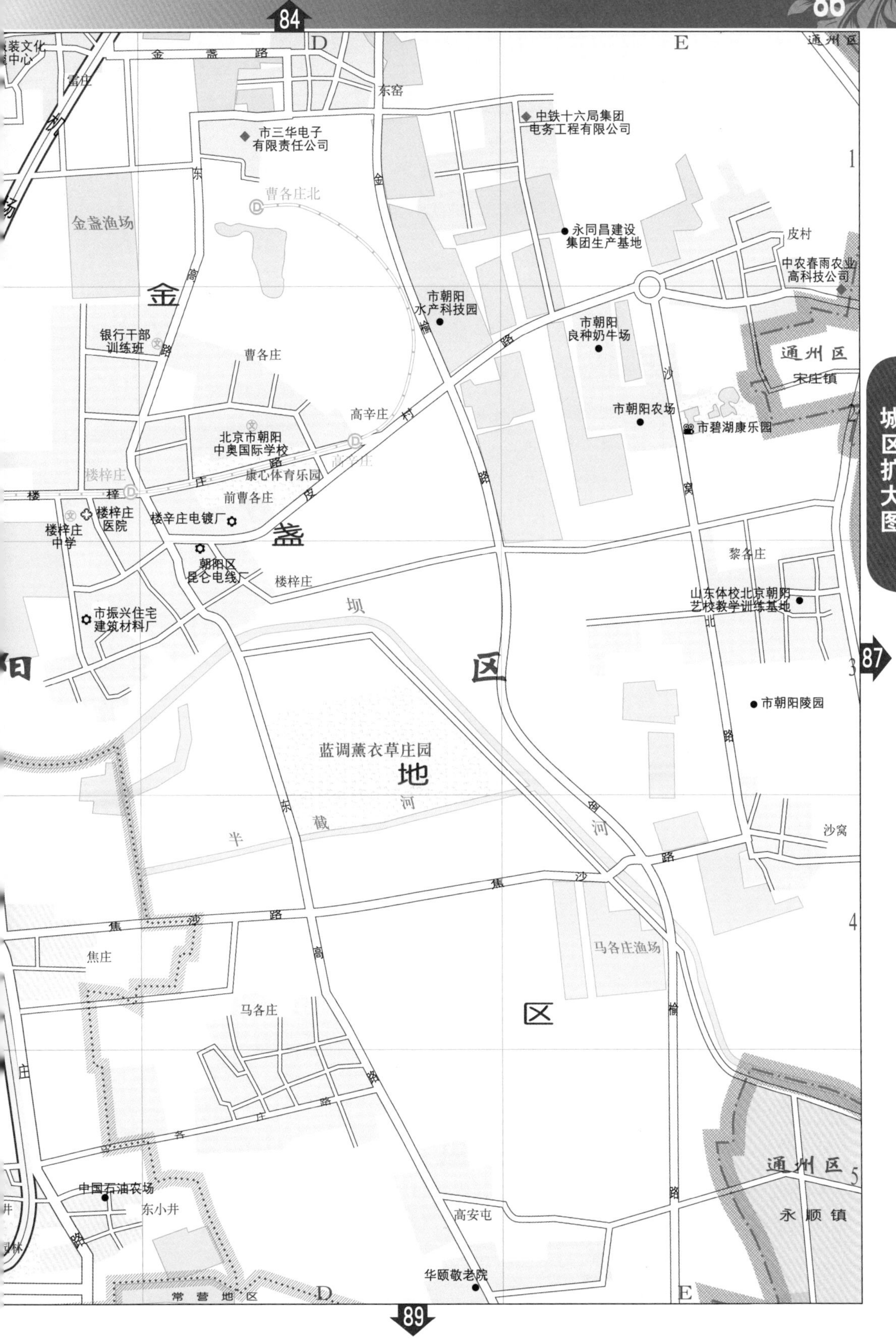
84
金盏路
东窑
中铁十六局集团电务工程有限公司
市三华电子有限责任公司
曹各庄北
金盏渔场
永同昌建设集团生产基地
皮村
中农春雨农业高科技公司
市朝阳水产科技园
市朝阳良种奶牛场
银行干部训练班
曹各庄
通州区
宋庄镇
高辛庄
市朝阳农场
市碧湖康乐园
北京市朝阳中奥国际学校
康心体育乐园
楼梓庄
前曹各庄
楼辛庄电镀厂
楼梓庄医院
楼梓庄中学
朝阳区昆仑电线厂
黎各庄
山东体校北京朝阳艺校教学训练基地
市振兴住宅建筑材料厂
坝河
87
市朝阳陵园
蓝调薰衣草庄园
半截河
沙窝
焦庄
马各庄渔场
马各庄
中国石油农场
东小井
通州区
永顺镇
高安屯
华颐敬老院
常营地区
89

84

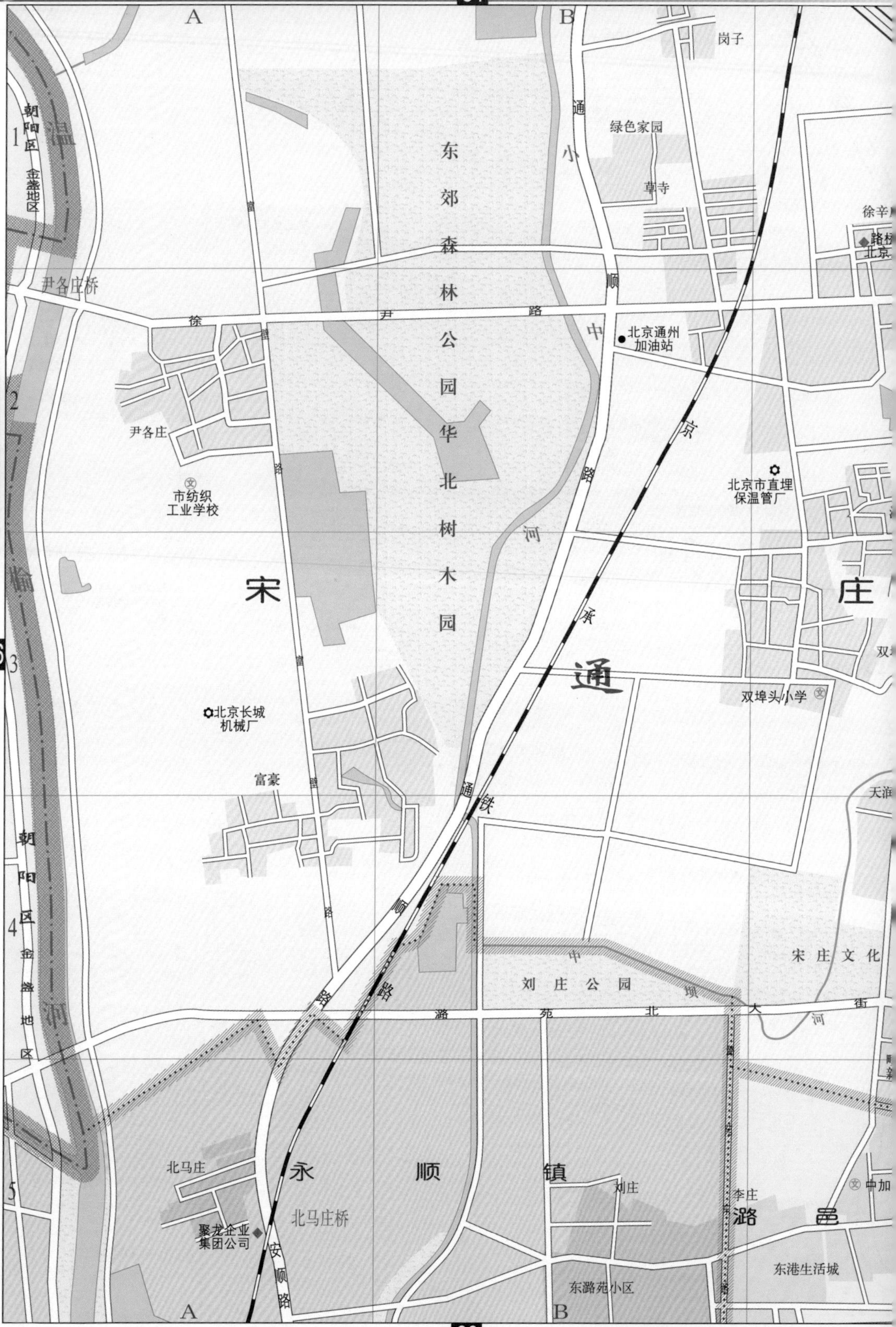
A
B
岗子
绿色家园
草寺
徐辛
路桥
北京
东郊森林公园华北树木园
朝阳区
金盏地区
温榆河
尹各庄桥
徐尹路
富豪路
北京通州加油站
通顺中小河
京承铁路
尹各庄
市纺织工业学校
北京市直埋保温管厂
宋庄
通州
双埠头小学
北京长城机械厂
富豪
天福
通顺路
宋庄文化
刘庄公园
中坝河
潞苑北大街
永顺镇
北马庄
北马庄桥
聚龙企业集团公司
安顺路
刘庄
李庄
中加
潞邑
东港生活城
东潞苑小区
1
2
3
4
5

86

89

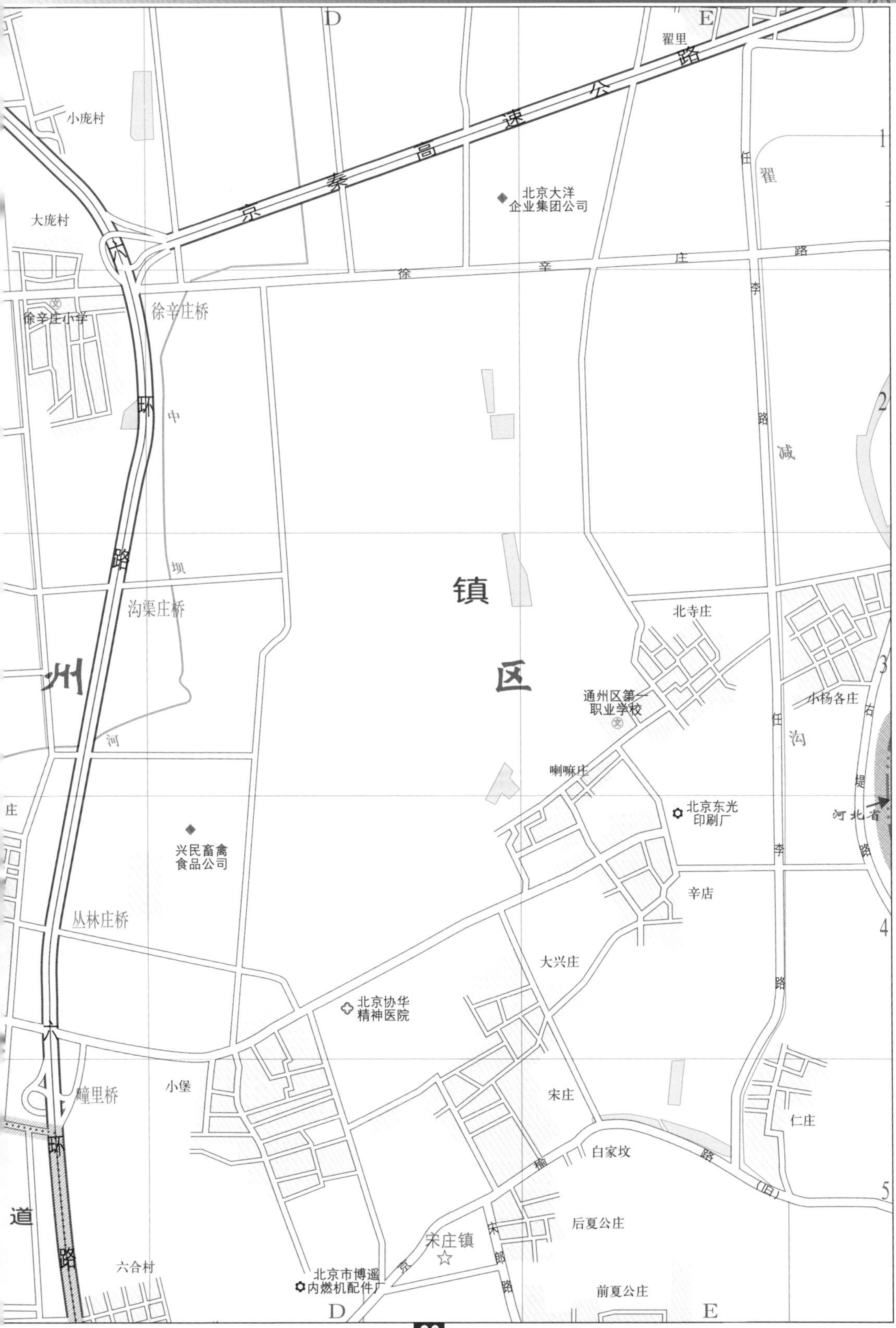

D
E
翟里
京秦高速公路
小庞村
大庞村
北京大洋
企业集团公司
任翟
徐辛庄路
徐辛庄小学
徐辛庄桥
六环路
中坝
李
路
减
沟渠庄桥
镇区
北寺庄
州
通州区第一
职业学校
小杨各庄
任沟
古堤路
河
喇嘛庄
北京东光
印刷厂
河北省
李
庄
兴民畜禽
食品公司
辛店
丛林庄桥
大兴庄
路
北京协华
精神医院
六环
小堡
宋庄
仁庄
疃里桥
白家坟
榆路(旧)
后夏公庄
道
路
宋庄镇
宋郎路
六合村
北京市博遥
内燃机配件厂
京
前夏公庄
1
2
3
4
5

90

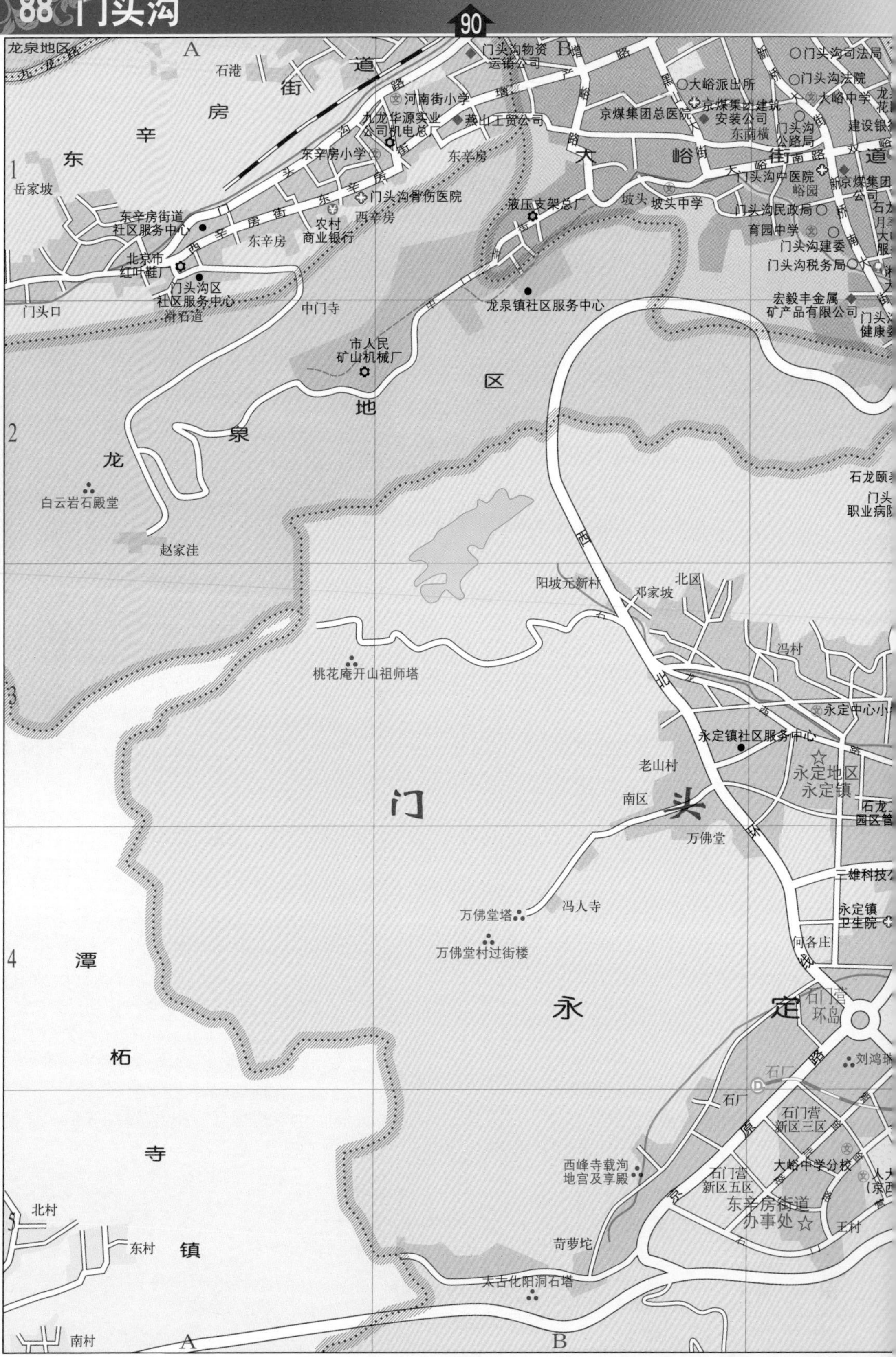
90
A
B
1
2
3
4
5
龙泉地区
九龙路
石港
街
道
东
辛
房
岳家坡
门头沟物资
运销公司
河南街小学
九龙华源实业
公司机电总
东辛房小学
燕山工贸公司
东辛房
门头沟骨伤医院
东辛房街道
社区服务中心
北京市
红叶鞋厂
农村
商业银行
西辛房
东辛房
门头沟区
社区服务中心
滑石道
门头口
中门寺
液压支架总厂
坡头
坡头中学
大
峪
街
道
京煤集团总医院
大峪派出所
京煤集团建筑
安装公司
东南横
门头沟
公路局
门头沟司法局
门头沟法院
大峪中学
建设银行
门头沟中医院
新京煤集团
公司
峪园
门头沟民政局
育园中学
门头沟建委
门头沟税务局
龙泉镇社区服务中心
宏毅丰金属
矿产品有限公司
市人民
矿山机械厂
地
区
泉
龙
白云岩石殿堂
赵家洼
石龙颐
门头
职业病院
阳坡元新村
邓家坡
北区
冯村
桃花庵开山祖师塔
永定中心小
永定镇社区服务中心
老山村
永定地区
永定镇
南区
门
头
万佛堂
石龙
园区管
三雄科技
万佛堂塔
冯人寺
永定镇
卫生院
何各庄
万佛堂村过街楼
潭
永
定
石门营
环岛
刘鸿瑞
柘
石厂
石厂
石门营
新区三区
寺
西峰寺载洵
地宫及享殿
大峪中学分校
石门营
新区五区
东辛房街道
办事处
王村
北村
东村
镇
苛萝坨
太古化阳洞石塔
南村
A
B

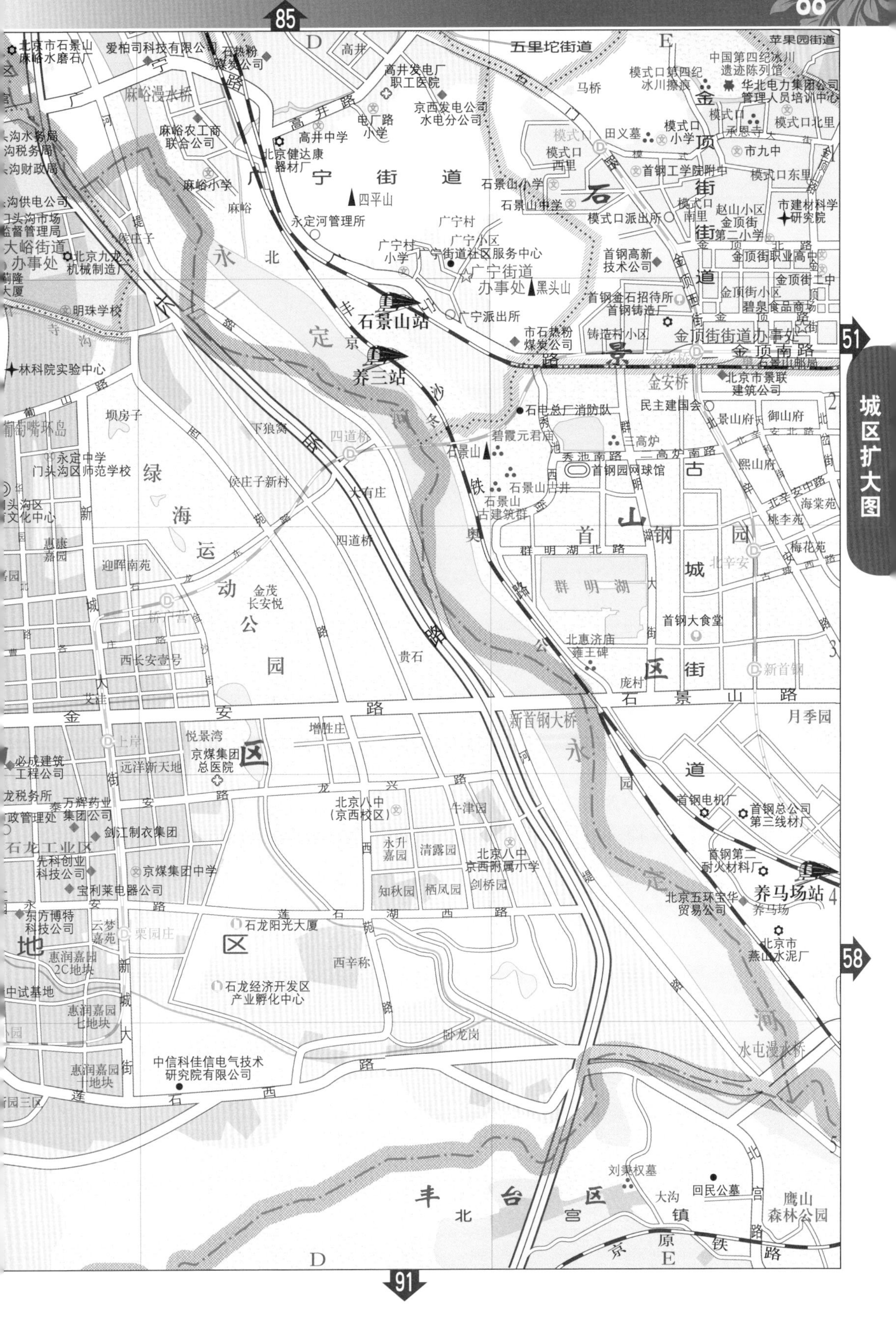

85
91
51
58
五里坨街道
苹果园街道
北京市石景山麻峪水磨石厂
爱柏司科技有限公司
石热粉煤炭公司
高井
高井发电厂职工医院
京西发电公司水电分公司
中国第四纪冰川遗迹陈列馆
华北电力集团公司管理人员培训中心
模式口第四纪冰川擦痕
马桥
麻峪漫水桥
麻峪农工商联合公司
高井中学
电厂路小学
北京健达康器材厂
田义墓
模式口小学
模式口北里
承恩寺
市九中
模式口西里
首钢工学院附中
模式口东里
麻峪小学
广宁街道
四平山
石景山小学
石景山中学
模式口南里
赵山小区
金顶街第二小学
市建材科学研究院
麻峪
永定河管理所
广宁村
模式口派出所
广宁村小学
广宁小区
广宁街道社区服务中心
广宁街道办事处
黑头山
首钢高新技术公司
金顶街职业高中
金顶街二中
金顶街小区
碧泉食品商场
首钢金石招待所
首钢铸造厂
大峪街道办事处
北京九龙机械制造厂
明珠学校
石景山站
广宁派出所
市石热粉煤炭公司
铸造村小区
金顶街道办事处
金顶南路
养三站
林科院实验中心
金安桥
北京市景联建筑公司
民主建国会
北景山府
御山府
石电总厂消防队
坝房子
下狼窝
四道桥
碧霞元君庙
三高炉
熙山府
永定中学
门头沟区师范学校
石景山
首钢园网球馆
北辛安中路
石景山古井
海棠苑
侯庄子新村
大有庄
石景山古建筑群
桃李苑
惠康嘉园
四道桥
首钢园
梅花苑
迎晖南苑
群明湖北路
群明湖
北辛安
金茂长安悦
首钢大食堂
北惠济庙雍王碑
西长安壹号
贵石
庞村
新首钢
石景山路
金安路
新首钢大桥
月季园
增胜庄
悦景湾
京煤集团总医院
上岸
远洋新天地
必成建筑工程公司
北京八中(京西校区)
牛津园
首钢电机厂
首钢总公司第三线材厂
万辉药业集团公司
剑江制衣集团
永升嘉园
清露园
北京八中京西附属小学
首钢第二耐火材料厂
石龙工业区
先科创业科技公司
京煤集团中学
知秋园
栖凤园
剑桥园
养马场站
北京五环宝华贸易公司
养马场
宝利莱电器公司
东方博特科技公司
石龙阳光大厦
莲石湖西路
云梦嘉苑
栗园庄
北京市燕山水泥厂
惠润嘉园2C地块
西辛称
中试基地
石龙经济开发区产业孵化中心
惠润嘉园七地块
卧龙岗
水屯漫水桥
中信科佳信电气技术研究院有限公司
惠润嘉园一地块
莲石西路
刘秉权墓
回民公墓
大沟
丰台区
北宫镇
鹰山森林公园
京原铁路
城区扩大图

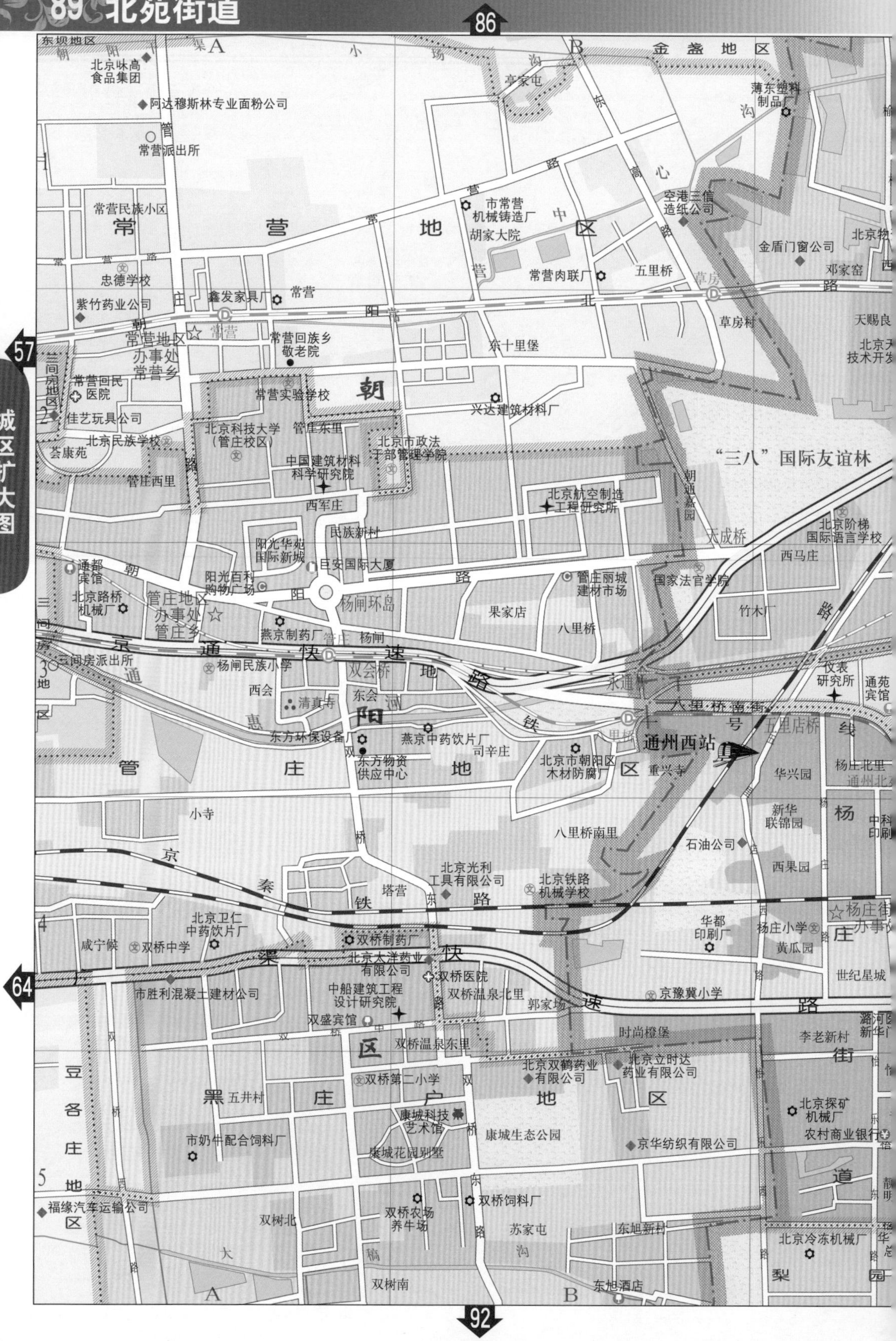
86
57
64
92
城区扩大图
金盏地区
常营地区
朝阳区
管庄地区
黑庄户地区
豆各庄地区
北京咔高食品集团
阿达穆斯林专业面粉公司
常营派出所
常营民族小区
忠德学校
紫竹药业公司
鑫发家具厂
常营
常营地区办事处
常营乡
常营回族乡敬老院
常营回民医院
佳艺玩具公司
常营实验学校
北京民族学校
荟康苑
北京科技大学（管庄校区）
管庄东里
北京市政法干部管理学院
中国建筑材料科学研究院
管庄西里
西军庄
民族新村
阳光华苑国际新城
巨安国际大厦
阳光百利购物广场
杨闸环岛
通都宾馆
北京路桥机械厂
管庄地区办事处
管庄乡
燕京制药厂
杨闸
三间房派出所
杨闸民族小学
双会桥
西会
东会
清真寺
东方环保设备
燕京中药饮片厂
东方物资供应中心
司辛庄
京通快速路
市常营机械铸造厂
胡家大院
常营肉联厂
五里桥
空港三信造纸公司
亭家屯
薄东塑料制品厂
金盾门窗公司
邓家窑
草房村
东十里堡
兴达建筑材料厂
“三八”国际友谊林
北京航空制造工程研究所
天成桥
北京阶梯国际语言学校
西马庄
国家法官学院
竹木厂
管庄丽城建材市场
果家店
八里桥
永通桥
八里桥南街
五里店桥
通州西站
北京市朝阳区木材防腐厂
重兴寺
仪表研究所
通苑宾馆
华兴园
杨庄北里
新华联锦园
石油公司
西果园
小寺
八里桥南里
北京光利工具有限公司
北京铁路机械学校
塔营
京秦铁路
北京卫仁中药饮片厂
咸宁候
双桥中学
双桥制药厂
北京太洋药业有限公司
双桥医院
市胜利混凝土建材公司
中船建筑工程设计研究院
双桥温泉北里
双盛宾馆
郭家场
京豫冀小学
华都印刷厂
杨庄小学
黄瓜园
世纪星城
杨庄街道办事处
京哈高速路
时尚橙堡
双桥温泉东里
北京双鹤药业有限公司
北京立时达药业有限公司
李老新村
双桥第二小学
五井村
康城科技艺术馆
康城生态公园
京华纺织有限公司
北京探矿机械厂
农村商业银行
市奶牛配合饲料厂
康城花园别墅
福缘汽车运输公司
双桥饲料厂
双桥农场养牛场
双树北
苏家屯
东旭新村
北京冷冻机械厂
双树南
东旭酒店
大稿沟
梨园
天赐良
北京物
北京天技术开发

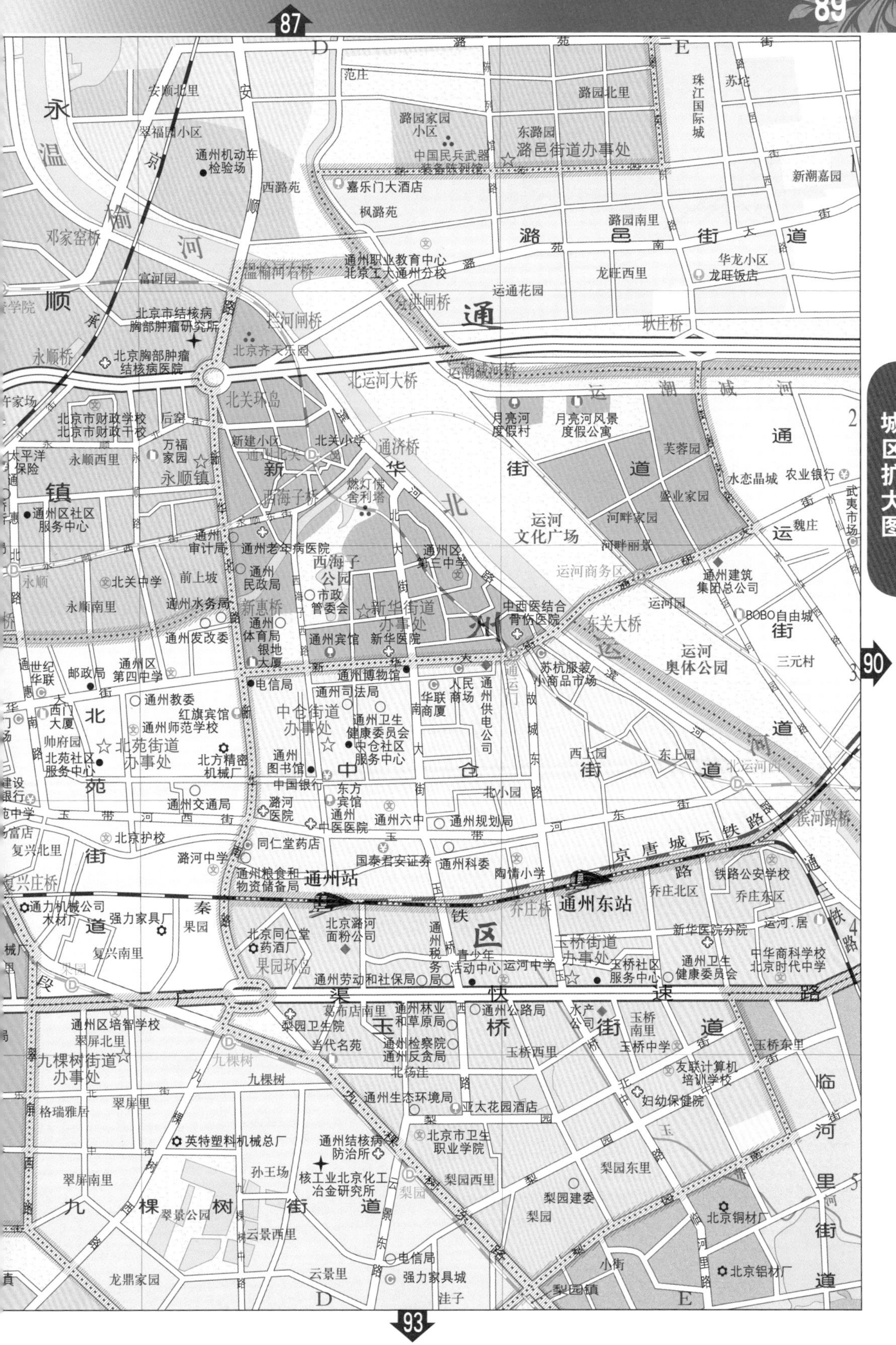
87
D
E
范庄
安顺北里
永
翠福园小区
通州机动车检验场
温
京
榆
河
邓家窑桥
顺
富河园
北京市结核病胸部肿瘤研究所
北京胸部肿瘤结核病医院
永顺桥
路园家园小区
中国民兵武器装备陈列馆
东潞园
潞邑街道办事处
潞园北里
珠江国际城
苏坨
新潮嘉园
西潞苑
嘉乐门大酒店
枫潞苑
潞园南里
潞
邑
街
道
通州职业教育中心
北京工大通州分校
龙旺西里
华龙小区
龙旺饭店
运通花园
温榆河右桥
拦河闸桥
分洪闸桥
耿庄桥
通
北京齐天乐园
北关环岛
北运河大桥
运潮减河桥
运
潮
减
河
北京市财政学校
北京市财政干校
后窑
万福家园
永顺西里
永顺镇
太平洋保险
镇
通州区社区服务中心
新建小区
通州北关
北关小学
新
西海子桥
通济桥
华
燃灯佛舍利塔
北
月亮河度假村
月亮河风景度假公寓
街
道
芙蓉园
通
水恋晶城
农业银行
盛业家园
运河文化广场
河畔家园
河畔丽景
运
魏庄
武夷市场
运河商务区
通州建筑集团总公司
通州审计局
通州老年病医院
北关中学
前上坡
通州民政局
西海子公园
通州区第三中学
市政管委会
永顺南里
通州水务局
新惠桥
新华街道办事处
中西医结合骨伤医院
东关大桥
运河园
BOBO自由城
街
通州发改委
通州体育局
银地大厦
通州宾馆
新华医院
州
运河奥体公园
三元村
90
通世纪华联
邮政局
通州区第四中学
通州博物馆
苏杭服装小商品市场
通州司法局
通州教委
红旗宾馆
中仓街道办事处
西门大厦
北
通州师范学校
华联商厦
人民商场
通州供电公司
通州卫生健康委员会
帅府园
北苑街道办事处
中仓社区服务中心
北苑社区服务中心
北方精密机械厂
通州图书馆
中
仓
西上园
东上园
街
道
北运河西
苑
中国银行
东方宾馆
北小园
通州交通局
潞河医院
通州医医院
通州六中
通州规划局
滨河路桥
北京护校
复兴北里
同仁堂药店
街
潞河中学
国泰君安证券
通州科委
京唐城际铁路
陶情小学
铁路公安学校
复兴庄桥
通州粮食和物资储备局
通州站
乔庄北区
乔庄东区
通州东站
乔庄桥
通力机械公司木材厂
道
强力家具厂
秦
果园
北京同仁堂药酒厂
北京潞河面粉公司
通州税务局
铁
区
青少年活动中心
运河中学
玉桥街道办事处
玉桥社区服务中心
新华医院分院
运河.居
通州卫生健康委员会
中华商科学校
北京时代中学
复兴南里
果园环岛
通州劳动和社保局
果园
段
广
渠
快
速
路
通州区培智学校
翠屏北里
葛布店南里
梨园卫生院
通州林业和草原局
通州公路局
水产公司
玉桥南里
玉
桥
街
道
九棵树街道办事处
尚代名苑
通州检察院
通州反贪局
玉桥西里
玉桥中学
玉桥东里
九棵树
北杨洼
友联计算机培训学校
临
格瑞雅居
翠屏里
通州生态环境局
亚太花园酒店
妇幼保健院
河
英特塑料机械总厂
通州结核病防治所
北京市卫生职业学院
梨园东里
翠屏南里
孙王场
核工业北京化工冶金研究所
梨园西里
梨园
梨园建委
里
九
棵
树
街
道
翠景公园
梨园
北京铜材厂
云景西里
电信局
小街
街
龙鼎家园
云景里
强力家具城
梨园镇
北京铝材厂
道
洼子
93

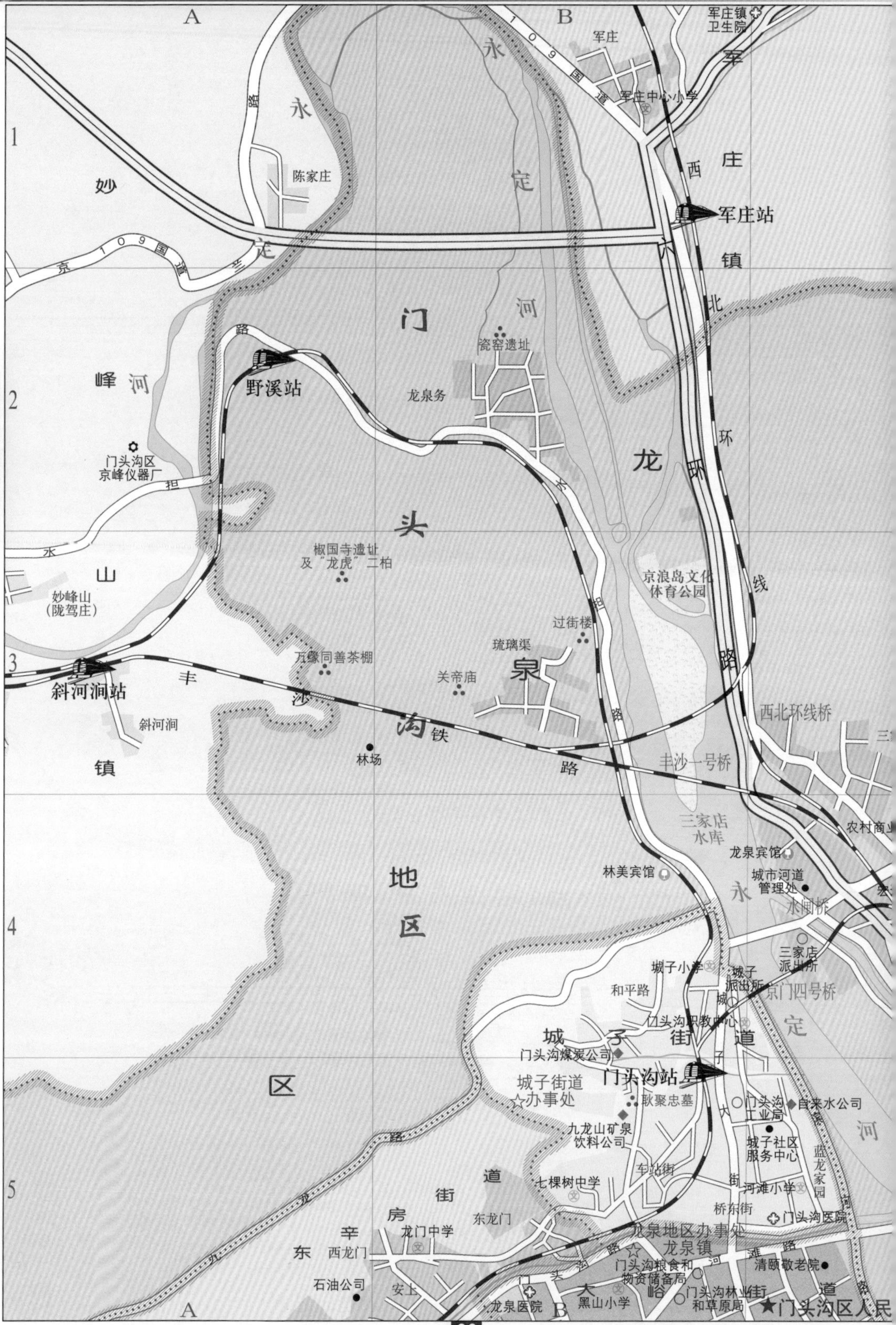
军庄
军庄镇卫生院
军庄中心小学
陈家庄
军庄站
野溪站
瓷窑遗址
龙泉务
门头沟区京峰仪器厂
椒国寺遗址及"龙虎"二柏
京浪岛文化体育公园
妙峰山（陇驾庄）
过街楼
琉璃渠
万缘同善茶棚
关帝庙
斜河涧站
斜河涧
林场
西北环线桥
丰沙一号桥
三家店水库
农村商业
龙泉宾馆
林美宾馆
城市河道管理处
水闸桥
三家店派出所
城子小学
城子派出所
和平路
京门四号桥
门头沟职教中心
门头沟煤炭公司
门头沟站
城子街道办事处
耿聚忠墓
门头沟工业局
自来水公司
九龙山矿泉饮料公司
城子社区服务中心
车站街
七棵树中学
河滩小学
蓝龙家园
桥东街
东龙门
龙门中学
门头沟医院
龙泉地区办事处
龙泉镇
西龙门
门头沟粮食和物资储备局
清颐敬老院
石油公司
安上
龙泉医院
黑山小学
门头沟林业和草原局
门头沟区人民
门头沟地区
永定河
城子街道
龙泉镇
东辛房街道
大峪街道
妙峰山镇
军庄镇
109国道
京门路
西北环线路
丰沙铁路
担水路
城子大街
河滩路

87

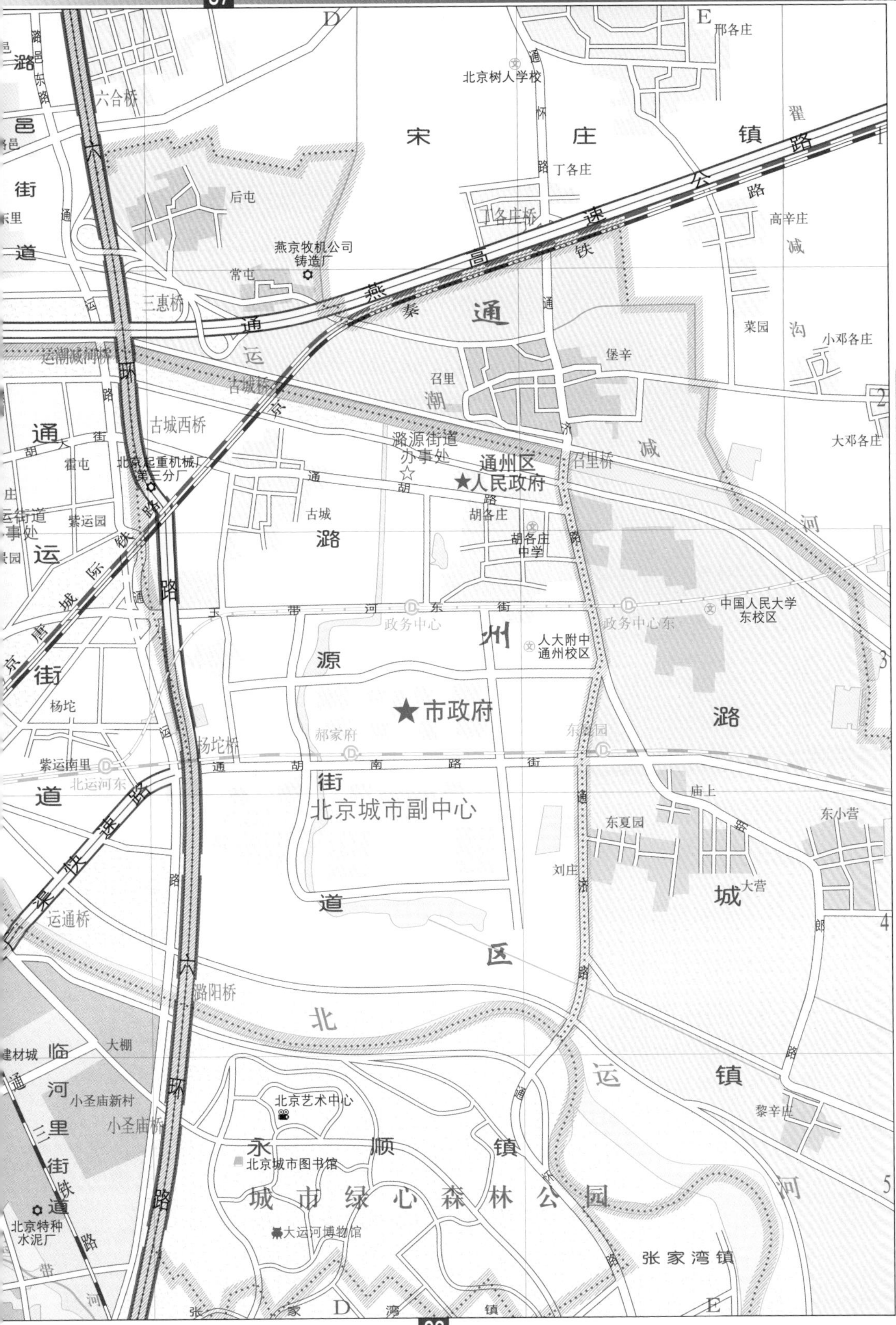
D
E
邢各庄
北京树人学校
六合桥
宋
庄
镇
翟
丁各庄
后屯
丁各庄桥
高辛庄
燕京牧机公司
铸造厂
常屯
三惠桥
京
哈
高
速
公
路
铁
路
减
河
秦
通
菜园
沟
小邓各庄
堡辛
运潮减河桥
召里
潮
古城桥
古城西桥
潞源街道
办事处
通州区
人民政府
召里桥
大邓各庄
霍屯
北京起重机械厂
第三分厂
古城
胡各庄
胡各庄
中学
紫运园
玉带河东街
政务中心
政务中心东
中国人民大学
东校区
人大附中
通州校区
京唐城际铁路
杨坨
市政府
郝家府
东夏园
杨坨桥
紫运南里
北运河东
通胡南路
街
北京城市副中心
庙上
东小营
东夏园
刘庄
大营
京哈高速路
运通桥
区
潞阳桥
北
建材城
大棚
临河里街道
小圣庙新村
小圣庙桥
运
镇
黎辛庄
北京艺术中心
永顺镇
北京城市图书馆
城市绿心森林公园
北京特种
水泥厂
大运河博物馆
张家湾镇
张家湾镇
1
2
3
4
5

93

城区扩大图

88

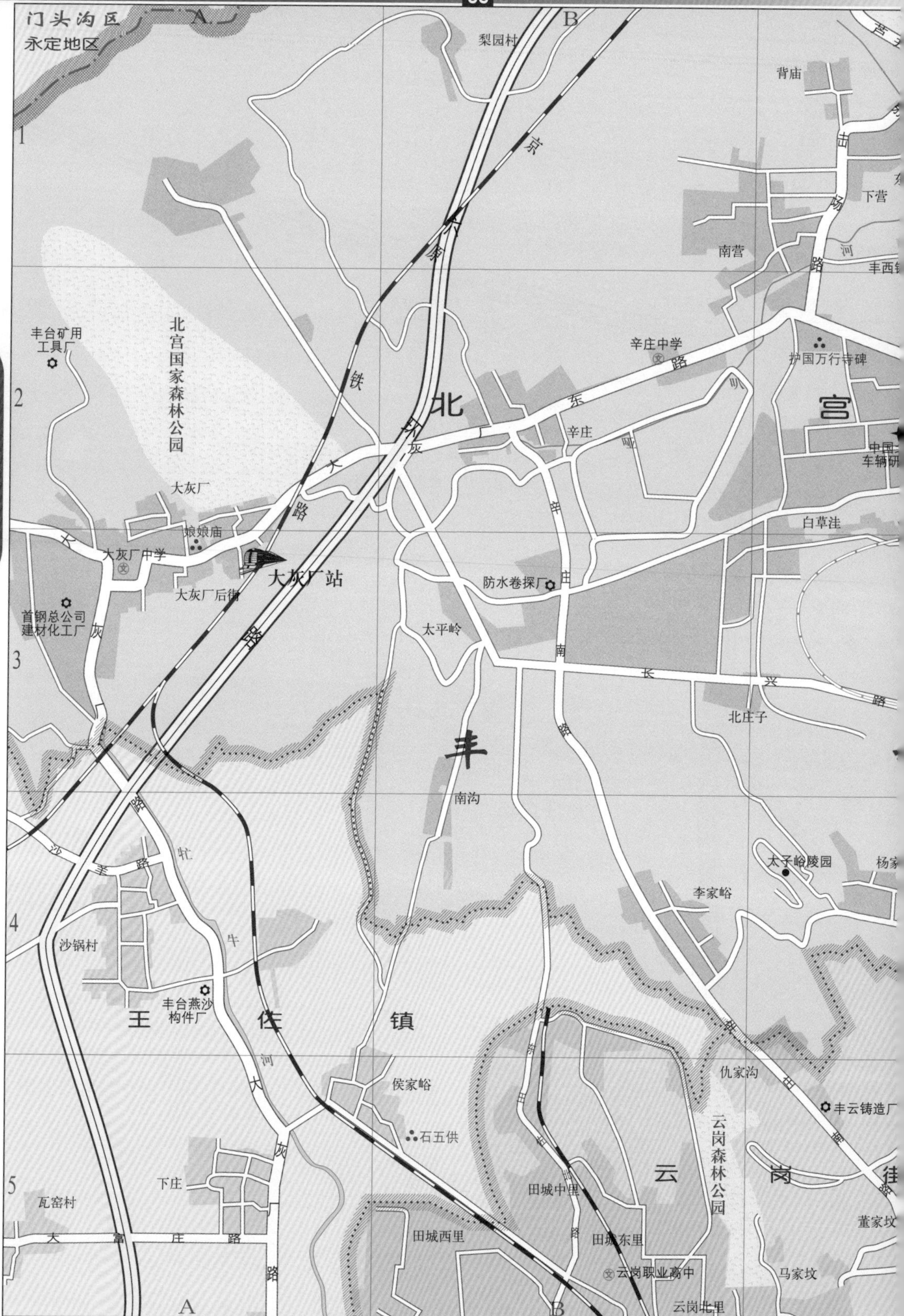
门头沟区
永定地区
A
B
梨园村
背庙
下营
南营
丰西
辛庄中学
护国万行寺碑
宫
中国
车辆研
北
辛庄
白草洼
丰台矿用
工具厂
北宫国家森林公园
大灰厂
娘娘庙
大灰厂中学
大灰厂站
大灰厂后街
防水卷探厂
太平岭
首钢总公司
建材化工厂
长兴路
北庄子
丰
南沟
太子峪陵园
杨家
李家峪
沙锅村
丰台燕沙
构件厂
王佐镇
侯家峪
石五供
仇家沟
丰云铸造厂
云岗森林公园
云岗
下庄
瓦窑村
田城中里
大富庄路
田城西里
田城东里
董家坟
马家坟
云岗职业高中
云岗北里
1
2
3
4
5

94

58

园博园
中国园林博物馆
石景山南站
燕化新联液化气
燕丰凯胜分公司
金刚兴叶
经贸公司
张仪村
卢沟桥街道
鲁南石材公司
京西液压机械厂
鑫建恒商贸公司
公交三公司修理分公司
齐庄子
市政三公司构件厂
首钢总公司第一耐火材料厂
小郭庄
地面彩砖厂
水电二局三分局
宛平
永
园博园
张郭庄
镇
晓月郊野公园
市钢渣水泥厂
宛平构件厂
卢沟桥拦河闸
丰台水利工程公司
京海换热设备厂
中国人民抗日战争纪念馆
卢沟桥一小
宛平城
少年之家
中国人民抗日战争纪念雕塑园
卢沟东桥
卢沟新桥
宛平桥
永定河大桥
杜家坎
北京二七车辆工厂
福生寺
二七厂文化宫
二七厂中学
缘梦园酒楼
二七厂医院
丰台民办武术健身学校
沙锅村
张郭庄派出所
新整流器公司
物美超市
二七厂小学
二七车辆厂招待所
长辛店职业技能培训学校
兴业综合商店
华宇货运公司
佳和运输公司
亚东饭店
京广联营汽配厂
新兴建筑租赁公司
永定电梯厂
军民居饭店
北方气阀厂
杜家坎阀门厂
杜家坎
丰台长城医院
杜家坎环岛
华东大酒店
北宫镇
燕宾楼饭店
阳光学校
杜家坎桥
路平安饭店
工商银行
宣化工程机械销售维修公司
云岗百货商场分店
长江广源机械设备公司
塑料制件厂
聚仙阁酒楼
星城物资贸易中心
洗涤中心
北京滚针轴承厂
华联鹏工贸公司
长辛店医药批发部
玉皇庄
正思特公司
崔村
长辛店八小
万金火锅
北京第二水泵厂
花园北里
崔村一里
中东建业建筑装饰工程公司
二七厂技工学校
金象大药房
长辛店一中
二七烈士墓
二七纪念馆
华官冷饮食品厂
建设三里
长辛店七小
工商银行
丰台局气检测场
大红星饭店
长辛店站
连山岗
杨公庄
邮电所
北关外
张镇与张懋墓石雕
市酿造厂
光明里
胜利里
兴兴超市
鑫兴宝隆连锁店
长辛店街道办事处
长辛店法律事务所
丰台成人教育培训中心
北京二七机车工厂
聚和永商店
农业银行
长辛店派出所
长辛店一小
邮电所
喜友商店
京西商业公司
新华书店
西峰寺
平价商场
长辛店二小
长辛店医院
新华龙贸易中心
汽车配件商店
长辛店工读学校
南关街西里
北京十中
南关副食店
迪宇星科技发展公司
张家坟
吕村
太子峪
泰吾士制药厂
太子纺织工业有限公司
留霞峪生态园
留霞峪
槐树岭
槐树岭中学
京港澳高速公路
京石高速公路
京广铁路
大宁水库
河道
绿地公园
吴庄子
沙石厂
房山区
长阳镇
丰台区
长辛店街道
永定河
D
E

65

70

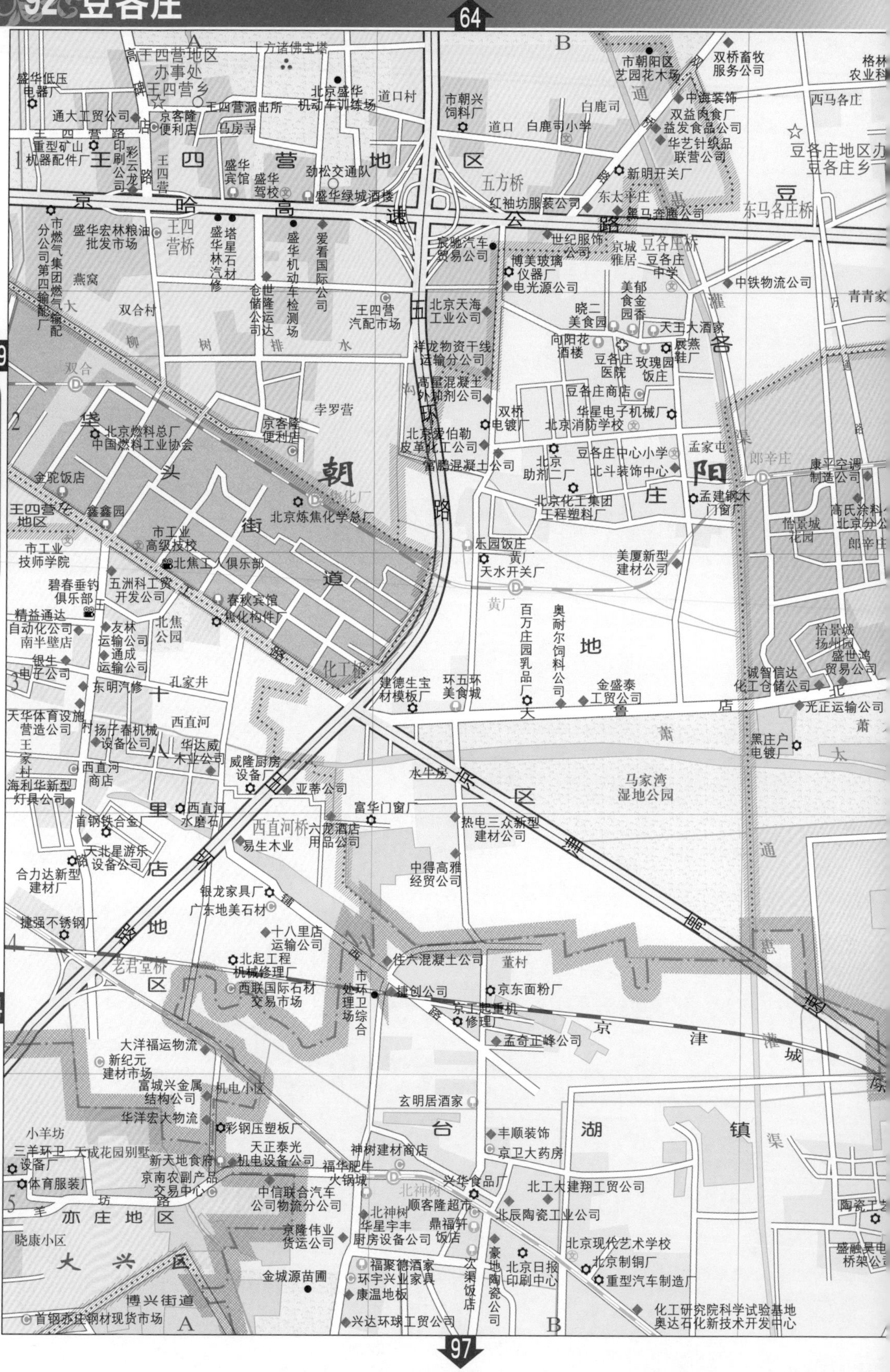
64
69
74
97
A
B
1
2
3
4
5
方诸佛宝塔
高干四营地区
办事处
王四营乡
盛华低压
电器厂
北京盛华
机动车训练场
道口村
市朝兴
饲料厂
市朝阳区
艺园花木场
双桥畜牧
服务公司
格林
农业科
通大工贸公司
京客隆
便利店
王四营派出所
马房寺
白鹿司
道口
白鹿司小学
中海装饰
双益肉食厂
益发食品公司
华艺针织品
联营公司
西马各庄
豆各庄地区办
豆各庄乡
王四营
重型矿山
机器配件厂
印刷公司
彩云龙路
王四营
四
营
地
区
盛华
宾馆
盛华
驾校
劲松交通队
盛华绿城酒楼
五方桥
红袖坊服装公司
新明开关厂
东太平庄
黑马奔腾公司
东马各庄桥
豆
京
哈
高
速
公
路
市燃气集团燃气输配分公司第四输配厂
盛华宏林粮油
批发市场
王四营桥
盛华林汽修
塔星石材
盛华机动车检测场
爱看国际公司
宸驰汽车
贸易公司
世纪服饰
公司
京城
雅居
豆各庄桥
豆各庄
中学
中铁物流公司
青青家
燕窝
博美玻璃
仪器厂
电光源公司
双合村
世隆运达
仓储公司
王四营
汽配市场
北京天海
工业公司
晓二
美食园
美郁
食金
园香
天王大酒家
柳
树
排
水
祥龙物资干线
运输分公司
向阳花
酒楼
豆各庄
医院
玫瑰园
饭庄
展燕
鞋厂
各
双合
高星混凝土
外加剂公司
豆各庄商店
垡
北京燃料总厂
中国燃料工业协会
京客隆
便利店
李罗营
双桥
电镀厂
北京消防学校
华星电子机械厂
北京爱伯勒
皮革化工公司
富鹏混凝土公司
北京
助剂二厂
豆各庄中心小学
北斗装饰中心
孟家屯
郎辛庄
康平空调
制造公司
金驼饭店
朝
阳
头
焦化厂
北京炼焦化学总厂
北京化工集团
工程塑料厂
庄
孟建钢木
门窗厂
王四营乡
地区
鑫鑫园
街
高氏涂料
北京分公
怡景城
花园
郎辛庄
市工业
高级技校
乐园饭庄
黄厂
美厦新型
建材公司
市工业
技师学院
北焦工人俱乐部
天水开关厂
道
碧春垂钓
俱乐部
五洲科工贸
开发公司
春秋宾馆
黄厂
精益通达
自动化公司
焦化构件厂
百万庄园乳品厂
奥耐尔饲料公司
地
友林
运输公司
北焦
公园
南半壁店
银生
电子公司
通成
运输公司
路
怡景城
扬州园
盛世鸿
贸易公司
孔家井
化工桥
东明汽修
十
建德生宝
材模板厂
环五环
美食城
金盛泰
工贸公司
诚智信达
化工仓储公司
天华体育设施
营造公司
西直河
北
光正运输公司
扬子春机械
设备公司
八
华达威
木业公司
天
鲁
店
萧
王家村
威隆厨房
设备厂
黑庄户
电镀厂
太
西直河
商店
海利华新型
灯具公司
四
亚蒂公司
水牛房
马家湾
湿地公园
里
西直河
水磨石厂
环
区
首钢铁合金厂
富华门窗厂
六龙酒店
用品公司
热电三众新型
建材公司
天北星游乐
设备公司
西直河桥
易生木业
合力达新型
建材厂
店
中得高雅
经贸公司
通
银龙家具厂
广东地美石材
捷强不锈钢厂
十八里店
运输公司
路
地
北起工程
机械修理厂
住六混凝土公司
董村
老君堂桥
区
西联国际石材
交易市场
市环卫
处理场
综合
捷创公司
京东面粉厂
京工起重机
修理厂
京
津
大洋福运物流
孟奇正峰公司
新纪元
建材市场
富城兴金属
结构公司
机电小区
城
玄明居酒家
华洋宏大物流
彩钢压塑板厂
台
湖
镇
丰顺装饰
小羊坊
三羊环卫
设备厂
天成花园别墅
新天地食府
天正泰光
机电设备公司
神树建材商店
京卫大药房
渠
福华肥牛
火锅城
体育服装厂
京南农副产品
交易中心
中信联合汽车
公司物流分公司
北神树
兴华食品厂
北工大建翔工贸公司
陶瓷工艺
羊
坊
路
亦
庄
地
区
北神树
顺客隆超市
华星宇丰
厨房设备公司
鼎福轩
饭店
北辰陶瓷工业公司
晓康小区
京隆伟业
货运公司
北京现代艺术学校
盛融昊田
桥架公司
大
兴
区
福聚德酒家
环宇兴业家具
次渠饭店
豪地陶瓷公司
北京日报
印刷中心
北京制铜厂
金城源苗圃
康温地板
重型汽车制造厂
博兴街道
化工研究院科学试验基地
首钢亦庄钢材现货市场
兴达环球工贸公司
奥达石化新技术开发中心

89

D
E
东旭酒店
东旭公寓
北京金属结构厂
大稿村
么铺
定辛庄东
马各庄
双桥种鸭场
黑
京联公路
无机料厂
京洲集团公司
定辛庄西
恒宇产业公司
镇
黑庄户桥
万子营西
万子营东
京哈高速公路
庄
万子营
民族小学
万盛西
北京石材工艺厂
黑庄户
区
四合庄
文寨街道
普合桥
铺头
户
黑庄户地区办事处
黑庄户乡
黑庄户医院
黑庄户中学
黑庄户
北京起重机厂
台湖分厂
双旭花园
朱家垡
口子
地
通
台
北京市双桥渔场
小鲁店
江场
市双桥印刷厂
大鲁店
敬业中学
胡家垡
星湖工业区
天好针织厂
州
湖
燕港高级
家具有限公司
黑庄户观赏鱼
交易中心
台湖中学
金福德烤鸭
食品公司
星湖园
外郎营
区
镇
桂家坟
周坡庄
星湖绿色
生态观光园
方百盛集团
永隆屯
D
E

93

89

92

旗舰凯旋
九棵树街道
农村商业银行
临河里街道办事处
北京土桥砖瓦厂
音乐学校
九公庄
永康生物化工联合公司
临里河
临河
天地美墅
北京制线厂
群芳园
群芳园小学
北京市烟草公司物资储运公司
小稿村
梨园中学
魏家坟
梨园中心小学
海宁通养殖公司
北京同仁堂饮片厂
土桥
南场
梨园镇
大马庄
颐瑞东里
辛庄
新建房地产开发公司
梨园镇
上海大众汽车通州销售服务公司
东小马庄
颐瑞西里
万盛东
北京市公路局技工学校
群芳
金庄
高楼金
北京市通宝农工商公司
楼子庄
度假区北街
变形金刚基地
梨园百仙桥古玩市场
曹园
未来水世界
张家湾中学
南大沟
侏罗纪世界努布拉岛
将军坟
北京环球度假区
花庄
文景街道
环球影城大酒店
小黄人乐园
文景街道办事处
北京市通铭金属工业有限公司
萧路
诺金度假酒店
九德路
环球度假区
田府
文景西街
文景东街
通
前营
京哈高速公路
施园
蓝钥度假村
施园桥
陆航学院
天辰门窗工程公司
玉甫上营
台湖
台湖镇中心小学
台湖镇
西下营
台湖织布厂
通州肛肠医院
台张路
东下营
唐大庄
湖光小区
迎春渠
东西下营桥
北姚园
台湖镇
台湖公园
台湖旅游观光园
六环路
碱厂
南姚园
京通集团
十里庄
尖垡桥
A
B
1
2
3
4
5

90

D
E
永顺镇
道
厂南里
城市绿心森林公园
潞
城
镇
北
通
怀
路
运
河
土桥新桥
张
京
塘
路
福耀玻璃工业
有限公司
北许场
巨港织袜
有限公司
通美晶体生物
技术有限公司
玉
后庄
带
园
路
皇木厂
北京铜牛
股份有限公司
张家湾镇
北京精工集团
芳草园
梁各庄
南许场
北京粉碎机厂
张湾村
家
通州工业开发区
大连实德集团
北京市公路局
水泥制品厂
张湾镇村
唐小庄
西定福庄
东定福庄
州
区
马营
小辛庄
贾各庄
通州区水产
养殖场
铁
瓜厂
湾
外交部张家湾
培训中心
京
张
小
盐
河
牌楼营
北何各庄
京
哈
高
速
公
路
凉
水
河
烧酒巷
大辛庄
齐善庄
采
镇
海子洼
凤
北京通华
集团公司
枣林庄
1
2
3
4
5

A
B
1
2
3
4
5
大灰厂路
东王佐北路
中国航天第三研究院
云岗北里
云岗西里
云岗街道
云岗街道办事处
云岗南里
云岗一
翟庄
东王佐
王佐镇卫生院
大灰厂路
云岗二中
云岗邮电局
航天总公司731医院
丰台区自行车零件厂
北京市振兴电镀厂
魏各庄路
六环路
丰台区王佐中学
恒源商厦
南宫北里
云岗南区西里
云岗南区东里
西王佐
温泉游泳馆
云岗影剧院
佃起西里
云岗二小
牤牛河
南宫中心小学
刘太庄
张各庄
北公村
南宫新苑
王佐镇
青龙湖路
京西汽车训练场
长南宫
云岗新村
南宫南路
罗家坟
丰台
南宫世界地热博览园
青龙路
河西村
王佐
南公村
林家坟
崇辛庄
八一电影制片厂外景基地
庄户
朝阳山
王庄
野各庄
王庄中学
山坡村
青房龙山湖区镇
京良路
京良桥
贺照云
铁匠营
米粮屯
京港澳高速公路
崇青东干渠
小苑村
京周路
壁板
拱辰街道
詹庄
黄辛庄
国家电力公司电力建设研究所
良乡路
西潞街道

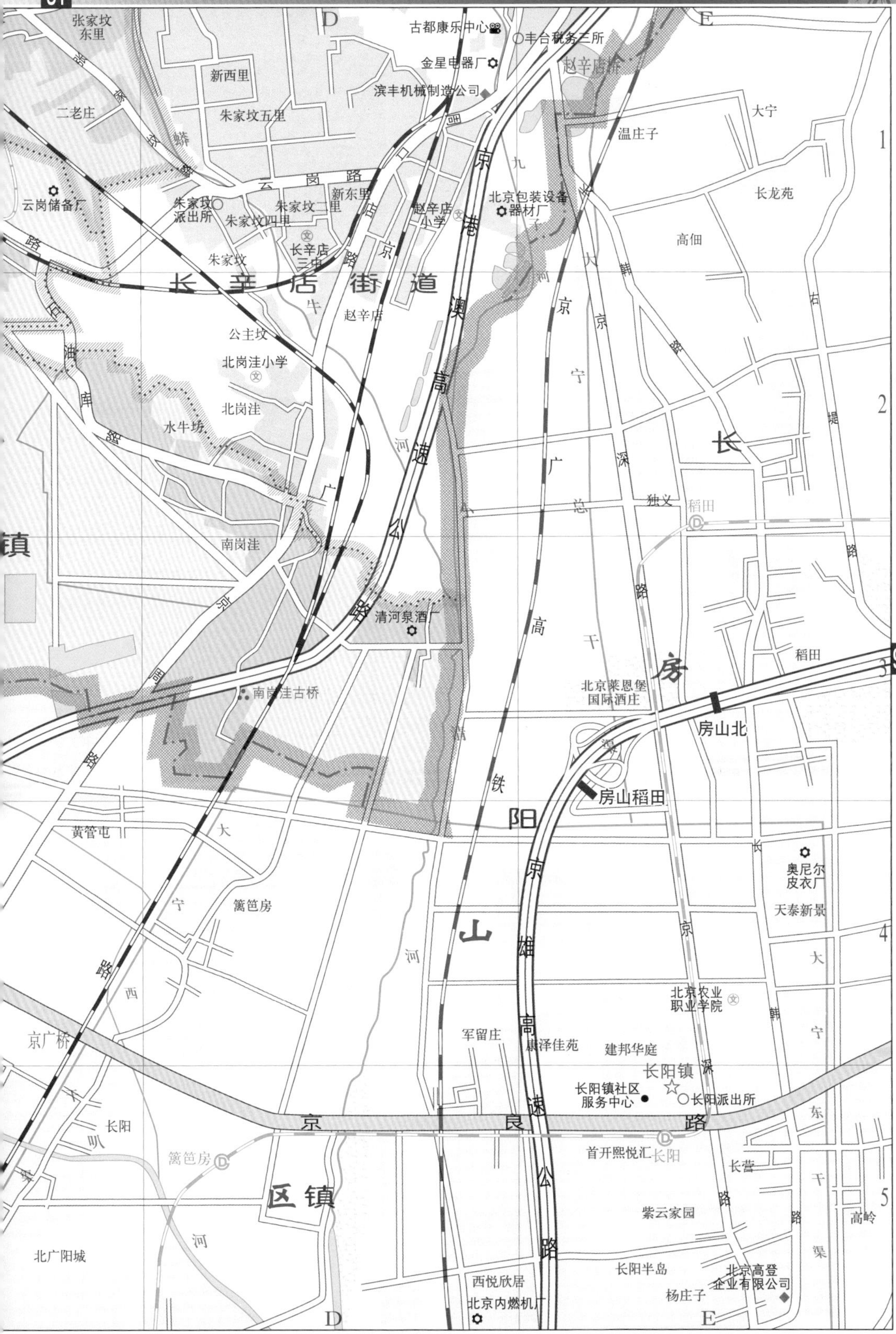
91
95
张家坟东里
二老庄
新西里
朱家坟五里
云岗储备厂
朱家坟派出所
朱家坟四里
朱家坟二里
新东里
长辛店三中
朱家坟
长辛店街道
赵辛店
公主坟
北岗洼小学
北岗洼
水牛坊
南岗洼
清河泉酒厂
南岗洼古桥
古都康乐中心
丰台税务三所
金星电器厂
滨丰机械制造公司
赵辛店桥
赵辛店小学
北京包装设备器材厂
温庄子
大宁
长龙苑
高佃
独义
稻田
稻田
北京莱恩堡国际酒庄
房山北
房山稻田
黄管屯
篱笆房
奥尼尔皮衣厂
天泰新景
北京农业职业学院
军留庄
康泽佳苑
建邦华庭
长阳镇
长阳镇社区服务中心
长阳派出所
京广桥
长阳
篱笆房
首开熙悦汇
长阳
长营
紫云家园
高岭
北广阳城
长阳半岛
北京高登企业有限公司
杨庄子
西悦欣居
北京内燃机厂
京港澳高速公路
京广高铁
大宁干渠
京良路
京深路
京雄高速公路
长阳镇
房山区
长辛店街道

70
94
A
B
1
2
3
4
5
汽车训练场
永合庄
永合庄小学
看
世界公园垂钓园
宛平街道
北京西南郊奶牛场
京客隆超市
下柳子
五环路
新时代家具厂
北天堂农工商合作社
世纪行珍禽养殖场
北天堂
客家园垂钓乐园
大兴区新世纪学校
长
房
山
阳
区
镇
京雄高速公路
永定河
高家堡
黄土坡站
黄村
丰
明春西
北京邮
世纪
立垡
公共交通技工学校
京良路
永立桥
马厂
大兴电机
郝庄子
狼垡
大
区
地

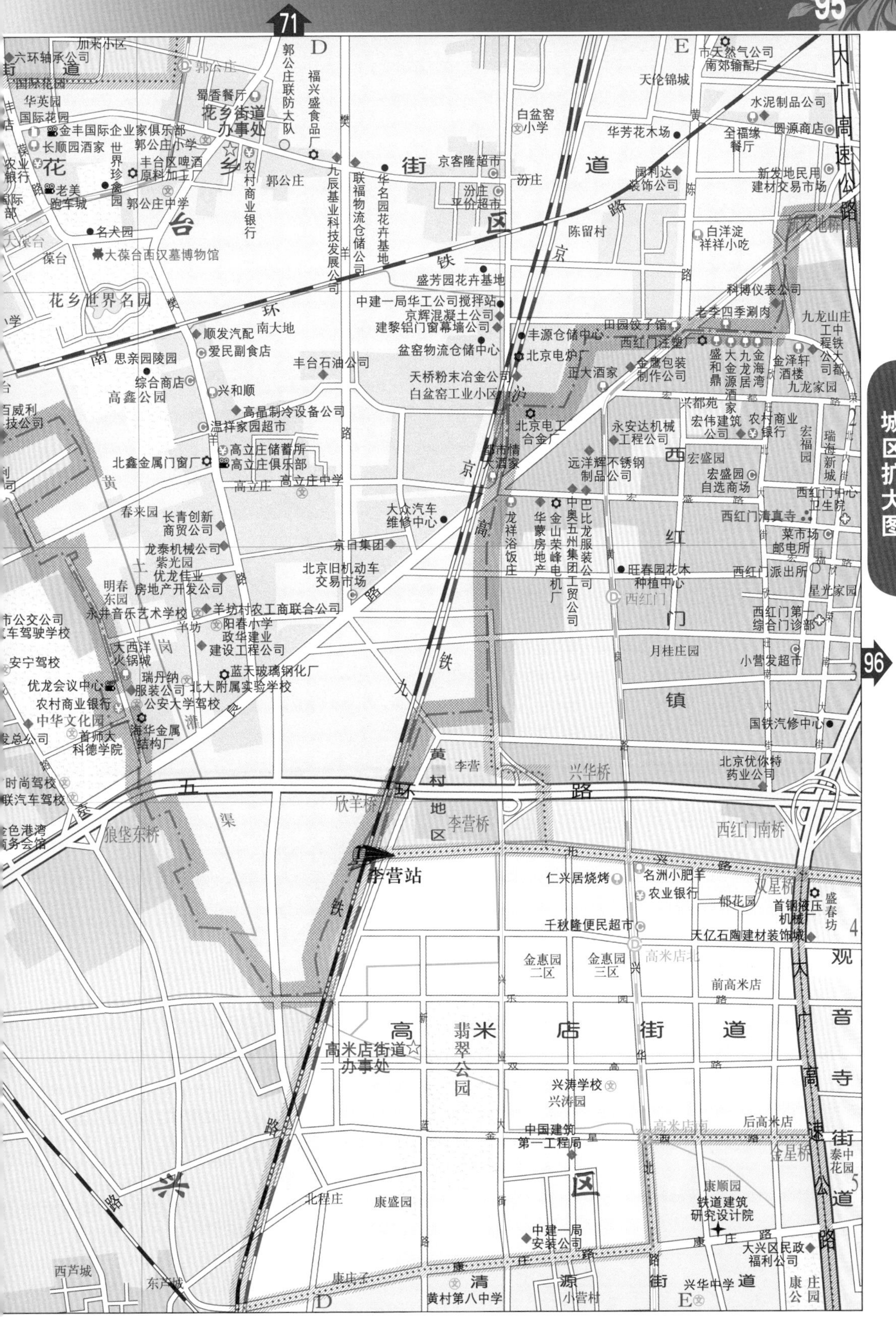
71
96
D
E
六环轴承公司
加来小区
郭公庄
国际花园
华英园
国际花园
蜀香餐厅
花乡街道办事处
金丰国际企业家俱乐部
长顺园酒家
郭公庄小学
丰台区啤酒原料加工厂
农业银行
老美跑车城
世界珍禽园
郭公庄中学
名犬园
大葆台
葆台
大葆台西汉墓博物馆
花乡世界名园
郭公庄联防大队
福兴盛食品厂
九辰基业科技发展公司
联福物流仓储公司
华名园花卉基地
农村商业银行
郭公庄
花乡街道
丰台区
白盆窑小学
京客隆超市
汾庄
汾庄平价超市
盛芳园花卉基地
中建一局华工公司搅拌站
京辉混凝土公司
建黎铝门窗幕墙公司
盆窑物流仓储中心
丰台石油公司
天桥粉末冶金公司
白盆窑工业小区
京沪铁路
市天然气公司南郊输配厂
天伦锦城
华芳花木场
阔利达装饰公司
陈留村
水泥制品公司
全福缘餐厅
圆源商店
新发地民用建材交易市场
白洋淀祥祥小吃
新发地桥
科博仪表公司
老李四季涮肉
九龙山庄工中程铁公大司都
田园饺子馆
西红门烤鸭
丰源仓储中心
北京电炉厂
亚大酒家
金鹰包装制作公司
盛和鼎
大金源酒家
九龙居
金海湾
金泽轩酒楼
九龙家园
兴都苑
宏伟建筑公司
农村商业银行
宏福园
瑞海新城
北京电工合金厂
都市情大酒家
永安达机械工程公司
远洋辉不锈钢制品公司
宏盛园
宏盛园自选商场
西红门中心卫生院
西红门清真寺
龙祥浴饭庄
华蒙房地产
金山荣峰电机厂
中奥五州集团工贸公司
巴比龙服装公司
旺春园花木种植中心
菜市场
邮电所
西红门派出所
星光家园
西红门
西红门第一综合门诊部
月桂庄园
小营发超市
西红门镇
国铁汽修中心
北京优你特药业公司
兴华桥
西红门南桥
顺发汽配
南大地
爱民副食店
思亲园陵园
综合商店
高鑫公园
兴和顺
高晶制冷设备公司
温祥家园超市
高立庄储蓄所
高立庄俱乐部
北鑫金属门窗厂
高立庄
高立庄中学
大众汽车维修中心
京日集团
北京旧机动车交易市场
春来园
长青创新商贸公司
龙泰机械公司
紫光园
优龙佳业房地产开发公司
明春东园
羊坊村农工商联合会公司
永井音乐艺术学校
阳春小学
政华建业建设工程公司
羊坊
百威利技公司
市公交公司汽车驾驶学校
安宁驾校
大西洋火锅城
瑞丹纳服装公司
北大附属实验学校
蓝天玻璃钢化厂
优龙会议中心
农村商业银行
公安大学驾校
中华文化园
首师大科德学院
海华金属结构厂
时尚驾校
联汽车驾校
金色港湾商务会馆
李营
黄村地区
李营桥
欣羊桥
狼垡东桥
五环路
京开高速
南四环
黄亦路
羊坊路
京九铁路
李营站
仁兴居烧烤
名洲小肥羊
农业银行
千秋隆便民超市
高米店北
郁花园
首钢液压机械厂
盛春坊
天亿石陶建材装饰城
金惠园二区
金惠园三区
前高米店
高米店街道
高米店街道办事处
翡翠公园
兴涛学校
兴涛园
中国建筑第一工程局
高米店南
后高米店
金星桥
泰中花园
康顺园
铁道建筑研究设计院
北程庄
康盛园
中建一局安装公司
大兴区民政福利公司
康庄路
康庄子
清源街道
黄村第八中学
小营村
兴华中学
康庄公园
西芦城
东芦城
兴华大街
兴业大街
京开路
大广高速公路
观音寺街道
1
2
3
4
5

72

A
B
海子公园
银海批发市场
南苑供销社
新宫门市部
新宫村
槐房村
顺子超市
槐房农工商联合公司
灵恩红木家具厂
赵王庄
辛普劳食品加工公司
和义庄
树林庄
永明涂料厂
丰盛汽车警报器厂
红房子饭庄
天顺运输公司
南苑森林湿地公园
南苑工商联合总公司
和义
京新活动房厂
花乡
新宫
同乐餐厅
大红门钢木制品厂
乐天乐美食城
宝酒酿造公司
大泡子
京苑建筑安装公司
新纪元饭店
嘉禾庄
新石田储运公司
双利达物流
街道
丰南水泥制品厂
龙门和田宽食品公司
京都塑料制品厂
金万利油脂公司
南苑街道办事处
南苑公园
新华里
纺联市场
和义学校
和义街道办事处
南苑兴业综合市场
诚苑酒楼
盛华印刷厂
南苑派出所
南苑北里
名源饭店
中建一局科研院
建水电设备安装公司
范庄子
李家庄
南来顺饭馆
大泡子
虎王和田宽食品公司
工商银行
京华通彩钢压型板厂
冀达耀华玻璃钢化厂
南苑
同兴楼饭庄
碧华旅馆
南苑水厂
新华书店
诚苑小区
新兴村
南苑中学
南苑少年之家
南山堂药店
南苑医院
久隆诚厨房设备制造公司
宝都钢构公司
诚苑南里
玉兰平价超市
飞腾家园
南苑医院一部
警备西路
南苑煤炭总厂
警备东路
宏都商务中心
佳博世纪汽车
销售公司
利源兴商贸公司
南苑西宏苑商场
南苑电机厂
忠厚居饭庄
南苑航空港
中国联航
机械公司
南苑无线电厂
国美味食品酿造公司
华海中谊真空工业炉制造公司
王府别墅区
西宏苑
聚丰实业公司
同心园小区
燕泰美术制版印刷公司
京开高速公路
苑龙娱乐城
丰
街
台
道
义力达通用机械公司
榆树圈
兴达伟业物资销售中心
华龙轻钢彩板公司
绿林苑
汇昌机械厂
水上大世界
星光社区
聊城南苑蔬菜批发市场
京苑开关厂
南苑宏达肠衣厂
丽花丝时装公司
宏强保远环保包装制品公司
陆军检阅使署
福星花园
同福园
大发木线厂
南天津庄
凯信管厂
西红门桥
新八珍酒楼
北京天源酱园酱菜厂
星光集团
林枫家园
南苑构件厂
北京商贸学校
防水公司
西红门地区办事处
兰海洋环保水处理设备厂
星光益安电子电器厂
北京市供销学校
嘉则庄
康德植物油厂
宇翔宾馆
惠达大厦
华亨塑料厂
同华园
天兴陶瓷
星光社区
西
南苑渔场
源超达海绵公司
红星清真食品
金超程建筑幕墙工程公司
皇家大酒店
市泰丰塑料建材厂
南街三
如意汽车城
京立通彩钢
星光社区
红
老三余庄
金星节能电器开关厂
威都物资公司
五
金洋恒泰模板公司
同华桥
金星地图印刷厂
金星汽配厂
寿宝庄
环
鼎石机电设备公司
金星汽修厂
北京金冠液压机械厂
门
新三余庄
金星子弟学校
九如生产基地
金西桥
低温设备厂
大白楼
观
北京天外天产业开发总公司
音
地
金星派出所
寺
北京
大兴
工业区
北京百事可乐饮料有限公司
金华园
金华园俱乐部
振兴华龙制冷集团
兴瑞达成套电气公司
公安大学
金荣园
中电开关厂
帝怡技术公司
街
敬贤桥
金星路
黄亦路
麦迪海药业公司
金华饭店
志远西桥
道
北京第三警察学校
大
区
金星庄
团河农场
广阳大街
金苑路
金海学校
双泡子
开发区社区服务中心
界沟
团河桥
凉水河
科苑路
福苑小区
小白楼
1
2
3
4
5

95

73

丰台区
和义街道
旧宫石油液化气灌装厂
皇家京都酒业公司
东高地公园
南场西
凯莱西亚服装公司
福达新型建材厂
若晨保温材料厂
旧宫地区办事处
旧宫镇
碧海公园
北京电缆附件厂
喜都饺子馆
百麦殿食品厂
红星联合运输站
全聚德食品厂
南郊蛋品厂
宜颐家园
红星玻璃器皿厂
兴南电器工程公司
朝阳区
红海建筑材料厂
树桥村
建华金属结构厂
大生力机械施工公司
益丰园
长友商店
红星北里
兴华隆超市
兴华学校
万德特机电技研所
东高地街道办事处
东高地
东高地百货商场
机械研究所
中航精密
成都首饭店
邮电局
建设银行
大中电器
航天中学
南郊农场
超时代家具公司
今世缘美食中心
聚源旧货交易市场
清和园
金象大药房
有余庄
机兴电星建材城
红星盛五金
农业银行
红星工业公司
清欣园
物美超市
天鑫龙酒楼
红星肉联厂
孔雀园酒楼
佳和园
旧宫社区服务中心
旧宫中学
工商银行
六合顺烤鸭店
旧宫大酒店
中保人寿保险公司
广源门平价超市
新清华实验学校
旧宫
旧通开关厂
丰盛富大酒店
聚宝隆商厦
福客隆超市
旧宫二小
美然绿色家园
旧宫红源建材商店
东高地刀具厂
航天总医院
红方源商品市场
大世界家具
中国运载火箭技术研究院
长征宾馆
派东出高所
东高地二小
万源东里
六营门
万源西里
东高地四小
高地街道
红星吉庆市场
吉庆庄
圣泽宏美食城
红星清洁设备厂
红星派出所
清乐园
红星噪声控制设备厂
万聚庄
红星玻璃钢制品厂
汉丰聚氨酯公司
旧宫娱乐中心
清逸园
隆盛农贸市场
兴龙家园
远创模具制造公司
顺明塑料制品厂
旧宫兴源商店
首航德茂自选超市
红星华源饭店
德寿寺
牧童三轮车厂
红星钢窗厂
福华肥牛城
旧宫三义发煤炭经销公司
梅园酒楼
工商银行
农业银行
六营门邮电局
梅源里
天宝隆酒家
天然气公司
南苑维修管理站第四管理所
北平金属加工厂
航捷门窗厂
泰洋建设集团
万顺通运输公司
金诺木业公司
保温建筑材料公司
通天电器公司
中石统一润滑油公司
贝罗珍制衣公司
路邦宏达工贸公司
新华保险
张一元茶庄
华夏证券
万源南里
科赛盈卫星应用技术开发公司
隆盛庄
集团姜公晟司
玻宏璃大公远司光
快达通讯设备公司
南苑四小
航盛兴汽车装饰公司
梅源南里
旧宫城市森林公园
旧忠桥
菊源里
京福兴喷塑厂
大有庄
集贤村第四经济合作社
大兴光源材料厂
五环高级润滑油公司
西广德庄
兴民玻璃制品厂
星港体育设备公司
红星铝制品厂
南街四
东南开关厂
金星隆超市
傅家庄
勤康食品公司
北京金达机械制造有限公司
京顺活动房厂
红星医院
禹邦防水公司
京诚腾达物资公司
五福堂
德茂庄
旧宫新桥
德茂桥
南义盛庄
旧宫木材市场
京城海星新型门窗公司
南海子郊野公园
德茂小区
上林苑
深恒兴不锈钢制品公司
亦庄地区
首航德茂自选商场
康兴堂大药房
正旺兴金属加工厂
华梅伟食品公司
北京市南郊牛奶公司
南海子麋鹿苑
西毓顺庄
西毓顺桥
裕德庄
忠兴庄
德茂
昆仑石
北京市德茂供水设备厂
宁佑庙
北京市恒万驾驶员培训学校
姜场
饮鹿池桥
东一
三环羊毛衫厂
中立堂
瀛海地区办事处
瀛海镇
三槐堂
东二
中冶迈克液压公司
瀛海地区
西二
西一
小三槐堂
建新庄
兴
区
京台高速公路
南五环路
京福路
地区
旧宫路
德贤路
南三环路
D
E
1
2
3
4
5

97

74

小红门建材装饰市场
三合村
小红门地区
朝阳区
国友盛商贸公司
长城家具厂
荟安食品公司
利达金属结构厂
京联吉普汽修厂
天厨居饭庄
吉普汽车销售服务中心
尤二狗肉馆
大兴气象局
浙客隆超市
吉祥铁瓦厂
京顺达物资公司
北京观象台
塞北星大酒楼
好来登饭店
盛宫
钢材市场
雨城康体中心
神牛大酒家
神牛三轮车厂
南建木制品厂
旧宫地区
旧宫一
北京市富源印刷厂
五环路
亦庄桥
羊北木材市场
荣华桥
朝阳区
国际企业文化园
亦庄文化园
鑫湖皮革制品公司
常青老年公寓
亦庄地区
京开国际汽车广场
金泰公寓
亦庄供电局
中国网通宽带通信中心
四通松下电器公司
日邦印刷公司
恒荣物业管理公司
荣华环岛
资生堂丽源化妆品公司
万源街
巨能制药
乐天(中国)食品公司
锐业制药公司
亦庄新城实业有限公司
北京服务总公司开发区分公司
紫奇枫酒楼
博达国际交流中心
大
开发区财政分局
伊梦园大酒店
亦庄邮政中心局
中彩印刷公司
天华园二里
华润超市
豪瑞饭店
富源里
亦庄地区办事处
星岛嘉园
亦庄镇
亦庄中学
新康家园
天华园一里
天华路派出所
东晶国际公寓
天地兴食府
天华园三里
国际电子商务大厦
长新园别墅
开发区海关
草原兴发食品公司
大地国际商务中心
晓星容器公司
可口可乐饮料公司
拜耳医药
米兰·天空
北京市科禄格机车设备公司
莱茵河畔
宏德利远市场
贵园北里
亦庄中心小学
燕京佳园
亦庄医院
斯涛雅园
狮城花园
荣华街
开发区工商分局
惠发大厦
荣京东街
安万博制药公司
福华肥牛城
小白羊超市
开发区实验学校
21世纪双语幼儿园
金池格林小镇
天宝园六里
大雄郁金香舍
博达国际大厦
赛升药业公司
凉水河
亦
贵园南里
天宝园二里
天宝园三里
上海沙龙
经济开发区科技园
悦康药业集团公司
北大药业公司
东来顺饭店
卡尔生活馆
天宝园
北京经济技术开发区
新日月明酒楼
鹿圈卫生院
新伟奇酒楼
馨园餐厅
亨德家具
枫丹壹号
鹿圈
鹿苑饭店
庄
时装公司
赛斯特
北工大软件园
荣华街道办事处
兴
中芯国际(北京)公司
圣科佳电子公司
金顺通建材厂
机械公司
滨田印刷
苗木公司
福华缘源
顺兴葡萄酒公司
芳芳食品饮料公司
中科宏圣
科贸公司
丰收葡萄酒公司
东方毅诚家具公司
瀛海庄园
通宝物资经营公司
东方大和光电子公司
亦庄同仁
南海子郊野公园
地
中国创意城
博
开发区职教园
北京毛线厂
镇中心小学
新城园林绿化公司
区
公园北环路
公园南环路
鹿海苑
清合庄
泰和园
兴
青年公寓
鹿圈东
溶剂厂
黄亦路
宝善庄
金华农科技公司
区
西五号村
姜场
姜场工业区
南海家园
博兴街道办事处
街
亦城茗苑
头号村
博兴路派出所
泰河路
亦庄第二中心小学
大兴庄
北京青青草园林绿化有限公司
瀛海
九号村
奔驰汽车有限公司
怡乐庄
怡乐新工业园
地区
北京城建海锌府
富有庄
亦庄实验小学
亦庄第五幼儿园
鹿海园
道
北京经济技术开发区(西扩区)
九号村
金茂悦
四合庄
亦庄实验中学
A
B
1
2
3
4
5

96

92

D
E
光机电产业一体化基地
瑞京乳胶制品公司
富亿达能鞋业公司
新福润达绝缘材料公司
羊坊五金加工厂
西京工业园
迪昌工业园
东创大厦
光联工业园
新华联科技大厦
次渠印刷厂
北京行有恒医药有限公司
星海钢琴集团
台
次渠北里
府东苑
瑞森国际大厦
中传国际影城
丁庄
白庄
康源祥瑞药业
明业大厦
华联超市
马庄
亦庄硅谷
悦康集团
博纳星辉影院
亦庄生物药园
北京速星创教育科技机构
定海园
孟庄
金海产业园
定海园幼儿园
次渠南里
OBE互联网创新园
定海园
公安分局
湖
定海园西
京华造纸一厂
市连江集团
通
亦城文园
亦城科创家园
北京经济技术开发区
（东部新区）
星网物流中心
郑庄
富士康精密组件（北京）公司
华卓精科亦庄园区
数字工场
亦城景园
经海一路
京东方显示技术公司
东尚E园
三箭和众鼎电子公司
崔家窑
经海路
京东集团总部
合众思创北斗产业园
镇
三洋能源（北京）公司
移动硅谷创新中心
安定营
隆盛工业园
东创会展中心
南通建工
鼎诚供电设备安装公司
天骥智谷
云农场研究院
州
北人印刷机械公司
经海产业园
北开电器公司
北京经开壹中心
日新电机公司
京运通
萨姆森控制设备（中国）公司
北堤
汇龙森
亿滋食品有限公司
拓普康（北京）科技公司
同济南路
北海
科创十七街
胜利村
壮丁屯村
南海户村
凉水河桥
河北段
马驹桥
北门口
马
区
北京物流产业园区
肖家庄村
马驹桥中学
马二街
西后街
马一街
马三街
辛屯
马
驹
桥
镇
马驹桥新区
西店
大葛庄村
雏菊城
东店
兴华嘉园
六环路
京沪高速公路
1
2
3
4
5

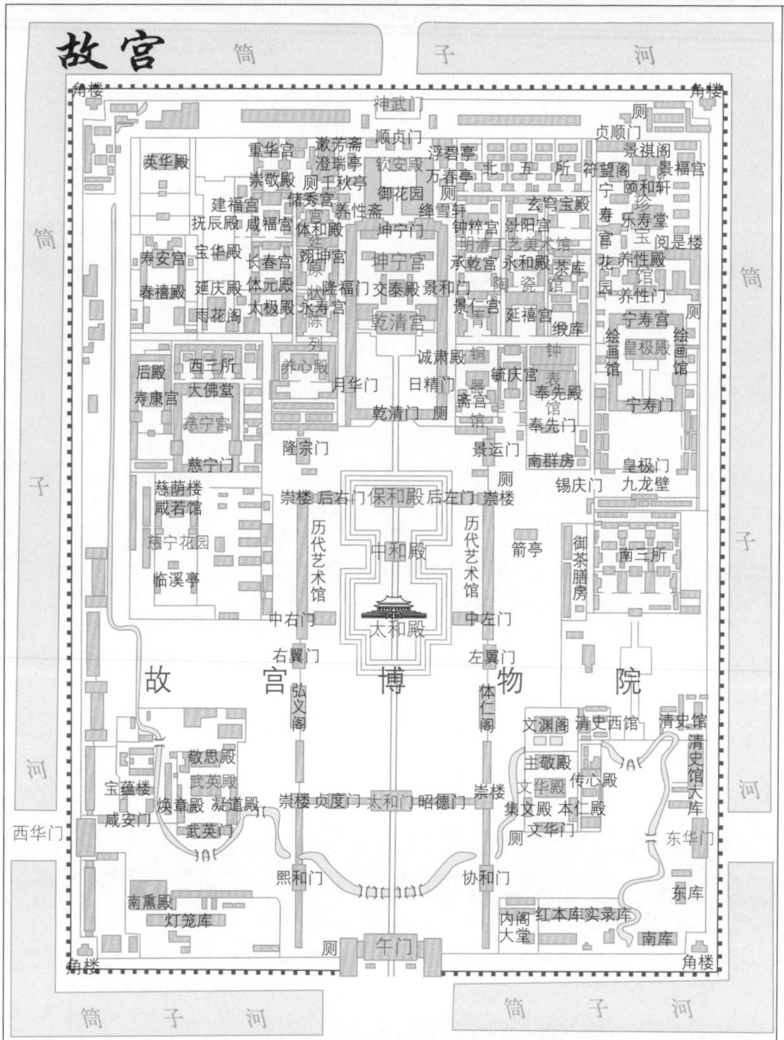

故宫　又名紫禁城，坐落在北
中央，古皇城正门天安门之北。是
清封建王朝的皇宫，是1420年至1
的491年间，24代帝王(明朝14代和
10代)坐朝，统治全国的中心，也是
后妃日常居住的宫城。城圈东
760米，南北长960米，呈长方形，
72万多平方米。高约10米的宫墙之
又有长约4千米，宽52米的护城河
筒子河）环绕，显得无比森严。宫
存殿宇9000余间，犹如宫殿的海洋

故宫的建筑依据其布局与功用
外朝与内廷两大部分。外朝与内廷
清门为界，乾清门以南为外朝，以
内廷。外朝以太和殿(金銮殿)、
殿、保和殿为轴心，以文华殿、武
为东西两翼，是皇帝处理朝政、举
典的场所；内廷以乾清宫(帝王卧
交泰殿(王朝宝玺存放处)、坤宁宫
大婚洞房)为中轴，两翼有东、西
(皇妃宫室)，坤宁宫后布设精致的
御花园，是封建帝王与后妃居住之
故宫是我国现存最大最完整的皇宫
筑群，宫殿沿着一条南北向的中轴
列，左右对称。中轴线北延钟鼓楼
伸永定门，贯穿整个明清北京城。

故宫是几百年前劳动人民智慧
汗的结晶。在当时社会生产条件下
建造这样宏伟高大的建筑群，充分
了中国古代劳动人民的高度智慧和
才能。故宫又是中国的文物宝库，
各种文物100多万件，其数量约占
文物总数的六分之一。此外还有大
清宫廷档案材料。早在1925年末代
溥仪搬出故宫后设立了博物院。宫
设立历代艺术、绘画、陶瓷、青铜
钟表、玩物、珍宝等馆及宫廷典章
展览等，成为我国也是世界著名的
文化艺术博物院。北京故宫是国务
布的第一批全国重点文物保护单
1987年作为文化遗产被联合国教科
织列入《世界遗产名录》。

东城区景山前街4号
旺季60元、淡季40元、珍宝馆10元
表馆10元（门票需要网上预约）
淡季08：30～16：30，止售时间15
旺季08：30～17：00，止售时间16
法定节假日外周一闭馆
公交1、2、5、52、82、120等车可
地铁1号线天安门东、天安门西可达
65132255

◀故宫太和殿

颐和园佛香阁

和园　位于北京西郊，距城区15千米，是一座规模宏大的清代皇家宫苑。它以其造景众多，建筑集中且保存完好而在中外皇园中占有重要地位，1991年被评选入中国旅游名胜40佳之列，1998年又被联合国教科文组织列入《世界遗产名录》。全园占地平方米，其中河湖水面占四分之三。园景衔山抱水，一派湖光山色。其间布设有众多的殿堂、楼阁、廊榭、桥亭和园林花木，妙运用借景手法，把西山群峰和玉泉山宝塔组织到园景画面，精心营造了这座步移景异、意境深远的大型古典皇家宫苑。

颐和园宫苑布局可分为行宫区和苑景区两大部分。行宫区在东大门内，是行政活动区和生活区，也是颐和园珍贵文物荟萃之行宫区主殿仁寿殿是清朝光绪帝和慈禧太后朝会内臣外宾处，现设当年帝后临朝原状陈列。仁寿殿后有慈禧住处乐寿堂、光绪住处玉澜堂，以及德和园大戏楼等。苑景区是颐和园风景游览精华之区，可分万寿山前山区、昆明湖区和后山后湖区三个部万寿山前山区以湖滨彩画长廊北侧的排云殿为起点，由此登山经佛香阁可直达山顶智慧海，半山上的佛香阁，巍峨壮观，是一山风光的最佳景点。阁西铜亭重达40.4万斤，为稀世之物，铜亭以西有引人入胜的傍山古建筑群“画中游”；昆明湖区北靠万寿山，湖东南岸铜牛附近有十七孔桥联接南湖岛龙王庙，由此乘船横渡昆明湖，可达湖西北岸的清晏舫，这是一艘由巨石雕制成的石舫，也是湖滨引人注目的景点之一；后山后湖区古木参天，曲径通幽，山上藏式寺庙参差错落，山下后湖为一带碧水，这里重建有当年苏州河水上买卖古街，后湖东头谐趣园，仿江南无锡寄畅园而建，有“园中园”之称。

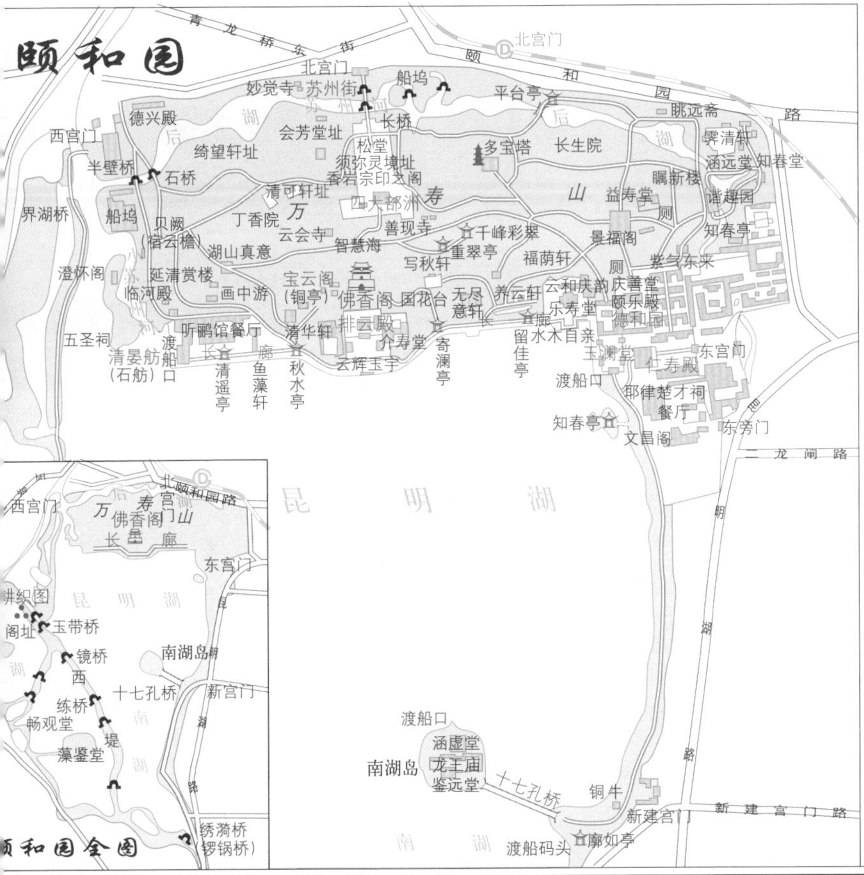

- 海淀区新建宫门路19号
- 淡季20元、旺季30元、佛香阁10元、苏州街10元、德和园10元、文昌院20元，可买联票，淡季50元、旺季60元
- 旺季：6：30–18：00　淡季：7：00–17：00
- 公交74、303、374、437、331、332、346、584、469、539等车到达；地铁4号线北宫门、西郊线颐和园西门可达。
- 62881144

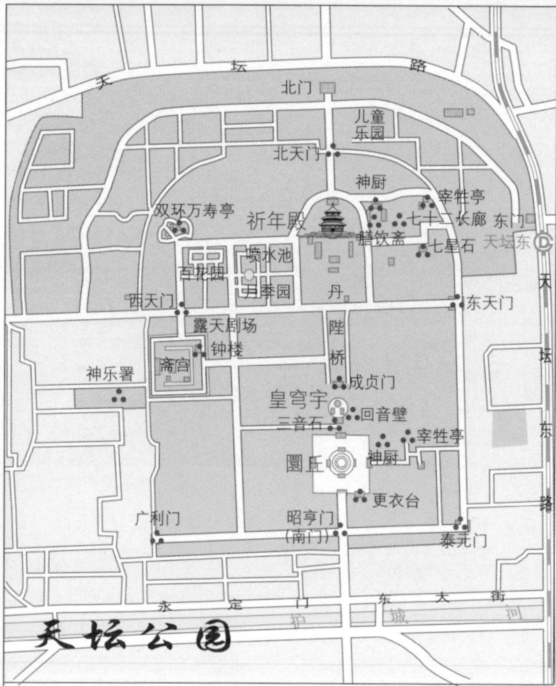

天坛公园

位于北京城区南部，为中国古代明清两王朝祭天祈谷的坛庙，为北京明清九坛庙中现存最大的坛庙，也是北京、中国以至世界现存最大的古代帝王祭祀性建筑群，主殿祈年殿通常被人们认为是古城北京象征性建筑。全坛占地广达270万平方米。天坛创建于明永乐十八年(1420年)，初名天地坛，后改天地分祭，明嘉靖年间改名天坛。内外两重坛墙均呈北圆南方，象征“天圆地方”。南、北天门之间由丹陛桥连接的祈年殿、皇穹宇、圜丘坛，以及西天门内的斋宫等为天坛的主要建筑群组。天坛祈年殿是一座有三层台基、三重飞檐的圆形大殿，整个建筑为全木结构，高达38米的殿顶覆青色琉璃瓦，无梁，内、中、外三层巨型殿柱分别寓意四季、十二个月、十二个时辰。富丽，壮观，是皇帝祈谷丰年的祭坛。皇穹宇在丹陛桥南端，是一座单层圆殿，用于供奉皇天上帝和先主，周围设圆形回音壁，由于折射声波距离不同，站在殿前的三音石上拍击，第一、二、三块石上能分别听到一、二、三声回响，是中国古代利用声学原理设计的四大奇妙的回音建筑之一。皇穹宇南的圜丘坛是祭天的祭坛，圆形三层，围以汉白玉雕栏，其栏板、望柱、台阶及坛面各圈的扇面形铺石数目均用古称“天数”的九或九的倍数。圜丘之西的一片建筑群为斋宫，是古代帝王来天坛祭天之前沐浴、斋戒、休息处。天坛主体建筑多呈圆形结构，殿瓦多为蓝色，突出“天”的蕴意。天坛是我国首批全国重点文物保护单位，1998年被联合国教科文组织选定为世界文化遗产之一。

- 东城区天坛内东里7号
- 淡季10元，联票28元、旺季15元，联票34元；祈年殿、回音壁、圜丘坛门票20元，神乐署门票10元。
- 旺季6：00～22：00；淡季6：30—17：00；景点内8：00～淡季17：30、旺季17：00，止售时间：16：00
- 公交可在天坛西门、天坛北门等下车；地铁5号线天坛东门可
- 67028866

天坛祈

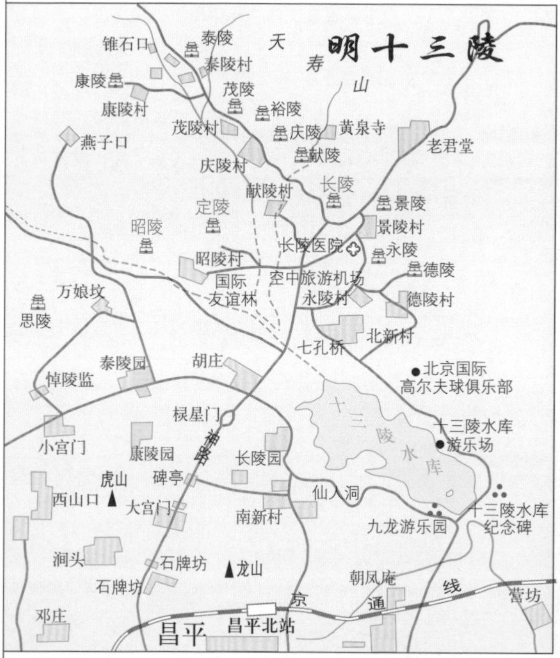

明十三陵

位于昌平区天寿山麓，距市区50余千米，是明朝十三代皇帝陵墓群区，为国家级风景名胜区，已被列为世界文化遗产。陵区口的龙山虎山之间矗立着高大的汉白玉雕大石牌坊。进入大宫门，神道两旁有石像生18对，通过棂星门(天门)、七孔白石桥，便到达长陵，它是明代进入北京第一代皇帝永乐帝葬地，也是明十三陵中地面建筑最高大宏伟的帝陵，大殿32根金丝楠木巨柱，令人惊叹不已。十三陵中除了长陵，最引人入胜的是已掘开并开放地下宫殿的定陵。从定陵地宫出土的有皇冠、锦袍等文物3000多件，已设陈列馆向游人展出。

明十

- 昌平区十三陵镇天寿山南麓
- 定陵淡季40元、旺季60元，长陵淡季30元、旺季45元，昭陵30元，神路30元、联票110元
- 旺季8：00～17：30；淡季8：30～17：00
- 前门、北京站等乘坐旅游专线车；或德胜门乘345路公交车到昌平北站；或乘345路公交车支线到昌平东关，再换乘314路公交车
- 60761424、60761888

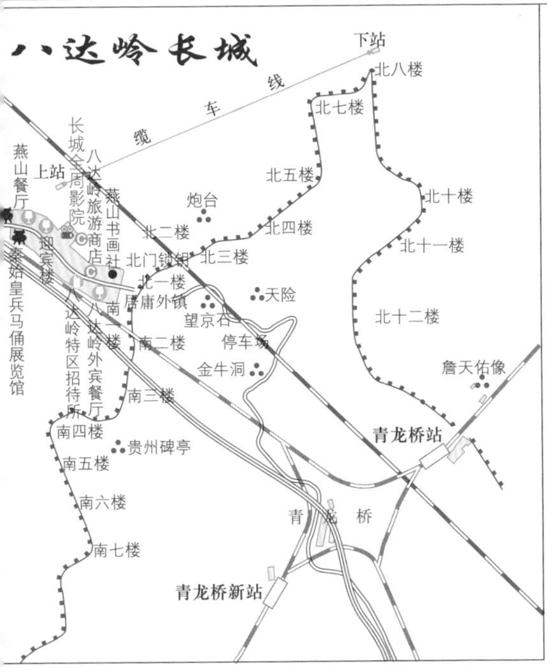

八达岭长城

位于京西北60千米延庆区南部、居庸关外，是明代长城中保存最好的一段，也是明代长城的精华，是北京地区明代长城的典型地段，为国家级风景名胜区，已被列为世界文化遗产。

这里地势险要，是明北京城的北大门，城墙墙身高大坚固，包括关城、城体，以及敌楼、墙台、烽火台等。墙体用长方形大条石砌筑墙基，其上垒砌特制的大城砖。墙身平均高8米，墙顶宽约6米，可容五马并驰，十人并行。墙顶外侧筑有高1.7米的垛口，上有望孔，下有射口。城墙每三五百米筑有堡垒式敌楼，下层券洞供守军住宿、储存军械和食粮。沿线险段还筑有碉堡，视野开阔处设烽火台。八达岭长城设关城一座，关城两门，一名“北门锁钥”，一名“居庸外镇”。关城外新建有长城博物馆和全周影院。

“不到长城非好汉”，长城是古今中外各界人士到北京游览的必到之所，迄今为止，八达岭已接待中外游人一亿多人次，先后有尼克松、里根、撒切尔、戈尔巴乔夫、伊丽莎白、希思等300多位外国首脑和众多的世界风云人物，登上八达岭观光游览。

八达岭镇

淡季35元、旺季40元（可网上预约门票）

夏季6：30～19：00；冬季7：00～18：00

德胜门坐公交车919路可到，或前门或宣武门乘坐旅游巴士，还可以到黄土店站乘坐S2线，列车每天早上6:12发车

69121226

八达岭长城

慕田峪长城

位于京北约70余千米处的怀柔区北部。据记载，朱元璋大将徐达在北齐长城遗址上督建，戚继光主持加固而成这段长城，被誉为历史上修建规模最大，质量最高的长城，是北京地区明代长城的精华部分之一。全长2250米，有敌楼22座(其中18座为空心敌台楼)和1座烽火台。居中端的正关台，三座敌楼并立，三楼之上并排有三座望亭，在整个长城建筑中极为罕见。城墙二侧均设垛口，既可攻也可守，东南部三道城墙汇于一楼，构造别具一格，著名的长城景观箭扣、牛角边、鹰飞倒仰等位于慕田峪长城西端，是万里长城的精华所在。这里山高林密，四季有景。

北京怀柔区渤海镇慕田峪村

40元

淡季8：00～17：00；旺季7.30—18.00

东直门坐916路到会议中心下车，然后往前走50米看到浅蓝色的小巴可到慕田峪

61626022

慕田峪长城

景区图

北京猿人头像

周口店北京人遗址

位于京
56千米的龙骨山上，正好处于山区与平
接部位，巨大的石灰岩洞穴，东西长约
米，南北宽2.5—42米不等，是距今约7
20万年前"北京猿人"栖息和保存火种
方，他们先后在这里群居了40多万年，
遗留有他们的遗骸和他们使用的器具，
的残余食物。1918年发现后经1921、1
两次发掘，发现了两颗猿人牙齿和不少
化石，1927年以后又经多次大规模发掘
别是1929年我国古生物学家裴文中发现
完整的猿人头盖骨后，周口店即以中国
猿人之家闻名于世。1930年，在北京猿
址上方靠近山顶的洞穴中，发现生活在
1.8万年前的山顶洞人遗址，1933—193
行发掘，在此发现了5个成年男女及少年
孩、婴儿各1人，体质同于现代人。洞内
现缝纫用骨针和石珠、"项链"等饰
1973年在龙骨山东南隅又发现了一处
10万年前的新洞人遗址，他们生活时期
好介于北京猿人和山顶洞人之间。

新中国成立以来，周口店北京人遗
经多次大规模发掘，清理出40多个男女
的北京猿人化石，100多种动物化石，10
件石器和洞内的数个灰烬层。灰烬层中
量烧过的碎骨、木炭块，证明北京猿人
火烤食猎物和取暖。

作为世界上发现文化遗存最丰富的
类遗址，周口店已成为驰名中外的研究
起源进化及古生物的科研基地。1953年
北京猿人展览馆，1961年国务院颁布为
重点文物保护单位，1987年被联合国教
组织作为文化遗产列入《世界遗产名录》

- 周口店龙骨山
- 30元
- 旺季9：00～16：30，淡季9：00～16：
- 天桥乘917路公共汽车十渡、张坊支线，
口店路口下车换乘小巴或从良乡乘环
小公共汽车
- 69301278

圆明园大水法

圆明园遗址公园

坐落在北京西北郊，原是我国清代鼎盛时期所建的规模最大、珍藏最丰富的皇家宫苑。始建于清康熙四十八年（1709年），历经康、雍、乾等6代皇帝长达150年时间陆续建成。建园时动用了全国巨大人力、物力、财力，集中外古今造园艺术之大成，成为当时北京第二皇宫、世界最华丽的皇家园林。当年的圆明园以福海仙山为中心，共有圆明园、长春园、万春园3园120多组景区，仿取江南名园，荟萃全国的胜景，以环湖9岛象征九州疆域，被誉为万园之园，可与法国凡尔赛宫媲美的天下奇观。就是这样一座举世名园，1860年横遭英法联军劫掠和焚毁，仅存仿欧式宫苑的西洋楼部分石雕残迹。现在废墟上建成遗址公园，成为爱国主义教育基地。

- 海淀区清华西路28号
- 10元，西洋楼遗址景区15元
- 夏季7：00～20：00
冬季7：00～17：30
- 公交303、346、393、432、438、476、601、610、636、671、664、579等车到达；地铁4号线西苑、圆明园可达。
- 62628501

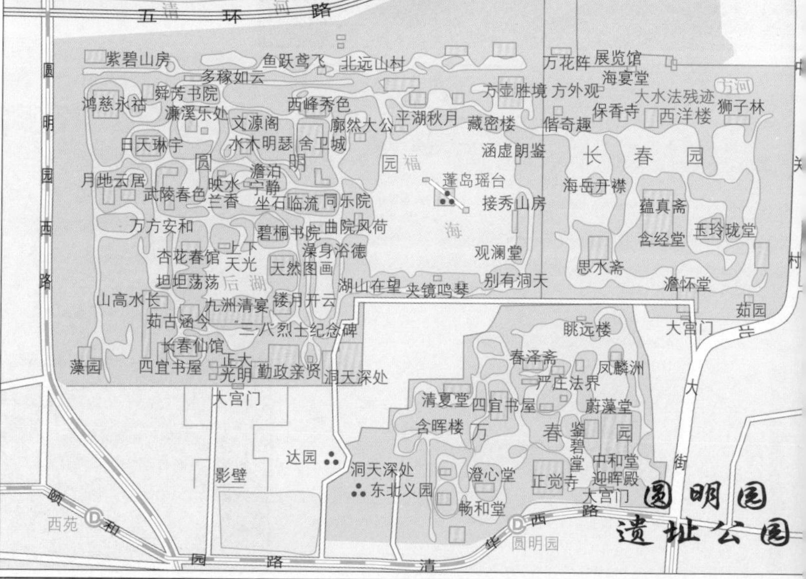

北海公园

坐落在北京故宫西北部，是我国现存历史最悠久的古代皇家园林。公元10世纪辽代即在此始创瑶屿行宫，金、元、明、清时不断兴建皇家离宫别苑。挖海堆山，先后建造琼华岛、广寒宫、白塔(藏式喇嘛塔)等，占地广达70万余平方米，水域约占二分之一。全园中心琼岛，苍松翠柏中殿阁林立，白塔高耸，四周环水，以其灵山秀水再现了东海仙山琼阁意境。园内还有具有江南园林风韵的园中之园静心斋、濠濮涧、画舫斋，以及五龙亭、九龙壁、团城诸胜。

西城区文津街1号

10元，琼华岛10元

旺季6：30～21：00；淡季6：30～20：00

琼华岛8：30～18：00

公交13、42、90、107、111、118、609、612、701等车到达；地铁6号线北海北可达。

64033225

北海公园白塔

景区图

山公园

位于北京故宫北门外，北海公园之东。它原是元、清朝帝王后妃登高、饮宴、赏花的一处皇家御苑、禁苑，1928年起公园。800年前的金代起就在附近造宫殿挖湖潭（北海），堆土成元称青山），明建紫禁城，自然地成为宫北屏障，曾称万岁山。清称景山。主峰高88.7米，高出平地45米。五峰连缀，松柏常青。耸主峰的是万春亭，周赏、观妙和富览、辑芳四亭分立东、西四峰之万春亭是北京古城南北中轴线上的最高点，登亭俯瞰故宫、前门、、北海一览无余。山前绮望楼，建筑精巧，现为书画陈列室；山东棵老槐树，传为明末李自成农民起义从德胜门打入京城后，崇祯皇缢处。园内广植花果树木，开辟有牡丹园、芍药园等。

西城区文津街1号

2元

旺季6：30～21：00；淡季6：30～20：00

公交5、58、111、124、128、101、103、109等车到达

64044071

景山公园

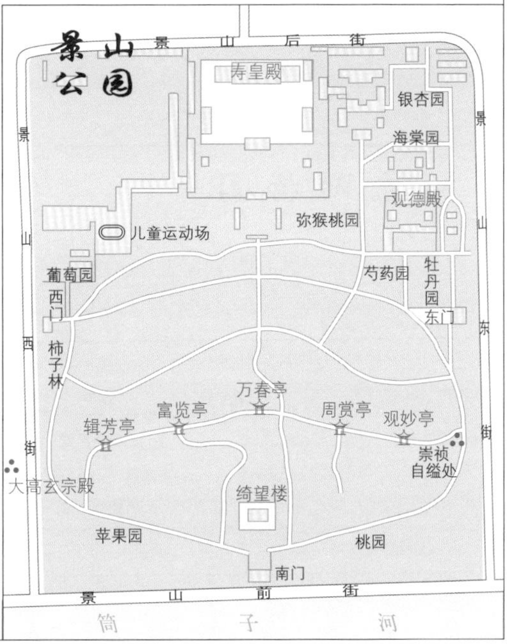

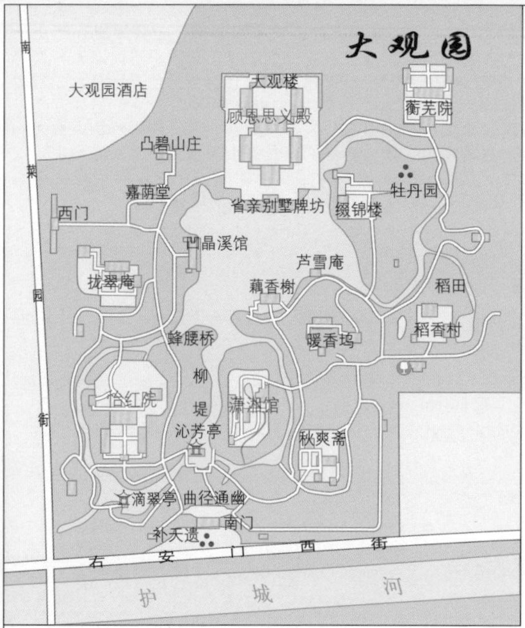

大观园

位于北京城西南隅护城河畔，占地12.5万平方米，是再现中国古典文学名著《红楼梦》典型环境的文化名园。园中各景点建筑、山形水系、园林花卉、陈设小品等力求符合原著描述的艺术境界，并有各宅院主人公蜡像。主要景点有雍容华丽的贾宝玉住所怡红院；竹影婆娑、清淡恬静的林黛玉住处潇湘馆；茅舍青篱、一派田园风光的稻香村；红楼娇小姐探春等吟诗结社处秋爽斋；沁芳湖北岸的皇贵妃贾元春省亲别墅牌坊、大观楼顾恩思义殿，以及靠山临水的贾母设宴处缀锦楼，园西妙玉参禅修行并同宝玉、黛玉品茗作诗的拢翠庵等。全园建筑在再现文学艺术的同时，也再现了古代园林建筑艺术的精华。

- 西城区南菜园街12号
- 40元
- 8：30～16：30
- 公交423、90、122、56、59、458、474、676、49、381等车到达
- 63544994

中华民族园

位于北京北四环中路南侧，是近年兴建的一处展示中华各民族风貌的文化名园。占地20万平方米，拥有民族博物馆、展览馆，藏族、彝族、台湾高山族等景区，以及苗、布依、朝鲜、侗、哈尼、傣、佤、景颇、赫哲等民族村寨。按原大仿建的各民族特色建筑，如藏族大昭寺和罗布林卡(花园)、彝族碉楼、侗族鼓楼和风雨桥、傣家竹楼与曼飞龙塔、苗乡吊脚楼等，各具风采。园中还有民族歌舞、民族工艺制作表演，以及民族风味饮食、民族特需品展销。

- 朝阳区民族园路1号
- 90元
- 旺季9：00～17：00，淡季8：30～16：50
- 公交81、607、82、510、55、113等车到达
- 62063646

▼ 大观园缀锦楼

北京动物园

位于城西直门外。原为明代皇室和清代的农艺试验场，后设园，新中国成立后定名为北物园。现占地面积已达50万米，是中国成立最早、规模的动物园，也是世界著名的园之一。有黑白熊山、象房猫馆、狮虎山、鸣禽、河马牛馆、羚羊、猩猩馆、长颈叶猴、海兽、两栖爬行动物馆，饲养展出动物600多种7000只珍禽异兽。有中国珍稀动物大熊猫、金丝猴、虎、白唇鹿、麋鹿(四不象)顶鹤，外国的大象、长颈鹿子、袋鼠、野牛等。园北部有海洋馆。

- 北京西外大街137号
- 淡季10元，旺季15元
  熊猫馆5元，海洋馆168元
- 淡季7：30～17：00
  旺季7：30～18：00
  海洋馆9：00～17：30
- 公交27、87、105、111、332、347、360、534、563、632、特19、运通104、运通105等车达；地铁4号线动物园可达
- 动物园68314411
  海洋馆62176655

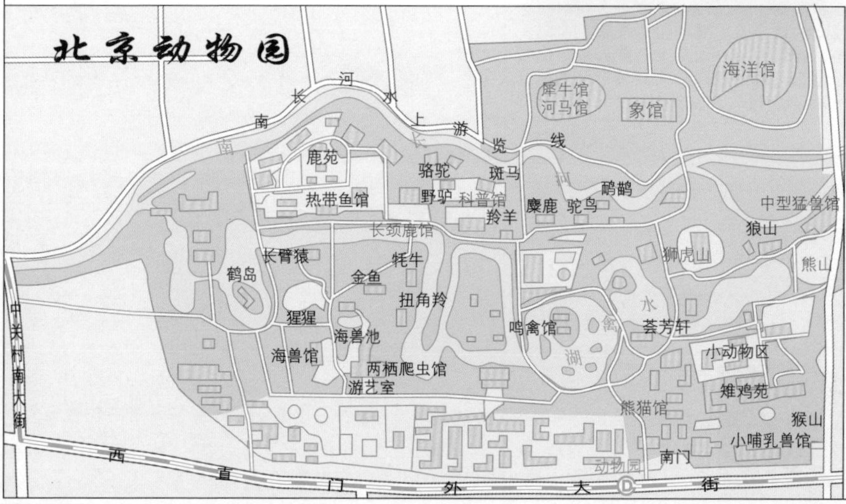

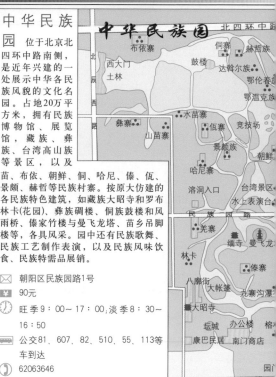

界公园 位于北京西南
是1993年建成的一处景
集世界各洲40多个国家的
个重要名胜古迹于一园，
46.7 万平方米。公园大门
一座与原景物等大的欧洲意
风格的仿古建筑台地园，园
、维纳斯等石雕像栩栩如
后是著名的巴黎圣母院、
铁塔和凯旋门，古罗马角
雅典神庙、莫斯科克里姆
以及丹麦美人鱼等。台地
南方有美国国会大厦、林肯
堂、华盛顿纪念碑和纽约自
神像，墨西哥图腾柱，澳大
悉尼歌剧院，埃及金字塔和
人面像等。公园东南方有日
离宫、缅甸仰光塔、印度泰
柬埔寨吴哥石窟寺，以及
的万里长城、应县木塔、敦
窟等。园内有动感电影、古
具展、非洲风情展等参观游
目。公园北侧设有国际街，
可前往选购各种纪念品，品
国风味小吃，了解国外民俗

北京市丰台区花乡丰葆路
158号
100元，动感电影20.00元
世界古代刑具展5.00元
金宝塔非洲风情展5.00元
旺季9：00～17：00
淡季9：00～16：30
公交477、840等车可达；地
铁房山线大葆台可达。
63723344、63815149

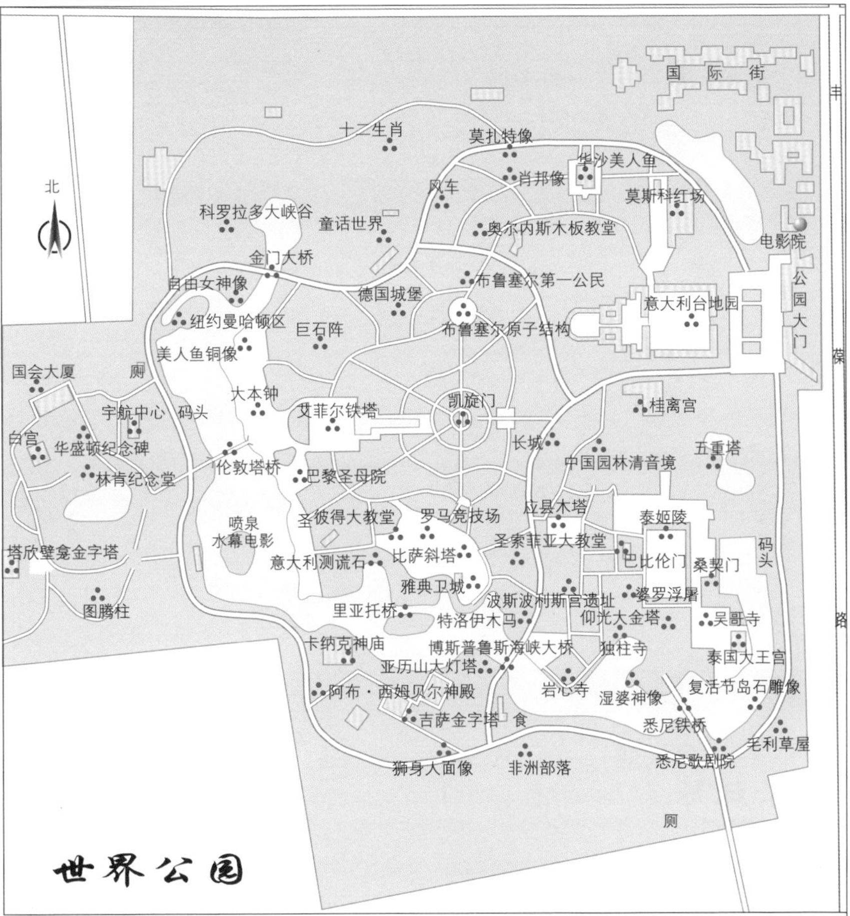

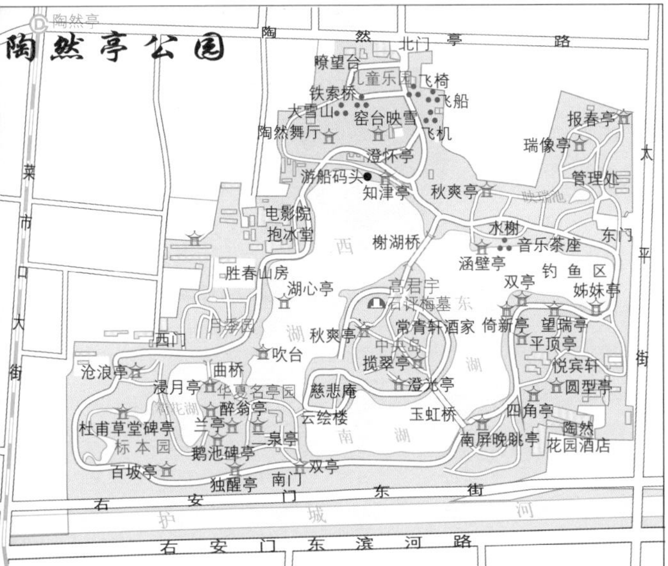

意大利台地园

北京西城区太平街19号
2元
夏季6：00～22：00、冬季6：30～21：00
公交14、40、56、59、66、70、102、106等车可达；地铁4号线陶然亭可达。
63532385、63532245

陶然亭公园 位于北京城南、永定门西，是以亭景为特色的首都大公园之一。公园名取自唐代白居易“更待菊黄家酿熟，与君一醉一陶然”的诗句。自辽金时起以至明清，这里是京郊荒野上的一处荷塘，1952年起建公园，挖湖堆山，广植花木，中南海的云绘楼、阁也迁建于园内，还陆续建造了许多亭桥水榭，大力修葺了元代慈悲庵及五四运动时期李大钊、周恩来等革命活动旧址，年起在公园西南隅创建了华夏名亭园，仿建苏州沧浪亭、无锡二泉亭、扬州吹台、滁州醉翁亭、绍兴兰亭和鹅池碑亭，成都杜堂碑亭、汨罗独醒亭、九江浸月亭等，既显示了华夏名亭风貌，又包揽了丰厚的历史文化内涵。

景区图

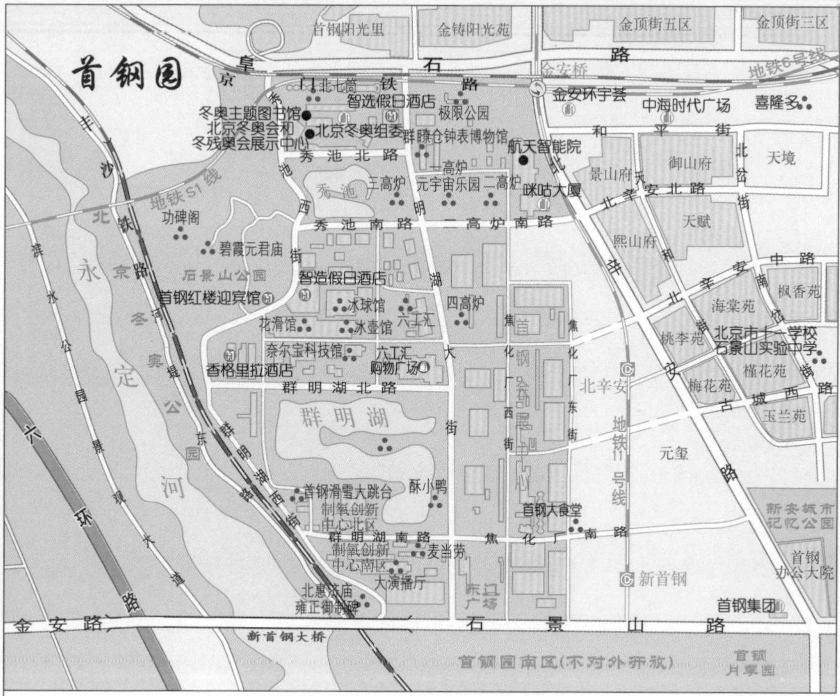

首钢园

新首钢高端产……合服务区(简称首钢园区)位……安街西延长线与永定河绿……态走廊交汇处，占地……8.63平方千米，在原首都……公司迁建到唐山曹妃甸后……业遗址基础上，借助北京……会召开的良机绿色转型升……成。首钢园目前有六工汇、……钢滑雪大跳台、三高炉、……艺术馆、香格里拉大酒店、……民畅读、高线公园、极限……等一批北京网红打卡地，……的中国国际服务贸易交易……题展也在此举办，成为“……向未来”的城市复兴新地……在园内可以感受工业遗址……撼，体验极限运动的魅力，……尝首钢特有的美食。

- 石景山区古城街道长安……延长线与永定河绿色生……廊交汇处
- 免费
- 全天开放
- 公交477、840等车可达……铁6号线、11号线、S1线……桥可达。
- 63723344、63815149

首钢园一高炉

哈利·波特
的魔法世界

- 通州区梨园镇环球度假区
- 人民币418～748不等，分淡季、平季、旺季、特定日……北京环球影城 10:00～20:00
- 北京环球城市大道 8：00～21：30
- 公交589、T116路可达；地铁1号线和7号线环球度假区可……京哈高速“田家府站”及六环路“张家湾北站”两个……可达
- 4000688688、4008778899

北京环球度假区

位于通州区，毗邻东六环和京哈高速，是亚洲第三座，全球第五座环球影城主题乐园。2021年9月开……以全新精选景区为主打，网罗全世界环球主题公园人气最高的娱乐设施和景点，总面积超4平方千米，现有哈利波特的魔法世界、……形金刚基地、功夫熊猫盖世之地、好莱坞、未来水世界、小黄人乐园、侏罗纪世界努布拉岛等七大主题景区和北京环球城市大道，……及环球影城大酒店、诺金度假酒店两大度假酒店等，现已成为一个广受欢迎的主题公园旅游目的地。